▲ 天下全舆总图

　　绘于清乾隆二十八年（1763年），是一张明永乐十六年（1418年）《天下诸番识贡图》的复制品，
本描绘出了现在地球各大洲的主体轮廓。但对此图的真实性，学界也有存疑。

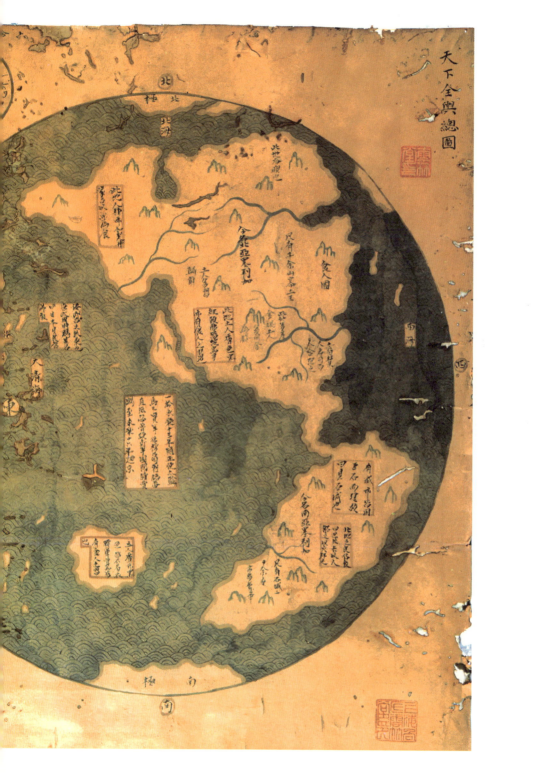

▲ 明成祖朱棣画像

▶ 瑞应麒麟图

　　本图反映的是郑和下西洋时，榜葛剌国使臣向明成祖进贡"麒麟"的场景，其实就是长颈鹿。

▲ 马戛尔尼朝见乾隆帝

　　对于马戛尔尼一行在朝见乾隆皇帝时，是不是行了三跪九叩礼这个问题，在中外史学界一直争论不休。

鄂垒扎拉图之战

以诚驭诈致相
轻哈薩繞迴逍
夌生戊已駐营
携少率幢悄興
脅阻前程直何
畏由中宵出一
可当千衆賊驚
竞得全師逢揚
骑整军须入大
功成
丙戌新春補詠
御筆

▲ 鄂垒扎拉图之战

　　满洲八旗贵族也曾为乾隆帝的"十全武功"立下赫赫战功。

▲ 伊丽莎白一世

　　伊丽莎白一世（1533—1603）被普遍认为是英国历史上最杰出的帝王之一。在她当政期间，英国的经济繁荣，文学璀璨，军事上击败了西班牙无敌舰队，使英国逐步确立了海上霸主地位。

◀ 维多利亚女王

　　在维多利亚女王（1819-1901）治下，英国进入"日不落帝国"时期。

▲ 东印度公司大厦

　　18世纪中叶，西方资本主义国家已开始工业革命，海外贸易日益扩张。特别是以英国东印度公司为首的西方商人，一直强烈渴望打开中国市场。

▲ 英国人笔下晚清时期的舟山

▲ 虎门销烟

▲第一次鸦片战争虎门之战

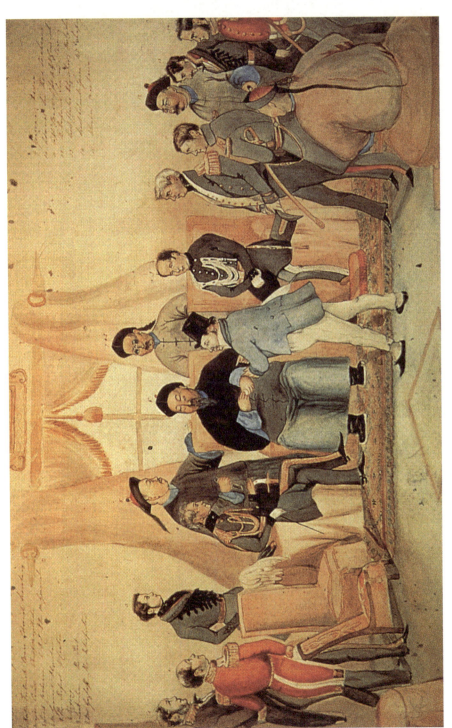

▲道光帝批答英国书

1840 年 8 月 20 日，道光帝批答英国书，同意南下广东进行谈判。

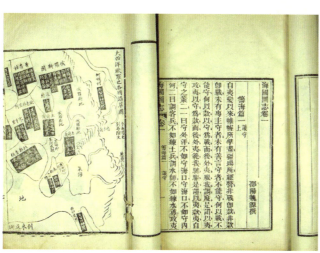

◀ **魏源与《海国图志》**

　　魏源撰写的《海国图志》流入日本后，一度成为日本追求海外知识的幕府末期志士的必读之物。

◀ 德川幕府时期的日本武士

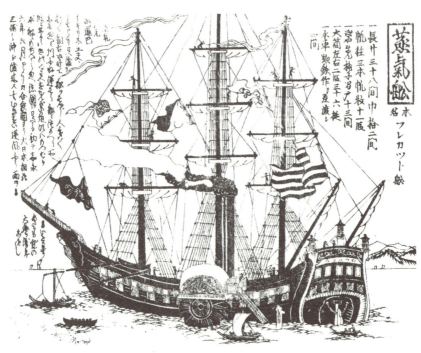

▲ 佩里黑船

▲ 第二次鸦片战争

　　1860年，第二次鸦片战争期间，英法联军侵入北京，法国军队与清廷军队交战。

▲ 北洋海军官兵合照

▲ 北洋舰队"经远"号

李峰 / 作品

CHINA SEA

历史的变量

——海洋视角下的中国历史

中国出版集团　现代出版社

图书在版编目（CIP）数据

历史的变量：海洋视角下的中国历史/李峰著．--
北京：现代出版社，2021.1
ISBN 978-7-5143-8927-2

Ⅰ. ①历…　Ⅱ. ①李…　Ⅲ. ①中国历史　Ⅳ. ①K20

中国版本图书馆 CIP 数据核字（2020）第 223140 号

历史的变量：海洋视角下的中国历史

作　　者：李　峰
责任编辑：张　霆　哈　曼
出版发行：现代出版社
通信地址：北京市安定门外安华里 504 号
邮政编码：100011
电　　话：010-64267325　64245264（传真）
网　　址：www.1980xd.com
电子信箱：xiandai@vip.sina.com
印　　刷：三河市国英印务有限公司

开　　本：710mm×1000mm　1/16
印　　张：24.25　　　　　　　　字　　数：363 千字
版　　次：2021 年 1 月第 1 版　　印　　次：2021 年 1 月第 1 次印刷
书　　号：ISBN 978-7-5143-8927-2
定　　价：59.80 元

序：面对大海的慨叹

    600 年前，在波涛汹涌的南中国海和辽阔浩瀚的印度洋上，一支庞大的中国帆桨舰队连绵百里，在 28 年间 7 次劈波斩浪，万里远航，据说最远曾抵达非洲东岸、红海、麦加——并很可能到达过澳大利亚，甚至许多外国学者认为还曾到达过美洲——给当时的南海和印度洋、非洲沿岸 36 个国家带去了中国的丝绸和瓷器，也带去了中国人民的友好善良和先进文明。今天，有中国海军参加护航的亚丁湾水域，早在 600 年前，就已被这支规模庞大的舰队犁水巡航。更令人肃然起敬的是，与今日各国海军一次驱散几十名海盗的行动可成为世界级新闻相比，600 年前的中国舰队在印度洋，一次就剿灭过 5000 名海盗，并直接登陆捣毁了海盗的老巢。

    这支舰队就是郑和率领的七下西洋的大明王朝远洋舰队。

    当时，这支舰队每次出航船只均在 250 艘以上，今天，中国海军的所有远洋主战舰艇加在一起还达不到这个数字。郑和舰队七下西洋的载员数最高曾达 40000 人以上，每次至少也有 27000 人。也就是说，即使它的最低出航船员数，也相当于 5 艘 10 万吨"尼米兹"级核动力航母的全部乘员数，或相当于运载一个美国海军陆战重型师外加一个海军陆战远征旅两栖登陆编队人员数的总和！

    郑和船队中最大的宝船长 44 丈 4 尺，宽 18 尺，是当时世界上最大的海船。船分 4 层，船上 9 桅 12 帆，锚重数千斤，需要 200 名壮汉一起用力才能启航！这种在 15 世纪初即可载千名水手和乘员的宝船，是人类农业文明时期航海技术的巅峰之作。即使放在今天，聚集大批科学家和技术人员也仍然无法完全复制。据船舶专家估算，这种宝船排水量至少在 2000 吨以上，甚至很可能高达 5000 吨，载重量则至少在 1000 吨以上，真可谓艨艟巨舰！更让人叹为观止的是，这款庞大的宝船，郑和船队竟拥有 30 艘以上。

而与之相比，60 年后西方大航海时代的先驱，1492 年从西班牙启航的哥伦布船队仅有 3 只船，水手 90 人。哥伦布的旗舰"圣·玛利亚"号，长度仅 80 多尺，排水量 233 吨。1497 年，开辟了欧洲至印度洋航线达·伽马的旗舰"圣·加布利尔"号较大，但也不过 400 吨。1519 年启航绕过南美，横渡太平洋的麦哲伦船队也只有 5 只船，乘员 280 人。麦哲伦的旗舰"特立尼达"号仅有 110 吨。毫无疑问，那支早已在泉州港里静静朽烂掉了的中国舰队，在它从海洋上消失 100 年后，仍是海洋世界无可置疑的"恐龙"。100 年后，东西方仍然没有任何一支海上武装力量能与之相比。

恩格斯说，现代化的军舰不仅是现代大工业的产物，而且还是现代大工业的缩影。以此类推，扬帆西洋的郑和舰队可以说是 15 世纪前中华民族的探险精神、制造技术、航海经验，乃至天文气象、水文地理知识的巅峰结晶。没有中华民族几千年探险精神和航海文明的积淀，15 世纪的海洋上，是不可能有这样一支人类农耕文明时代最伟大舰队的七次大洋远征。以至于当代美国学者路易斯·利瓦塞斯如此评价这支舰队的威力："郑和船队在中国和世界上是一支举世无双的舰队，直到第一次世界大战前是没有可以与之匹敌的（指实力对比）。"

路易斯·利瓦塞斯此语并非夸张，郑和船队的实力之巨大，在当时的整个世界海洋没有一个国家的军事力量能与之抗衡。而且以明帝国整体海军实力之强大，明成祖朱棣甚至可以在 10 个月内组建 4~6 个"郑和船队"。

最令西方人感到不可思议的是，郑和船队 28 年间七下西洋，造访 36 国，除了一次剿灭海盗，和被迫打了两次自卫反击战外，没有屠杀过一位外国人民，没有侵略过一个国家，没有建立一块殖民地，没有掠夺过一点他国财物，没有为自己圈定一片海域或占领一座岛礁，甚至没有为自己建立一座纪念碑和在外国水域留下一个中国地名，这支当时世界上最强大的海军舰队进行的是真正的"和平之旅"，它是一支真正的"和平舰队"。郑和船队所到之处，只留下了中国人民的真诚友好和中华民族的先进文化、技术，还有南洋各地人民供奉郑和延续至今的缭绕不绝的香火。

在多年的航海实践中，郑和深刻认识到海洋对于一个国家的重要性，其思想高度不仅超过前人，也远远高于同时代的人，甚至包括被称为"一代雄主"的明成祖朱棣。明代的中国仍然是以农业经济为主的内向型国家，许多朝廷大臣对海洋的价值基本无知，甚至认为郑和船队每次出海耗费靡巨，却不能带来多少看得见的实际收益。朱棣虽然赞同和支持郑和下西洋，但主要目的也只是为了"耀兵异域，示国富强"。因此，郑和下西洋除了在海外遇到诸多困难外，在朝廷内部也经常面对要求取消航海活动的巨大阻力。

在郑和下西洋的促进下，明初的商品经济有了进一步发展，郑和下西洋期间从事的贸易活动已经不自觉地顺应了破除土地的束缚进一步发展商业的世界潮流，这在根本上动摇了传统经济的根基。就此意义上说，郑和实际上成了专制制度的掘墓人，这当然是郑和所料不及的，正因为如此，几乎所有的中国专制王朝的卫道者们，都异口同声地否定郑和下西洋的壮举，斥之为弊政。

郑和之后，明王朝的海禁政策一次比一次严厉。嘉靖年间，明世宗下令：不许制造双桅以上大船，并将一切违禁大船，悉数毁之。"查海船但双桅者，悉数捕之"，并对下海者实行残酷的连坐制度，"沿海军民，私与贼市，其邻舍不举者连坐"。其后虽迫不得已，有隆庆开关允许私商进行海洋贸易，但郑和那样的国家航海行为被严厉禁止。严厉的海禁政策一直持续了200多年，直到王朝覆没。

此后到清代，清王朝更实行了"片板不许下海"的最严酷的海禁措施。失去了郑和这位海上巨人，中国从此失去海洋达600年之久。而伴随着中国海洋事业消亡的，便是中国专制王朝的急剧衰落和中华民族的落后挨打。亲近海洋，还是告别海洋，这是国运的选择。回望明代中国，与强国之运失之交臂，虽然原因多多，但与海洋的隔绝，不能不说是一大重要原因。

今人口中有一句流行语，"不要犯颠覆性错误"。在历史上中国海权最鼎盛的郑和年代，中国面临着南北两个战略发展方向，是向陆还是向海？一代雄主永乐大帝朱棣，选择了向北五伐北元，虽然取得一些战术性胜利，但由于游牧民族与农耕民族天然地理分野，实际寸土未得，每次胜利后都不得不回撤长城以内。朱棣死去不久，土木堡之变，蒙古骑兵更是冲进长城入寇关内，活捉明朝皇帝凯旋草原。

西方有句名言，战术上的胜利弥补不了战略上的失败。所谓颠覆性的错误当指于此。如今，中华文明又处在向巅峰冲刺的关键时刻，由郑和七下西洋开始，到帝国闭关锁国的历史经验与教训，不可不察也，亦不可不深思。

退役空军少将　乔良

2020 年 10 月 10 日

目录 / Contents

1

第一章
中国人的海

国家欲富强，不可置海洋于不顾。财富来自海上，危险亦来自海上。

——郑和

公元 1405 年至 1433 年，在波涛汹涌的南中国海和辽阔浩瀚的印度洋，一支庞大的中国帆桨舰队连绵百里，28 年间 7 次劈波斩浪远航上万海里，最远曾远航至非洲东海岸、红海、麦加，并很可能到达过澳大利亚，甚至许多外国学者认为还曾到达过美洲，给当时的南海和印度洋、非洲沿岸 30 多个国家带去了中国人民的友谊和先进文明，今天中国海军去护航的亚丁湾水域，这支舰队在 600 年前已犁水巡航，今天中国海军一次驱散几十名海盗就可以上报纸头条，而 600 年前，这支中国舰队在印度洋一次就剿灭过 5000 名海盗，甚至登陆捣毁了海盗老巢。这支舰队的统帅是中国历史上和太史公马迁一样伟大的男人。这位被许多国外海洋史专家称为"世界海洋第一人"的中国海上统帅，就是至今被南洋人民尊称为"三宝太监"的著名航海家郑和。他的航海生涯就是中国历史上传奇性的"郑和七下西洋"。

当时，郑和所率领中国舰队每次出航舰船的数量平均在 250 艘以上，今天，中国海军的所有远洋主战舰艇加在一起还达不到这个数字，郑和七下西洋的载员数最高曾达 40000 人以上，每次至少均在 27000 人，即使它的最低出航人数，也相当于今天 5 艘美国海军最强大的 10 万吨级"尼米兹"级核动力航母的全部乘员数总和，或等于运载一个满员的海军陆战重型师外加一个海军陆战运征旅的美国巨型两栖登陆作战编队成员数总和！

郑和船队中最大的宝船长 44 丈 4 尺，宽 18 尺，是当时世界上最大的海船，折合现今长度为 151.18 米，宽 61.6 米。船分 4 层，船上 9 桅 12 帆，锚重数千斤，需要 200 名壮汉一起用力才能启航！《明史·兵志》记载："宝船高大如楼，底尖上阔，可容千人。"这种在 15 世纪初即可容千名水手和乘员的宝船是人类农业文明航海技术的巅峰之作，它的工艺之复杂精巧，以致今人聚集大批技术专家和科学家仍无法完全复制宝船。船舶专家估算，这种宝船排水量在 2000 吨以上，甚至很可能高达 5000 吨，载重量则在 1000 吨以上。

而除宝船之外，这支纵横大海 28 年的中国舰队，还拥有大批 37 丈长的马船驮载骑兵战马，28 丈长的粮船供应舰队补给，24 丈长的坐船运载登陆步兵，18 丈长的战船专职海上作战。毫无疑问，这在当时是一支世界海洋没有任何力量可以与之匹敌的，无可争议的诸军兵种联合作战舰队，这是一支真正的无敌舰队。它的实力之强，以致舰队运载的登陆部队，可以随意打垮它所遇到的任何一个国家的全部正规军！

而与之相比，60年后，1492年从西班牙启航的哥伦布船队仅有3只船，水手90人。哥伦布的旗舰"圣·玛利亚"号，长度只有80多尺，排水量233吨。1497年，开辟了欧洲至印度洋航线。达·伽马的旗舰"圣·加布利尔"号较大，但也只有400吨。而1519年出航的绕过南美、横渡太平洋的麦哲伦船队也只有5只船，乘员280人，麦哲伦的旗舰"特立尼达"号仅有110吨，毫无疑问，那只早已在泉州港里静静腐烂掉了的中国舰队，在它消失在海洋上100年后，仍是全世界毋庸置疑的海上王者，东西方仍然没有任何一支舰队，能与之相比。

18世纪的恩格斯说，现代化的军舰不仅是现代大工业的产物，而且还是现代大工业的缩影。而扬帆西洋的郑和舰队可称得上15世纪前中华民族7000年探险精神航海经验、航海知识和航海技术的顶峰结晶，没有中华民族几千年探险精神和航海文明的积淀，15世纪的海洋上，是不可能有这样一支凝聚了人类农业文明精华的最伟大舰队7次扬帆远航上万海里的。只有了解了中华文明辉煌的航海史，才能真正理解郑和舰队的强大。

拥抱蔚蓝的海风

中国航海历史悠久。早在距今7000年前的新石器时代晚期，中华民族的祖先已能用火与石斧"刳木为舟，剡木为楫"，从而拉开了中华民族利用原始舟筏在海上航行的序幕。1973—1977年，中国考古工作者在浙江河姆渡发现了一处新石器时期遗址，遗存物中有6支用整块木板制成的木桨，和一具夹炭黑陶质的独木舟模型，经测定是7000年前的遗物。这证明了中国沿海先民当时已经掌握原始的造船技术，而在山东省胶州市发现的新石器时代大汶口文化遗址中，有大量的海鱼骨骼和成堆的鱼鳞。经古生物专家鉴定，它们分隶于鲻鱼、棱鱼、黑鲷和蓝点马鲛等3目4科，这些海洋生物被古人食用的遗迹，说明约在4000—5000年以前，中国沿海先民已能猎取在大洋和近海之间洄游的中、上层鱼类作为重要食源。而在记叙公元前 11—前 6 世纪周朝情况的中国最古老的诗集《诗经》中，已多次出现了"海"字，并记载了先民歌咏江河"朝宗于海"的感叹，这说明中华文明远非长期认为的，只是发源于内陆的黄土文明那么简单，作为由许多氏族融合而成的中华民族，18000 公里的中国海岸线上，许多中国沿海的先民早就在呼吸着咸腥的海风，搏击着汹涌的海浪，拥抱着蔚蓝的海潮。

中国古代航海史起步很早，它的辉煌依赖于中国古代人民对海洋的无畏探索和由劳动实践推动的航海科学技术的进步。

在公元前 3 世纪问世的《黄帝内经》中已经提到海洋软体动物乌贼和鲍，公元前 1 世纪的《神农本草经》记载了马尾藻和羊栖菜，以及近江牡蛎等 6 种海洋软体动物的形态、产地，食疗性质和利用方法，这说明中华先民对海洋生物已有较深刻的认识。三国时已经出现了由严畯撰写的中国第一篇潮汐专论《潮水论》，仅《汉书·艺文志》记载中国古代海洋气象知识的"海中占验书"就有 136 卷。留下过"老当益壮"和"男儿要当死于边野，以马革裹尸还葬耳，何能卧床上在儿女子手中邪？"励志豪言的东汉名将马援，在花甲之年出征，率两千多艘楼船讨伐交趾（今越南）两个悍妇叛乱时，在琼州海峡两边刻有"潮信碑"，记叙琼州海峡潮汐情况。而现存北宋吕昌明于 1056 年编制的"浙江四时潮候图"，比欧洲现存最早的潮汐表——大英博物馆所藏的 13 世纪的"伦敦桥涨潮时间表"要早得多。

而在对早期航海至关重要的天文航海方面，中国人更是对世界航海技术做出了极大的，甚至是像指南针这样的决定性的贡献。中国人在战国时期即对二十八星宿和一些恒星进行了定星观测，并把海上航行定位与天文学相结合，利用北极星定向进行航海活动，中国人很早就发现了磁极定向原理，中华民族的先祖轩辕黄帝在征战中就发明了"指南车"为部队定位指向，战国时期，磁石"司南"已发明。

春秋时期中国人的海上航行还主要以太阳和明亮的北极星为最主要的昼夜导航标志。到秦汉时，中国航海者的导航技术已有了进一步提高，而且开始自觉利用季风航海，并掌握了西太平洋与北印度洋的季风规律应用于航海活动。《汉书·艺文志》载：西汉时海上导航的占星书已有《海上星占验》

12 卷，和《海中五星经杂事》22 卷等有关书籍 136 卷之多，记载内容都是中国航海人员在远航过程中总结出来的天文经验和规律，总结了中国领航员在航海中如何对星座、行星等位置进行判定以确认航线的成功经验。

到隋唐时，中国人航海技术日趋成熟，对日本、朝鲜、越南和阿拉伯地区、印度洋地区的贸易航线已十分成熟。中国海船运载大批物资远航至阿拉伯地区经商开市互通有无，这就是与当时西域陆上"丝绸之路"齐名的海上丝绸之路。除用天文导航外，中国先民在对航海十分重要的地文导航和陆地定位技术已有了极大发展。汉时，中国人已能利用"重差法"精确测量海上地形地貌。唐代著名传奇人物李淳风所著《海岛精算》，记载了这种利用矩或表进行两次观测的办法，由此可求得海岛之高度和岛屿与船舶的距离，这对后世航图的测绘及航程的推算具有深远的影响。而西汉时中国人对潮汐的认识，已不仅局限于水面的涨落，找出了潮汐与月球运动的规律。西汉大家王充在《论衡·书虚篇》中第一次科学地将潮汐成因与月球运动联系起来，反映了中国人对潮汐认识的进步，而且这种非常科学的认识对中国人航海时借海潮流向和起落进出港湾有很大的帮助。

至三国两晋南北朝时，中国航海家的点点风帆在南海水域和印度洋更是星罗棋布。三国王震的《南州异物志》详细记载了当时航行于南海水域的海船风帆驶风的技术和秘诀："其四帆不正前向，皆驶邪移，相聚已取风吹，邪张相取风气。"这段话无可争议地证明了当时中国的南海航行者已拥有增减灵活的四帆船，并熟练地掌握了"邪张相取风气"的打偏驶风技术，而航行更远的印度洋航线的中国帆船已有七面帆，对风能利用更充分。

隋唐五代时期航海技术趋于成熟，人们已能熟练运用季风航行，天文、地理导航水平都有明显提高，对潮汐也能进一步正确解释。

唐代，中国航海家已能熟练利用信风航行。如高僧义净正是借着对南海季风、北印度洋及孟加拉湾的季风和洋流规律的认识和利用，而乘船到达东南亚室利佛逝国而还归中国的。唐代对海洋气象有了进一步认识，已能利用赤云、晕虹等来预测台风，而且唐代领航员已掌握利用北极星的高度而进行定位导航。

与天文定位术一样，隋唐地文导航技术也有一定提高。"广州通海夷道"中对航海方向、距离、时间记载已相对具体，对某些地区的地理位置或地形特征已有明确的定位描述，并且对远洋航行中的人工航标也有记录。特别是随着数学的进步，航海家已经能在勾股定理相似关系的原理基础上，运用两次观测计算的"重差法"来测量陆标，大大提高了海岸测量术的水平。

在《海涛志》中，作者窦叔蒙深入研究了潮汐运动与月亮运动的同步规律，对潮汐运动中的形成原因、大小潮出现的时间、计算方式、潮汐循环的周期等做了详细的论述。而稍后的封演，也对一月之中潮汐逐日推移的规律做了非常清晰的论述。

两宋时期航海技术的提高，最突出的是指南针的广泛应用。

宋以前的航海指引，一般是凭天象、天体识别方向，夜以星星指路，日倚太阳辨向。至北宋时期，航海技术开始了重大的突破，已能利用指南针航行。而指南针的应用，在南宋时期发展成罗盘形结构，随着精确度不断提高，指南针应用于航海，是世界人类文明史上的重大突破，对世界文明文化的发展做出了重大的贡献。在两宋时期，有关海图的记述已十分明确，如徐兢的《宣和奉使高丽图经》和汉奸刘豫献于金主亶的海道图等，都说明了当时海图的发展。海上交通航线的发展，为海道图的产生创造了条件。

随着技术的进步，两宋时中国对外海上贸易极其活跃，宋代是资本主义在中国的萌芽时期，朝廷对于海上贸易活动十分开明，宋时的重商主义在中国历史上是有名的，甚至专门为此设立管理对外贸易的机构市舶司，这也是代表朝廷从事官办贸易的经营机构。专门用于停泊贡使船的泉州港也发展成了帆樯如林，名震世界的当时全球第一大商港，而且泉州港这个世界第一保持了好几百年，正是由于积极开展海上贸易活动，尽取海洋之利，两宋时期也成为中国历史上最富庶的朝代之一，所以理解了这一点，就能更深刻地理解两宋文官为什么总是愿意与北方强敌讲和，宁愿屈辱地称臣纳贡也不想打仗，因为给北方纳贡的那点财物损失，通过海上商贸利润补充实在太容易，而冒险打仗损失却要大得多。

元代指南针已成为海舶必备的航海工具。元代航海中，把指南针许多针位点联结起来，以标明航线，称为针路。指南针应用的技术进一步提高。以天干、地支和四卦作为航海罗盘上编排的航路方位，这样，海船航行更能精确地确定航向，把握航线。

元朝海上交通，已能熟悉地掌握与利用季风规律。元朝航海家在长期的海上交通实践中，总结经验，编成有关潮汐、风信、气象的口诀。而有关的口诀据称"屡验皆应"，说明了元朝对海洋气象变化规律，已有非常正确的认识与掌握。

正是因为对航海技术的高度自信，所以马可·波罗记载，元朝公主阔阔真外嫁波斯，忽必烈亲令"命备船十三艘，每艘具四桅，可张十二帆"，并派马可·波罗从泉州启航护送阔阔真公主至波斯成婚，元朝皇帝外嫁爱女竟不走由元朝和各大汗国彻底控制的、绝对安全的陆路，而是踏波履涛、横穿南中国海和印度洋，然后进霍尔木兹海峡在波斯湾上陆，行程几千海里，元代航海技术之发达，航线之熟练，远洋航行之自信可见一斑。元末的海洋贸易之发达从中国最有名的巨富沈万山的故事就能管中窥豹，为了讨朱元璋的好，沈万三提出为明军出资包修都城南京城墙，结果惹下大祸，几被疑心极强的朱元璋灭族，这个故事在江南可谓家喻户晓，而这位巨富豪商的财富就主要来自对南洋和印度洋的海上贸易。

到了明代，中国古代的航海技术终于大成，过去指南针的运用，主要是单针与缝针之法。但明人《顺风相送》中已经有"定三针方法""定四针方法"。几个指南针一齐运用于确定航向，还有计量单位，确定航程。在明代已经以"更"作为计量单位运用于航海之中。明清时期1更约为60里计。这也是明代航海技术发展的一个标志。它与指南针结合，可以推算船位航速，令航行路线方向更为精确。明代"针""更"结合的航海方法已十分普遍，反映了明代航海技术所具有的世界先进性。这时，西方航海还只能靠观测恒星进行天文导航，一遇阴雨天就无法判断方位，远航大洋极易出事。

明人在航海图绘制方面也做出了很大的贡献。虽然宋元时期已有航海图样问世，但只是以沿海为主，明代航海图的绘制已有很大的进步，具有很高的水平，海外远洋地区也有掌握，明人茅元仪所辑《武备志》卷所载的《郑和航海图》。该图自南京绘图，一直至东非沿岸，航图遍及广大西太平洋与印度洋海岸地区，记载了500多个地名，并绘有针路，各处星位高低。航行途中的山峰、岛屿、浅滩、礁岩、险狭用的海图，显示了明人对掌握航路地形水势的必要性与重要性，具有深刻的认识。这是非常了不起的成就，这张海图是世界上最早、最精确、最完整的洲际导航图。郑和的海洋调查活动，比历史记载最早的著名的英国"挑战者"号海洋调查早了400多年。《郑和航海图》不仅是世界航海测绘史上的一大创举，而且是郑和航海从经验航行过渡到综合导航和定量航海的真实记载，是研究郑和及世界航海史极为珍贵的史料。

明代已利用熟练的牵星术来确定船舶的航行位置。名震世界航海史的中国牵星术，是当时一种利用天文状况进行船舶测位的先进航海技术，这种技术在世界海洋史上的大名叫作"过洋牵星"，是中国人发明的专门用作航海远航的非常成熟先进的可靠技术。《郑和航海图》中就附有《过洋牵星图》，专门记录如何在印度洋地区牵星航海。

而明人对信风的利用更是到了得心应手的地步。明人费信《星槎胜览·占城图》中云："十二月，福建五虎门开洋，张十二帆，顺风十昼夜至占城图。"又明人马欢《瀛涯胜览·满喇加》中谓南洋归航："等候南风正顺，于五月中旬开洋回还。"这表明，明人已经把季风规律当成了重要的航海资源并熟练利用。

明人对海上风云气候、海流潮汐的变化规律也十分熟悉。《顺风相送》和《指南正法》中就记载了许多关于这方面的气象记录和歌诀，说明了明人对航海天象的认识与重视，如《顺风相送》中"逐月恶风法""定潮水消长时候""论四季电歌""四方电候歌"等。甚至精确到按农历月日，逐期对海洋气象的风雨规律做了详尽的记述。

扬帆！中国人来了！

与航海技术并驾齐驱的，还有长期领先世界的中国造船技术，以及由此带来的海战战略战术的不断提高，中国到夏、商、周和春秋战国时期，随着木帆船的逐步诞生，已经出现了较大规模的海上运输与海上战争。

到距今 2700 年的春秋战国时期，中国已能制造两层甲板的战船和楼船，在水网密布的中国江南地区，水战已是各诸侯国非常成熟经常运用的作战模式，考古发现战国时已用铁箍连接船板。中国最早的水军是春秋时在吴国建立的，春秋末期，吴国疆域约相当于今天江苏省之大部，兼涉皖北、皖南、浙西一部，东临大海，南至太湖，西及苏皖边界，北踞徐海二州，是一个以水军见长、"不能一日而废舟楫之用"的江南海上强国，所以吴国创建了强大的海军，即舟师。这一时期，吴的都城一直都在梅里（今无锡梅村）。所以，中国历史上第一支水军是在无锡创立的。无锡地处长江下游，南依太湖，境内河道纵横，水网密布，这对水军的训练提供了有利的自然条件。吴国正是倚仗它强大的舟师，在江河湖海中纵横驰骋，频频进行水战，以图谋霸权。春秋时代吴、楚之间的水战，是我国最早的水战。楚凭借处于吴上游的有利的地理位置而多次顺流而下，攻打吴国。公元前 570 年，楚令尹子重用水军攻陷芜湖，这是现今中国历史上记载的最早的水战。之后，吴楚双方的水师在中国南方的长江汉水和淮河上激烈厮杀了 80 年之久，吴楚一再交锋，互有胜负。公元前 504 年，吴国大败楚国，抓获潘子臣、小惟子及大夫 7 人，还俘获大量的财富珍宝。公元前 494 年，中国江南双雄，吴、越又在太湖上发生一次大规模的水战，吴王夫差令大将伍子胥率领水军横跨太湖攻击越国。越王勾践率 3 万军队抢先登陆占领了太湖中的夫椒山（今无锡马山），两军在湖中激战，由于伍子胥作战有方，吴军愈战愈勇，最后把越国水军打得几乎全军覆没。

夫差打败越国之后，迫使越王称臣纳贡，送上美女西施，之后又想吞并山东北上称霸，于是爆发了中国历史上最早的海战。公元前 485 年，吴军分水、陆两路进攻山东半岛的齐国。公元前 487 年，吴王夫差伐齐，除自率主力乘内河战船溯淮河北上攻击齐国南部边境外，又令大夫徐承率海师主力舰队出长江口从海路远程奔袭山东半岛。南方大国海师数百艘战船旌旗招展，浩浩荡荡西出长江口，沿东中国海海岸远征上千海里攻击北方大国。这是中国历史空前的壮举，而有数百年航海史的齐国海师毫不示弱，不待吴军登陆，充分发挥自己对当地海况和岛屿地貌熟悉的优势。决定以逸待劳，集中兵力在家门口的黄海海域伏击吴军海师，结果双方在黄海展开大海战，劳师远征的吴国海师被大败。这次发生在公元前485年春的吴、齐黄海海战是中国历史上有确切文献记载可以考证的第一次大海战，在中国乃至世界海战史上都有重要意义。吴齐黄海海战说明当时中国海洋作战力量在武器装备、舰船建造、战略战术和航海科学技术等各方面都已经成熟并进入大规模运用时期。尤其是吴国海军上千海里的远征行动证明，当时中国的海洋技术足以支撑起大规模舰队的跨海作战行动，标志着中国水上作战力量正式从早期的内河水军发展成为真正意义的海军。

到秦汉时代，中国海船逐步大型化并掌握了驶风技术，出现了率3000童男童女东渡求仙的秦代徐福船队和西汉海船远航印度洋的壮举，至今在日本海仍留有大量徐福东渡的传说和遗迹。在三国、两晋、南北朝时期，东吴船队在大将诸葛直和卫温率领下巡航台湾和南洋，替吴主孙权寻找夷州，并在台湾驻扎近一年，教给台湾高山族人许多耕种技术和铸造技术，后因水土不服大批将士死亡只得返回，结果将军卫温因远航得不偿失被吴主孙权以"违诏无功"罪名杀掉，而中国西行求法第一人，东晋高僧法显从西域出中亚入印度求法，再渡海至斯里兰卡至苏门答腊岛换乘，越印度洋和南中国海航海归国的故事亦是中国佛教史的美谈，当时离国多年的法显在斯里兰卡看到中国内陆省份四川的蜀锦时不禁泪如雨下，这个故事也从一个侧面反映了当年中国海上贸易繁荣情况之一斑，中国船队在这一时期已经远航到了波斯湾。而从隋唐五代到宋元时期，宋代已有60多条固定的海上贸易航线，1974年泉州出土的宋海船，长30米，水线长26.5~27米，宽10.5米，型深4~5米，排水量在400~450吨，其中平衡舵和大型铁锚已得到使用，保障了船只的远洋航行。这无疑是当时世界最大的海船了，阿拉伯旅行家伊本·白图太就在自己的游记中惊叹：中国船像"移动的城市一样"巨大，宋代的中国远洋海船已直达红海和东非。

元代则开辟了高达300多条固定海上贸易航线，中国航海业全面繁荣、海上丝绸之路远届红海与东非之滨。由于当时积极的航海贸易政策和以罗盘导航为标志的航海技术取得重大突破，中国领先西方进入"定量航海"时期。中国船舶舟帆所及，几达西太平洋与北印度洋全部海岸，与亚非120多个国家和地区建立了航海贸易关系，著名的刺桐港（今福建泉州）延续宋代辉煌仍是当时世界上最大的国际港口。

著名西方旅行家马可·波罗在他的游记里记述了当时他所看到的中外海船的情况。阿拉伯的船体小，仅一桅一舵，没有铁锚。造船木料坚脆，铁钉钉不进去，容易震裂，是用椰索缝合法联结船板，船底不涂沥青，只用鱼脂油，再加絮捻缝。船不坚固，在印度洋航行，易沉没。而中国船远远优越于阿拉伯船，船很大，竖四桅，张四帆，也有的是二桅，可以随意竖起或放下。船上有水手200人，足载胡椒五六千石。无风时，行船用橹，橹很大，每具须用橹手4人操作。造船木料用冷杉木，有坚固的主甲板，甲板下有60个小舱，人住在里边很舒适。舵也很结实。船用好铁钉缝合，有两层板叠加于上，以麻和树油掺和涂壁捻缝，绝不漏水。每只大船后曳两只小船，每小船有船夫四五十人，操棹而行，以助大船。另有小船10余只协助大船，如抛锚、捕鱼等事。

以下是当时东西方一些船舶技术发明的比较：

技术项目名称	中国采用大致年代	欧洲采用大致年代
摇橹	公元前1世纪	17—18世纪
平衡式梯形斜帆	公元2—3世纪	15世纪末
船尾舵	1—2世纪	12—13世纪
平衡舵	11世纪	18世纪末19世纪
水密隔舱	古代	18世纪
船壳包板	11世纪	16世纪以后
车船（轮船）	8世纪	16世纪
航海指南针	11—12世纪	12世纪末13世纪初
利用八面风	12世纪初	16世纪

这期间，不但中国历代内战时的沿海登陆作战已极为普遍，汉隋唐元诸朝对朝鲜半岛和越南半岛的跨海登陆战也已经大规模运用，跨海登陆部队作

战人数动辄数万，元代第二次出征日本更高达十万之众。中国又是最早使用火药的国度，在历史演变中，中国的海战战术也由冲角战、接舷战发展到两栖战和炮战。元军远征日本时，元军战船拥有的火炮使日本人的小战船根本无法近身。

元代的造船业则在宋代的基础上继续加速发展，具备了很强的造船能力。据《元史·世祖本纪》记载，元灭宋期间的至元七年（1270）造战舰5000艘，至元九年，造战舰3000艘，自至元十一年（1274）至至元二十九年（1292），又造海船9900艘，造船能力之强可见一斑。至元二十八年（1291），忽必烈送公主远嫁波斯，"命备船十三艘，每艘具四桅，可张十二帆"，可见元代已有四桅船。

元朝远洋船队规模之大亦让马可·波罗惊叹不已，马可·波罗曾见到黄河入海口外（指改道前，即今江苏省宿迁市以南70公里处），"有属于大汗之船舶逾一万五千艘，盖于必要时运输军队赴印度诸岛者也，缘此地距海仅有一日程"。

所以，尽管两次东征日本失败，元世祖仍然能依靠强大的海军于至元十九年（1282）出兵占城，至元二十年（1283）、至元二十四年（1287）两次征讨缅甸；至元二十二年（1285）、至元二十五年（1288）两次征讨安南；至元二十九年（1292）出兵爪哇。元朝时，高丽、安南、占城、缅甸都先后成为蒙古统治者的藩属。

到明朝初年，对造船工业的管理已经非常规范，明朝的工部都水司，在长江中下游和东南沿海各卫都设有造船和修船的船厂，其中以南京的龙江船厂和直隶的清江船厂属皇家直属船厂。为明朝各船厂规模之最，是完成郑和下西洋大型远洋船的主要厂家，由工部都水司直接派员管理。

《明成祖实录》记载了永乐元年至十七年（1403—1419），造海船数达2735艘，仅永乐三年就造了1273艘。性能最为优良的是"福船"。《明史·兵志》这样形容道："福船高大如楼，可容百人，底尖，其上阔……其桅二道……"可见船势之宏伟。明朝出使的"封舟"亦为福船，规模可观，做工精良。如陈侃督造的五桅封舟，大桅长7丈2尺，围6尺5寸；徐葆光监造的封舟，舵叶高 2.55 丈，宽 7.9 尺。正是在这样巨大的国家造船能力的支持下，才能出现九桅十二帆，据说是"最大长四十四丈，阔一十八丈"，"篷帆、锚、舵、非二三百人莫能举动"的独步四海、冠绝东西的郑和宝船队。

《龙江船厂志》与《南船记》是相当详细而且可信的明代造船书籍，其中也有郑和宝船数据；再根据南京龙江船厂原址考古出土之 11 米舵杆（应该是当时最大船只的遗物）推算，以日本出土的明代中国船为比例合理估计一下，与明朝之最大"封舟"近似。其船长约为 70 米，排水量约为 2000 吨，载重量约为其半 1000 吨。这些宝船尺度、排水量等都只能是大约值。而当时的西方，最大船只排水量不过 1500 吨。15 世纪威尼斯拥有一艘 1500 吨的船，船员 1200 人，但只能在地中海沿岸航行，而郑和船队利用指南针和"过洋牵星"技术，在印度洋航线上 7 次往返如履平地。

这些无疑可以证明郑和时代，中国拥有世界上最大、最好的船舰和航海技术，直到近百年后，扬帆远航开启了人类地理大发现的欧洲最勇敢的航海家们的船队，与郑和巨型船只及庞大船队对比，仍然有如"小巫见大巫"。哥伦布的旗舰"圣·玛利亚"号，长度只有 80 多尺，排水量约 233 吨。达·伽马的旗舰"圣·加布利尔"号较大，但也只有约 400 吨。麦哲伦的旗舰"特立尼达"号，仅为 110 吨。

去，下西洋！

所以，15 世纪威震东方海洋的郑和船队的辉煌并不是从天而降的，而是整个中华民族 7000 年航海经验、航海技术和探索精神的精华积淀，也更是明帝国综合国力的强大体现。据统计，在明成祖鼎盛时期的 1420 年，明王朝拥有 3800 艘船，其中 1350 艘巡船、1350 艘战船，以及驻扎在南京新江口基地的 400 艘大船和 400 艘运粮糟船，其中 250 艘是远洋宝船，此外还拥有大量护洋巡江的警务执法船和传令船，威名远扬的郑和船队实际上只是强大的明帝国海军的一支海上机动舰队而已，许多学者认为，像郑和船队这样的海上机动作战舰队，明帝国可以同时武装五支到六支！现代学者通过详细考证对郑和船队的规模和气势做了如下记叙。

一、郑和船队的规模

郑和船队装备各类船只 400 余艘。在一些史书上记载郑和船队有 200~250 艘，400 余艘应该相对准确，记载可能忽略了中小型船、警戒船和传令船，以及其他功能用船，船队按其船舶的大小和作用大致可分为 5 个等级：宝船、马船、运输船（粮船与水船）、座船、战船 5 种。

1. 宝船：宝船是船队中最大的船，也叫"帅船"，长达 44 丈，宽达 18 丈，9 桅 12 帆，桅杆高耸入云。该船上面是 4 层结构的宫廷式建筑，精美而豪华。宝船装备有大量的喷筒、火铳和火炮等新武器，具有很强的作战能力，宝船是船队的旗舰，被喻为"海上城堡"。郑和船队装备了 30 多艘宝船。（笔者注：这 30 多艘宝船相当于郑和舰队的主力舰，作用和炮舰时代的战列舰，像今天航母编队的航母一样。）

2. 马船：马船又名马快船，是明初的大型快速水战与运输兼用船，在郑和船中担任综合补给任务。它有 8 桅，长 37 丈，宽 15 丈，主要用于运送战马、武器装备以及其他军需和生活用品。装备有一定数量的火炮、火铳，也能用于作战。（笔者注：马船相当于今天的两栖登陆舰。）

3. 战船：战船的种类繁多，是船队中的护航兵力。它有 5 桅，长 18 丈，宽 6 丈 8 尺，船吨位小，机动灵活，配有火器、火铳、喷筒等武器，主要用于水面机动作战，保障整个船队航行安全。（笔者注：战船相当于今天的驱逐舰和护卫舰。）

4. 座船，又称战座船。共有 6 桅，长 24 丈，宽 9 丈 4 尺，同样配有火器、火铳、喷筒等武器，是一些将领乘坐的海船和八橹船，主要用于船队护行和执行两栖作战。（笔者注：座船相当于今天的两栖运输舰）

5. 运输船：分粮船与水船，粮船有 7 桅，长 28 丈，宽 12 丈。载重约 1200 吨，是整个船队的给养供给船，主要用于装载粮食、副食品。水船，与粮船的构造大致相同，是专业运水的船只。郑和船队装备的运输船，至少 35 艘。（郑和船队有 27000 人，按两年的时间计算，至少需要 15 艘运粮船。以人均每天需 2 千克淡水计算，至少要配备 20 艘水船。）不少航海史学专家认为，在船队中配置专用水船，是郑和航海和明代制船的一项了不起的创举。（笔者注：运输船相当于今天的两栖补给舰）

这样的船队，就是在海上航行一年，也不用登陆补给，其远洋作战能力，在那时世界上没有任何一个国家具有。当时就是把波斯与欧洲所有的大型船只加起来，也达不到郑和船队这样的规模与远洋航海能力。就是100年后的"大航海时代"的西方船队，与郑和船队相比都会显得非常渺小。

二、郑和船队的船队编制与人员编制

船队编制

郑和船队由舟师（相当于现在的海上机动作战舰艇部队）、两栖部队、仪仗队三个序列编成。舟师就是基本单位战船，它们被组成编队，分前营、后营、中营、左营、右营。两栖部队用于登陆作战。仪仗队担任近卫和对外交往时的礼仪。

人员编制

郑和船队的总人数大约27000人，其中人员根据分工命名为：官校、旗军、勇士、水手、火长、民梢、舵工、班碇手、通事、办事、书算手、阴阳官、医士、铁锚、木捻、搭材，等等。

由于担负着搜捕建文帝的重要使命，如果发现建文帝真的在海外，又有藩国的支持，可能要与该国发动一场大规模的战争。因此，人员编制采用了军事组织形式，人员以军人为主，加一定比例的其他人员。郑和船队采用的是明代军队建卫编制，一卫有官兵5000至5500人，共有5个卫的建制，分别隶属舟师、两栖部队和仪仗队。这支部队中的多数士兵是从明帝国各部队中抽调来的精锐，从永乐年起,这部分士兵经历长时间的、严格的航海与海战训练。另一部分士兵和水手是从具有"水手之乡"美誉的福建长乐招募来的，这部分人长年生活在海边，特殊的地理条件使他们习惯海浪里的生活，他们性格刚毅，特别善于使舟驾船。郑和部队虽然人数众多，但训练有素，组织严密。完全是按照海上航行和作战需要来编组的，均衡配套，各司其职，在统一指挥下形成一支严密的战斗整体，是当时世界上建制最完美的海军部队，其战斗力在当时来说绝对是世界第一。

三、拥有当时世界上最先进的武器装备

郑和船队装备的兵器，仍然分冷兵器和热兵器两大类：

冷兵器

主要有标枪、鬼头大刀、弓、弩、钩镰、撩钩、犁头镖、小镖、灰罐、过船钉枪、标枪等武器。此外，士兵都装备了头盔和藤牌等个人防护品。

热兵器

燃烧性火器主要有火药箭、喷筒（用于攻守城寨和水战，火焰可远达数十丈）、火球，火蒺藜、铁嘴火鹞、烟球、烟罐、鸟铳等。在郑和船队的每艘战船上，都装备有大型铜制或铁制火铳、火炮，中型铜制或铁制火铳、火炮，以及大量铜制手铳。还装备了新兵器"赛星飞"，这可能是世界上最早、最原始的水雷。而且船上士兵每5000人中就装备有几百挺霹雳炮（又名：抛石机，此时抛的是装满火药的罐子，利用爆炸或毒烟克敌），200支鸟铳（又称手铳，型号很多，大小各异），大炮20多门，主要用于陆战。

虽然郑和部队是冷、热兵器相结合的部队，但其武器装备在当时世界上是最优良的，特别是热兵器，至少领先世界30~50年。例如：火炮炮弹也从传统的实心炮弹，改为了内填炸药的可爆炮弹（这种炮弹是在倭乱时期，由火炮匠李长孙发明，外形如瓢，里头装有火药薄铁片，缠火绳的木谷以胶插入木谷的竹筒。木谷的沟缝长，炮弹的爆炸时间长，反之则短）。而欧洲是在14世纪中晚期，才出现少量的发射石弹的火炮（部分先进的火炮技术，还是郑和传到阿拉伯，再辗转传入西欧的）。至于火枪在西方部队的装备就更晚了，法国直到1566年才淘汰了十字弓，而英国直到1596年才正式将火枪作为步兵武器。而此时，郑和部队在火铳、火炮、鸟铳等热兵器的使用上，已经是非常娴熟了，在搞倭战争和靖难之役中，都得到了非常好的实战演练。冷、热兵器的战术配合，此时已发挥到了极致。经分析，明郑和部队的战斗力十分惊人，试想一下，后来西方殖民者不过才几门炮就轰开了中国清代封闭的大门。

四、拥有世界上最先进的航海技术和指挥联络技术

郑和船队在七下西洋的航海中，已经非常娴熟地掌握了利用航海罗

盘和过洋牵星术进行导航。航海罗盘，就是今天的指南针，郑和船队对罗盘的应用也已大大超出了以往指示南北方向的范围，发展为主要用于测量和确定船队的方位、航速、航距和路线，并选择确定最佳的航线，它成功运用于航海，可以说是中国对世界航海史的一大贡献。过洋牵星术，就是靠日月升落辨别方向、靠测星体高低度量远近等，对船队的方位、路线以及舰距等进行判断定位。这两项技术的协作运用，大大提高了船队的安全性与远航能力。同时，郑和船队还把这两项技术，运用到绘制航海图中，并成功绘制了许多航海图（可惜后来这些航海图和航海档案都被人为烧毁）。

在船队的指挥和调度方面，郑和船队还建立了一套完善的通信联络体系，船上配有交通艇、信鸽、音响信号（锣、喇叭、螺号等）、旗帜、灯笼等装备。白天，船队以约定方式悬挂和挥舞各色旗帜，组成相应旗语。夜晚，以桅杆悬挂灯笼多少，船头船尾灯笼的悬挂情况进行联络。遇到能见度差的雾天或下雨天，则以号角、铜锣或信鸽进行联络。

由于具备先进的航海技术和成熟的联络方式，使郑和船队在航行中，能以"人形"或"鱼形"进行编队。其编队形式是：宝船（指挥船）在中间，最前方为座船，两侧翼为战船，后方才是运输船以及马船。不管是大雾，还是黑夜，都能保持严整队形。这种编队形式，在战术上可攻可守，任何海盗或国家袭击这支部队，都是自取灭亡。当时没有任何一个国家能组织这样规模庞大的舰艇战术编队进行远洋航行，更没有能力组织舰队与这样的庞然大物决战。有两个因素制约他们：1. 没有先进的"指南针"技术。2. 自身的航海技术理论与"过洋牵星术"导航技术相比，显得非常落后。西方的航海家们，一直到 15 世纪末，还是靠观察南极星同其他星宿高度的简单仪器来确定航行方位的。西方后来掌握这两项技术，还是郑和传过去的。另外，他们舰队间的联络方式与郑和船队相比，也显得非常落后。可以说郑和船队在航海技术、通信指挥以及船队的战术编队上，领先世界 70 年以上。

五、完美的后勤保障制度

郑和船队的后勤编制非常先进，船队有专职的后勤保障人员，他们分工明确，各司其职。如：户部郎中负责管理钱财和后勤供应；书算手负责会计出纳；舍人负责起草、誊写信牒文件；医官、医士负责防治疾病和收集药材。

强大的运输能力，使后勤在保障船队给养方面得心应手。船队每次出海都装载不易变质的豆类和大米、小麦等谷物，还有大量通过腌制、烟熏或晒干后能长期保存的食物（如：蔬菜、肉类和水产），并有专业的运粮船装载，粮食储备至少能支持两年。并拥有专业的运水船，为船队海上航行提供充足淡水。郑和船队最大的特色，就是在船上种植蔬菜，养家畜、家禽。还有专职的水产捕捞人员。这些得力措施都为远航的官兵提供了坚实的物质保障。从郑和七下西洋可以看出，船队官兵没有营养不良和恶疾流行等事故发生，从而影响船队航行。而其后的几位航海家的船队，如：哥伦布船队、达·伽马船队、麦哲伦船队，他们在航行中，或多或少都出现船员间营养不良、恶疾流行等事故。其中坏血病最为常见，西方国家直到发现维生素C，才解决类似病的发生。郑和船队那时虽然不知维生素C为何物，也没有系统化、理论化的"营养学"，但他们通过完善的后勤体系，切实保障了船队官兵们的健康。不管航行到任何地方，船队都是生机勃勃，官兵的战斗力与航海能力没有一丝减退。（笔者注：一直到17世纪，西方航海者还是解决不了坏血病的问题，每次远航都有大批海员为此死亡，后来西方航海家发现中国航海者基本都没有坏血病，百思不得其解，通过分析，发现是因为中国人都有喝绿茶的习惯，而绿茶富含维生素，这才解开了坏血病之谜。）

综合以上可以看出，明帝国郑和船队，在数量规模上是世界上最庞大的，在吨位体积上也是世界上最庞大的，在装备上更是世界一流的，在航海技术、通信指挥和人员编制等多个方面都是世界领先的。所以美国学者路易斯·利瓦塞斯称郑和船队是"一支举世无双的舰队"，这样的美誉，也只有郑和船队当之无愧。

郑和完整地展示了明帝国的实力，当时南洋、西洋诸国看到他的身影，无不表现出对明帝国富裕、强大的向往，特别是南洋许多民族还停留在刀耕火种和乘独木舟原始渔猎的时期，如此先进友好的船队，带来大批先进文化技术和物质。由于明朝薄取厚与的朝贡制度，所以使许多南洋国家感动之下，自愿成为明王朝的属国，使明帝国增加了许多不征之地。元代需大军征伐，屡攻不下的占城、缅甸等地，都不战而与大明友好。

郑和船队虽然只是向南洋西洋各国和平展示明帝国的国力，但绝不是为明帝国"作秀"的花架子，船队三次出战均获全胜：一次是在今天的印度尼西亚的巨港，歼灭了陈祖义的海盗势力，这股海盗悍勇凶残，长期滋扰南洋航线，过往船只深受其害，最高峰曾结伙万人之巨，是当时全世界最大的海盗集团之一，劫掠船只超过万艘，攻陷城镇50多个，明成祖曾悬赏50万两白银的巨额花红要这个长期祸害南洋各国的悍匪脑袋，船队所经之处，沿途各地不断向郑和痛诉陈祖义海匪的恶行，于是郑和用计生擒了陈祖义，并登陆剿灭了5000个海盗，彻底捣毁了海盗老巢，并将陈祖义押回中国枭首，从此南洋航线畅通无阻。

船队第二战是苏门答腊伪王苏干剌叛乱，欲夺王位，并残酷杀害明帝国派去调停的官兵，郑和率兵登陆将其击败，擒获了苏干剌。这一仗也是胜得轻松无比。

三是与锡兰山国王亚烈苦奈儿（今斯里兰卡）的战斗，这也是郑和船队经历最大的一次海、陆战斗。起因于锡兰山国王垂涎郑和船队的宝物与船只，当时锡兰国王亚烈苦奈儿大约聚集6万部队，占尽了天时地利，以和平的方式先诱骗郑和及部分随从人员上岸，然后阻断其回船队的后路。同时他的5万多大军直扑港口，攻击郑和船队，然而他们太低估郑和船队的战斗力，5万大军损失惨重，只得驻守岸边。此时被阻断退路，并遭遇伏击的郑和率领两千精锐卫队，不退反进，快速向前方突袭，猛攻亚烈苦奈儿王城，并破城生擒了亚烈苦奈儿和其妻子，亚烈苦奈儿5万多大军不攻自破。郑和后将亚烈苦奈儿带回南京，让这位国王看到明帝国的实力后将其安全放回，据说这位国王之后与明朝相当友好，往来密切，后来明英宗时斯里兰卡一位王子来华访问，因故不能归国，遂终老于斯，至今在中国福州还留有斯里兰卡这位王室成员的墓茔和其后裔。1985年，斯里兰卡人民要求中国协助寻找锡兰王子后裔，结果惊喜地发现，500年后，老王子后裔许世吟娥仍在中国快乐地生活，2002年，王子后裔许世吟娥访问先人故国，斯里兰卡举国以王室礼仪隆重接待，称其为"锡兰公主"。2010年参加世博会斯里兰卡国家馆日活动的萨纳亚克·贾亚拉特纳总理，一天之内3次会见许世吟娥，表达对500年前老王子的崇敬之情。

这3次战斗只是牛刀小试，并没有完全激发船队的战争潜力。但由此三战可见，只要郑和船队愿意，可以随时对东南亚任何一个国家发起一场毁灭性的军事打击。郑和船队是明帝国一支因七下西洋而闻名的船队，只是明帝国海军海上机动作战舰队的一个典范。只要明帝国愿意，当时无论是船只还是人手，还可再组建4至6个"郑和船队"，保持轮番出航远征的能力。

所以，用历史比较学角度说，这支当时世界上最强大的明代海军舰队具有同时代所向无敌，可以在海洋上为所欲为的实力，以至于当代美国学者路易斯·利瓦塞斯评论这支舰队的威力是："郑和船队在中国和世界上是一支举世无双的舰队，直到第一次世界大战前是没有可以与之匹敌的。"

路易斯·利瓦塞斯此语并非夸张，郑和船队的实力之巨大，在当时的南洋、印度洋地区没有一个国家的军事力量能与之抗衡，而且以明帝国整体海军实力之巨大，明成祖朱棣可以在10个月内组建4至6个"郑和船队"。

最令后人敬佩的是，郑和船队28年间七下西洋，造访40余国，除了一次剿灭海盗和被迫打了两次自卫反击战外，没有侵略过一个国家，没有建立一块殖民地，没有掠夺他国财物，没有为自己圈定一片海域或占领一座岛礁，甚至没有为自己建立一座纪念碑和在外国水域留下一个中国地名，没有使任何邻国感到过威胁。这支当时世界上最强大的海军舰队进行的是真正的友好邦交的"和平之旅"，它是一支真正的"和平舰队"。郑和宝船所到之处，只留下了中国人民的真诚友谊和中华民族的先进文化技术，还有南洋各地人民供奉郑和延续至今的缭绕不绝的香火。

男子汉中的男子汉！到了非洲！到了红海！

郑和七下西洋，为亚非各国，特别是东南亚各国的经济繁荣、文化交流做出了不朽贡献。三宝井、三宝庙等多处郑和当年航海遗迹,至今在南洋香火鼎盛,南洋人民为郑和建庙立碑,记载他的业绩,追思他的恩德,定期举行纪念活动,庙中香火不绝,历700年不衰,可以说世界上除郑和外,没有一个航海家能在这么多国家、这样多的人群中受到如此普遍的尊敬。

而与之相比,哥伦布4次远航美洲,结果导致近一亿美洲原住民几乎被杀绝,仅在边远地带残留了500万人。1436年,鲍尔达亚在博哈多尔角登陆第一次遇到黑人,葡萄牙人从此进入非洲,5年后,贡萨尔维什就往欧洲运回了10名黑人奴隶,很快,"非洲"就全部成了白人的奴隶,达·伽马打通了西非航线,欧洲人进入了印度洋,从此印度开始了不断的灾难。麦哲伦更是直接被愤怒的菲律宾土著杀死在海滩上,而100年前还是这些土著,却载歌载舞地在海滩上欢迎了郑和。

对这些白人殖民航海家的血腥暴行,同样身为白人的马克思曾经愤怒地评论说:"所谓的基督教人种在世界各地对他们所能奴役的一切民族所采取的野蛮和残酷的暴行,是世界历史上任何时期,任何野蛮、愚昧和残暴的人种都无法比拟的。"

任何人也无法否认哥伦布、麦哲伦这些人类伟大的航海先驱所带来的地理大发现和对于人类文明进步的巨大贡献,但同样无法否认,这些满手血腥的白人殖民主义者亵渎了真正的基督教所代表的博爱仁慈的伟大济世精神,也无法否认这些越洋而来杀人放火的凶徒,背叛了十字架所代表的基督舍己救人的崇高信念。

伟大的中国航海家郑和生于中国的云南省,他是一位虔诚的穆斯林,家庭世代信奉伊斯兰教,祖父和父亲都曾去过圣地麦加朝觐,被当地穆斯林尊称为"哈只"。"哈只"是当时中国对于前往伊斯兰教圣地麦加朝圣的穆斯林的尊称。下西洋的过程中,郑和每到一地都要与其从人穆斯林马欢、郭崇礼、哈三等人举行仪式并和平传播伊斯兰教教义,使伊斯兰教在印度尼西亚和马来西亚迅速传播开来,直到今天,伊斯兰教还是印度尼西亚和马来西亚的主要国家信仰。郑和本人也在航海过程中在红海登陆,激动万分地朝拜了圣城麦加,和其父辈一样实现了一个虔诚的穆斯林一生的最大梦想。1961年,一位著名学者、伊斯兰教领袖，哈姆加长老曾明确写下一句令人深省的名言："印度尼西亚和马来西亚伊斯兰教之发展，与中国一名虔诚穆斯林密切相关，这位穆斯林就是郑和将军。"

2003年5月28日，东爪哇首府泗水的郑和清真寺举行落成典礼并正式对外开放。这是世界上第一个以"郑和"命名之清真寺。该清真寺飞檐画栋，赤柱碧瓦。其建筑设计参照中国北京牛街清真寺，充满了中国特色，由红、黄、绿3种颜色主配整个建筑，雄伟壮丽，别具一格。清真寺的右侧，陈列着郑和宝船的仿制船和郑和下西洋的巨幅画像。

清真寺碑分别用印尼文、华文和英文刻成。碑铭写道："公元1405年，虔诚的穆斯林郑和将军，奉中国明朝皇帝任命，作为舰艇统帅，'率巨舰百艘''维绡挂席，际天而行'；在'电波岳涛'中，乘风破浪，其七下西洋的远洋航海壮举于焉开始。查自公元1405年至1433年，先后28年间，为完成与世界各国间亲善、友好往来；开展文化、经贸交流活动；进而建立和加强海洋交通等重大使命；为抗衡与克服汪洋大海之惊涛骇浪、艰险阻难，郑和组建并统帅训练有素，纪律严明；科学管理，阵容整齐共计27800多名之航海人员；配以100多艘结构坚固、设备精良，堪称当年世界上最庞大之远洋舰队，多次化险为夷，转危为安；'往夷域，鲸舟巨浪；涉沧溟，十万余里。'终于胜利地完成七下西洋之伟大、光荣使命！郑和不愧为中国之虔诚穆斯林，也是推进中国与亚非各国友好来往之优秀和平使者，又是中国历史上最伟大的航海家，更是世界航海史上之先驱者，比——当欧洲商船队在海域上初露帆影时所炫耀之'大航海时代'——意大利人哥伦布横渡大西洋，航行（发现）到达美洲早87年；比葡萄牙人伽马法士柯达绕航好望角进入印度洋早92年；比另一位葡萄牙人麦哲伦完成绕航环球更早了116年。这些都是史册上毋庸置疑的正确记载。"

碑铭又刻郑和："增强了中国与西洋各国之互相了解和友好关系，推动并促进了当时南洋各国城市经济之繁荣与发展。600年以前三宝太监下西洋的伟大事迹，将名垂史册，千古流传。"

碑铭阐述了建寺目的和印尼华人穆斯林的誓言："为缅怀纪念这位伟大、杰出航海家和亲善友好之和平使者、虔诚穆斯林郑和将军之丰功伟绩，今在'英雄之城'泗水市建立郑和清真寺。这是世界上第一个以'郑和'命名之清真寺，我们东爪哇泗水与全国穆斯林一道，将因此引为自豪，并决心为我印度尼西亚祖国，竭尽全力，奉献一切。"

碑铭的最后写道："现刻石于兹，以示万世。谨此祈求仁慈和万能的安拉擢升航海家郑和将军在天之品位。阿敏！兴建泗水郑和将军清真寺委员会暨东爪哇全体穆斯林敬立。"

鲜为人知的是，这位虔诚的穆斯林、伟大的航海者在下西洋的前夜，曾于1404年，率一支船队从浙江宁波附近的"桃花渡"出发，横越东海，出使日本，同当时的日本国王源道义进行了友好会谈，建立了明朝与日本的正式外交关系，签订了经济条约《勘合贸易条约》，即《永乐条约》，推动了中日贸易的正常发展，并促使日本国王承诺积极解决倭寇犯边问题。郑和使国后，源道义就主动出兵剿杀倭寇，枭海寇首献于明廷，到永乐十五年，中国海沿海基本实现了倭寇绝迹，史料为此记载："太监郑和等赍谕诸海国，日本首先归附。"日本国王源道义，即动画片《聪明的一休》里那位是足利义满将军。

正是鲜为人知的"郑和下东洋"的成功为明帝国解除了后顾之忧，才有了不久以后"郑和七下西洋"的壮举。

在多年的航海实践中，郑和深刻认识到海权对于一个国家的重要性，其思想高度不仅超过前人，也远远高于同时代的人，甚至包括被称为"一代雄主"的明成祖朱棣。明代的中国仍然是以农业经济为主的内向型国家，许多朝廷大臣对海洋知识了解不多，认为郑和船队出海耗费极其浩大，而不能带来实际的收益。朱棣虽然赞同和支持郑和下西洋，但主要目的也只是"耀兵异域，示国富强"。因此，郑和下西洋除了在海外遇到诸多困难外，在朝廷内部也面对很大阻力，经常有人要求取消航海活动。

后来，西方帝国主义者就是从南洋长驱直入，几至中国覆亡。连贯28年的郑和下西洋不仅使亚非地区的海上贸易进入盛世。由郑和所推动的中国大规模远洋航海活动进一步孕育了中国的航海商业。正值郑和下西洋成功进行远洋航海贸易的同时，永乐皇帝对北方蒙古族及南方安南的用兵却很不成功。

永乐帝对北方的用兵，已使明国库不堪负担。为了便于他部署对北方的军事行动,永乐十八年迁都北京,实际上的资金积累工作于永乐二年已经开始。为了往北京大量集中人力、物力,分别在江西、湖广、浙江、山西和四川的林区组织伐木,在北直隶组织烧砖,开通淤塞多年的南北大运河,修复北京城墙、宫殿,所需物资大多由遥远的南方运来。以上两项支出均是纯消耗而不能回收。

而郑和下西洋虽然有所失,但毕竟还有所得。据明严从简《殊域周咨录》中说:永乐朝的海外贸易,"充溢库市,贫民承令博买,或多致富,而国用亦羡裕矣"。有的学者论证,在郑和下西洋期间,仅与东南亚各国的贸易额每年达白银100万两,10年即达1000万两,看来至少可以做到收支平,如果都是支出而毫无收入,按朱元璋时期那样的朝贡贸易政策,则郑和下西洋肯定坚持不了28年之久。当6次郑和下西洋行将结束时,由于北伐和迁都,支付浩繁,明廷已经是"国库空虚",故永乐皇帝一死,洪熙帝受大陆派的蛊惑却全部怪罪于郑和下西洋,并下诏:"下西洋诸蕃宝船,悉皆停止。"显然,前述两项消耗是造成"国库空虚"的主要原因,但朝臣们却把"国库空虚"的罪名一概归之于郑和下西洋,可谓本末倒置。

而有中国学者发人深思地认为,下西洋的被迫终止实际上是由于海外贸易活动动摇了明帝国封建统治的根基,实际上这才是中国海洋事业遭到扼杀的根本原因:

郑和下西洋广泛的官方出口贸易活动,大大地刺激了中国纺织、陶瓷、冶铁等手工业的发展,引发了嗣后明代此起彼伏的私人航海贸易活动,强化了中国工商业发展中的资本主义因素。

在郑和下西洋的促进下,明初的商品经济有了进一步发展,促进了人们的物物交换和商品意识,农民逃离农村,向工商业城镇转移或驾船出海从事商业活动。他们冲破祖辈世代依靠土地的束缚,"或冒匠窜两京,或冒引贾四方,举家舟居,莫可踪迹也"。

郑和下西洋期间从事的贸易活动已经不自觉地顺应了破除土地的束缚,进一步发展商业的世界潮流,这在根本上动摇了封建经济的根基,郑和实际上成了封建制度的掘墓人,这当然是郑和所始料不及的,正由于这样，具有超稳定结构的中国封建王朝的卫道者们竟全盘否定郑和下西洋的航海活动，斥之为弊政。

　　所以，明成祖朱棣去世以后，仁宗朱高炽和宣宗朱瞻基先后继位。他们听从了一班儒臣的建议，认为下西洋和开海禁有伤民族文化传统和儒家风范，实施海禁政策，迫使郑和停止航海。郑和死谏要求再次出海，由于他的威望和巨大影响力，1433 年 3 月，朝廷决定再次举行航海活动。

　　此时已经 62 岁的郑和带着满腹忧虑，毅然率领船队第七次出使西洋。在回归的途中，郑和病逝于古里（今印度卡利卡特市），永远长眠在他开辟的和平航线上，实现了他"鞠躬尽瘁，死而后已"的夙愿。副将王景弘将郑和的头发靴帽带回安葬在中国南京，在盛夏的黄昏，沉浸在悲痛中的庞大舰队最后一次驶入太仓刘家湾，宝船将永远停留在那里静静地腐烂，第七次下西洋成了中国海洋事业最后的天鹅绝唱，从此中国将南中国海和印度洋海权与海上贸易巨利拱手让人。

　　郑和之后，明王朝的海禁政策一次比一次严厉，嘉靖年间，明世宗下令：不许制造双桅以上大船，并将一切违禁大船，悉数毁之。"查海船但双桅者，悉数捕之"，并对下海者实行残酷的连坐制度，"沿海军民，私与贼市，其邻舍不举者连坐"。此后明穆宗为了海防和巨利，鼓励民间商人海洋贸易的政策，宣布解除海禁，调整海外贸易政策，海外贸易遂获得了合法的地位，结果从 1567 年到 1644 年这段时间，海外流入大明朝的白银总数大约为 3.3 亿两，相当于当时全世界生产的白银总量的三分之一，可见海洋贸易巨利之庞大丰厚。这为大明帝国积累了巨大的财富，为张居正的全面改革奠定了经济基础，也为日后在内忧外患中挣扎的明朝提供了延长寿命的资本。但是，隆庆开市是迫不得已，那些海商开市就是商，闭关就是盗，所以明朝廷只是鼓励民间海贸，化盗为商，郑和下西洋那样的国家海洋行为再也没有重现，直到明王朝覆没。

　　此后到清代，清王朝更实行了"片板不许下海"的最严酷的海禁措施，失去了郑和这位海上巨人，中国从此失去海洋达 600 年之久。而伴随着中国海洋事业消亡的，便是中国封建制度的急剧衰落和中华民族的落后挨打。

在经历了 28 年的郑和下西洋的极度辉煌之后，中国的远洋航海活动竟戛然而止，就此严禁一切大型海船出海，中国航船在西洋航线上急速后退，其后中国海船基本上未越过马六甲海峡以西的西洋海域而退守东洋。来了一个大逆转，使中国当日开拓海洋的突出优势很快丧失殆尽，今日反思起来，岂不痛心！

最后，郑和下西洋，就不能不对比张骞出使西域，两者有很多共同点，都是中华民族对于未知世界的大胆探索，都是王朝鼎盛时期的大手笔，都是人杰出征，主人公都有神圣的使命感、大无畏的献身精神和不屈不挠的顽强意志，都取得了巨大成功，都为中华民族打开了一片广阔的新天地，但两次开天辟地的出使却带来了迥然不同的结果。张骞的出使，使中国从此获得了西域，由于中国历朝的苦苦经营，即或战乱，中央政府一时力有未逮失土，国力恢复后也一定会毫不犹豫地重返西域，所以狭义的西域——新疆至今仍是中国的神圣领土，而郑和下西洋这一伟业却未能传续下去，明成祖后的各代君主都是鼠目寸光的守成之辈，毫无经营南洋的意识，到清代海禁更是严酷至"片板不许下海"，遂使本应极大改善中华民族和国运的重大历史机遇白白流失。垂手可得的南洋富庶之地不去经营守卫，充养国力，而陷入在北方苦寒之地的长期苦战，这不能不说是明朝最大的战略失误，当然放弃经营海洋也是清朝最大的战略失误，说到底，这还是一个大陆民族对海权意识的缺乏所至。

由于在中亚一带蒙古各大汗国几百年内战不休，中国了解西方的传统通道，西域丝绸之路被彻底阻断，这条文化交流的商道曾使汉唐对罗马帝国和西方诸国情况了解相当充分，工业品如玻璃制品，乐器如琵琶，菜种如胡萝卜，水果如葡萄都是从这条路传入中国，还有大批先进的西方人文思想和科技知识都是从这条路传入中国的，对中国人思想和生活的方方面面都产生了重大影响，并成为中国传统主流意识形态之一的佛教，就是主要走这条路线向中国进行了成功传播。玄奘通过这条路西天取经的故事在中国可谓家喻户晓，所以丝路的畅通对中国了解西方，对中华文明与西方文明良性互动极为重要，而随着北元退出中国，丝路被彻底阻断，中国从此失去了从陆路了解西方的最重要的情报信息和科技文化源头。

而明清的海禁政策，又使宋时有60多条海外贸易航线，元时高达300多条海上贸易航线，其后更有郑和下西洋这样壮举的中国海洋事业被彻底断送，继陆路交流被截断后，连本来就很困难的海路交流也被禁止，西方的技术、文化和思想再也无法有效传播到东方，而对于中国航海至关重要的船舶技术来说，积极发展海洋事业的西方，很快从印度洋贸易船上学到了中国对于世界船舶技术最伟大的贡献——水密隔舱技术，而中国却始终没有机会了解西方造船业最重要的龙骨压舱尖底船技术，结果西方一两百吨的三桅尖底船就可以纵横大洋，而对河流湖泊众多的中国只会造适合内河航行的平底船，而这种平底船想达到西方船舶的远洋航行性能，就不得不付出至少5倍的吨位代价，成本就会急剧攀升，而除了官府外，民间私人很难有那么大的财力造大海船，所以中国普通阶层始终无法突破成本的限制大规模制造远洋海船，这也是中国海洋事业没有得到大规模发展的一个很重要的制约因素。

由于这诸多不利因素，明清两代封建王朝再也不知道西方发生了什么，以致2000年前就对罗马帝国了解相当充分的中华民族，竟然沦落到林则徐这位中国近代史上睁眼看世界的第一人，在面对西方侵略者的坚船利炮时，竟认为洋人的膝盖不能弯曲的可悲地步。

就在闭关自守的中国封建王朝放弃了海洋，眼睁睁地看着郑和留下的无敌舰队一点点腐烂在死寂的海港里时，在遥远的西方，一支支满怀雄心和贪欲的海上力量正在迅速崛起，巨大的危机正无情地从海上朝中央王朝袭来……

第二章
西方海军在崛起

马六甲总督欲制服中国并不需要人们所说的那么大力气，因为他们弱不禁风，不堪一击。常去那里的人们及船长们说，率数十大船攻克马六甲的印度总督不费吹灰之力便可拿下中国沿海各地。

——葡萄牙首位访华使节托梅·皮雷斯于 1515 年《东方简志》

红夷勇鸷绝伦，战器事事精工，合闽舟师，不足撄其峰。

——明将　朱文达

第见青烟一缕，此即应手糜烂，无声迹可寻，徐徐扬帆去，不折一镞，而官军死者已无算。

——明人沈德符于《万历野获篇·红毛夷》

海水里流淌的都是黄金！

明正德十二年（1517），在郑和船队的帆影在大海上消失了仅仅50年后，中国海防重镇广州外海海面上悄悄驶来几艘西方船只，曾经帆樯如林的广州港在朝廷严厉的海禁政策下早已空空荡荡，多年没见过两桅以上大海船的广州市民，兴奋地指点谈论着那几艘模样古怪的大船，那几艘洋船上居然有三根高桅！突然那几艘正在靠近的洋船上冒出几缕淡淡的青烟，顿时一阵阵巨响传来，声若霹雳雷霆，码头上的人群顿时一片混乱，孩童的哭喊声、大人的呼唤声和惊慌的喊叫声乱成一片，原来这是洋船上来访的葡萄牙驻华第一位使节托梅·皮雷斯下令按西方礼节进港鸣炮。

此前，所有来华外国船只从无鸣炮行为，要知道，在礼法严谨的古代中国，击鼓鸣炮都是属于有严格规定、写入律令的重大行为，所以广州地方官员受此惊扰，恼怒万分，而葡萄牙又不属于明朝规定的朝贡国家，当即断然拒绝葡萄牙人登岸，中西方的第一次正式海上官方交往就这样落下了不愉快的帷幕。

望着不欢而散、悻悻而去的葡萄牙的船只，广州地方官员心中可谓又惊又惧，这模样古怪的高大船只、比明军还精良的火器和红发碧眼皮肤白皙的怪异人种，完全超出了他们的知识范围和理解能力，其实这并不奇怪。印第安人第一次见到从帆船上走下的白种人时，都把他们当成了从海那边过来的神，封建中国以中央王朝和"天朝"自居，在内心深处，化外之民皆属蛮夷之帮，虽然面对白种洋人，明廷官员不可能有印第安人那种自卑心理，但蛮夷之帮的坚船利炮胜过"天朝制造"，这仍不禁让明朝地方官员大吃一惊，这等不知礼数，胡乱放炮的红毛怪物来自何方？该命何名向上级汇报？这个问题让广州地方官员大伤脑筋，这时一些曾在东南亚接触过葡萄牙人的伊斯兰商人救了急，他们告诉明廷官员，这些红发白人叫"佛郎机"！

"佛郎机"此名其实是以讹传讹，这是近代以前土耳其人、阿拉伯人以及其他东方民族泛指欧洲人所用的名称，印度斯坦语作 Farangi，波斯语作

Firangi，均为法兰克（Frank）一词的误读，法兰克是 6 世纪征服法兰西的一个日耳曼部落集团，德国"法兰克福"这个大城市地名即源自于此，来自德意志地区的"条顿骑士团"是"十字军"三大骑士团之一，伊斯兰教徒在长达数百年的"十字军东征"的血腥厮杀中，同条顿骑士团早有接触，故误称欧洲人，甚至统称西方的基督教徒为"佛郎机"，中国人也就跟着错，以后有明一代，在所有官方文件里，都稀里糊涂地将葡萄牙人、荷兰人统称为"佛郎机"。不久，由于葡萄牙人和荷兰人在中国沿海的海盗行径使明廷大为不耻，所以在中国沿海地方官员的私下交谈中，则又将"佛郎机"蔑称为"红毛夷"和"红毛鬼"，简称"红毛"。

那么，这行事怪异的"红毛"是怎样来到中国的呢？

历史不禁记下了这样深深的遗憾，就在中国人扬帆非洲大陆西面的印度洋时，欧洲人正在非洲东面的大西洋上探索通往印度洋的东方航线，仅仅只比郑和下西洋晚 10 年，堪称导致人类地理大发现的"航海教父"、伟大的葡萄牙航海家亨利王子所开创的航海探险事业就取得了突破性的进展。

而就在 1434 年郑和第七次远洋航行刚结束时，葡萄牙远洋探险队的白帆开始鼓荡在西非博多哈尔角；1446 年，不屈不挠的葡萄牙人终于进抵几内亚海湾，欣喜若狂的白人探险家开始瞪大不敢置信的眼睛，狂喜地面对广袤的非洲大陆和健壮好奇的黑人欢呼；1497 年，靠着一代又一代吃风饮浪的伟大航海家用生命换来的宝贵经验教训，八十年如一日不惜一切探索大洋的葡萄牙人终于迎来了丰收的金秋，坚忍不拔的达·伽马船队终于驶过了非洲的尽头风暴角，一举鼓帆冲进了印度洋，阻断东西方的海洋屏障訇然倒地，东方航线就此打通！

本来对未知世界怀有极大惊惧的葡萄牙人很快惊喜地发现，印度洋上到处都鼓动着东方各国的点点白帆，这里的人民早就有着非常成熟的贸易网、贸易航线和无数丰饶的出产！

而这一切，在欧洲数十个国家中，只有葡萄牙知晓，这意味着无比巨大的垄断性利润。在巨大财富的诱惑下，仅仅一年，葡萄牙的船队便从风暴角沿着东非海岸郑和开辟的航线贯穿印度洋，于 1498 年，驶入了 60 年前，中国航海家郑和归航途中病逝的印度古里港！接着，通过对来往商船情报的收集，葡萄牙船队便沿着中国在印度洋和南海开辟的古老贸易航道一帆风顺地驶过马六甲海峡，打开了中国海上势力范围和水域大门，然后穿过明廷自己放弃的南中国海，直接来到了古老中央帝国的院墙内敲门，广州城外便响起了佛郎机的隆隆炮声！

仗剑经商，为钱航海

1507 年，葡萄牙使节托梅·皮雷斯在广州港外鸣放的礼炮声，并不仅仅意味着广州市民被"红毛"惊吓这么简单。这几声炮声久久回荡在中国历史中，具有极其重要的意义。事实上，已有知名历史学家认为，传统史学界认为 1840 年中英鸦片战争为中国近代史的肇端和起点，这种说法是非常值得商榷的。这些新观点史学家认为，葡萄牙人东进造成西风压倒东风之势，事实上已开启尚不为时人警觉的中华民族千年未有之变局。所以，在红毛"大舶突入广州澳口，铳声如雷"的战略性侦察仅 4 年后，1511 年，葡萄牙人一举攻占南中国海的门户明朝藩属满剌加国（今马来西亚马六甲州），开始直接威胁明廷海上安全，这一重大事件才是中国近代初期史的开端和屈辱的中国近代史形成的根本原因。

历史的烟云中既映照着郑和船队宝船令人扼腕的腐烂残骸，也回荡着葡萄牙人的坚船利炮的帆影雷鸣，想回溯中国屈辱近代史的根本原因，吸取历史的经验教训，避免重蹈痛苦的历史覆辙，我们就不得不认真分析中国航海事业的失败和西方大航海时代辉煌成功的最深层经验教训。

东西方航海目的和性质的不同，几乎就决定了当时历史条件下，双方航海事业最终的成败。几乎所有东西方的史学家都认为，郑和航海的政治军事目的远高于经济目的，一般说来，中国史学界认为郑和下西洋有三大政治目标。

一、宣谕南洋各藩国中国大陆政权的变化，以强大的实力通告明成祖这个篡位者为正朔，继续保持南洋各藩属国与明朝的友好关系。

二、追踪建文帝海外去向。永棣之乱，明成祖朱棣篡位，建文帝在被朱棣大军围得铁桶一样的南京城离奇失踪，这件事本来就是中国历史上有数的大谜案之一，为标榜正统，以安国内人心，所以郑和船队一大使命就是追踪调查建文帝是否匿踪海外藩属。

三、"耀兵异域，示中国富强。"众所周知，蒙古帝国是人类历史上疆域面积最大横跨欧亚的大帝国，而被明廷赶走的北元，传统上是蒙古各大汗国名义上必须尊奉的汗廷所在，国际影响很大，东南亚诸多小国都曾归附元朝，所以明成祖派遣郑和下西洋，可以在西洋树立明朝声威，消除元朝影响。而且，此时帖木儿帝国在中亚迅速崛起，对明廷西部安全威胁非常大，所以郑和出使西洋，也可以从侧翼牵制蒙古势力，保护东南沿海和平安全的海洋环境，便于明廷集中力量对付西北和北部边疆仍然不断突击袭扰的蒙古贵族。事实上，明成祖朱棣这一战略考虑绝非杞人忧天，用3000骑兵创建一个大帝国，以残暴著称的军事天才"跛子帖木儿"，一生中最后一战，就是动员了80万纵横欧亚30年战无不胜的铁骑征伐明朝，当时明朝已举国备战，只不过"跛子帖木儿"病死在出征途中，大军不得不仓促返回，明朝才得以避开一场血战。

而与政治色彩相比，郑和船队下西洋的商业色彩就非常淡薄，与延续了好几百年，给宋王朝带来巨大的海外贸易商利的"市舶制"不同，为了稳定统治，从明朝建国起，朱元璋便实行了一种愚不可及的朝贡贸易制度，以达到经济换政治，以朝贡求稳定，用"厚往薄来"的赏赐性的外贸制度，彻底取代了实施得非常成功的、可以取得巨额税收利益的宋代市舶制，这的确是朱元璋这位开国君主的僵化思维和小农经济眼光的重大局限所致。事实上，这位农民出身的皇帝的商业思想和商业眼光，包括他搞经济的能力，从未达到过以重商主义著称的宋代君主的高度，更不要说搞海外贸易的手段了。

从朱元璋创建明朝开始，明朝历代皇帝实行的都是重农抑商的政策，明代对商业行为的禁锢是出了名的。这从中国巨富沈万山的悲惨遭遇即可见一斑。事实上，如果朱元璋动用国家力量支持沈万山这批海贸巨商的海外贸易网和商业情报系统，不知可以获得多少比宋代更巨大的外贸巨利。其实，不要说做外贸，在发展商业这件事上，朱元璋一生都只是个农民，甚至有明一代的所有君主在这件事上都只是农民。这也就种下了明王朝一直财政困难的祸根，中国有句名言：无商不富。正因为歧视商业，所以有明一代，民间与官府一直都处在穷困状态，只不过治理得好的时候，老百姓贫困程度轻一点，遇到昏君，老百姓就更穷而已，而明王朝的财政状况一直不佳，简直就没有真正好转过，张居正改革亦不过扬汤止沸、昙花一现而已，可以说，明朝是中国历史上最穷的王朝之一，以致有历史学家干脆把明朝最后覆亡的原因归结于两个字："没钱！"

所以，在这样一个轻视商业、鄙视商业的政治大环境下，郑和船队面对南洋和印度洋无数富饶出产、商贸机会，带回最多的还是仅供皇室贵族和官僚享用的奇珍异宝和香料补药。马克思后来说过一句很精辟的话："经济基础决定上层建筑。"而中国共产党的军队就说得更直接："不打亏本的仗。"这两句话都揭示了关于政治、经济、军事三者关系的最本质的原理，那就是，没有经济基础支撑的政治、军事行为是不可能持久的。所以，郑和七下西洋被公认是中国历史上的一个"异数"。许多历史学家都认为，在明朝永乐这一特殊年间，由国家倡导的大规模开海远航的郑和七下西洋发生在以自然经济为基础，重农轻商的中国封建社会，是不折不扣的人间奇迹，是古代中国不可再现的奇异风景线。

所以，后来晚清大历史学家梁启超在面对海外列强入侵，中华山河破碎，愤而写下希望启迪国民航海文化和探险精神的《祖国大航海家郑和传》，他在文中沉痛地总结历史的教训："若我国驰骋域外者，其希望之性质安在！则雄主之野心，欲博怀柔远人，万国来同等虚誉，聊以自娱耳！故其所成就者，亦适应于此希望而止，何也？其性质则然也。故郑和之所成就，有明成祖既已踌躇满志者，然则以后虽有无量数之郑和亦若是则已耳呜呼！此我族之所以久为人下也。"

梁启超在此发人深省地指出，郑和航海事业的成功，完全是依赖有为君主的雄心壮志和政治支持，所以朱棣之后，即便出现无数个郑和，照样也逃脱不了和郑和一样的结局和历史命运。梁启超认为，把国家事业的命运寄托在某个人身上，这就是中华民族起步极佳，本因辉煌无限的早期航海事业夭折的缘由，也是数百年来积弱挨打的根本原因。

　　而与之对比，驱使西方航海家一次次冒险远航的动力则几乎就是一个字：钱！

　　而西欧各国政府不惜代价资助探险海运，还是为了一个字：钱！

　　葡萄牙政府派达·伽马东航印度，西班牙政府派哥伦布远航美洲，统统都是为了一个字：钱！

　　这里面最典型的例子，就是历史贡献在西方航海家里排名第一的，发现了美洲新大陆的哥伦布的故事。

　　在所有西方航海家中，哥伦布都算得上一位争取个人利益和目标的高手，哥伦布是一位典型的重商主义者，在与西班牙君臣、热那亚朋友、佛罗伦萨人和正宗的犹太人打交道时，就强调百分比、委托利益和利润，这完全是一种资本主义的模式。

　　哥伦布之所以没有说服葡萄牙国王接受西航计划以及他曾三次被西班牙王室所拒绝，其主要原因是要价太高了。葡萄牙王室拒绝了狮子大张口的哥伦布后，他又在西班牙活动了6年，哥伦布宁可穷困潦倒，使毕生从事的探险计划搁浅，也绝不降低报酬标准，始终把个人利益放在首位。

　　由于哥伦布的坚持，最终还是西班牙君主妥协，同意了他的航海计划，并于1492年4月17日，与哥伦布签订了《圣大非协定》，其明确规定，西班牙国王是新发现领土的宗主和统治者；哥伦布为新发现领土的海军司令和总督；哥伦布将拥有新发现领土上出产和交换所得的全部黄金、白银、珍珠、宝石、香料和其他财物的十分之一，并且一概免税；对于同领土进行贸易的船只，哥伦布享有投资取得八分之一股份的权利；哥伦布还享有新领地的商务裁判权，其后代世袭其一切爵位、头衔和权利。

　　可见，驱使哥伦布冒险远航的完全就是一份由国家担保的，能为哥伦布个人带来巨利的商业契约，简言之，这份契约的实质就是主权归国王，财富归哥伦布，而西欧各君主愿意支持这些胆大包天的冒险家远航，给他们以优厚的待遇，无非也就是这些冒险家可能为他们获得新的海外领土和巨额利润，大头毕竟还是国王的，这也无可厚非，哥伦布他们反正也掏不出一个子儿来，国王要不肯投资，哥伦布他们连起家的本钱都没有，只能在码头上跟一帮穷水手厮混，国王投资当然就是要利润的，所以这和中国皇上命令航海家出海是完全不同的两码事。

所以，对于西方航海家来说，他们面前的蓝色大海不是郑和面前的和平友谊之海，而是不折不扣的，充满了黄金诱惑的巨大商海！这种为商业利益冒险远航的传统是与西方国家自古以来的重商传统一脉相承的，甚至后来欧洲四大海上霸主——葡萄牙人、西班牙人、荷兰人和集大成的英国人干脆就把他们的坚船利炮征服四海概括为四个字——"仗剑经商"！

还在 12 世纪西欧各国骑士参加十字军东征，攻陷拜占庭首都君士坦丁堡时，东方宫廷的豪华奢侈和堂皇富丽，就让当时还非常贫穷落后的欧洲各国武士目瞪口呆，垂涎震惊不已。后来，马可·波罗坐在热那亚监狱里百无聊赖口述的一部亦真亦幻的东方游记，更是轰动整个欧洲。游记里，这位见多识广的马大侃添油加醋地渲染，弄得当时的欧洲人把东方的印度、中国和日本全当成了金砖铺地的黄金国，对这些东方天府的滚滚财富向往不已。

当时欧洲已把货币当作普遍的商品交换手段，并大量购买东方商品，造成原来产量有限的西欧黄金大量外流。而欧洲，特别是西欧各国限于地域狭小，难有发展空间。而 15 世纪中叶之后，通往中亚的商路又为土耳其人把持，土耳其的苏丹们心狠手辣，抽起税来雁过拔毛，把大部分东西方商业利润都弄到自己腰包里，去装饰不断扩大的豪华后宫。结果弄得恼怒不已又无计可施的西欧各国，只好千方百计寻找一条通过大西洋直接到达东方的航路，而欧洲人对黄金的追求也促使他们极愿参加到东方航线的探索中去，这就是西方航海家进行大航海的大时代背景。

所以，恩格斯针对西方大航海说过一句至理名言："远洋航海业是绝对产生资本主义的行业"，自哥伦布大西洋航海探险发现美洲后，带来了地理大发现，直接导致西方的资本主义制度取代了中世纪落后的封建制度，使全世界面貌焕然一新，这就是导致恩格斯发出这句感慨的历史原因。

郑和与哥伦布从事的同为远洋航海活动，前者的时效远较后者要大，影响亦广，而后效却远远不能与后者相比。明初的郑和下西洋只是一种历史偶然，哥伦布航海遭遇及其后效却有其历史的必然，而其后果更是西方历史文化导致的必然结果。

郑和与哥伦布现象的发生，充分反映了东西方文化传统的差异，它是由东方以中国为典型代表的重农抑商治国理念，与西方的重商主义两类完全相悖的文化传统所引起的。实际上，这也是造成中国封建社会长达 2000 年，而西方封建社会较为短暂的根本原因。

所以，永乐大帝朱棣之后中国再也没有了郑和，而可以断言，在巨额利润的刺激下，就算没有西方航海教父——大航海时代的真正启蒙者葡萄牙亨利王子，还是照样会有英国的亨利王子、西班牙的亨利王子、荷兰的亨利王子继续把西方航海事业干下去。

而就是因为航海的目的主要是对商业利润的追求，所以西方航海家对航海途中的原住民便采取了与郑和截然不同的态度。

哥伦布探险队自登上第一个美洲海岛起，第一件事就是寻找黄金。当他们在海地岛上发现了黄金后，起初还只是巧取，还能用玻璃和玻璃制品等不值钱的东西搞诈骗交易，用这些印第安土著从未见过的亮晶晶的小东西交换印第安人的贵重物品，不久，当探险队发现原始的印第安人毫无抵抗能力，连马都没见过，将其当成神兽，连铁器都没有，把西洋刀剑当成神器后，就干脆豪夺明抢，把印第安人的一切掠为己有。

当哥伦布正在美洲海地岛上寻找黄金储藏地时，他乘坐的旗舰"圣玛丽亚"号在停靠地不幸沉没，迫使哥伦布决定返航。限于过小的运载能力，只得留下部分人员在岛上建立居留地。按照常理，面对孤岛，离乡背井，人们总是要逃避的，可是岛上黄金的诱惑竟使船员们争先恐后地要求留下。这就是海上探险时代船员们之一般心态，也是他们冒险动力之所在。他们的拼搏精神令人敬佩，而对财富的贪婪却为人们所不齿。

1493 年 4 月，哥伦布在致西班牙国王的信中提出在新发现的土地上建立殖民地的设想。5 月 29 日国王颁发诏书，正式批准了哥伦布建立殖民地的计划。诏书规定第二次远航有三项主要任务：一、征服、教育和改造印第安人；二、建立商业殖民区；三、考察古巴是否属中国的一部分。

为了慑服海地岛上的印第安人，哥伦布进行了 9 个月的征服战争。1495 年，哥伦布发布命令，凡年满 14 岁的印第安男人，每人每季必须缴纳一鹰脚铃金砂，或 25 磅棉花。酋长每人每两个月必须缴纳 1 葫芦金砂。完税者发给一块铜牌挂在脖子上，未缴纳者或缴纳不足者将受到惩罚，重者可处死。这就是历史上臭名昭著的鹰脚铃制度。

结果在短短的几年中，印第安人累世积攒起来的黄金很快被西班牙殖民者榨取一空，海地岛上黄金的储藏量有限，时间稍长，多数人均完不成指标而惨遭杀戮或劳累致死。即便逃匿山林，最终不免死于饥饿和疾病。海地岛上的印第安人急剧减少。结果哥伦布的探险就变成了对印第安人的大屠杀。不能不说，哥伦布这类典型的西方航海家具有航海探险家与殖民扩张分子的双重身份，这就与提倡和平亲善的中国航海家郑和形成鲜明的对照。

所以，被当时的中国士大夫尊称为"泰西儒士"的意大利耶稣会传教士，万历年间来中国居住的利玛窦，在对中国的历史进行了深入研究后，认为中国的人文精神与西方存在天壤之别，利玛窦发人深省地写道："在这样一个几乎具有无数人口和无限幅员的国家，而各种物产又极为丰富，虽然他们有装备精良的陆军与海军，很容易征服临近的国家，但他们的皇上和人民却从未想到过要发动侵略战争。他们很满足于自己已有的东西，没有征服的野心。在这方面，他们与欧洲人很不相同，欧洲人常常不满意自己的政府，其贪求别人所享有的东西，西方国家似乎被最高统治权的念头消耗得筋疲力尽，但他们连老祖宗传给他们的东西都保持不住，而中国人却保持了数千年之久。我仔细研究了中国长达 4000 多年的历史，不得不承认我从未见到过这类征服的记载，也没听说过他们扩张边境。"

正因为航海的动机和目的不一样，所以造成了郑和航海造福亚非与哥伦布祸殃美洲两种完全不同的结局。

郑和下西洋之前，特别是东南亚诸国经济十分落后，郑和船队满载着当地盛产的香料源源不断地运往中国，开拓了中国的香料市场。外国学者说，爪哇、旧满等地就是在这种影响下，"变成向东方香料群岛扩展的经营基地，嗣后新的港口如杜板和锦石，在中国商业的影响下异军突起""中国对于胡椒的大量需求导致了爪哇和苏门答腊胡椒种植的增长，这样必然刺激经济的发展"。对郑和在发展亚非国际贸易方面所取得的成就给予很高的评价。

与郑和下西洋造福亚非相比，哥伦布等西方航海家的海外殖民活动带给美洲人民的却是无尽的灾祸。西方殖民者所到之处对当地人的剥削和压迫，可谓惨不忍睹，葡萄牙人在印度的果阿法庭发明的镇压当地人的种种酷刑令人发指，而西班牙在美洲的暴行也是一脉相承。而最可怕的还是不同人种和物种，突然的非自然交流造成的极其可怕的后果，历史学家们这样记下了西方殖民者导致的悲惨一幕：

哥伦布进入新大陆后还为美洲当地人带去两件杀伤性武器，那就是枪炮和细菌，特别是后者，杀伤力特别强。12—13世纪，当时还在已知世界边远地区的西欧，因黑死病及瘟疫的蔓延而受累无穷，后来他们逐渐增强了对细菌的抵抗力。由于西欧人作为旧大陆的带菌者大批进入新大陆，原本生活在新大陆的美洲土著的生态平衡受到了严重破坏，细菌以意想不到的速度传播，并夺去了无数美洲人的生命。

印第安人在病床上死于由欧亚大陆传来的病菌的，要比在战场上死于欧洲殖民者的枪炮和刀剑下的要多得多，这些病菌杀死了大多数印第安人和他们的领袖，消磨了幸存者的士气，从而削弱了对欧洲殖民者的抵抗，经常使之不战而胜。1520年，在新大陆天花由于受到来自旧大陆带菌者的感染而迅速肆虐流行，到1618年，墨西哥原来的2000万左右的人口急剧减少到160万左右。

当皮萨罗于1531年率领168人在秘鲁海岸登陆去征服有几百万人的印加帝国时，天花早已在1526年由陆路传到，杀死了印加民族的很大一部分人口。包括印加帝国皇帝，造成帝位纷争，导致内战，皮萨罗坐收渔人之利。又如一个欧洲征服者于1540年在北美东南部行军时，遭遇两年前因当地居民死于流行病而被放弃的一些城镇旧址，这些流行病是从沿海地区印第安人那儿传来的，而这些印第安人又是被到沿海地区来的西班牙人感染上的。这些病菌是赶在这些西班牙人之前向内陆传播的，印第安人以前从来没有接触过这些病菌，因此对它们既没有免疫能力，也没有遗传抵抗能力。天花、麻疹、流感和斑疹伤寒争先恐后地要做杀手的头把交椅，紧随其后的还有白喉、疟疾、流行性腮腺炎、百日咳、瘟疫等。

欧洲人随身带来的病菌乃他们最强大的征服武器，他们在新世界横扫一切，因为当地居民对欧洲人带来的病菌毫无免疫力，在加勒比海地区，几乎所有的土著部落居民在不到50年的时间里被扫荡殆尽。到1656年，中美洲阿兹特克和玛雅文明区的人口从原来的大约2500万萎缩到150万，安第斯山脉的印加文明区也遭遇类似的命运，其人口从原来的大约900万减少到60万，北美甚至在大批的移民到来之前，第一批欧洲来客带来的病菌，大约在1616—1617年就已在大片土地上扫荡了许多土著居民，从500万减少到6万。据估计，整个新世界的人口从1亿减少到500万。（注：随后葡萄牙水手给中国带去了淋病和梅毒，并通过广州的妓女迅速蔓延中国，在此之前，中国是没有流行性性病的。唐宋间的文人名士，押妓甚至是日常生活一部分，乃至被传为美谈，从无性病的记载。）

最后，令人警醒、发人深思的东西方航海比较是，东西方航海者对于宗教信仰不同的传播态度和方式，我们知道，郑和是一位虔诚的穆斯林信徒，他没有挟跨海而来的强大武力强迫东南亚人民信仰伊斯兰教，而使用完全平等和和平的方式传播伊斯兰教教义，结果使伊斯兰教在东南亚各国人民心中深深扎根，马来西亚、印度尼西亚更奉伊斯兰教为国教，成为伊斯兰教国家。

而西方航海家都是和郑和一样虔诚的宗教信徒，也都真诚地抱着把基督教教义，向未知大陆人民传播的热烈渴望，在这一点上，东西方航海家都是神圣的使徒，哥伦布在他的航海日记里就充满热情地写下了他发现美洲大陆的重大意义之一："天主教在此发现广阔的活动领域，我们的宗教信仰将大为巩固。"

没有任何人会怀疑，这些西方航海家对信仰的虔诚和传播信仰的渴望，但他们在新发现土地上的血腥掠夺却使基督教的传播大受挫折。我们看到，被西方国家实际统治了300年的印度至今仍以印度教为信仰主体，翻开中国近代史，激起中国人民极大愤怒的各种"教案"比比皆是，所以对比佛教在中国的顺利传播，甚至是得到历代官方的大力支持，基督信仰在中国的传播就艰难得多，而几乎被杀绝的印第安人至今还是沉默地固守着自己的自然神信仰，大多数非洲国家也很难说主体上就接受了基督信仰，而先后都被西方以各种方式殖民占领过的中东各国，当晨祷的钟声响起的时候，歌颂安拉的心灵呼喊声仍然响彻了沙漠各地。

这一切都说明，想靠暴力和武器传播某种信仰是注定要失败的，事实上，用铁和血传播信仰是完全违背了基督教教义的，也与基督教"神爱世人"的教诲完全不符，征服一个民族的身体容易，征服一个民族的心灵就不是那么简单了，而直到现代，西方思想家亨廷顿还在设想未来世界的基本战略态势，是基于不同信仰引发的不同文明之间的冲突，而完全没有一个宗教和谐，世界大同的全球性和平合作观念，而且亨廷顿的这一观点还得到了西方主流思想界的认可，可见西方完全没有吸取这些血腥历史的残酷教训，对比郑和所为，岂不悲夫？

正当哥伦布和西班牙人在美洲大陆血腥屠杀的同时，葡萄牙人在中国沿海也干起了同样的强盗勾当，只是由于当时明王朝的相对强大，葡萄牙人不敢，也没有能力对中国人，采取对印第安人那样的屠杀政策，而是更多地施用了谋略诡计来骗取。

航海家亨利

葡萄牙探险船队在达·伽马率领下抵达郑和逝世的古里后，便秉承恩师"大航海精神教父"恩里克王子的传统开始大规模系统收集有关亚洲的地理和人文资料，尤其是有关中国的情报，这一点也不奇怪，因为古代中国是东方文明的政治、军事、经济和贸易中心，想和东方打交道，中国是绕不过去的。

在此，我们不得不提一下一位从未出过远海的伟大航海家，他就是西方的朱棣，"大航海时代"真正的开启者和幕后主使人，创建了全世界第一所航海学校的恩里克王子，人口不足百万的葡萄牙能成为近代西方第一个海洋帝国，独领大航海时代起始期的风骚，全拜这位人称"航海家亨利"的恩里克王子所赐。

1415 年，葡萄牙跨海攻占了非洲西北海岸要塞休达，这是葡萄牙历史上最重要的起点，在缴获的琳琅满目的穆斯林物品和书籍档案中，葡萄牙人欣喜若狂地获得了大批阿拉伯财富来源和航海贸易的绝密情报。他们知道了制造阿拉伯金币的原料来自西非几内亚湾所产的黄金；他们知道了阿拉伯人依靠许多条海路航线和河网从东方购运香料，葡萄牙人终于知道了豆蔻、肉桂、丁香、胡椒、辣椒、丝绸、棉布、瓷器、化妆品这些当时能带来巨大利润的最高档的东方香料和奢侈品的产地，甚至知道了运送这些货物沿途所经的港口、城市和税金！当蒙古人跛子帖木儿和奥斯曼土耳其人的血腥征杀将传统的香料之路和丝绸之路毁灭殆尽后，欧洲市场上这些货物已经涨到了天价，只要能够绕过非洲，打通东方航线，直接从海路到东方进货，就意味着无数的垄断利润和滚滚财源！

葡萄牙人最幸运的是，他们拥有志向远大、目光深邃而又极富行动力的恩里克王子，更幸运的是，占领休达后，恩里克王子被任命为休达总督，恩里克王子花了大量时间消化了缴获的阿拉伯航海资料、地理书籍和地图，熊熊的激情在恩里克王子的心中燃烧，他分析了这些资料后得出了自己的结论：从海路绕过非洲直接远征印度是可行的！

精明的恩里克王子把休达财富和情报档案资料统统搬到葡萄牙萨克里什半岛的一座城堡里，在那里筹建了全世界第一所海校，专门培养航海人员。此前，包括中国在内的远洋航海家都是靠代代口传心授，掌握海上航行的技巧。恩里克王子首创了大规模系统培养航海人员的现代模式。他吸收了阿拉伯文化和欧洲文化的精华，高价收购各式地图和海图，重用被愚蠢的西班牙人赶出来的犹太金融家和技术人才，既得到了当时最优秀的阿拉伯学者，专门为他制造的精良的航海仪器和图表，还成功吸收了犹太人股份制集资法，利益共享，风险分担的资本主义原理，弄到大批源源不断的资金供恩里克王子装备一支又一支远航探险队。值得一提的是，恩里克王子还是一位优秀的造船家，他弃用在风平浪静的海区搞出来的，不适宜远航的地中海船型，以诺曼人的船型为母本，综合了阿拉伯三角帆，中国的导航指南针等诸多优秀远海船型的优点，制造出了极易远航的排水量80~120吨的坚固三桅船，诺曼人的远祖就是世界航海史上有名的北欧维京海盗，这个族群堪称世界上最优秀的航海民族之一，简直天生就是为了跑到大海上去吃风饮浪的。早在 8 世纪末，维京人就驾着帆船向各个方向的海洋推进，在英格兰他们被称为丹麦人，在法兰克、意大利他们被称为诺曼人，在罗斯、爱尔兰他们被称为瓦兰几亚人，他们动不动就跑到远海去冒险，航向西达冰岛、格陵兰岛，已经冲到北极圈。公元 1000 年，他们甚至冲到了北美洲的陆地上，这个民族是真正的海洋的骄子。他们的北欧老家正面就是常年气候恶劣，波涛汹涌的北大西洋。毫无疑问，如果没有优秀的远洋船型，他们连家门口都出不了，更不要说去远海。恩里克王子就是利用诺曼船型为母本搞出了"龙骨压舱尖底三桅船"这种革命性的远航利器。按照恩格斯的说法，大航海的成功简直就是诺曼船型取得的，恩格斯认为：正是诺曼人的船只（主要应该是尖底船）给航海技术带来了一场全面的革命："他们的船是一种稳定的、坚固的海船，龙骨凸起，两端尖削，他们在这种船上大都只使用帆，并且不怕在波涛汹涌的北海上受到风暴的突然袭击……而诺曼人则乘这种船进行了海盗式的探险，东面到达了君士坦丁堡，西面到达了美洲。这种敢于横渡大西洋的船只的建成，在航海业中引起了全面的革命，因此还在中世纪结束以前，在欧洲所有沿海地区就都采用新式尖底海船了。"

最后，也是最关键的一点，就是王子极善保密，懂得如何不去惊动任何一个欧洲和伊斯兰强国，脚踏实地地去悄悄实现自己的理想，比如为了保住远洋三桅船的技术秘密，葡萄牙国王专门立法，禁止向一切欧洲国家出口这种尖端船舶，眼睛充血的西班牙人花费数十年，用尽一切办法都搞不到这种远洋船型的技术秘密，最后还是靠拖回几条在西班牙海岸搁浅的三桅船才弄懂了技术诀窍。恩里克王子的保密工作做得如此之好，以至于直到 1998 年联合国海洋年的纪念活动在葡萄牙达到高潮时，人们还是不太了解当年葡萄牙航海的真相！

恩里克王子于 1460 年去世，他一生从未登上一支船队扬帆远航，在他活着时也未能看到他心目中的东方航线的成功开辟，但是他孤独而浪漫的幻想，终于彻底激活了整个葡萄牙民族和整个西方的"大航海时代"，给人类开启了伟大的地理大发现，所以，世界航海尊称这位从未出过远海的恩里克王子为"航海家亨利"，而把他的航海学校、训练出来的船长和水手称为恩里克王子的"仆人"。

在印度洋上，"仆人"们尊奉已故恩里克王子的教导，首先对中国开展了大规模的情报搜集工作。葡萄牙人占领印度果阿后，更加关注中国。

中国丢了门户满剌加

曾在印度生活半个世纪的历史学家戈雷亚在《印度传奇》中记载：达·伽马从印度专门带给王室的礼物中，多件精美绝伦的瓷器引起王后惊叹，这更刺激了葡萄牙国王从海路通往中国的愿望，戈雷亚还称当时遇到了"中国人的堡垒"，因为当时华人在印度沿海一带也设过许多厂。而另一位葡萄牙人更直接在《天堂与印度香药谈》一书中记录了他得到的有关中国的情报，"华人很早便在这一带航行了"，"来航的船只那么多，根据霍尔木兹人的记载，有时一次涨潮便有4000只船进入哲朗（今称霍尔木兹）港口"。

1502年9月在里斯本绘制的第一次标明赤道线和热带回归线的一张地图上，有关满剌加的说明如下："这个城市所有的物产，如丁香、芦荟、檀香、安息香、大黄、象牙、名贵宝石、珍珠、麝香、细瓷及其他各种货物，绝大部分从外面进来，从唐土运来。"此乃葡萄牙文献上有关中国的最早明确记载。

1504年，意大利人佐治在其《印度游记》中称葡萄牙船队与来自中国的白人相遇。一年后，葡萄牙国王唐·曼努埃尔一世向西班牙天主教国王写信时声称收到确切消息，在交趾（今越南）一带有许多天主教徒，众多王国只服一个叫作大中国的国王。

葡萄牙国王唐·曼努埃尔一世得到达·伽马的情报后，对远东地区的发现极为关注。对舰队司令塞格拉下达了有关搜集中国情报的详细要点：

"你必须探明有关秦人的情况，他们来自何方？路途有多远？他们何时到满剌加或他们进行贸易的其他地方？带来些什么货物？他们的船每年来多少艘？他们的船只的形式和大小如何？他们是否在来的当年就回国？他们在满剌加或其他任何国家是否有代理商或商站？他们是富商吗？他们是懦弱的还是强悍的？他们有无武器或火炮？他们穿着什么样的衣服？他们的身体是否高大？还有其他一切有关他们的情况。他们是基督徒还是异教徒？他们的国家大吗？国内是否不止一个国王？是否有不遵奉他们的法律和信仰的摩尔人或其他任何民族和他们一道居住？还有，倘若他们不是基督徒，那么他们信奉的是什么？崇拜的是什么？他们遵守的是什么样的风俗习惯？他们的国土扩展到什么地方？与哪些国家为邻？"（注：此文原件仍存葡萄牙国立档案馆。）

塞格拉的船队于1509年驶抵满剌加后，马上展开与在当地经商华人的交往。华人运销满剌加的主要货物为麝香、丝绸、樟脑、大黄等，以换取胡椒和丁香。华商一般趁3、4月的季风前来满剌加，于5、6月又赶风返回中国。葡萄牙人千方百计向华人打探中国的情况，企图挤入中国与东南亚的贸易网中。他的舰队在满剌加逗留了数月，后因无法补充给养而撤退，但与华人有了初步接触。

让人感慨不已的是，就在葡萄牙人拼命收集中国情报的时候，中国封建王朝不但对西方越来越近的海上威胁麻木不仁，而且在明廷内部发生了一件令后人极为感伤的事，就是郑和在航海途中费尽千辛万苦之力搜集的有关南中国海、南洋和印度洋地区所有的航海资料，沿途各国贸易和国情档案资料全部被莫名其妙地销毁，不明不白地在中国历史上全部失踪了。

原来，就在中国主动放弃海权和海上贸易不久，海外贸易的走私巨利顿时让不法商人垂涎不已，大批内外勾结的海盗集团顿时蜂起，这里面最有名的当然就是以日本浪人为骨干的"倭寇"集团，所以明朝的倭患实是物必先腐而后虫生的典型案例，不是强大的明朝海军在郑和后自毁在海港内，那些只操轻舟舢板的倭寇怎么可能长期劫掠中国沿海？而有明一代，郑和之后前有倭寇祸害东南，后有中国南海此起彼伏的海匪集团，葡萄牙人、荷兰人更是先后不断滋扰，并占据中国澳门和台湾，这实在不能不说是明廷自毁海军自弃海防的可怕报应。

到成化年间（1465—1487年），即葡萄牙人开始向东方挺进的时候，被开始猖獗的倭寇滋扰得忧心不已的明宪宗听从内廷太监的建议，决定再效郑和故事，重下西洋再振海防，这时出现了历史上令人瞠目结舌的一幕，当兵部尚书项忠（相当于今天的国防部长）奉命进档案库查取郑和出使的海图时，竟赫然发现，所有郑和航海档案资料竟全部失踪，一件无存！当时担任京官的嘉兴人严从简在所著笔记《殊域周咨录》里详细记录了这件事，严从简说在项忠入库前，时任车驾郎中（相当于今天的装甲兵司令）的刘大夏为"闭关自保"，竟然把这些资料全部藏匿起来。刘大夏的理由是，郑和航海"费银粮数十万，军民死者且万计，纵得奇宝而归，于国何益？"真是腐儒误国，莫此为甚。装甲兵司令如此海权鼠见，封建王朝的保守落后，真让后人长嗟不已。

《殊域周咨录》是根据明廷内库档案所写，而嘉靖年间的吏部右侍郎陆树声在自己的笔记《长水日抄》中，明代专门记载历代皇帝言行的《实录》都记载了刘大夏藏匿外国资料之事，应该说这件事具有相当可信度，后来有史学家认为明朝皇室其实是回族穆斯林，由于明朝起事时极其浓厚的宗教背景，至今在中国民间和回族群众聚居区还流传着"十回保一朱"，"十大回回保明朝"的说法，回族群众们认为朱元璋的马皇后不缠足，这是回族群众的习惯，而且10个回族群众9个姓马，朱元璋手下常遇春、汤和、蓝玉等10员开国大将均是回族群众，所以满族人入关后，为了维持稳定，争取回族群众的支持，为了掩盖明朝皇室是回族穆斯林，故意销毁了郑和七下西洋的档案资料，但不管是明朝官方销毁，还是清朝官方销毁，郑和七下西洋的航海资料就此全部失踪，没有这些情报资料，远洋航海根本无从谈起，明王朝就此丧失了最后一次真正挽回国运的机会。

随同郑和航海资料一起消失的，还有中国工匠精湛的传统造船技艺，由于长期不造大船，中国的造船工艺渐渐荒废、遗忘、失落，随着为郑和造船的最后一批工匠去世，明朝从能造至少2000吨的远洋宝船，退化到只能造出最大吨位400吨的近海巡逻艇，而且造船质量大大下降，所以葡萄牙人东来，在海上一经接触，就对中国军舰鄙视万分，将中国军船蔑称为"戎克船"，这是英语"Junk"的音译，加"船"字形成的。在台湾1993年版的《新英汉词典》中所列"Junk"第二意为"中国帆船"，而第一意则为"破烂物，垃圾，废物等无价的东西"。

之后消息传回西方，西方便统称中国船为戎克船了，中国战舰便一直被西方看不起，一堆又一堆强盗便倚仗坚船利炮赶到中国分赃来了。

在侦知了中国极其虚弱的真实海防情况和中国弃守南海南洋的情报后，葡萄牙人顿时贪心大起，在 1510 年攻占了印度果阿后（果阿是印度的澳门，此后直到 1961 年，印度总理尼赫鲁动用 3 万军队攻打果阿，血战 48 小时，俘获葡萄牙军队 3000 人，才夺回了被葡萄牙占领 400 多年的这座印度海滨城市），断然派舰队扬帆东进，一举攻占南中国海门户。明朝藩国满剌加，在今日马来西亚马六甲州，扼守马六甲海峡要冲，马六甲海峡是今天美国海军严令必须控制的 16 个全球海上咽喉要道之一，这里的航道连接着中国近海和印度洋，控制了满剌加，意味着葡萄牙人从此彻底锁住了明廷通往印度洋的海上咽喉，这对中国历史来说是一件意义极其重大的事件。1511 年，满剌加的陷落从此为西方打开了进入中国势力范围与水域的大门，葡萄牙人开始实施葡萄牙东方帝国的构想，而更可叹的是，当满剌加国王向明廷求救时，明廷完全放弃保护藩属国的责任和决心，仅令暹罗等国出兵敷衍了事，从此南洋诸藩齿冷心寒，南洋各属地，明廷人心两失。所以，几位中国历史学家对满剌加事件做了非常沉痛的评述。

曾任北京市副市长的大陆历史学家吴晗说："从成、宣时代积极经营南洋，南洋已成为中国之一部，无论在政治方面、经济方面、文化方面，均为中国之附庸。南洋之开拓与开化，完全属于中国人之努力。假如政府能继续经营，等不到欧洲人的东来，南洋诸国已成为中国之领地，合为一大帝国。或许世界史要从此变样子。可是政府放弃了这一责任，并且不愿继承前人的伟绩，退婴自守，听其自然。"

台湾历史学者梁嘉彬则指出："明人不自强，不造浮海大舶，与佛郎机荷兰等国争锋于海上，而独欲以一纸救谕令佛郎机还满剌加地，令暹罗诸国出兵，明人谬谌！"

澳门前文化学会主席彭慕志则指出："葡国人攻占满剌加之后，破坏了中国对该地区所期望之平衡，并威胁到中国在该地区数世纪以来无可争论之主宰地位。"

葡萄牙人的突然进入，将中国、东南亚地域政治的平衡破坏殆尽，几千年来中国以"朝贡贸易"保持的"主宰地位"开始动摇，"天朝"受到来自朝贡贸易圈外的挑战，但明朝仍未意识到葡萄牙人在东南亚出现的严重性，无充分的政治触觉，似乎亦已无足够的国力来应付此种局面。所以，吴晗很精辟地总结了这段历史的深远影响："正统（1436—1449 年）以后，对南洋取放任政治。结果在商业方面由国营恢复到以前的私人经营。在政治方面，南洋诸国复由向心力而恢复到以前的离心力。80 年后，欧洲人为了找寻香料群岛陆续东来。他们不但拥有武力，还有组织的经营，并且有国家的力量做后盾，得以进步，不到几十年，便使南洋改了一个样子。自然而然地替代了以前中国人的地位，瓜分豆剖，南洋成为欧洲人的殖民地。华侨寄居篱下，备受虐待和残杀，中国政府不能过问。这是中国史上一个大转变，也是世界史上一个大关键。"

结果，攻占满剌加实际上成为葡萄牙对中国的一次完美的战略侦察，侦悉了明王朝的愚蠢和海防虚弱的葡萄牙人窃喜万分，"一不做，二不休"，当即决定继续扬帆东航，派军舰直冲中国本土沿岸继续试探明廷底细，中国海军和西方海军的第一次较量已是不可避免！

号炮震广州

1511 年，葡萄牙人攻占了明廷藩属——南中国海门户满剌加，彻底打开了通往东方的航道，也打开了搜集中国情报的门户，大批有关中国沿海和贸易的情报立刻被精明的葡萄牙人搜集整理并送回国内。1512 年 4 月 1 日，具体提出葡萄牙东方帝国构思的马六甲总督阿丰索·德·阿尔布克尔克向葡萄牙国王唐·曼努埃尔国王汇报："从一爪哇领航员的一张大地图上复制了一部分。该图上已标有好望角、葡萄牙、巴西、红海、波斯海和香料群岛。还有华人及琉球人的航行，标明了大船的航线及直线路程、腹地及何国与何国交界。我主，我窃以为是我有生以来所见的最佳作品，想必殿下也一定愿一睹为快。地名都是爪哇文写的。我携带的爪哇人识字。我将此图敬呈殿下，弗朗西斯科·罗德里格斯已复制一份（注：此件今存法国巴黎国会图书馆）。从图上，陛下您可以看到华人及琉球人究竟从何而来，殿下的大船前往香料群岛的航线，金矿，盛产肉豆蔻和肉豆蔻皮的爪哇岛与班达岛，暹罗国王的国土，华人航行的地峡。它向何处转向及从哪里无法再向前航行的情况……"

可见，这时葡萄牙人已经彻底摸清了通往中国，乃至琉球群道的航道，剩下的事只不过是向南中国海扬帆直抵中国海岸，而这点海程对于已经横越了大西洋和印度洋的葡萄牙老水手来说，实在是太简单了。要知道，仅达·伽马的探险航程往返就达30000多公里，历时2年2个月，南中国海那1000多海里的水域在这些长年累月在大洋上吃风饮浪的老水手面前又算什么呢？

于是，1517年9月底，葡萄牙第一位访华使节皮雷斯便溯珠江进底广州，在怀远驿前鸣放了让中国人大吃一惊的礼炮！《广东通志》记载此次事件的实况是："佛郎机素来不通中国，正德十二年驾大舶突至广州海口，铳声如雷，以进贡请封为名。"这样，葡萄牙人隆隆的炮声拉开了中国与西方在近代的首次见面的序幕。

应该说，中葡两国初次交往的气氛甚至是颇为友好的，广东布政司吴廷举在聆听了舰队司令费尔南和皮雷斯的解释后，立即快马上报驻扎在广西省梧州的总督陈西轩，陈西轩几天就赶到广州，然后按照天朝上邦对待外夷的一贯做法，让葡萄牙人先到清真寺（今广东光孝寺）内好好学一天中华礼仪，以开化这些蛮夷之徒。最令人可笑的是，这些葡萄牙人可是虔诚的天主教徒，当被弄到伊斯兰教的清真寺里学习中华儒家的礼仪时，这些天主教徒恐怕也只能啼笑皆非，不过中国人此举也绝非恶意，因为此前与明廷进行海贸的几乎全是南洋和印度洋一带的伊斯兰教徒，所以这的确只是一个可笑的误会。

陈西轩和费尔南、皮雷斯会面后，慨然答允了葡萄牙人的要求，一面派人进京向朝廷汇报葡萄牙使团想觐见中国皇帝的请求，一面允许费尔南出售不属贡品之内的商品贸易，甚至专门拨给费尔南一座房子让葡萄牙人摆摊赚钱，结果胸怀东方帝国野心的葡萄牙人利用明官好意，不但偷偷派人潜入广州侦察，竟还在元宵节晚上偷偷爬上广州城墙走了一圈，又搞起了谍报侦察活动，结果数清了当时的广州城墙一共有90座城楼，要知道，城墙在当时，不管东西方都属于军事重地，费尔南此举虽未被明人察觉，但葡萄牙人这种爱好鬼鬼祟祟耍阴谋的品质无疑为以后中葡关系的恶化埋下了伏笔。

由于马六甲告急（前马六甲伊斯兰教朝廷与葡萄牙发生战争，费尔南于1518年11月"荣华富贵"地回到马六甲，留下了皮雷斯使团继续等待明廷同意觐见的答复。）他临走时给中国人留下了一个很好的印象，而且到处拍胸许愿拜把子，四处宣称如果有谁遭到葡萄牙人的伤害或某个葡萄牙人欠下的东西不还，都可以找他解决，来者都会有满意结果。只是，费尔南大概做梦也不会想到，他在中国所做的这些有益于中葡两国人民友好的、富有建设性的大量工作，竟然在不久之后便被他的亲弟弟新任舰队司令西门·安德拉德完全破坏。这位不争气的弟弟不但亲手毁掉了费尔南费尽九牛二虎之力才建立起的中葡友好关系，甚至送掉了皮雷斯大使的性命。

真可谓"龙生九子，子子不同"，彬彬有礼的费尔南的弟弟西门，却是个穷凶极恶的歹徒，在明廷的记载里，这位西门就是个不折不扣的强盗！1519年4月，西门自印度柯枝出发，经马六甲于8月抵达屯门岛。他在屯门岛修建了一座架起火炮的堡垒，完全无视中国的土地主权；以葡萄牙仪式处死了一名水手，侵犯中国的法律主权；不准东南亚等地商船在葡萄牙商船卖完货物之前将货物搬运上岸，甚至掠劫旅客与他国商船。最令人发指的是，他们绑架了大批青年和儿童，进行伤天害理的贩卖人口活动，其中还包括广州城内名门望族的儿童。想想葡萄牙人此刻已在一船船地将非洲人作为奴隶贩到欧洲，应该说，明廷的此项罪名指控是有真实性的。这种种罪行当然不但破坏中葡之间刚刚建立的友好关系，还将葡萄牙人变成中国人的死敌。正德十五年（1520）1月23日，通过重贿，皮雷斯终于出发赴北京。当他们抵达北京后不久，对葡萄牙人的种种指控便如潮水般涌进朝廷，尽管明武宗这位风流皇帝与权宦江彬非常喜欢葡萄牙使团的译员火者亚三，也无补于事。再加上火者亚三"入四夷馆不行跪礼，且诈称满剌加国使臣，朝见欲位诸夷上"，在京城恃宠生骄，诬陷朝臣，葡萄牙使团的处境遂更孤立。不久，马六甲流亡国王的特使到达北京，报告了马六甲亡国的经过以及葡萄牙人在马六甲犯下的暴行，还揭穿了火者亚三等冒充马六甲使臣的真面目。

最后令葡萄牙人陷入绝境的是比较纵容他们的明武宗突然驾崩。失去皇帝支持的宦官江彬，成了众矢之的，不久便被新皇帝下令处决，皮雷斯失去后台，日子遂更难过。不久，火者亚三被捕下狱，供认自己本是华人，"为番人所使"，遂被按律处决砍了脑袋；皮雷斯及其使团也"绝其朝贡"，被逐回广州。在使团回到广州之前，敕令已经到达广州，广州当局拘捕了华斯古·卡尔沃及其他几个继续留在广州城的葡萄牙人，并且扣押了几艘自北大年和暹罗到达的葡萄牙商船。与此同时，广州当局已准备好一支武装船队，将尚停泊在屯门的葡萄牙商船封锁起来。

所以后来中国历史学者对中葡翻脸的原因做了一个很精辟的总结：

葡萄牙人最终靠中国翻译火者亚三勾结上了正德皇帝，得以滞留广东沿海，实际上一开始葡萄牙人船队用番货贿赂了当地官员，又和当地富商贸易，双方的关系还算可以；1518年载皮雷斯来华的船队司令费尔南·安德拉德的兄弟西门·安德拉德接替了司令职位，西门与中国官员来往时，粗暴无礼，缺乏策略，不像他兄长那样谦恭有礼；他的妄为由于他在中国沿海的违法抢劫和海盗行为而登峰造极。西门的斑斑劣迹不但恶化了葡萄牙与广东官员的关系，更加速了葡萄牙使团使命的失败。葡萄牙人由此显示出海盗与殖民者的本色，盖房建棚，配以火药枪炮，俨然成一堡垒，又掠夺往来商船，甚至掠夺当地儿童贩卖到海外为奴。如《名山贼》记载葡萄牙人"盘留不去，劫夺行旅，掠食小儿，广人苦之"。嘉靖初年的给事中王希文在上疏中也称："正德间，佛郎机匿名混进，突至省城，擅违则例，不服抽分，烹食婴儿，掳掠男妇，设棚自固，火铳横行，犬羊之势莫当，虎狼之心叵测。""烹食婴儿"之说纯属荒诞不经，"掳掠男妇"则确实有之。

真是"一粒老鼠屎，毁了一锅汤"。

结果，西门这颗老鼠屎害得曾写过《东方游记》且被西人尊称为葡萄牙马可·波罗的皮雷斯大使，回到广州后当即被重枷下监，和马可·波罗一样吃起了中国牢饭，三年后，皮雷斯大使委委屈屈被关死在中国监狱里，可发一叹。

西门在屯门（今香港大屿山）胡作非为，此刻开国武威遗风尚存的明人哪吃这一套，当即令广东海道副使汪铉率军剿杀"佛郎机海盗"，于是双方在屯门展开中西间第一次海战。

澳门怎样丢的？

正德十六年（1521）八月底（此时嘉靖皇帝已继位），时年56岁的广东海道副使汪鋐奉命驱逐佛郎机。汪鋐已料到葡萄牙人不肯轻易离开，因此先加强了军事力量。

关于屯门之战，很多史料都提到明军从出兵到胜利花了近一年时间，比如《东莞县志》："是役也，于正德辛巳（1521年）出师，嘉靖壬午（1522年）凯还。"此战明军指挥者为广东提刑按察司、海道副使汪鋐，他能调动的兵力为广东沿海卫所的部队，总计有数万人。

而葡萄牙人的兵力，《澳门史》和葡萄牙人回忆录等资料曾记载："1518年，他的兄弟西门·安德拉德率大船一艘和小船三只到达圣约翰岛"，而在这之前，西门的哥哥在"1518年9月末，费尔南·安德拉德再率全队启航，满载荣誉和财货进入马六甲港"——所以我们知道了葡萄牙人在屯门的兵力最多不过700~800人。

在完成备战后，汪鋐对葡萄牙人宣诏，要求葡萄牙人尽快离去，但葡萄牙人对此并不理会。于是汪鋐派军队驱赶葡萄牙人，遇到武装抵抗。汪鋐亲率军民猛攻葡萄牙人船队，此时又有科埃略及雷戈各带两艘大船前来援助葡萄牙人，明军终因葡萄牙人火炮猛烈而败阵。

汪鋐在第一次进攻失败后，蛮夷红毛，如此刁蛮，心情忧闷，难以入眠，乃秉烛夜读《三国演义》，看至周公瑾火烧曹营时，不禁灵光乍现，大受赤壁之战启发，火攻！新制订了作战计划。准备了一些装满油料和柴草的小舟，待一天刮起很大的南风，汪鋐率军士4000众，船50余只再次攻打葡萄牙人船队。先将一些填有膏油草料的船只点燃，火船快速朝葡萄牙人船只驶去，这时的西方舰艇到底还不是后来炮弹都打不进的铁甲舰，木头做的船再厉害，总归还是怕烧，由于葡萄牙人船只巨大，转动速度缓慢，无法躲开火船进攻，结果还真给汪鋐点着一艘！这艘葡萄牙船很快成了一支超大号的蜡烛，葡萄牙人顿时大乱。明军不禁士气大振，汪鋐又趁机派人潜入水下，将未起火的葡萄牙人船只凿漏，葡萄牙人纷纷跳海逃命。然后汪鋐命军士跳帮，跃上敌船与葡萄牙人厮杀打接舷战，结果西洋拳不敌中华武术，葡萄牙人大败。最后剩下三艘大船，在9月7日趁天黑逃到附近岛屿藏身。天亮后，风向逆转，葡萄牙人才借强劲的北风勉强逃过明军的追击，逃回已窃据的满剌加。至此，中国收回被葡萄牙人盘踞的"屯门岛"及经常滋扰的"屯门海澳"及"葵涌海澳"。

胜利后，汪铉感慨万千，为了纪念中国人民反抗西方帝国主义者殖民统治取得的第一次伟大胜利，汪铉欣然赋诗一首：

> 辚辚车马出城东，揽辔欣逢二老同。
> 万里奔驰筋力在，一生精洁鬼神通。
> 灶田拨卤当秋日，渔艇牵篷向晚风。
> 回首长歌无尽兴，天高海阔月明中。

屯门海战结束后，明政府下令水师见到悬挂葡萄牙旗帜的船只就将其击毁。

中西第一次武装冲突的过程有多种说法，综合《广东通志》《东莞县志》《明史》以及外国史料的论述，可以看到这场理应明朝大军轻而易举胜利的战役并不顺利。《广东通志》记载："檄海道副使汪铉帅兵往逐，其舶人辄鼓众逆战，数发铳击败官军。寻有献计者，请乘其骄，募善水人潜凿其底，遂沉溺，有奋出者悉擒斩之，余皆遁去，遗其铳械。"该文指明了在交战初期汪铉遇到了败仗，还提出冲突后期派人潜水凿沉敌船，然后力战退敌。更重要的是记载了官军获得佛郎机铳的方式——即由敌方遗弃的。《东西洋考》因而将冲突分为两个阶段：第一阶段官军力战不能退敌，第二阶段派人潜水凿沉敌船，打败了佛郎机。瑞典人龙思泰在《早期澳门史》中说："一队中国士兵围攻这座堡垒。如果不是一次对他极为有利的风暴非常及时地刮起，西门将会死于饥饿。他利用这个时机，带着三艘船逃跑了（1521年）。"

屯门海战结束后，又在新会县茜草湾发生茜湾之役，葡萄牙人再次遁走。

虽经两次失败，葡萄牙人并未放弃，改为侵扰福建及浙江沿海。但在这之后直到明嘉靖二十年（1541）的20年间，中国典籍中再没有佛郎机侵扰广东沿海的记录。

此后，葡萄牙人终于于1553年和中国官员达成协议，得以入居澳门。葡萄牙人早期还是搭建棚屋做临时栖身之所，后来才渐渐运送砖瓦木石搭建永久屋，于1557年才形成一个稍有规模的葡萄牙人（外国商人）居留地。以后直到1999年，中华人民共和国政府方从葡萄牙手里收回了澳门管治权。

啥叫坚船利炮？

概括中外多种说法，我们知道汪铉率领明军击溃葡萄牙人，是经过多个回合反复战斗得来的。一开始汪铉并不知道西洋火器的威力，葡萄牙人凭借手中武器据险而战，使明军在交战初期战败。之后汪铉在劣势装备条件下，依靠兵力雄厚和本土作战优势改速决战为持久战，长期围困将近一年以待敌疲。之后，明军利用台风或暴风雨的恶劣天气，在火铳威力不易发挥之际，全线出击打败了对手。毫无疑问这是一次代价大而收获少的胜利，西门的四只船有三只逃出了包围。明军应该仅仅是占领了空荡荡的屯门岛而已。当时的人已经认为："不数年间，遂启佛郎机之衅。副使汪铉尽力剿捕，仅能胜之。"屯门之战使明朝认识到蜈蚣船和佛郎机铳的威力，在引进方面下了很大功夫；同时也为紧接着的西草湾之战取得胜利积累了战争经验。

中葡的第一次交战其实已经为中华民族敲响了历史的警钟，一个人口不到百万的欧洲小国，十来条帆船远跨大西洋、印度洋、西太平洋三大洋，直接到一个人口近亿的东方大国海岸安营扎寨，而明朝当时国势方强，汪铉动用数万兵马，还有当地大批百姓协助，以如此强大的军事力量，剿杀800名佛郎机海盗，竟只能长围一年，期间还败迹海上，最后只能以古老的火攻方式逐走佛郎机，实际上西门遁走时主力舰队未伤筋骨，只弃船一艘。这已经说明，郑和之后仅仅60年，明廷的海防力量就已经从称雄大洋，退化到面对西方海上力量时，连近海防御战都打不了，而只能打海岸防御战了。所以当时的严酷事实是面对佛郎机的坚船利炮，中国已经丢失了近海制海权。

此役明军最大的收获就是缴获了西洋先进火器"佛郎机炮"，佛郎机炮是15世纪后期至16世纪初期流行于欧洲的一种火炮，能连续开火，弹出如火蛇，又被称为射炮。当时是由葡萄牙人传入中国的，明代称葡萄牙人为佛郎机，所以就将此炮命名为佛郎机炮。佛郎机炮是一种铁制后装滑膛加农炮，整炮由三部分组成：炮管、炮腹、子炮。开炮时先将火药弹丸填入子炮中，然后把子炮装入炮腹中，引燃子炮火门进行射击。佛郎机炮的炮腹相当粗大，一般在炮尾设有转向用的舵杆，炮管上有准星和照门。

《殊域周咨录》在叙述此战时说："有东莞县白沙巡检何儒，前因委抽分，曾到佛郎机船，见有中国人杨三、戴明等，年久住在彼国，备知造船及铸制火药之法。铉令何儒密遣人到彼，以卖酒米为由，潜与杨三等通话，谕令向化，重加赏赉，彼遂乐从。约定其夜，何儒密驾小船，接引到岸，研审是实，遂令如式制造，铉举兵驱逐，亦用此铳取捷，夺获伊铳大小三十余管。"佛郎机炮就此传入中国，还有葡萄牙人的"蜈蚣舟"也为明军仿制了，因为佛郎机炮重火力猛，只能在葡萄牙人的"蜈蚣舟"上用，《明史》记载在嘉靖三年，"兵部议，佛郎机铳非蜈蚣船不能驾，宜并行广东取匠，于南京造之"。到了嘉靖八年，"始从右都御史汪铉言，造佛郎机炮，谓之大将军，发诸边镇"。

其实佛郎机炮在当时的欧洲已经不算先进火器，但对东方的中国来说却是绝对的先进兵器，连后来主张将葡萄牙人逐出澳门的抗倭名将俞大猷虽对葡萄牙人的西洋冷兵器嗤之以鼻，认为"此伙所用兵器，唯一软剑，水战不足以敌我兵力之力，陆战则长枪可以制之无疑"。但对葡萄牙人火器，俞大猷照样赞不绝口："惟鸟铳颇精，大铳颇雄。"这位与戚继光齐名的中国名将，认为葡萄牙人火枪制造精良，火炮雄武有力。以后明末时，明廷徐光启等人更通过澳门葡萄牙人买到了威力更大的红夷大炮（据说这批20多门红夷大炮来自触礁沉没的英国海船），并火速发往东北前线抗击八旗铁骑，结果袁崇焕用红夷大炮轰毙了后金老汗王努尔哈赤，终于守住了锦州，让明廷又多苟延残喘了10余年。中国史料记载，此前甚至在1493年，就有一批番夷侵扰东莞守御千所的领地，千户袁光率军围剿，在岑子澳中弹身亡，这批番夷的身份一直没搞清，但从当时的背景分析，也很可能是葡萄牙人。

而葡萄牙人也从交火中吸取了足够的教训，皮雷斯出使中国前曾于1515年在《东方简志》中轻蔑地记下了他听到的对中国人的传闻："马六甲总督欲制服中国并不需要人们所说的那么大力气，因为他们弱不禁风，不堪一击。常去那里的人们及船长们说，率数十大船攻克马六甲的印度总督不费吹灰之力便可拿下中国沿海各地。"

而真实的结果是，鼓吹用数十大船拿下中国沿海各地的皮雷斯大使反而吃起了弱不禁风、不堪一击的中国人的牢饭，直到被关死在中国监狱里。葡萄牙人在非洲西岸探险的 80 年里，基本上可以顺利与非洲部落酋长联合，和平地进行黄金、象牙和胡椒贸易，并令土著居民化和欧洲化。抵达印度洋之后，他们面对组织严密的商业网络和具有高度文明的穆斯林人，非但不似以往那样轻易地可以挤进去，还受到公开挑战，于是便发扬习染上的十字军精神的好斗性，使用武力征服，左拉右打，逐个击破，摧枯拉朽一般将阿拉伯人的政权和商业网摧毁。当葡萄牙人试图以征服者的姿态进入中国的时候，则遭受到前所未有的挫折。沉痛的教训也使葡萄牙人认识到，明廷组织严密，幅员辽阔，军事力量雄厚，和在非洲与印度洋碰到的诸国截然不同，所以葡萄牙人此后虽不舍商贸巨利，在中国沿海亦商亦盗，但终于还是通过多种手段与明廷相互妥协，于嘉靖三十二年（1553）终于获得明廷许可，取得了澳门居留权，老老实实与中国人做起了正当生意。以后葡萄牙人与明人商贸互利，你来我往，日久生情，明朝覆亡时，一些驻澳葡萄牙人不忍老主顾亡国，发扬国际主义精神，甚至拔刀相助，愤而志愿加入中国内战。腰插西洋软剑，肩扛小号佛郎机炮参加南明小朝廷救亡军，直接对着南下清军搂火，此事按下不提。

　　葡萄牙虽然是大航海时代的先驱，但它通过海商巨贸走向鼎盛的同时，因为国力不足，也就走向了衰败。葡萄牙人口太少，不过百万，海外基地却遍布全球，最高时全国 40% 的人口包括所有的精英全部用在海洋事业上。它的海外人口除了经商、作战、传教外，已经无力进行基本的殖民开拓，所以根基漂浮，费尽千辛万苦建立海上霸权的同时，面对失去印度洋贸易权一心复仇的阿拉伯人，被当成奴隶使唤的印度人和他们的穆斯林盟友，还有欧洲其他诸强的觊觎，所以，以葡萄牙如此单薄的国力，支撑一个如此庞大的垄断性商贸帝国，它们的下场只能是中国的一句古语"怀璧其罪"了。果然，利用美洲金银做大的西班牙帝国干脆于 1580 年攻进了葡萄牙，结果威逼之下，葡萄牙人议会只好眼泪汪汪地同意西班牙国王菲利浦二世兼任葡萄牙国王，葡语称"费力佩一世"。葡萄牙本土尚遭如此大难，其自达·伽马时代开创的东方商贸网就更不待言了，本来被葡萄牙人垄断的东方贸易秘密很快为西人所共知，于是，一拨又一拨西班牙人、荷兰人、美国人，国籍不同的"红毛鬼"都从大西洋驾船赶到中国沿海来亦商亦盗地淘金，焦头烂额的明廷为了捍卫自己的海防安全，驱逐不成只得动用武力，于是，又先后爆发了1624年明朝与荷兰人之间的澎湖海战和1661年郑成功驱逐荷兰人收复宝岛的台湾之战，这两次海战与中葡屯门的海战一起，是1840年中英鸦片战争之前，中西方之间最有影响力的3次大海战。

有"海上马车夫"之称的荷兰是欧洲继葡萄牙、西班牙之后的第三个海上帝国，荷兰本身就由反抗西班牙帝国统治的血战中诞生的尼德兰北方诸省建立，靠着建国的激情，远比西班牙封建专政先进的资产阶级民主制和新教信仰，成功激活了荷兰民族骨子里的商贸基因。荷兰鼎盛时造船业欧洲第一，实际上也就是世界第一，自己的商船吨位占欧洲总吨位的四分之三，达一万余艘，全欧洲的出产。俄国的粮食、德国的酒类、法国手工艺品、西班牙水果和英国呢绒都在荷兰首都集散，阿姆斯特丹港每天泊船两千余艘（直到今天，阿姆斯特丹还是世界有数的大港之一），可想而知，这样一个建立在海洋贸易基础上的资本主义帝国不向东方扩张是不可能的。

1606年，荷兰联合东印度公司的舰队在马六甲海峡击败西葡联合舰队，掌握了远东除中国海域外所有的制海权。1609年，荷西停战，荷兰经济开始迅速发展，当时有人统计，荷兰船舶总吨位已经相当于英、法、西、葡四国之和。1619年，荷兰联合东印度公司的总部迁至巴达维亚（今印尼雅加达），这样，荷兰建立了一系列殖民据点，建成了每一个欧洲人梦寐以求的东方殖民帝国。

明朝史料最早记录荷兰人活动的是王临亨撰写的《粤剑编》，他在书中记载："辛丑（万历二十九年，1601年）九月间，有二夷舟至香山澳（澳门），通事者亦不知何国人，人呼之为红毛鬼……香山澳夷虑其以互市争澳，以兵逐之。其舟移入大洋后，为飓风飘去，不知所适。"

当时的中国还不知道这两艘不明身份的夷舟背后潜藏的重大历史意义，16世纪90年代，英国和荷兰舰队进入了印度洋，开始向葡萄牙人的贸易控制权提出挑战。此时的葡萄牙、西班牙渐渐衰落，新兴的荷兰人接管了远东水域的"真空"。1602年，荷兰建立东印度公司；同年，荷兰东印度公司派出14艘战舰，其中9艘超过了400吨；而1603年派出的舰队中，有900吨的"多德雷切特号"，装备了6门24磅炮和18门9磅炮；1619年，荷兰东印度公司侵占巴达维亚（今印尼雅加达）以此为基地，作为与西班牙、葡萄牙、英国等西方列强丝路争夺东方殖民地的大本营。

荷兰人以及随后美国人的东进必然与葡萄牙人与西班牙人发生利益冲突，帝国主义为了争夺全球利益的争霸战一向就是既血腥，又赤裸裸不怕丑的，现代史上这种帝国主义争霸导致了两次世界大战和冷战，其实早在几百年前，他们也早就打得一塌糊涂，真正了解历史的人都知道，资本主义自诞生起就没让人类消停过。马克思批评"资本来到世间，每个毛孔都滴着血和肮脏的东西"，这句话是一点都没错的，这每个毛孔都滴着血和肮脏的东西，从它出现的第一天起，的的确确没有让人类过上一天安生日子。

1622 年，荷兰人卷土重来。巴达维亚总督库恩派遣雷耶斯佐恩率领 16 艘战舰（内有 4 艘英国船，打开中国大门这件事情，两国利益是一致的），1024 名士兵，准备进攻澳门。下达的指令中有这样的话："为了取得对华贸易，我们有必要借上帝的帮助占领澳门，或者在最合适的地方，如广州或漳州建立一个堡垒，在那里保持一个驻地，以便在中国沿海保持一支充足的舰队。在西方霸权者的眼里，这些中国海港都是他们任意建立军事地点的地方（和清末殖民者的计划并无不同）。

这时让葡萄牙人非常感动的一幕出现了，中国人一向重感情重旧交，甚至到现在，全世界商人到中国做生意，还是知道关系和交情最重要，而且中国人从古到今都以讲义气，做事要对得起朋友闻名，此时驻澳葡萄牙人扎根中国多年，商贸互利之下，外加闪闪金币和西洋美女的夹攻，明廷地方官员与葡萄牙人简直就做生意做成了哥们儿。明廷甚至曾多次借用澳门葡萄牙人来清剿中国海盗，因此葡萄牙人在重感情讲义气、讲诚信守信用的明廷支持下得以打退了纵横四海，正在鼎盛时期的"海上马车夫"们，守住了澳门这个弹丸之地。（注：应该说，中国人这种真诚待友、不贪巨利、不弃旧交的做法也赢得了此时已日落西山的葡萄牙人的高度尊敬，此后明亡时甚至有葡萄牙人拔刀相助，而中国人也没有忘记，在清末帝国主义掀起瓜分中国的侵略狂潮中，在当时极其混乱复杂，中国随时可能解体四分五裂，而且美法等诸强同时插手，法国甚至非常觊觎澳门的情况下，葡萄牙人同清政府于 1887 年签订了《中葡里斯本条约》和《友好通商条约》，商定澳门由葡萄牙管理，虽然这也是一个乘人之危的，极大损害了中国领土主权的不平等条约，但与其他巨额赔款割地的条约相比，这个条约对中国的危害的确要小得多。任何一个治学严谨严肃认真的中国历史学者，如果认真分析了当时中葡签约的大时代背景，都不得不说葡萄牙政府当时的确是采取了非常克制和比较友好的对华态度的，这种态度的一个佐证，就是八国联军的名字中，也没有最早进入中国沿海的葡萄牙的名字，而中葡双方相互的友好态度，也为中华人民共和国政府与葡萄牙共和国于 1999 年，彻底解决澳门问题打下了良好的基础。在今天的澳门，葡萄牙古迹和文化仍随处可见，澳门葡萄牙人也没有感觉到任何歧视，仍然在中国过着平静自由的生活。）

澳门战斗过后，登陆的 800 名荷兰士兵有 136 人阵亡，126 人受伤，40多人被俘。被击退的荷兰人开始执行第二方案："在最合适的地方，如广州或漳州建立一个堡垒。"最后他们选择了 18 年前的澎湖，1622 年 7 月 11 日，雷耶斯佐恩率舰队以及士兵 900 人登陆澎湖（这时正好是明军汛兵又撤回大陆的空白期）。

库恩总督认可了这一行动，他特别要求雷耶斯佐恩攻击附近所有的中国船只，把俘获的水手送到巴达维亚作为劳力使用。他确信"对中国人无理可讲，唯有诉诸武力"。在这种命令下，荷兰军舰到处袭击中国和平居民和民用船只，在很短的时间里，就抢劫了 600 条中国船只，掳掠了 1500 多名壮丁为奴隶（奴隶贸易是大航海时代欧洲人的一项普遍贸易，也是东印度公司在亚非开展的业务之一，明朝之所以不愿意和西洋人通商，很大程度上也是由于这些西洋人初到中国时普遍都有掳掠人口的劣迹，这无异超出了中国儒教文化圈对通商的定义。国内的很多"学者"和"精英"在谈到明代对海外贸易的限制时，多谈儒教的思想禁锢，而很少谈到原始积累时代西方"自由贸易"到底是个什么具体情况）。

8 月起，荷兰殖民者开始强迫抓来的华人奴隶在澎湖兴建红木埕要塞，后来又在白砂、八罩附近兴建类似的堡垒。这些堡垒多为每边 56 米的方形城堡，每堡安置火炮 29 门。红木埕要塞历时三个月完工，1500 名华人奴隶在这 3 个月中累死、饿死了 1300 名，幸存的 200 名被送往巴达维亚作为给库恩总督的私人礼物，其中最终抵达的只有137名，其余均死于途中。

在澳门的葡萄牙人对荷兰人的闯入视为对他们与中国贸易权的严重挑战，他们击退荷兰舰队且毫不留情地处死了所有俘虏，当时的澳门总督就因擅杀罪受审查，他向葡萄牙当局申辩说："如果我们不阻挠，荷兰人就会在中国得到一个贸易港，荷兰商船会把中国货物装满到桅杆上。"

荷兰人的确是为了贸易而来的。此刻的明朝政府在首次接触西方文明100年后，仍死守着海禁政策不放，闭关锁国。中国沿海仍是海盗的世界，当时所谓"倭寇"不多了，但货真价实的中国海盗仍是明朝沿海当局的心腹大患。

荷兰人当然不甘心这样从中国沿海退走，于是转向台湾海峡的澎湖，在这里建立一个海上基地，当时明廷在澎湖没有常驻部队，只有巡防汛兵，此时汛兵刚好撤走，于是荷兰人韦麻郎率领两艘巨舰和两艘中舟于1604年7月抵达澎湖，《明史·和兰传》记载，荷人在澎湖群岛"伐木筑金，为久居计"。

荷兰人不肯离去，明军当然就要前来驱赶，盘踞澎湖4个月后，50艘中国战船突然出现在海面，寡不敌众的荷兰人只得乘船退走，回去搬救兵。

1622年4月10日，荷兰舰队司令雷也山率8艘战舰离开巴达维亚，气势汹汹地直接冲向中国沿海，其中一艘战舰舰长邦特库后来留下了一部著名的《东印度航海记》，里面就记叙了这次中荷交战的经过。

有趣的是，荷兰人首先攻击的还不是中国人，而是找澳门葡萄牙人报仇，6月22日，荷兰舰队航抵澳门时已集结了15艘舰船，其中甚至包括2艘英国船，结果佛郎机红毛毫不示弱，对着荷兰红毛大铳小铳齐放，佛郎机到底经营澳门多年，而且武器性能相差不大，都是彼此知根知底的西番，对方招数胸有成竹，一番激战之后佛郎机终于逐走荷兰红毛，这时荷兰人已损失了130人。

雷也山司令见占不到便宜，干脆撤出澳门水域，再次直上台湾海峡，占据澎湖群岛，在此设立基地威逼明廷贸易，明朝福建当局坚决不允，堂堂天朝竟被红毛要挟，这还了得？真不知天高地厚！结果雷也山司令一不做二不休，干脆派出8艘战舰攻击福建厦门，荷舰数百门大炮轮番猛轰，迎战明军水师被打得四分五裂，根本不能近身，结果荷军一举烧毁击沉中国战船和商船七八十艘，荷兰人竟只有10余人伤亡，然后还封锁了漳州海口。这一次，明廷终于见识到了红毛船坚炮利的真正威力。

西方海军在崛起

这时，由于上百年毫无间断的大规模远洋航海实践，和西方海上列强相互之间的惨烈攻伐，西方的造船技术和火炮技术已把明军远远抛在后面。西方的帆船和航海技术在全面超越中国的基础上又有长足进步，这时最重要的海战战术发明就是舷侧火炮发射技术。

大炮上战舰是海军武器发展史的飞跃，虽然中国最早在船上使用了火器，但仅此而已。而且火炮一直是被固定在船头和船尾的位置，不能灵活地瞄准射击，舰炮技术发展一直停滞不前。而且诸多大炮在船上使得船的稳定性变差。一旦开火其后坐力使得船只更危险。

解决的办法有两个，其一是提高舰炮铸造的精度和铸炮材料的强度；其二是船舷炮门。这个金点子是被一个英国人詹姆斯·贝克想出来的：他将火炮装在下甲板，并在船体两侧开出炮门，让炮能够发射。在不使用的时候，炮门用带铰链的炮门盖关闭。此举立刻大大增加了船载火炮数量，所以我们在经典电影《林则徐》里看到，英国战舰一开火，船舷便一排排火炮狂射而出。1512 年，在伍利奇建造"大哈里"号采用这种设计，这是英国国王亨利八世时的海军旗舰。巨大的"大哈里"号，排水量超过了 1000 吨，仍保留中世纪的传统模样：装有 4 根桅杆，前桅和主桅挂横帆，后桅和尾桅挂大三角纵帆。"大哈里"号最引人注目之处，还是其高耸的首尾楼。船的武备也整个地开始摆脱过去冷兵器时代的遗迹，火炮的口径不大，但数量众多，有 122 门（也有说 128 门）；而直到明末最强大的郑成功舰队的主力战舰"大青头"，仍然只在船头船尾各设一门火炮，中国军舰的火力强度与西方军舰相比，相差已不可以里数记。

这个时候，真正意义上的"军舰"诞生了。在"冷兵器"时代，海上作战的方式主要是靠接舷格斗，那时的战船更多的是起到一种运兵船的作用。而火炮的大量使用，使海上作战的基本方式有了革命性的变化。船舷炮门的发明，更使得"大哈里"号成为专门作战的"专业户"军舰由此诞生。

这时西方在深入了解东方民族的远洋船型后，已搞出了糅合西方横帆船（利于在狂风中远航）和东方纵帆船（利于逆风航行）各自优良性能的全装备帆船，其帆船可操作性和航行能力也迅速超过中国帆船。而更大的进步则是船舶吨位的急剧增加，1588年西班牙远征英国的"无敌舰队"共有船舰130艘：20艘四桅大船、44艘武装商船、23艘圆船、22艘差船、13艘轻帆船、4艘中船和4艘长船（其中真正的战舰约60艘至70艘），总吨位57868吨，火炮共计2431门，海员8051人。船上共载陆军19000人，加上其他人员总计6万多人，其中1000吨以上的四桅大船就有7艘，500~1000吨的有50艘之多，而迎战的英国海军1000吨以上大船也有2艘，500吨以上有11艘，而100~500吨的竟达150艘之多！

17世纪，海上争霸时代全面开始。西方造船业和海军力量不断发展，中国却日益落后。1637年，荷兰拥有了制造排水量高达1500吨、装有100门大炮的三层甲板的战舰"海上君主"号的能力。到1644年，荷兰拥有1000多艘各类船只作为战舰保护商业顺畅，1000多艘大型商船进行海上贸易，6000多艘小型商船用于捕鱼业和内陆运输业，并拥有8万多名世界上最为优秀的水手。

1639年9月，西班牙舰队在海军上将奥奎多的率领下（旗舰是"圣地亚哥"号）出击英国。这支舰队的实力大约有70艘船，其中有12艘排水量超过了1000吨（如"圣特勒萨"号为2400吨）。

英国海军战斗舰艇从1649年的39艘猛增至1651年的80艘，其中大部分是两层甲板，并拥有60~80门炮的巨型战舰。

1637年建成的英国"海上君王"号，是查理一世时期所建的英国海军第一舰，该舰龙骨长39米，总长51米，宽14.7米，深23.17米，吃水6.8米，该船重1683吨，有4层甲板。该舰竖有3桅，在主桅和前桅上挂有皇冠帆。装备102~104门炮，在低甲板及主甲板上架30门炮，在上甲板上架26门炮。在首楼上有12门炮，半甲板上有14个炮门，还有10门船首炮及若干尾炮。该舰队有11只锚，每只锚重2吨。水兵800多人，最大的炮弹净重60磅，一次齐射的炮弹重达一吨！该舰先后曾参加了对抗荷兰、法国海军六七次海战，连续使用了 60 余年，最后，意外地被法国海军击毁于查塔姆海域。

这时西方作为海上武力标准的主要舰船仍然是两层甲板、装有 50~80 门火炮。装有大炮的快速帆船也开始建造：一般排水量约为 400 吨、装有 30~40 门炮。这种船结构坚固，操作灵活、火力强大。同样排水量的中国的最大战船只能安放两门大炮和若干小炮，两者火力根本无法比较。以《纪效新书·治水兵篇》记载的戚继光水师为例，一个水兵营中 4 艘福船、2 艘海沧船和 4 艘苍山船装备的主要兵器加在一起，才有 40~70 门火炮，也就是说，明军训练最优，装备最精良的戚继光水师 10 艘主力舰的火炮数只能勉强可和西方一艘小吨位快速帆船相比，而且中国舰载火炮的威力也大大小于西方，明军最大口径的船上大炮只相当于英荷等欧洲军舰大炮的 1/4 重量——1637 年英国"海上君王"号有炮 104 门（共重 153 吨），平均每门炮按明制为 2000 斤以上——明末徐光启等人从澳门买来的红夷大炮，就是从英国沉没军舰上打捞出来的。

而且，此时由于放弃远洋船舶制造，中国的船舶制造技术也大大退化，《天工开物》记载明朝最大号的战船"福船"仍是"帆桅两道"，排水量最多不到 400 吨，这已经是明朝中后期中国能造出的最大的船只了。

由于造船技术落后，此时中国不仅载重量大的船只不能建造，就连船体牢固程度也不如西洋船了——大炮一发，就会"船震动而倒缩，无不裂而沉者"。火器发射产生的巨大后坐力对小吨位的船只影响很大，因此在整个明末，中国战船最大者排水量不过 400 吨，水军的主要战术仍是传统的冲角战、接舷战，火器是辅助力量而已。所以，曾在澳门对中国海军做了详细观察的西班牙人对中国的海军战术做了轻蔑的描述：

"帆船上只装有小型的铁火铳，而无铜火铳，火药也很糟糕……中国人的火绳枪质量低劣，弹丸连普通的胸护甲也打不穿，尤其是他们不懂得如何瞄准。他们的武器主要是竹枪、矛，有的装有铁矛头，有的则用火烧硬，短而钝的弯刀，护胸甲是由铁锡制成。有时人们看到上百艘船围攻一艘海盗船，这些船顺风抛撒石灰粉，以迷盲敌人。因为他们数量众多，可产生一些效果。这就是他们的主要战术。"

之后郑成功为收复台湾造船，主力战船大青头（船体多饰以青色）长约 10 丈，宽 2 丈 1 尺，高 1 丈 5 尺，吃水 8 尺，总共只配备两门大炮，前 1 后 1。

我们可以看到，明末清初中国最强大的郑成功舰队，其主力战船排水量竟连400吨不到，火炮配备极少。战斗力根本无法与西方军舰相比。

被打傻了

所以，面对当时代表着西方最先进技术水平的荷兰战舰，明军在厦门一战中完全被荷兰人打得目瞪口呆，不敢置信。

明人沈国元在《两朝从信录》中记载，荷兰战船"前后左右俱装巨炮，一发十里，当之无不立碎"。

明朝人对西方战舰的第一观感就是"船坚炮利"，明人沈德符记载了明军与荷兰军远距离海战时的史事，荷兰军所施放的红夷炮："第见青烟一缕，此即应手糜烂，无声迹可寻，徐徐扬帆去，不折一镞，而官军死者已无算。"

福建水师将领朱文达则沉痛地说："红夷勇鸷绝伦，战器事事精工，合闽舟师，不足撄其锋。"

明朝人把荷兰战舰看作自己无法对付的庞然大物和难以逾越的海上屏障："我舟高大，不及彼五分之一，而欲与争胜于稽天巨浸中，必无幸矣。"荷兰"大铳长二丈余，中虚如四尺车轮云。发此可洞石城，震数十里"。红夷大炮"一发十里，当之无不立碎，我虽有利刃，勿可与敌；虽有锐兵，勿可与战"。

号称红夷大炮的荷兰火炮是明人所见到的威力最大的西洋火器。与佛郎机炮相比，其设计铸造更趋精密，展示了更大威力。万历三十三年（1605），荷兰人出没广东，粤人谋与澳门葡萄牙人共拒敌人。明人正是从中荷实战中逐渐认识了荷兰火器。巨铳乃红夷所恃长技，"长丈有咫，能毒人于二十里外"。

明朝福建官方对于荷兰人"巨舰大炮"毫无抵御之方，只有想法子以"互市"为饵，诱以退出澎湖，移舟远去，以便以"扬帆归国"奏报朝廷，了结此事。这时新任福建巡抚南居益到任，朝廷明令福建当局把"红毛"赶出澎湖，因此南居益苦思破敌之策。此时荷兰人的战舰封锁了漳州海口，南居益亲身体验了荷兰的"巨舰大炮"，他在奏章中说："……见大海澎湃中，万难接济战。夷舟坚统大，能毒人于十里外，我舟当之无不糜碎。即有水犀十万，技无所施。"

一句话，明军实在无法正面与荷兰舰队对抗。

终于南居益想到了用"计谋"。

1623 年 11 月 1 日，《东印度航海记》记载这天有厦门的中国商人代表薛伯泉向荷兰提议；厦门商人愿为荷兰人和明朝官府斡旋谈判做牵线人。在商人们的努力下，荷兰人同意司令弗朗斯率领两艘单桅帆船前往厦门谈判。11 月 15 日荷兰人代表抵达厦门，由于双方信任不足，谈判在荷兰船上进行。在达成初步协议后，明朝的 3 名官员上船作为人质，邀请荷兰人派出几位船长上岸会见都督见证签署协议。荷兰人经过会议后决定由弗朗斯司令率领一名船长、一名商务长执行这项任务，陪同上岸的约有 30 人。荷兰 3 名代表前往都督府会见，其他荷兰人在岸上接受厦门官员的招待。

据邦特库的记载，在宴会中厦门官员使尽了灌醉下毒等诸多手段，荷兰代表团随即被囚禁，在 11 月 18 日凌晨 4 时，两艘荷兰单桅帆船便遭受到 50 艘火船的袭击，其中一艘被烧毁。邦特库在《东印度航海记》中因此指责中国人做了一件伤天害理的事，时间一到，天将惩之云云。

南居益的计谋大获成功！

这只是明军和荷兰人一系列冲突的开始，其中以澎湖之战最为出名。烧毁荷兰船只后，福建明军开始集结，天启四年正月初二（1624 年 2 月 20 日）正式誓师出战，巡抚南居益亲自浮海至金门，下令渡海出击澎湖。

攻击行动很不顺利，随后在这个月内明军再次派兵澎湖增援。

到了 5 月，澎湖仍未攻下来，荷兰人仍在坚守。明军不得不派出第二次增援部队，并祈求妈祖娘娘保佑打胜仗。《明熹宗实录》记载："南军门虑师老财匮，于 4 月内又行巡海二道，亲历海上，……于 5 月 28 日到娘妈宫前……"

当时与荷兰人私下贸易的海商海盗团伙都在跃跃欲试想要支援荷兰人，他们正聚集在澎湖海域上。明军必须加紧进攻了，战事旷日持久地下去明军粮饷都要接济不上了。

农历六月十五日（7 月 29 日），在得到新来的火铳部队支援后，明军誓师总攻，一直打到红毛城下，然后又成僵持状态。荷兰新司令官孙克在 8 月 3 日抵达澎湖，他发现中荷危机正在扩大，形势已十分严峻。

当时明军坚持战斗的决心已使孙克对局势有更深刻的认识，而且明军拥有 10∶1 的人力优势！他承认"中国人不但拥有一万人及包括战船、击沉船、火船等合计戎克船二百艘，而且中国对我方有令人难以置信之戎克船兵士等大量准备，盖战争系奉中国国王之特命所行"；所以，孙克认为荷兰方面没有派来支援力量，自己部队再继续战斗下去已没有希望了，必须谈判解决这场冲突。

七月初三（8 月 16 日），明军再次兵分三路，直逼夷城。荷兰人不得不同意撤离，怀着屈辱离开占领了两年的澎湖。此战明军 3 次增兵，战事拖延了 8 个月时间，拥有 10 倍于敌的兵力却始终不能攻占荷兰人的要塞，最后以围困战术逼退荷兰人。这次战役明军扬长避短，不与荷兰海上争锋，海上交战的事迹几乎没有，明军扬长避短以自己的优势陆军来决定战斗胜负，在战争计谋方面做得不错，费尽九牛二虎之力，总算收回了澎湖。

1624 年 9 月，荷兰人去了台湾，以此为基地发展他们的东亚贸易事业。中国的海上力量逐渐由朝廷舰队，转变为私人性质的海上武装贸易，葡萄牙人、西班牙人、荷兰人都是最好的老师，中国海商则成了他们的好学生。中国海商自己组织船队，购买葡萄牙、荷兰船上的大炮，出没在西方人的航线与港口。他们挑战西方殖民者，同时对抗朝廷的围剿，华人海商实力不断扩大。李旦、颜思齐、郑芝龙等海盗"大家"崛起于东亚海洋之上。这里最有名的海盗就是收复了台湾、中国著名民族英雄郑成功的父亲郑芝龙。1627 年，明朝深感海盗集团之强大，曾联合昔日的敌人荷兰舰队围剿海盗集团。但是围剿结果，朝廷水师几乎全军覆没。明朝廷最后不得不与李旦海盗集团妥协。明朝此刻正面临东北方后金满族的危机，实力日益衰弱，力不从心的朝廷开始寻求"招安"海盗了。

曾几何时，郑和的舰队驰骋四海，世事沧桑，大明 200 余年的海禁之后，如今沦落到央求海盗合作的地步。不久，郑芝龙依靠海上贸易实力不断壮大，崇祯元年朝廷只好册封郑芝龙为"海上游击"，郑芝龙从海盗混成将军，也算是修成正果。这是中国海盗海商集团第一次得到朝廷合法的认可。

郑芝龙集团合法化后，全面与荷兰人展开贸易竞争，企图垄断东亚海上贸易。1633年深秋，荷兰舰队炮击中国海岸守军，烧毁停泊在厦门港内30余艘中国船只。郑芝龙号令150艘闽粤水师围攻荷兰舰队。当时，郑芝龙的"徒党皆内地恶少，杂以番倭剽悍，三万余人矣。其船器则皆制自外番，艨艟高大坚致……铳炮一发，数十里当之立碎"。也就是说，郑芝龙的舰队已经拥有西式的船舰大炮。

荷兰人则联络了另一个海盗集团刘香老一起出击，崇祯六年（1633）九月十五，郑芝龙立下战书约荷兰人决战。9月20日，双方在1958年解放军万炮猛轰的金门料罗湾决战。《热兰遮城日记》记录了当时的战况：

> 天亮以前的15分钟……（中国）国家舰队出现了，分成两队，其兵力有140~150艘戎克船，其中约有50艘特别大的战船……他们看起来，配备有相当的大炮与士兵，士气旺盛，跃跃欲试，使我们确信他们通通是作战用的戎克船……这时他们分别向我们靠过来，有3艘同时钩住快艇Brorcker haven号，其中一艘对他们自己人毫无考虑地立刻点火燃烧起来，像那些丢弃自己生命的人那样疯狂、激烈、荒诞、暴怒，对大炮、步枪都毫不畏惧地，立刻把该快艇的船尾燃烧起来……快艇Slooterdijck号被4艘他们最大的戎克船钩住，被他们跳进船来，有两次把那些中国人打出船外，但最后还是被接着跳进来的人数众多的中国人所击破，而被他们夺去了……我们率领Bredam号、Bleyswijck号、Zeeburch号、Wieringen号与Salm号费尽力气摆脱非常多的火船，向外逃去……受到这场战败，我们的力量已经衰弱到本季在中国沿海不能再有任何作为了。

据《巴达维亚城日记》所记，被俘虏的荷兰人约计百人。可见，荷兰这次海战可以说是损失惨重。据福建巡抚邹维琏奏报的战绩："计生擒夷众118名，馘斩夷级20颗，焚夷夹版（板）巨舰5只，夺夷夹版（板）巨舰1只，击破夷贼小舟50余只，夺盔甲、刀剑、罗经、海图等物皆有籍存。而前后铳死夷尸被夷拖去，未能割级者，累累难数，亦不敢叙。"中方的记录应包括与荷兰人合作的海盗在内。郑芝龙集中优势兵力，大量使用西式大炮对敌袭击，用火船贴身近战，打得确实漂亮。不过荷兰人的战舰仅9艘，大多是轻型的快速帆船——快艇，载炮只 10 门以下。郑芝龙的舰队主力仍是"戎克船"——当时西方人对中国帆船的贬称——并以 10 倍的数量优势压倒了荷兰——中国海盗联合舰队。

"说者皆曰：闽粤自有红夷以来，数十年，此捷创闻，"料罗湾大捷使荷兰人不得不屈尊于中国海商集团的实力，从此荷兰人每年向郑芝龙的船队缴纳 12 万法郎的进贡，才可以保证荷兰东印度公司在远东水域的安全。在 17 世纪的远东水域完全变成了由中国海商一家说了算的天下。料罗湾一战后，1640 年荷兰东印度公司也曾经私下与郑芝龙达成四六开的贸易协议，无奈郑芝龙的海上力量过于强大，六开的贸易协定对于郑芝龙来说也只是一纸空文。晚明时期几乎整个远东水域——中国澳门、厦门、马尼拉，日本各港口之间所有的商船都悬挂着郑氏令旗的中国商船。荷兰人屈服了，他们放弃了垄断中国海上贸易的企图，转而承认郑芝龙的海上霸权秩序。

但是荷兰人屈服的根本，是因为他们的欧洲老巢，荷兰本土又被美法打垮了。昔日的海上马车夫此时也和葡萄牙一样成了破落户，否则以荷兰鼎盛时的国力，恐怕也不会与郑芝龙善罢甘休。

郑成功收复台湾

郑成功继承了郑氏家族的事业，此刻的东亚大海仍是郑家的天下。为把荷兰人驱逐出台湾，1661 年郑成功下令积极修战船，招募训练水兵。仅两个月时间就修造兵船 300 多艘。其中有大帅船、先锋船、哨船等。船一般有两层甲板。主力战船大青头（船体多饰以青色）长约 10 丈，宽 2 丈 1 尺，高 1 丈 5 尺，吃水 8 尺，载重三四千担，总共只配备 2 门大炮，前 1 后 1。因为大炮都设在固定炮床上，要瞄准敌舰就得移动整个船体，作战效率不高。

荷兰侵略军在台湾守备十分严密，修城筑堡，总兵力约 2800 人，战舰有"赫克托""斯·格拉弗兰""威因克""玛利亚"等甲板战船，还有小艇多艘，主力舰"赫克托"长 30 丈，宽 6 丈，竖 5 桅。甲板 3 层，装有照海镜、铜炮和二丈巨铁炮，发之可洞裂石城。

1661 年 5 月 1 日的海战中，郑成功采取"以多击少"的战法，派出约 60 艘各装有两门大炮的帆船迎战荷军。在镇将陈广、陈冲的指挥下，郑军以伤亡 1000 多人的代价，用炮火引发荷舰火药库爆炸，击沉了荷军主舰"赫克托"号，用火船焚毁"斯·格拉弗兰"号，平底船"白鹭"号和"玛利亚"号则分别逃往日本和巴达维亚方向。通过海战，荷军力量遭受重创，尚存几只小船逃进台湾城下，再也不敢出战。郑军以数量优势夺得台湾海峡制海权，自己也损失了近一半战船。其后的台湾之战就没什么像样的海战了，荷兰殖民者有着和葡萄牙人一样的问题：战线太长，人力、物力不足。1652 年后，英荷战争一直在欧洲沿海展开，牵制了荷兰人绝大部分精力和人力。1660 年后，荷兰人全力备战第二次英荷战争，加紧建造大型战舰。至 1661 年，荷兰海军已拥有 70 艘大型战舰，平均装炮 50~80 门。这些战舰必须留在欧洲对付英国人，不可能增援台湾，所以在远东的荷兰军实力很有限。

从台湾海战中逃跑的"玛利亚"号船于 1661 年 6 月驶抵巴达维亚，向东印度公司报告了荷军在赤嵌城战败和台湾城被围的消息，荷兰驻巴达维亚殖民当局为挽回败局，便派海军统领科布·考乌率领"科克伦"号、"厄克号"等 10 艘战舰 752 名士兵以及够吃 8 个月的米、牛肉和猪肉前去增援。经过 38 天的航行，于 8 月 12 日驶抵台湾海面。海上风浪很大，荷兰舰队在海上停留了近一个月之后，才有 5 艘战舰驶到台湾城附近海面停泊。

荷军虽然得到的增援力量极其有限，但还是决定用增援的舰船和士兵击溃郑成功的部队，并任命卢特·塔华隆·贝斯为总指挥，要求对郑军决不饶恕，船上任何人，见人就杀，一个不留。9 月 16 日荷军从海、陆两路向郑军发起进攻。在海上，荷军企图迂回至郑军侧后，焚烧船只。而郑军避开与荷军舰队海战，隐蔽在岸边，当敌舰闯入埋伏圈后，立即在陆海两面万炮齐发。经过一小时激战，郑军以亡 150 人，伤若干人的代价，击毁荷军战舰 2 艘，俘获小艇 3 艘；荷军损失了 1 个艇长、1 个尉官、1 个护旗军曹和 128 名士兵，另有一些人负伤。在陆上，荷军几乎没有发起什么像样的进攻就偃旗息鼓了。12 月 1 日，郑成功令陈宣、陈冲用数十只内装硝磺等易燃物的小船乘风火烧荷军船只，黄安则督率一部从七鲲身夹攻，击沉荷军战船 3 艘，击毙击伤荷军多人。至此，荷军海上力量基本被摧毁，只能坐以待毙。

综上所述，明末中国海军要想迎战西方舰队，必须集中对方船只10倍以上的数量才能一战。抗倭名将俞大猷就总结说："一贼所恃者，龙头划然，贼不过一二十只，我兵用则七八十只，以多制寡，何患不取胜。"这种以量胜质的战术思想是与中国传统"兵贵精不贵多"的精兵战术思想是完全背道而驰的，俞大猷这样的赫赫中华名将提出这样的"船海战术"，那也实在是被落后的舰只和火器逼得迫不得已。

当时中国海军与西方海军最有效的作战手段，竟然还是古老顺风飘送火船攻击敌舰的"火攻"战术，西人坚船利炮，明人火船迎之。俞大猷就总结过："一战贼大船，必用火攻。"所以明军1521年屯门一战佛郎机用火攻，1624年二战澎湖荷兰红毛用火攻，到1661年郑成功收复台湾还是得用火攻，在笔者小时候看过的一本日本人所著小说《郑成功》中，日本人甚至说是郑成功同父异母的日本姐姐混上了荷兰主力舰"赫克托"号，在火药库里放火方炸沉了这艘巨舰，可见日本人根本不相信明军有击沉当时西方主力舰的实力。

有明一代，明初沿海的防卫是比较周密的，海上有战船巡哨，陆上有卫所军队防守，巡检司马兵盘查。到了嘉靖年间，战船所剩无几，军队缺额半数以上，所存士卒又都是老弱残疾不堪作战之辈，既不能防御倭寇于海上，使其不能登陆，又不能在陆上堵截围剿，将其消灭。海防形同虚设，倭寇海盗红毛夷如入无人之境，可以任意烧杀劫掠。

中西海上战舰的规模、武器和各种技术方面在明末都有了巨大的差距，这种差距导致中国在应付海上入侵时极其被动。明末清初，中西方的海上武装冲突都是在中国沿海发生，中国的海上大门已是狼烟四起，中国海防败局已显，悲夫。

所以，台湾历史学家张存武在总结明代这段海防历史的教训时说："故葡萄牙人之东来才是中国数千年来未有之变局。由此而论，治鸦片战争而后之中国近代史者，实不宜忽略1511年至鸦片战争间这段近代中国初期历史。"

大陆历史学者则说："直至明初，中国的造船技术及航海能力仍遥遥领先世界。郑和下西洋，将中国的威望及影响推向极点。正统之后，国力衰退，加之民间禁造航海大舶，中国渐失对南洋及印度洋的控制权。葡萄牙人趁此机会，迅速将其势力范围扩至印度洋。从郑和船队停航的15世纪30年代至葡萄牙人扬帆东来的 16 世纪初，这 80 年决定了中国今后几百年的历史走向。中国之衰，衰于文化之颓势及航海能力之萎缩；葡萄牙人之盛，盛于文艺复兴之新智及其坚船利炮。西方的坚船与利炮早在鸦片战争前数百年便由葡萄牙人传入中国。中国曾仿造佛郎机或据之改良原有的火炮，广泛用于国内外战争。明朝末期，澳门葡萄牙人曾派人携炮参加明、南明军队对清朝的作战。鸦片战争之前，欧洲四个航海先锋——葡萄牙、西班牙、荷兰及英国之间在亚洲的贸易、政治及军事冲突已将中国卷入世界性的旋涡之中了，鸦片战争的阴影已在 1840 年前几百年投向中国，但明、清时代的中国不曾对此有足够的认识。"

正是朱明及随后的清朝故步自封、自高自大，除了认为西方船坚炮利之外一无是处，所谓"化外蛮夷"，中国与之通商只不过是"施恩"而已，所以澳门历史学家梁嘉彬说："道光间鸦片战役失败，逼着割让香港，五口通商。咸丰间英法联军陷京师，烧圆明园，皇帝出走，客死于外。经这次痛苦，虽以麻木自大的中国人，也不能不受点刺激。"

这一刺激便刺激出了咸丰同治间中国人发奋自强的"洋务运动"。江南机器制造局、马尾船政局、同文馆、广方言馆的设立，童子留美、国际法及其他政治书籍编译出版，亦随之而兴。梁嘉彬极其深刻地指出："自此，中国人才知道西人还有藏在'船坚炮利'之后的学问。"

问题在于明朝人对西方战船本来的认识多停留在表面，对大航海时代影响世界历史进程的关键性问题缺乏根本认识。同时，明朝人对西方技术先进性也认识不足。此时西方技术进步表现在多个方面。造船、纺织和兵器制造在欧洲都处于领先地位。但明朝人对西方长技之学习仅限于火炮一项，对其造船技术却未加借鉴。由于双方舰船不处在同一水平线上，导致明人在中西海战中常常力不从心，中国沿海的制海权如同漏洞百出的破网，西方战舰常常可以随意来往。

而且，明朝人对认识成果也不够重视，他们虽然体会到西方炮舰技术的进步与威力，看到了西方列强到处扩张的蛮横与威胁，但因为国人华夷之辨思想根深蒂固。在此思想指导下，明朝国人自恃文明发达，夜郎自大，视外来民族为蛮夷之邦，轻视有余，重视不够，直接制约着中西双方的政治、经济、文化商业等交流。到了鸦片战争时期，西方风帆战舰技术已至顶峰，"日不落帝国"的实力已可集中万余兵力和百艘战舰浮三洋来到中国沿海，中国人单纯的数量优势已无法弥补炮舰技术和火力的差距，任何计谋都已无法扭转被动挨打的局面了，那么中国的沿海就真的"有海无防"了，悲剧的中国近代史拉开了序幕。

所以，中国清代封建朝廷既不吸收郑和保海权而中国海疆安宁的经验，也丝毫没有警惕明代痛失海权而不断挨打的教训，更不去了解西方正在发生什么，沦丧面前，国人麻木失措，昏睡百年；鸦片战争硝烟起，伤累累、血斑斑，千年长梦方惊醒。

所以，当集西方数百年海上霸权大全的"日不落"大帝国攻进中国沿海时，真正的灾难终于降临到中国人头上。

第三章

大难临头

"人操舟而我结筏"。

——左宗棠

我想象着这样一幅场景：哥伦比亚麦德林可卡因垄断集团成功地发起一场对美国的军事袭击，迫使美国允许可卡因合法化，并允许该垄断组织将毒品出口到美国5个主要城市，不受美国监督并免予征税；美国政府还必须支持战争赔偿1000亿美元——这是哥伦比亚向美国输出可卡因所发动战争的花费。这幅场景当然荒谬绝伦，就连最出格的科幻小说作家也无法做出如此狂热的想象。然而，类似的事件在19世纪的中国确曾发生过，而且不止一次，而是两次。但是，两次战争的挑起者都不是蛮横无理的哥伦比亚销售商，而是当时世界上科技最发达的国家大不列颠，它把类似的条件强加给了中国。

——特拉维斯·黑尼斯三世

英吉利红毛上岸抢猪

明崇祯十年（1637），风雨飘摇的明廷正被东北急剧崛起的后金，内部此起彼伏的农民造反和接二连三的天灾搞得焦头烂额，正在愁眉苦脸的崇祯皇帝对着一大堆噩耗奏报唉声叹气时，屋漏偏逢连阴雨，南方也传来不幸消息，又一批来历不明的红毛在一个名叫威德尔的头领指挥下居然乘坐战舰直接闯进珠江口，连续炮轰虎门炮台。

这次来的是英国红毛。

当时已经崛起的海洋新霸英国人决定另辟蹊径，打开对华贸易局面，企图借助于长期垄断对华贸易的葡萄牙人打入中国市场。17世纪初，葡萄牙人在远东的商业霸权已经衰落。他们的商船在远东屡次遭到荷兰舰队的劫掠，也想联合英国人的力量以牵制荷兰人。

1635年，英国东印度公司同果阿的葡萄牙总督达成协议，葡萄牙人同意英商自由出入澳门从事贸易。

同年12月12日，英国国王查理一世颁布训令，任命威德尔上尉为指挥官，率领6艘船舰前来中国。

威德尔船队于1636年4月14日从伦敦启航，11月7日到达果阿，与葡萄牙果阿总督交涉前往澳门贸易问题。

1637年1月17日，威德尔船队离开果阿，6月27日，船队到达澳门以南的十字门外停泊。英国商船的到来使澳门葡萄牙人愤怒万分，因为这时澳门与果阿、里斯本的贸易航线已被荷兰舰队所阻截，航行十分困难，澳门葡萄牙人只能维持到长崎和马尼拉的贸易航线，而且同长崎的贸易也将因日本颁布锁国令而被迫停止，这样就只剩下马尼拉一处仍然保持密切的贸易关系，但贸易额每年仍达100万两白银。如果任由英国人开辟中国市场，打破其对中国外贸的垄断，则葡萄牙人仅存的一点贸易利益也将丧失。因此，澳门葡萄牙人拒不执行果阿总督的指示，不允许英国人分享澳门的贸易特权。然后葡萄牙人又在早就是酒肉哥们儿的中国广东地方官员面前极力诋毁英国人，说他们就是荷兰人，企图前来捣乱，由于当时荷兰与明廷关系极为紧张，海上冲突连连，不明底细的明廷拒绝与威德尔交易，澳门葡萄牙人更是火上浇油，又从澳门派出巡逻艇在英船附近巡弋，阻止英国人进行贸易活动。

威德尔见到澳门贸易已无希望，便于7月底启碇前往广州。8月8日，英船到达虎门亚娘鞋停泊，虎门炮台守军鸣炮示警。威德尔蓄意挑起事端，马上露出英国海军前辈德雷克们那些海盗的狰狞面目，下令扯下圣佐治贸易旗，升起英国国王的军旗，随即指挥船队炮轰虎门炮台。四艘风帆战船侧舷数百门火炮连番射击，空前猛烈的炮火打得虎门明军尸横遍野，然后威德尔下令登陆攻击，攻上炮台后，英军扯下中国军旗，挂上英王旗帜，并拆下虎门炮台35门大炮，作为战利品搬到船上。广州当局派葡萄牙人诺雷蒂交涉，威德尔才把大炮归还，同时派出两名商人随同诺雷蒂前往广州。他们携带西班牙银币22000里尔，以及2小箱日本银币，作为购货之用。但英船却继续深入广州内河。

这种侵犯中国主权的行为，激起广州当局的愤怒。9月10日，广东海防当局派出3艘战船冲向英国船队，发射火炮和火箭，迫使英船仓皇溜走。但威德尔对侵犯中国内河不仅毫无自责之意，反而变本加厉地滥施暴虐。19日，在虎门地区纵火烧毁了三艘中国帆船，焚毁一个市镇，抢夺30头猪。21日，又攻占并炸毁虎门亚娘鞋炮台，焚毁了大帆船一艘。

威德尔干了如此之多的坏事，也觉得不好意思再同中国打交道，便将船队驶行澳门，请求葡萄牙人出面转圜。11月22日，英商在广州答应中国的要求，赔偿白银2800两。30日，威德尔向中国官员提交了一份保证书，对虎门事件表示歉意，并保证完成贸易后即行离去。据此，广州官员决定对其不予追究，令其贸易后尽快离境。

这是有史可查的第一批到达广州的英国人。正是这些所谓"商人"，用大炮拉开了中英通商的序幕。而英国侵略者谋占中国领土的欲望也随通商而与日俱增。在威德尔离开广州的时候，便命"安号"帆船在珠江口外选择岛屿，为将来在华建立英国人"居留地"做准备。此后，英国的商船陆续来华，并且对于珠江口的香港地区，逐步有了接触。

从这时起，英国人就开始筹谋夺取香港了。这点连殖民侵略者自己也供认不讳。"对于这个根据地的要求，我们是很久前就筹谋的了。在 18 世纪，因为贸易上发生了很多困难，作为克服这些困难的必要手段。"

后来的历史证明，英国人想作为根据地的海岛就是香港岛。说到底，英国也想像葡萄牙那样搞个自己的澳门。

12 月 29 日，威德尔船队离开澳门，启程回国。中英之间充满火药味的第一次交往就此结束。中国海防终于迎来了真正的劲敌，虽然还会再过一段时间恶果才会彻底显现，但几至亡国灭种的大灾难阴影已经悄悄走近了中国国门。

放眼向洋看西方，崇祯也像大帝！

公元 1643 年 3 月 25 日，李自成农民军攻入北京，崇祯皇帝见大势已去，亲手砍死袁妃，逼死周后，留下"朕无面目见祖辈于地下"的遗言吊死于景山，死时身边只有一个忠心耿耿的太监同死。明朝正朔就此覆亡。

由于战略上大意轻敌，战术上孤注一掷未留预备队，李自成农民军旋即在山海关外一片石大战中，大败于吴三桂山海关守军和突然加入战场的清朝八旗联军之手，在满洲八旗精骑的猛烈突击下，李自成主力精锐损失极重，只得从北京城向西退走。清军不失天赐之机，在吴三桂等明朝旧臣引导下，毫不犹豫尾追不舍，丝毫不给李自成喘息之机，一路穷追猛打，将李自成部从北京、山西、陕西一路追杀至湖北，终于把一代闯王逼死在九宫山，旋即囊括中华天下，后金孤儿寡母率 20 万铁骑 40 万从人入关，不旋踵竟得中华，此为天意，亦是人谋，千古兴亡，可发一叹。

如果说，明朝在政治、经济和军事上留给了清朝一个滥摊子，但在科学技术和文化上却绝非如此。当时明朝文化成就本来就领先，靠《三国演义》打仗的清朝不可以道里计，在科技发展上，明末更有过中华文明发展史上罕见的辉煌。

崇祯皇帝虽然在政治上疑心颇重，但这位末代皇帝至少有一点是十分开明的，甚至称得上极具远见卓识的一代英主，那就是这位命运悲惨的末代皇帝对西方科技知识的极度重视和大规模引进。

　　事实上，内外交困一片混乱的崇祯时期，科技发展却堪称中国封建王朝历史上的文艺复兴时期。这从崇祯对中国著名科学家徐光启的任命就可管窥一斑，徐光启最高的职务是东阁大学士和文渊阁大学士，真正的位极人臣，科学家能做到这个级别的，在中国历史上独一无二，由此可见崇祯皇帝对西方科技的重视。

　　当时，在络绎来华的红毛和坚船利炮的刺激下，为了达到"欲求超胜，必须会通；会通之前，必须翻译"的目的，中国民间和官方已经同时展开对西方科技思想书籍的大规模全方位翻译。

　　《坤舆格致》是在李天经主持下，由德国人、天主教学会会士汤若望和中国人杨之华、黄宏宪合作翻译，共四卷。原著是德国学者阿格里科拉的《矿冶全书》，这是当时欧洲划时代的巨著，书中介绍了各种金属的分离、制取和提纯方法，也详细介绍了各种无机酸的制法，包含许多重要的先进化学知识。

　　崇祯十六年（1643）12月，崇祯皇帝批示户部将《坤舆格致》分发各地，"着地方官相酌地形，便宜采取"。

　　就是说，崇祯皇帝命令在全国范围内推广这本欧洲当时最先进的矿产资源研究巨著，并要求地方官员按书中方法进行矿产资源开发利用。

　　在生理学方面，则有《泰西人身说概》《人身图说》（相同时期），《西国记法》，《性学觕述》，《主制群征》（这本书提出了人之知识记忆皆系于头脑）等著作被翻译进中国。

　　在建筑工程和水利资源利用方面，则有《泰西水法》，古罗马建筑学家维特鲁维的《建筑十书》等经典著作被翻译进中国。

　　我们再看看下面这些当时翻译过来的西方经典著作书目：

荷兰数学家军事工程学家西蒙·史特芬的《数学札记》；
意大利工程技术专家拉梅里的《各种精巧的机械装置》；
1611年科隆版的《原本》（拉丁文本）；
罗雅各的《测量全义》，哥白尼的《天体运行论》，这是后来修订《崇祯历书》的重要参考书之一；

开普勒的《哥白尼天文学概要》；

1601年罗马版的《地中海航海术》《比例规解》《地球表周与其直径的关系》；

《磁石测量法》；

《大西洋，地中海等海洋盐度，涨落潮海流流动因果实论》……

据不完全统计，崇祯时期竟有高达 7000 种西方科技文化著作被翻译引进中国，我们只用看看这些书名，就不能不惊叹，崇祯朝对西方科技成就引进的深度和广度之巨了。

明末与引进西方科学理论齐头并进的，还有大规模的科技实践，崇祯二年（1629），钦天监推算日食失误，而徐光启用西学推算却与实测完全吻合。于是崇祯帝下令设立历局，由徐光启领导，修撰新历。徐光启聘请了西方来华传教士龙华民（意）、邓玉函（德）、汤若望（德）和罗雅谷（意）4 人参与历局工作，于 1629—1634 年编撰成著名的《崇祯历书》。

崇祯二年（1629），崇祯皇帝亲笔批准了徐光启提出的宏大的修历计划，并且要求他"广集众长，虚心采听，西洋方法不妨兼收，各家不同看法务求综合"。要知道，定历观天为中国历代以天子自居的封建王朝重中之重，崇祯帝用西方先进技术为中国定历，可见其气量之大，这不是后人很轻松就能理解崇祯此举难度的。

徐光启奉崇祯皇帝旨，在钦天监开设两局，又于 1629—1634 年由徐光启、李之藻、李天经，先后以西法督修历法。其间任用汤若望、罗雅谷、龙华民、邓玉函等修成《崇祯历书》共 46 种 137 卷。

《崇祯历书》并非仅仅是一部历书。更确切地说，这是一部在崇祯皇帝为首的明朝政府支持下修纂的一部引进西方数学天文知识的大型丛书。

它被分成了基本五目：

第一，法原，这是基本理论，包括数学、天文、宇宙观等各方面的基本理论。

第二，法数，这是天文学、数学用表。

第三，法算，天文学计算所必需的数学知识，主要是球面三角学和几何学。

第四，法器，天文测量仪器和计算工具。

第五，会通，中国的传统方法和西法的度量单位的各种换算表。

正是为了实现"一义一法，必深言其所以然之故，从流溯源，因枝达本"，作为基础理论部分的"法原"，占据了最主要、最核心的部分，共有40余卷，占全丛书的1/3。这在中国历代修历法中是绝无仅有的。

《崇祯历书》采用了西方第谷天体运动体系和几何学的计算系统，引入地球的概念，以及地理经纬度，引入球面三角形，区分冬至点和日行最速点，引入蒙气差校正，采用黄道圈为基本大圆的黄道坐标系统，采用欧洲通行的度量单位。

在《崇祯历书》中《大测》《测量全义》《割圆八线表》《八线表》《南北高弧表》《高弧表》引入球面三角学和平面三角学，《比例规解》《筹算》引入两种计算工具，和过去徐光启、李之藻等人翻译的《几何原本》《同文算指》《圜容较义》已经把西方数学中几何、算术、计算工具等基本内容系统传入了中国，而且这些工作中一大部分是在官方有意识地组织下进行的。所以，连西方都推崇这部明朝动用国家力量修成的《崇祯历书》为"欧洲古典天文学百科全书"。

而对于基础科学的重要作用，崇祯皇帝和他的大臣也是非常具有远见卓识的，科技史学家这样描写了崇祯君臣伟大的创举：

徐光启在崇祯二年（1629）7月26日，给崇祯皇帝上奏折《条议历法修正岁差疏》，论述了"数学和其他科学的关系，数学在生产实践中的作用"，他是把数学作为其他一切自然科学和工程学的基础来看待的。徐光启列出了十条：

第一，数学是天文学、气象学的基础。"利用数学可以计算日月天星的运行，从而推测晴雨水旱。"

第二，数学是机械工程学的基础，"精于度数，能造作机器，力小任重"，制作各种机械，"以供民用，以利民生"。

第三，数学是测绘学的基础，"天下舆地，其南北东西，纵横相距，纡直广袤，山海原野，高深广远"，都可以用数学方法测绘，"道里尺寸，悉无谬误"。

第四，军事学：数学可以用于"兵家营阵器械及筑治城台等""精于其法，有裨边计"。

第五，建筑学："营建屋宇桥梁等，明于度数者力省功倍，且经度坚固，千万年不圮不坏。"

第六，财政、会计学：数学对"官司计会"，颇有用处，"理财之臣，尤所急需"。

第七，水利学：用数学，"度数既明，可以测量水地。一切疏浚河渠，筑治堤岸，灌溉田亩，动无失策，有益民事"。

第八，医药学：使用数学，"因而药石针砭，不至误差，大为生民利益"。

第九，音律学："明于度数，即能考正音律，制造器具（乐器）。"

第十，计时：掌握了数学力学原理，可以"造作钟漏，以知时刻分秒"，"使人人能更分更漏，以率作兴事，屡省考成"。

《明末清初的格物穷理之学》一书说"此'十事'涉及自然现象的研究、社会现象的研究和工程技术，就当时，无论中西方都未形成自然科学、社会科学、工程技术学科的分化。徐光启能陈此十事相当不易。有学者认为，这是比培根在《新大西岛》中所做理想研究更现实、弘通的知识体系的划分"。

中国科学院教授尚智丛说："徐光启提出的'格物穷理之学'核心就是以数学的演绎推理和数量计算来探求客观事物的规律，具有近现代科学的特征，酝酿着近现代科学的倾向，他把数学作为科学发展的基础地位，在这里他比伽利略等近代科学先驱更高明。

"他希望借助演绎推理，寻求事物的数学规律，形成'有理、有义、有法、有数'，使中国的科学思想在质上迈进了一大步"。

　　徐光启的这个奏折，得到了崇祯皇帝的积极响应和支持，他当即下旨批示"度数旁通，有关庶绩，一并分曹料理"。就是说，崇祯皇帝准备在全国范围内开展以数学为基础的近代科学教育。如果崇祯的这个设想实现，那真是中国历史上开天辟地的壮举。

　　回看历史，崇祯皇帝引进西学不是没有阻力的，当时的名臣杨光先就说过一句名言"宁可使中夏无好历法，不可使中夏有西洋人"，这位中国有名的忠臣真是堪称保守派的典范，但崇祯丝毫不为所动，仍然对西学西历大力支持，崇祯君臣特别值得推崇的一点是，我国引进国外科技时，多是急功近利，专重实用和技术，而对国外先进的科技思想和独立健全的科学精神则往往重视不够，这个问题其实到现在都非常严重地存在，而崇祯帝和徐光启的做法完全是科技归科技，就按科学的规律搞，不涉政治和洋夷之分等其他因素，这种真正的科学眼光是非常了不起的。

　　所以在发展科技教育，引进西方先进技术和思想这件事上，一辈子都活得很憋屈的崇祯真是堪称中国历史上真正的"大帝"，这份海纳百川的胸襟气魄，的确是清代君主，包括康熙和乾隆都远远比不上的，但是不幸的是，当时明朝气数已尽，只过了十几年就灭亡了，这么短的时间内，崇祯和徐光启的设想根本无法在全国上下全面展开。

　　与引进西方科学技术齐头并进的，还有明朝对外籍科技人员的重视和发自内心的尊重，意大利人天主教教士利马窦、德国人天主教学会会士汤若望、意大利人天主教教士龙华民，这些都是留名中国文化史和科技史的著名西方传教士，他们的名字和科技成就，至今在中国还是广为人知的。万历年间来华的利玛窦和徐光启一起翻译了西方数学经典著作《几何原本》，还为中国毫无保留地绘制了《坤舆万国全图》，这是中国国内现存最早的，也是唯一的一幅据刻本摹绘的世界地图这幅图所绘的世界各大洲海陆轮廓已基本具备，明朝君臣可从这幅图中清晰了解西班牙、葡萄牙、荷兰、意大利、法国、英国等西方大国的具体位置，任何一个稍有军事政治头脑的人，都可以想见这样一幅地图在16世纪对明朝君臣对世界的认知，意味着怎样的价值和意义。

　　汤若望则写了《远镜说》，第一次向中国人介绍了伽利略望远镜，还口述了有关大炮冶铸、制造、保管、运输、演放以及火药配制、炮弹制造等原理和技术，由焦勖整理成《火攻挈要》二卷和《火攻秘诀》一卷，成为向中国介绍西洋火炮技术的权威著作。

利玛窦、汤若望是当时来华友好传教的一大批传教士中的杰出代表，这批真正的基督徒以他们对中国人民的真诚和友好，赢得了中国人民真诚的爱戴和尊敬，在他们还生活在中国的时候，就已经是名满天下举国尊敬的人物了。

利玛窦被中国当时的士大夫尊称为"泰西儒士"，除著作了大批西方人文思想科技与作品外，他为中国绘制的《坤舆万国全图》，在中国先后被十二次刻印。而且问世后不久，在江户时代前期也被介绍到了日本。该地图使得日本人传统的崇拜中国的"慕夏"观念，因此发生根本性的变化，对日本地理学的发展，有着极重要的影响。北极、南极、地中海、日本海等词汇皆出于此地图。至今，日本仍称17世纪至18世纪的地图为利玛窦系地图。日本人则称利玛窦是"地球上出现的第一位世界公民""人类历史上第一位集欧洲文艺复兴时期的诸种学艺，和中国国书五经等古典学问于一身的巨人"，教皇保禄二世盛赞利玛窦：是"做中国人中间的中国人"，使他成为大汉学家，这是以文化和精神上最深邃的意义来说的，因为他在自己身上把司铎与学者，天主教徒与东方学家，意大利人和中国人的身份，令人惊叹地融合在一起。

明末这些从西方来华传教的真正的基督圣徒在中西文化交流史，中国基督教史和中国科技史上镌刻下了自己的名字，他们身后更是赢得了中国人民的永远尊敬。今天，利玛窦、汤若望和康熙皇帝的科学启蒙老师，比利时人南怀仁的墓茔已被列入中国文物保护地，受到中国人民永远的祭扫和保护。

相对而言，两百年后中国人被西方的枪炮逼得走投无路时搞的洋务运动则只是简单的引进，没有形成真正的造血能力，对比明末这次大规模西学引进，不是皮毛又是什么呢？

而最令人感叹的是，明代是在国势极其艰危的情况下，做这些达不到立竿见影效果的科技引进和基础研究的，就在出版《崇祯历书》的崇祯二年（1629）秋，皇太极避开了坚固的宁锦防线，绕道蒙古，于10月26日突破喜峰口入塞大掠河北。

同年，崇祯二年（1629），后来攻入北京城逼死崇祯的李自成则参加张存孟的起义军，被义军称为"闯将"。

所以，谁都可以骂崇祯在政治、军事上是个庸才，但就从发展科技这件事上分析，谁都不能说他是个没有远见的人。只能说这位末代皇帝真的是个很倒霉的人。

最令人回味的是，其实东西方当时几乎同时面临科技革命的门槛，而明朝却没有罗马教廷这样的宗教机构压制科技发展，反而得到官方大力支持，而反观西方，1633年，终于不得不妥协的大科学家伽利略被罗马教廷判处终身监禁，他的晚年极其悲惨，而布鲁诺这些坚持真理的西方科学家在火刑柱上的可怕遭遇就更不用说了。

而反观明朝，利玛窦走到哪里都是当地官府士绅乃至贵族皇室的上宾，而徐光启更以他的西学研究学识出任崇祯皇帝的东阁大学士和文渊阁大学士，位极人臣。由此可见，明朝对待科技的态度比西方更开明，如果历史给明朝机会和时间，明朝完全有机会在当时和西方科技发展同步。

但是，明末的动乱，和随后清朝的建立，却从根本上摧毁了中国在近代史上最后一次相当于西方文艺复兴，实现现代意义上的真正崛起的机会。

片板不许下海，大倒退！

清代60万人入关，在封建专制制度下，想维持统治，搞思想禁锢，愚民政策，几乎就是清朝宫廷和极少数贵族必然的选择，所以清代的文字狱和死板到了极点的八股取士，在中国历史上都是出了名的。有清一代，国民的创造力受到极大的抑制是不争的事实，即使在几千年间都以文学诗歌优美著称的中国，两百多年历史的清王朝除了一部《红楼梦》之外也拿不出非常像样的东西，而这种对国民创造力的抑制更是导致了中国科技水平的大倒退，清代中国科技成就在洋务运动被迫引进西方科技前，除了天文定历，和康熙皇帝出于个人兴趣支持南怀仁教士搞出过一些亮点之外，从整体上说的确是乏善可陈的。

清政府为了维持统治，对海禁的控制比明朝更加严酷。清代前期，为了防备退守台湾的南明郑成功势力，彻底截断郑氏集团与大陆的联系，清廷甚至连下三道迁界令，将东南沿海村庄居民全部内迁50里，距海岸线50里地界内的居民房屋全部焚毁，土地废弃，不准沿海居民出海——"片板不许下海"！

当时清政府甚至规定：凡携带牛马、军需、铁货、铜钱、绸缎和丝棉出境贸易者，杖一百。若将人口或兵器偷运出境者，处绞刑。

如此令人瞠目结舌的严酷海禁，清政府竟一连实施了39年，直到施琅收复台湾后，东南各省疆吏才敢不断请开海禁，俗话说："靠山吃山，靠海吃海"，有外敌待灭，搞禁海这样的战时措施还可勉强维持，和平时期如此严厉的海禁只能逼得沿海人民造反，于是康熙皇帝也就顺势下了台阶，以"闽粤边海生民有益"为名下令不许民造船出海，又以开关"既可充闽粤军饷，以免腹地省份转输之劳"为由开广东澳门、福建漳州、浙江宁波、江南云台山四关作为对外贸易的窗口与外国通商，清朝的海外贸易才稍稍喘了口气，略微恢复，但骨子里，封闭保守的清廷对不可避免的开阔国民眼界的海外贸易仍是十分警惕甚至反感的。

乾隆即位后，在海禁方面基本上沿袭了先祖的政策。18世纪中叶，西方资本主义国家已开始工业革命，海外贸易日益扩张。特别是以英国东印度公司为首的西方商人，一直强烈渴望打开中国市场。当时，在中国沿海的4个通商港口，前来进行贸易与投机的洋商日益增多。与此同时，南洋一带也经常发生涉及华人的事端，这些情况很快引起了清政府的警觉。

禁令未必能压抑人类求生致富和向往自由的本性。事实上，一些广东人和福建人很早便侨居东南亚，也可以说是国人最早的移民主义事迹，譬如郑和下西洋的时候，就遇到有不少的中国人在海外谋生（其中还有部分人是在元末与朱元璋争雄失败的东南沿海豪强后裔们）。当17世纪英国使团经过巴达维亚（雅加达）的时候，发现中国人已经在这个荷兰的殖民地从事着各种职业，如办事员、经纪人、零售商、佃农、耕种者或仆人等，甚至连种植甘蔗这种给黑奴干的活都干，他们中的许多人也有做大买卖发了财的。

中国人数量的剧增和取得的成功让荷兰人感到恐惧。1740年，荷兰东印度公司听到反叛的传闻后在南洋的爪哇对华侨进行了一场大屠杀，有2万到3

万中国人在这次事件中丧生。这就是骇人听闻的"红溪惨案"，后来印尼直到现代多次屠杀无辜华人，最先肇始就是此次事件。"红溪惨案"消息传来，清朝举国震惊，荷兰害怕中国皇帝会对其在广州的荷兰人进行报复，于是派了使团前往中国说明事由，并为此道歉。

荷兰人记载，令他们意想不到的是，听到荷兰使臣道歉的中国皇帝竟然毫不介意地答复说："我对于这些远离祖国贪图发财，舍弃自己祖宗坟墓的不肖臣民，并无丝毫的关怀！"

这个皇帝就是乾隆。

一方面，澳门等外国人聚集的地方也经常有洋人犯案，洋人可不像中国良民守本分，看个足球都要耍流氓的，一向喜欢闹事，这使最厌恶司法纠纷的清政府不胜其烦。

另一方面，当时的英国商人为了填补对华贸易产生的巨额逆差，不断派船到宁波、定海一带活动，企图就近购买丝、茶。巧合的是，乾隆十分热衷于到江南一带巡游。据说，当乾隆第二次南巡到苏州时，从地方官那里了解到，每年仅苏州一个港口就有1000多条船出海贸易，其中竟有几百条船的货物卖给了外国人。乾隆还亲眼看到，在江浙一带海面上，每天前来贸易的外国商船络绎不绝，而这些商船大多携带着武器，乾隆爷看得龙眉大皱，不禁担心宁波会成为第二个澳门，洋鬼子是最喜欢钻空子搞阴谋的，要不怎么叫鬼子呢？老实说，"天朝大皇帝"也对洋鬼子头痛得很，还是中国老百姓好欺负些，要是这些中国老百姓跟着洋鬼子学坏了，还找谁欺负呢？

龙心不悦之余，乾隆爷在1757年南巡视察了发展成果回京后，断然发布了一道著名的圣旨，规定洋商不得直接与官府交往，而只能由"广州十三行"办理一切有关外商的交涉事宜，从而开始了在中国历史上大名鼎鼎的全面防范洋人、隔绝中外的闭关锁国政策。

清廷如此保守僵化，对中国海防造成的最直接恶果就是造船和火器制造技术水平的更大衰退。

为禁锢国民，清朝当时严厉到连渔船的大小都做了严格控制，以致中国渔船小到连在近海撒网都危险重重，而就是这样，还有清廷的"极左"制订更加极端的计划，雍正即位不久，就有人条陈说"拖风渔船规模大，可以冲风破浪，恐生奸猾，建议全部拆毁"，有人提出反对，认为渔船太小了，根本无法深入洋面捕鱼，雍正听了之后坚定否决反对意见，于是廷议的结果是"广东渔船梁头不得过5尺，舵手不得过5人"，雍正的批令是"禁海宜严，余无多策，尔等封疆大吏不可因眼前小利，而遗他日之害"。

但是这样的限制，清廷的"极左"派仍觉不满，"不知梁头虽系五尺，其船腹甚大，依然可以冲风破浪""请议定其风篷，止许高一丈，阔八尺，不许帮篷添裙，如果船篷高阔过度，即以奸歹究治。如此则风力稍缓，足以供其采捕之用，而不能逞其奔逐之谋。哨船追而可到，商船避之而可去。且其桅短篷低，行驶迟慢"，"极左"派认为如此这般，把中国渔船技术限制在最低水平上，便可以消弭海患。

同年10月，广东巡抚奉令奏议渔船问题，提出的限制条件更加严苛，在他提出的八项措施中，其中两条十分离奇，第一，"……各船首尾高尖，可耐风涛。应请嗣后造成此等大船首尾不许高尖，梁头不许过八尺。其以前违式者，限以三年内改造合式，至各种小渔船，若装钉盖板、舟皮水便可抵御风浪，今请成造小渔船梁头总不得过五尺，不许擅装盖板，私用舟皮水，从前凡有擅用者，尽行拆去。第二，……今请严禁私带大号水柜，并不许擅带大篷，以致乘风无阻"……

看看，厉害吧？水柜只许做得小小的，敢做大号水柜就是犯罪行为，要受大清律的严惩！出海淡水都不许多带！看你们这些刁民怎么投奔自由！

总之一句话，大清朝的广东省省长建议把民船的技术限制在极低水平上，完全置于水师官兵的监督之下，只能在近岸浅海作业，只要不沉，差不多也就够了！

雍正爷看见奏折自然欢喜，眉开眼笑，龙心大悦，马上批准实施，来呀，广东省省长挺会办事，赏这奴才一件黄马褂！来呀，再加赏一根孔雀花翎！脑袋上已经有一根孔雀毛了？呃，那赏这奴才顶戴双花翎！

1719年清政府又规定，一切出海船只不许携带军器，凡是查出，从重治罪……禁止商船携带军器，一是为了防止军器运往吕宋等华侨华人集中居住的地方，二是便于师船在沿海的查缉，这一规定等于解除了中国商船的武装，一旦在海洋上遇到了海盗袭击，商船只能束手就擒。

更可笑的是，乾隆爷甚至把船只压舱的石头都看成对爱新觉罗家的威胁，乾隆爷规定"出海渔船，商船每借口压舱，擅用石子、石块为拒捕行凶劫夺之具。嗣后，均止许用土坯、土块压舱。如有不遵，严拿解纠"。

结果，可怜的中国渔民早上只好装一船土坯压舱出海，海上浪打雨淋，晚上回家时往往带回来一堆烂泥，要是中国的渔民干脆在这些烂泥船里种上水稻改当庄稼汉吃碗农家饭，乾隆爷肯定乐坏了。

清政府最绝的一手，是对中国境内的任何船舶新技术犯罪手段都长期保持了最高度的警惕性，长期坚持防患于未然！

犯罪新手段露头就打，露头必打，从重从严从快狠狠打！

"于篷桅上加一布帆，以提吊船身轻快为'头顶巾'。又于篷头之旁加一布帆以乘风力，船无依侧而加快为'插花'。"

这种提高船舶速度的"插花"新技术是违法的！1738年大清国家安全部门专门下达红头文件——禁止！

福建制造的膨仔头船"桅高篷大，利于赶风"。1747年发现了这种犯罪苗头，清朝官员认为，"任其制造"，不便控制，大清国家安全部门立刻下达红头文件——永行禁止！

商人为了增加运输量，增加商船在海洋上抵御风暴性能，便设法增加船的高度，舟皮内再装小舟皮，以逃避官员的稽查。这种方法被称为"假柜"。

1776年，大清警方卧底线人发现"假柜"问题，大清国家安全部门立刻下达红头文件——勒令商人申请制造商船时，必须提供商船设计式样、规格、经地方官核实，与例相符，方准给予船照，……若商人在给船照之后，私将梁头船身加增者，一经查出，严厉治罪，并将船只入官！"假柜"——严格禁止！

1766年，广东地方官突发奇想，不喜欢内河的民船走得比官兵的两条腿快——"若橹桨过多，……兵役追捕不及，其为害甚大"，大清国家安全部门立刻下达红头文件——商渔船只许用双橹双桨，一切船中不许带多余橹桨，下令将船上装造多余橹将之器具概行起除拆毁，总之大清国的船只许长四条腿，长第五条腿，禁止！敢长五条腿的，没收！

——连一些大清官员自己都说，如此防范，实属离奇！

直到嘉庆时期，仍不许民船制造业自由发展。

大清国家安全部门《嘉庆爷关于渔船规格 1 号红头文件——限定梁头的暂行规定》；

大清国家安全部门《嘉庆爷关于渔船规格 2 号红头文件——私设高桅大篷的量刑标准》；

大清国家安全部门《嘉庆爷关于渔船规格 3 号红头文件——私设"插花""头巾"的惩治办法》；

某某号红头文件——不许"首尾高尖"；

某某号红头文件——不许装设"盖板"；

还有"舟皮水"和"假柜"的暂行管理条例，限制携带军器、口粮、舵工水手的紧急通知，甚至淡水多少、石子、石块等等红头文件。

下发红头文件之多，多到大清国家安全人员一致认为，大清国家安全只有在中国所有的船舶，包括木筏和竹排都被拆除了才能得到真正的保障！

清官方严格限制商渔船只的规格和技术性能，意在保持战船的相对优势，便利追捕刁民，结果是彻底扼杀了中国的造船业。

可想而知，在这样严酷的禁锢下，中国的造船业不要说发展，连苟延残喘都难以做到，中国的造船工艺、造船技术极大地衰退了。在《清史稿》中写道：乾隆五十八年，因广东海盗充斥，自南澳至琼、崖，千有余里，水师战船，虽有大小百数十号，仅能分防本营洋面，不敷追捕，致商船报劫频闻。历年捕盗，俱赁用东莞米艇，而船只不多，民间苦累。乃筹款 15 万两，制造 2500 石大米艇 47 艘，2000 石中米艇 26 艘，1500 石小米艇 20 艘，限 3 个月造竣，按通省水师营，视海道远近，分布上下洋面，配兵巡缉，以佐旧船所不及。

有学者按 1000 石折合 80 吨计算，这时清朝能造出的最好的战船大米艇，也就只有 250 吨左右！

而这时，西方海战主力风帆战列舰吨位早已超过 1500 吨，两三千吨的风帆战列舰也比比皆是，最著名的风帆战列舰，英国传奇海将纳尔逊勋爵旗舰"胜利"号，全船总长 92 米，排水量 2162 吨，全舰人员 850 人，而 1800 年清政府制造的大封舟才 7 丈长！

可见，东西方造船技术的差距已大到何等可怕的地步，所以，1793 年，英国的马戛尔尼使团访问清朝，他们"惊奇地发现中国的帆船很不结实，由于船只吃水浅，无法抵御大风的袭击"，他们得出的判断是"中国船的构造根本不适应航海"，马戛尔尼发出过这样的感叹"中国人首次看见欧洲的船只，至今已经有 250 年了，他们毫不掩饰对我们航海技术的赞赏，然而他们从未模仿过我们的造船工艺或航海技术。他们顽固地沿用他们无知的笨拙方法，由于世界上没有一个国家能比中国更需要航海技术，因而中国人这种惰性更令人难以置信"。

造船技术如此落后，舰载武器就更加落后了，清代造炮技术也出现了惊人的衰败，"嘉庆四年（1799）曾改造一百六十门明朝的'神机炮'，并改名为'得胜炮'，唯经试放后发现其射程竟然还不如旧炮"。

明军当年的火炮使用比例是全世界最高的。戚继光的车炮营，比近一个世纪后西方第一次出现的炮兵编队的火炮比例高 7 倍。明代的炮弹技术也有可取之处，当时西方刚刚勉强造出铸铁，应用很不普遍，炮弹和子弹多用铅子，由于中国铸铁技术优势，明代永乐初年（15 世纪初）产铁量已达 9700 吨，而直到 17 世纪晚期 1670 年，西方产铁最多的苏联年产铁量也只有 2400 吨。所以西方火炮多用铅弹时，中国的火炮已经以铁弹为主了，铁弹制作成本要比铅弹低得多，杀伤力要大得多。

而且明代已经发明了对木制帆船杀伤力极大的爆破弹，即明清俗称的"开花弹"。但明代这些火炮战术技术优势到清代统统失传了。鸦片战争时清军被英军的开花弹打得落花流水，清朝当时的火器专家丁拱辰却根本不知开花弹为何物，30 年后，左宗棠督师西征新疆，这位杰出的复国者，七十白首抬棺出征为中国保住了新疆的晚清第一名将。在陕西省凤翔县进行了一次"考古挖掘"，竟从一处明代炮台遗址挖掘出开花弹百余枚，当即感慨万千，叹道："利器之入中国三百年矣，使当时有人留心及此，何至岛族纵横海上，数十年挟此傲我？"

痛惜感慨的左宗棠有所不知，这是明朝自己发明的东西，袁崇焕就是用开花弹炸伤了努尔哈赤。

而 19 世纪中叶却是西方武器大换代的时期，火炮技术大大改进：工业革命使得武器制造业使用了动力机床对钢制火炮进行精加工，线膛炮和后装炮也开始装备军队；火炮射击的理论与战术在拿破仑横扫欧洲的征战中得到巨大发展；同时因化学的进步，苦味酸炸药、无烟火药和雷汞开始运用于军事，炮弹的威力成倍增长。

反观清朝的火炮，仍然使用泥范铸炮，导致炮身大量沙眼，炸膛频频，内膛的加工也十分粗糙，甚至根本没有瞄准具，准星照门不复存在，全靠炮手经验瞄准，开花弹也失传，缺少科学知识兵勇的操炮技术根本比不上明朝士兵！两百年前让明朝苟延残喘的先进武器红夷大炮已经风光不再，老态龙钟，无法抵御西方列强的入侵了。

清朝对红夷大炮没有进行过有效的技术革新，只是一味加大重量，以求增加射程，火炮的制造工艺远远落后于西方。第一次鸦片战争时，虎门要塞的大炮重 4000 公斤，射程却不及英舰舰炮；第二次鸦片战争后，江阴要塞竟然装备了万斤铁炮"耀威大将军"。这些炮看似威武，实际上射程还不如明朝的那些红夷大炮，加之开花弹的失传造成与英军对抗吃亏不小。

佛郎机大炮是一种铁制后装滑膛加农炮，佛郎机大炮独有的炮腹相当粗大，一般在炮尾设有转向用的舵杆，炮管上有准星和照门。佛郎机大炮的结构可以概括为两点：后装炮，定装弹药。

佛郎机大炮有四大优点：射速快、散热快、子炮的容量确定、炮腹的寿命增长。但限于当时的技术水平，佛郎机大炮也有一个无法克服的缺点就是子炮与炮腹间缝隙公差大，造成火药气体泄漏，因此不具备红夷大炮的远射程。

明朝对佛郎机大炮是十分重视的，但是进口的少，仿制的多，且仿制的火炮各种规格齐全，从千余斤的多用途重型（要塞、野战、战舰）火炮"无敌大将军"到百余斤的大"佛郎机"，再到几十斤的"小佛郎机"（可驮在马上点放，自行火炮），连士卒手中都有几斤重的"万胜佛郎机铳"（配 9 个子铳）。

佛郎机大炮的性能是超前的，与红夷大炮相辅相成，但是到了清朝，军中对火器一味求其射程，重红夷而轻佛郎机，以至到了 18 世纪清政府的军队里已经完全没有佛郎机的踪迹了。这种性能卓越的火炮在清朝时期失传了。

而且清政府为确保八旗骑射优势，对火器发射速度是有意识地进行压制的。康熙年间，著名火器家戴梓发明了"连珠火铳"，一次可连射 28 发子弹。这比欧洲人发明机关枪早 200 多年，结果被罢官流放辽东 30 多年，过着"常冬夜拥败絮卧冷坑，凌晨踢冰入山拾榛子以疗饥"的穷困潦倒生活，70 多岁才遇赦得返京城，不久即去世，如果在西方，戴梓比马克沁的财不知发得大到哪儿去了。

满洲八旗精于骑射，汉军绿营擅长火器，但绿营由汉族人组成，只能在八旗的控制下生存和发展，所以清政府多方限制绿营掌握精利的火器，只许使用简陋笨拙的抬枪、抬炮。绿营不得扬其所长，而八旗连原来擅长的骑射也荒废了。国家常备军建设中的满汉畛域之见，严重地妨碍了新式武器的研制和推广。

中国古代的重大发明黑火药，在乾隆年间已落后于西方。英国化学家已经找出了黑火药的最佳化学配方，并进行了大规模工业化生产，西方侵略者正是使用改进了的高质量的黑火药，炸开了"天朝"的大门。

中国的黑火药则配方落后，手工艺制作质量不稳定，去除火药杂质竟靠筛子筛！由于中国火药威力太小，以后三年鸦片战争，中国人连一艘英船也没炸沉！

而此时西方火炮技术不但大大领先，而且主力战舰上的火炮数量也多到了惊人的地步。英国的"胜利"号战列舰上装炮即达 104 门之多！这个数量远超当时中国任何一座沿海炮台的火炮配备数，鸦片战争时期，当时中国防守最严密的虎门要塞 11 座炮台，大炮加起来也只有 300 多门，而且射程、威力都比英舰火炮差得实在太多，事实上，电影《林则徐》里的虎门第一炮，4000 公斤大炮，射程根本不及英舰火炮，电影里 4000 公斤大炮轰得英国军舰桅断帆碎，纯属电影艺术的夸张！

由于舰船技术和火炮技术的落后，实际上，中国在 17 世纪就已经陷入了有海无防的悲惨境地。所以，1834 年英国人林赛对中国海防进行侦察后得出结论："由大小不同的 1000 艘船只组成的整个中国舰队，都抵御不了一艘（英国）战舰。"

清政府海防的虚弱底细，乃至整个国家潜伏的危机很快被一个英国人觉察到了，他就是近代中西方交流史上赫赫有名的人物，来华祝贺乾隆皇帝 83 岁大寿的英国第一位访华大使马戛尔尼勋爵。

马戛尔尼爵爷就是不磕头！

1792 年 9 月 26 日，英国朴次茅斯港一片欢腾，热闹非凡，在苏格兰风笛手们的悠扬乐曲声中，英国的"狮子"号风帆战列舰、"印度斯坦"号巡洋舰和一等护卫舰"豺狼"号等 5 艘战舰，趁早潮拔锚起航。这既是一支武装分遣舰队，也是一个庞大的外交使团，这个使团规模极其庞大，总数有 800 多人，光使团正式人员包括外交官、青年贵族、学者、医师、画家、乐师、技师和仆役等近百人，率领使团的正使马戛尔尼勋爵，学历是都柏林学院硕士研究生，人长得极帅，曾在俄国做特使，深得俄国凯瑟琳女皇欢心，副使乔治·斯当东更了不得，是牛津大学法学博士、皇家学会会员。为了让心爱的儿子见世面，老斯当东还带上了 11 岁的爱子——聪明伶俐的小斯当东。毫无疑问这两位都是经验丰富的老外交家。他们出使的目的地是中国。

马戛尔尼勋爵所率的这支使团规模之大，不但是英国，甚至是欧洲历史上从未有过的。由此可见，英国人对这支使团寄予的希望之大，英国人真诚地希望这支使团能打开与中国自由贸易通商的大门。

1792 年是美国刚刚从大英帝国殖民体系下独立后，华盛顿连任总统的第一年，也是法国人民战天斗地，把大革命正搞得如火如荼的时候，可着劲儿造大反的法国老百姓在这一年把路易十六关进了丹普尔堡，22 岁的拿破仑在这一年就混上了想在法兰西闹独立的科西嘉国民自卫军中将，不过这时候，以后闹得欧洲天翻地覆的拿破仑连一场仗都还没打过。

1792 年西方发生的这一切，让英国国王乔治三世感觉欧美世界乱大套了，或许大英帝国的前途在东方也未可知，此时东方两大文明古国之一的印度早已在英国铁腕控制下，只要和另一个东方真正的超级大国中国搞好关系，获得贸易巨利，大英帝国就能把东方作为最稳固的后方基地，集中力量对付欧洲和美洲的变局，所以英国派出了这支欧洲历史上空前庞大的使团出访中国。

迎着扑面而来的海风，舰桥上的马戛尔尼大使壮志满怀，对此行的成功充满了信心，要知道，他带给中国的国礼太丰盛了！整个使团几乎带上了当时英国工业革命的一切先进技术成果——蒸汽机、棉纺机、梳理机、织布机、榴弹炮、迫击炮、步枪、卡宾枪、连发手枪、全套的现代炮兵装备、赫哲尔望远镜、秒表、帕克透镜、油画、英吉利画册、热气球，包括豪华大马车在内的各种西方车辆，甚至还有8门最先进的每分钟可以发射8次的小型野战炮，和当时全世界最先进的、配装110门大炮的英国"君主"号战列舰比例模型！而在使团带给中国的一些精美仪器中，有结合了当时天文学最先进成果和机械学成就的天体运行仪，这个仪器能准确地模仿太阳系天体的各种运动，如月球绕地球的运行、太阳的轨道、带4颗卫星的木星、带光环及卫星的土星等。另外，还有一个地球仪，上面标有各大洲、海洋和岛屿，可以看到各国的国土、首都以及大的山脉，并画出了所有这些远航的航海路线。

毫无疑问，马戛尔尼大使带给中国的，是英国人远跨重洋给中国送上门的当时最先进的经济科技博览会，在200多年前，这些东西意味着什么不言而喻，如果中国人吃透这些东西的精华，那就意味着当时中国的科技水平能和西方站在同一水平线上！

放到现在，这样级别的东西，国与国之间任何一件不谈判十次、八次是别想做成交易的，许多用钱都买不着，或许只能靠潜伏才能摸到点影子！

想想，美国人今天会卖给中国人航母设计图吗？英国人免费送了！

想想，美国航空航天局会卖给中国人星系分布图吗？英国人免费送了！

所以，只看这个英国使团的规格和所携带的国礼，都必须客观地说，当时的英国朝野是非常希望和中国建立真诚友好的平等外交关系的，这是另一个文明古国印度从来没有享受过的待遇，而英国人携如此重礼而来，对中国最重大的要求就是开放通商、平衡贸易，严格地说，这个要求是无可厚非的，因为当时英国的对华贸易逆差之大，已到了英国国力无法支撑的程度。

在此，我们不得不提一下对近代世界命运造成了极为重大影响的中国国饮——茶叶。在很大程度上，就是中国茶叶导致了美国的诞生和中英鸦片战争。

1664 年，英国东印度公司代表将一份"神秘珍奇大礼"敬献给查理二世，这份大礼是一个小小的圆罐，罐内装有风干的绿色叶子，重 2 磅 2 盎司，来自遥远的古老中国，代表向尊贵的英国国王演示了如何冲泡茶叶，少顷，绿色细叶被沸水冲泡后，浓浓的茶香第一次弥漫在英国的土地上。查理二世迟疑着吮吸了一下茶香，顿觉颊齿生津、龙颜大悦。据说这是英国王室首次品尝中国茶叶；而一品之下，查理二世迎娶的葡萄牙公主凯瑟琳更是深深爱上了这种健康饮料，饮茶之风顿时在宫廷盛行起来。要知道，古代西方的时尚界就是宫廷，宫廷喜爱的东西马上就会在社会上流行起来，甚至比今天演艺界的天王、天后对粉丝的影响都更大、更快。

结果，在王室的带动之下，饮茶立刻成为英国贵族阶层追求的一种时尚。处于英国社会下层的普通劳动者当然会跟贵族老爷的风，许多英国人为了得到这种当时价格较为昂贵的饮品而绞尽脑汁，有人竟然从在富人厨房中工作的仆人手中以低价购买别人饮用过的茶叶。随着茶叶价格的下降，到 18 世纪后期，英国穷苦劳动者也养成了饮茶的习惯。当时有人观察到：筑路工人边干活边喝茶，拉煤的工人坐在煤车上喝茶，田里的农民在喝茶，甚至街头的乞丐都在喝茶！

随着饮茶在英国的普及，中英之间的茶叶贸易从无到有，并迅即呈爆炸性快速增长，并且也正是因为东印度公司的茶叶销售问题，引发了北美独立战争。

英国东印度公司 1669 年时进口中国茶叶才 143 磅 10 盎司，这是它首次较大数量地进行茶叶贸易。此后，东印度公司的茶叶贸易逐渐得到了发展，尤其是在进入 18 世纪后，贸易量日益攀升，成为中英贸易中最重要的商品。到北美独立战争前夕的 1772 年，英国茶叶贸易量达到了 7 032 134 磅，出口量达到了 1 149 181 磅，其出口中相当大的一部分输入了北美殖民地。

随着英国打败法国，北美被控制在了英国手中。为了将巨额的战争支出转嫁到北美人民头上，英国采取了在北美增加税收的政策，其中包括对茶征税——每磅征收 3 便士。

而这时北美人民也都爱上了茶叶，喝茶要缴税？不干！

结果，北美殖民地人民拒绝缴税，他们购买从荷兰走私来的"非法"茶叶。这便导致英国东印度公司出现了严重的货物积压。为帮助该公司渡过难关，打击茶叶走私，英国 1773 年颁布了《茶叶税法》，允许东印度公司直接向北美殖民地出口茶叶。这意味着东印度公司将会垄断殖民地的茶叶市场。于是，北美人民群情激愤，要喊英国的国王万岁爷可以，要钱不行！

当时敢跑到新大陆闯世界的，多是些不服旧大陆管治的刁民，于是北美各地开展各种活动进行抵制，连北美的妇女都倡议停止饮茶，或者是饮用由珍珠菜、草莓叶以及小葡萄叶等制成的代用茶。要知道北美的妇女都彪悍得很，后来到了 20 世纪，又是这里的妇女率先闹起了"女权运动"。

英国人似乎没有意识到北美人民进行反抗的坚强意志。1773 年 11 月 28 日，英国的"达特茅斯"号运茶船驶入了波士顿港口，随后，又有两艘运茶船抵达。当地人士极为愤怒，他们举行集会，决定不允许将茶叶运送上岸。12 月 16 日，一群当地居民化装成印第安人的样子，手持短斧，潜上了运茶船，将船上装载的 342 箱茶叶扔进了大海，波士顿湾成为巨大的"茶壶"，这就是举世震惊的波士顿倾茶事件。

波士顿倾茶事件拉开了北美独立战争的序幕。战争的结果人所共知——在经历了艰苦卓绝的历程之后，北美人民终于在 1783 年赢得了独立。结果就是美利坚合众国的诞生。

所以可想而知，茶叶这样一个能导致今天超级大国美国诞生的商品，在当时的东西方贸易能占到多大的份额。当时茶叶带给英国的税收平均每年有330 万英镑，仅茶叶一项商品的税收即占到英国国库收入的 1/10，和东印度公司的全部利润，茶叶因此被誉为"东印度公司商业王冕上的宝石"。在中国对美国的贸易中，茶叶也占到全部进出口贸易货物的 90% 以上，以至一些历史学家、经济学家干脆把 18 世纪称为欧亚贸易的"茶叶世纪"。

而清廷认为"天朝物产丰盈，无所不有，原不借外夷货物，以通有无"。在对外关系上采取了"闭关自守"政策。英国工业品在中国一直打不开销路。所以中国茶叶的出口造成了中英贸易格局巨大失衡，在早期的中英贸易上中国一直处于出超地位。中国对英国贸易出超严重到什么程度———"1781—1790

年，中国输英的商品，仅茶叶一项即达 96 267 832 银圆，英国输华的商品，在 1781—1739 年，包括毛织物、洋布、棉纱、金属等全部工业品在内，总共才 16 871 592 银圆，只及上述茶价的 1/6！"

所以，英国商人为了维持中英贸易，不得不向中国运来大量白银。后来据统计，道光年间每天中国输往英国的茶叶价值 2000 万西班牙银圆，大约有 2600 万英镑的白银因茶叶贸易流入中国，据统计，当时全世界白银年产量的 1/3 到 1/4 都为此流入中国，结果导致英国的白银几乎被耗尽。要知道，白银到现在都是贵金属硬通货币，坦率地说，这样巨大的贸易逆差不要说当时的英国，就是搁到今天任何一个国家，也是无法忍受的，而且此时英国工业革命已经开始 30 年，机器工业逐步取代了工场手工业，工业品产量大增，急需开辟市场，推销产品，所以马戛尔尼勋爵最重大的使命就是请求清政府与大英帝国全面通商，不管从哪个角度说，这个要求都并不过分。1833 年以前，东印度公司垄断着英国对华贸易，正因为主要为通商而来，所以包括马戛尔尼勋爵本人在内的英国使团差旅费，全部是由英国东印度公司报销的，这笔钱总共 8 万英镑，约合中国 26 万两白银，折合现在美元大约有 1000 万美元。

当时英国政府至中国政府照会文件的翻译与誊写，实在是出奇得复杂，马戛尔尼勋爵从英国启航后，一口气航行了 9 个多月，航行途中最大的收获，就是小斯当东经过半年多的中文速成训练，竟然已能凑合着写汉字，想想看，当时中国用的还是毛笔的，的确是有些难为这个小神童，使团翻译罗神父不懂英文，必须首先从英文译成拉丁文，然后再译成普通中文，并改为天朝的官方语言，而最后的誊写工作，往往就靠这个孩子来完成了。

9 个月后，英国使团船队终于在乾隆五十八年（1793）5 月 14 日到达中国，在澳门外万山群岛抛锚等候。

英国使团到达中国的消息，通过英国东印度公司董事长佛兰西斯·百灵的信件传递给两广总督，他请两广总督转奏乾隆。两广总督，这位清代的华南行政大区领导一看东印度公司通知英国使团访华的信件，顿时两眼放光，这可真是天上掉下来的大馅儿饼，拍万岁爷大马屁的好机会到了！

奏折立刻由 800 里飞骑火速送往京城："启禀万岁爷，英国红毛装了 5

大船礼物，过了 7 万里大海，给咱万岁爷祝寿进贡来了！"

原来，这一年正好是中国历史上有名的威福天子，创下"十全武功"的乾隆皇帝 83 岁大寿。中国俗语，"七十三，八十四，阎王不请自己去"。所以乾隆这一年的大寿比 80 大寿还隆重，这在中国传统中叫"冲喜"，所以中国官员都以为英国洋鬼子是给皇上贺寿来了！

一生写了 10 万首诗的乾隆皇帝看了两广总督的奏折特别高兴，京城里也是一片欢腾，喜气洋洋。

乾隆当即批下"即有旨"，意思是对这个问题另外再发一道谕旨。他任命长芦盐政徵瑞、直隶总督梁肯堂为钦差大臣，专门负责接待英国使团——"英遣使入贡，实为圣朝吉祥盛事。一切款待事宜，自应稍为从优，以励其输诚向化之忱。"

总之，乾隆爷下令热烈欢迎英国红毛进贡，让他们好好见识一下天朝的博大精深和中央王朝的泱泱气度，好生接待这些从 7 万里大海外给我祝寿的化外蛮夷！

万岁爷开恩允许红毛进贡祝寿的圣旨下达，马戛尔尼勋爵便率船队北上天津，前往觐见中国皇帝，但让英国人目瞪口呆的是，刚一上岸，他们的队伍便被中国官员不由分说地插上几面彩旗，上面用中文写着几个大字："英吉利贡使。"无论在旗上还是礼品清单上，中国官员都把"礼物"改成"贡物"。在清朝，送给皇帝的礼品从来都叫作"贡"。据统计，马戛尔尼带来了 600 件礼物，装满了 90 驾马车，40 部手推车，用了 200 匹马，3000 名苦力，可见英国的确送给了中国一份沉甸甸的国礼。

但是，马戛尔尼并不是临时的贡使，他是作为英国首任常驻大使派往中国的。可是中国人从一开始就不接受这种区分，大使是什么东西？天朝没听说过！天朝只知道给皇上进贡磕头的贡使！

所以，和对其他国家的使团一样，清朝君臣对英国人采用的是同样的措辞和礼仪。而要知道，不管是论国力还是国际影响，英国才是当时的世界第一强国，所以英国使团成员此刻心中的郁闷可想而知。

在北京西北的圆明园休息了几天后，马戛尔尼带领随员 92 人直奔承德避暑山庄，因为乾隆皇帝83岁寿辰的庆典在那里举行。

从北京到避暑山庄，要经过万里长城。巨大的工程，壮观的景色，使英国使团一行人惊心动魄。

乾隆五十八年八月初四（1793年9月8日），马戛尔尼、斯当东和随员到达热河。早已等候在这里的乾隆，站在行宫御花园的高台上，观看使团整齐地列队进入避暑山庄。

清政府对英国使团的来访非常重视，皇帝早就命令军机处拟订了一套接待方案，包括朝见、赏赐、宴请、看戏、游览等活动。这个方案记录在清宫档案的《上谕档》册中，一直保存至今。

正在中英双方都兴致勃勃地等待正式会见的时候，一件不愉快的事情发生了。因为朝见的礼仪问题，双方发生了严重的分歧。这就是中英交往使上有名的"磕头之争"，按照清朝的规定，外国使臣来华朝见中国的皇帝，必须三跪九叩。

这个实在怪不了中国人，中国人给皇上磕头都磕了两千年了！能给皇上磕头是什么？

是福分！

"朝为田舍郎，暮登天子堂。"中国知识分子两千年寒窗苦读，多数是为能上朝廷给万岁爷磕头才读书的！

但是英国人他不干啊，凭什么呀？我父母见了女王也就香香手背，就算在教皇面前也就曲条腿儿，咋地，我冒着生命危险过了7万里大海是为跑来给中国人磕头来的？

不干！

中国的接待官员发现英国人不肯向皇帝下跪叩头，感到不可思议，要知道，其他国家的贡使和传教士以前都是下跪的。但这次是马戛尔尼。无论是他本国的礼节习俗，还是他的资历性格，都决定了他不会向中国的皇帝下跪叩头。

要知道，即使在英国国王面前，马戛尔尼也只是鞠躬，在教皇面前肯曲一条腿，到教堂做礼拜见了上帝那是没了法，不过那也才双膝下跪画十字呀！

因此，马戛尔尼理直气壮地声称，自己绝不对别国君主施高过自己国君的礼节。

磕头？不干！

但是乾隆皇帝也非常生气呀，要知道，他还是个吃奶娃娃时，中国人就在对他磕头了！

所以，中国万岁爷对英国使团的表现非常生气。在《上谕档》中，有这样的记载："乾隆皇帝当时就说，他们这样妄自尊大，我很不愉快。像这样无知的化外之人，也不值得优待。"

对于马戛尔尼一行在朝见乾隆皇帝时，是不是行了三跪九叩礼这个问题，在中外史学界一直争论不休。英国的史学界到现在还是不肯承认马戛尔尼给乾隆爷磕了头，而《清史稿·高宗纯皇帝本纪》记载说，英国使节马戛尔尼等虽然不习惯叩头，但一到皇帝面前，还是跪下去了。

这样的资料还有不少。温德是马戛尔尼的亲戚，又是使团的秘书，他在英国使团觐见乾隆那天的日记中，有这样的描述："当皇帝陛下经过时，有人通知我们走出帐篷，让我们在中国官员和鞑靼王公对面排好队伍，我们按当地的方式施了礼，也就是说，跪地、叩头九下。"

根据温德绅士的记载，窃以为，虽说大家都是贵族，但是万岁爷的血比爵爷的血还是要高贵一点的，皇上和勋爵多少总还是有些不同，所以估计浅蓝色的英国勋爵还是向深蓝色的中国皇帝磕了几个不情不愿不太响的头。

所以这次"磕头之争"几乎就已经注定了马戛尔尼勋爵使命的失败，他带来的英国国礼，代表着工业文明成果的高度自信，但这在乾隆朝中高级官员以及皇帝眼中只有不屑，这些玩意儿是奇巧淫技！只有后来被洋人的奇巧淫技打得落花流水后，中国人才开始拿这些玩意儿当回事！

客观地说，马戛尔尼勋爵是个经验非常丰富的老外交家，有丰富的宫廷经验，包括许多中国历史学家都认为，马戛尔尼勋爵是这场磕头闹剧中给人留下良好印象的唯一一人。

后来西方大哲学家罗素总结磕头事件时说："当我们不把磕头当作一件可笑的事情时，我们才能真正了解中国。"

以后 1816 年阿美士德勋爵带着副使，已是著名汉学家的小斯当东再次率团来中国，拒绝磕头后差点被揍了一顿，阿美士德一边用西洋拳与中国官员肉搏混战，一边抗议对使节动武，他的抵抗被汇报上去后，嘉庆皇帝龙颜大怒，命令英国人立刻滚出北京！

要知道，清朝最终取消外国使节的叩拜礼，已经是被洋鬼子揍得鼻青脸肿的两次鸦片战争之后的1873年的事了！

倒是当时已经成为圣赫勒拿岛的"长住居民"的拿破仑说了几句公道话。当时从中国灰溜溜跑回来的英国使团上岛顺访了退休后在此修身养性的"法国万岁爷"，拿破仑很是责怪了英国内阁为什么不让阿美士德服从中国的习俗，他说："在意大利，您吻教皇的骡子，但并不视为卑躬屈膝。阿美士德像中国最高官员一样对皇帝施礼，一点也不会有损名誉。"他还愤愤不平地说："你说他准备像对自己国王那样向皇帝行礼，但你怎么能要求中国人服从英国的礼节呢！"

拿破仑毕竟是做过皇帝的人，他十分了解乾隆皇帝和嘉庆皇帝的不快。

我国著名外交家、清华大学历史系前主任蒋廷黻总结了这一段历史，他的话言简意赅："1840年以前是我们对人家不公正，1840年以后是人家对我们不公正。"

于是，英国使团面临着被驱逐的危险。马戛尔尼这位老外交家只好折中退了一步，清朝政府也做了一定的让步，于是双方达成了这样的共识：在8月6日万树园礼节性的欢迎宴会上，英国使节行英国式礼节，而到8月13日，在澹泊敬诚殿正式举行乾隆万寿典礼时，他们要行中国的三跪九叩礼。

乾隆皇帝得知双方达成了妥协，态度也有所缓和，他表示：这些人从海上远道而来，所以不熟悉天朝的法度，不得不稍加抑制，今天既然诚心效顺了，还是应该给予恩惠。

这叫恩威并用。

乾隆还命令军机处大臣和珅等带领使臣一行参观游览，尽情观赏皇家园林的湖光山色。

乾隆五十八年（1793）8月13日，隆重的"万寿"庆典活动在承德避暑山庄的澹泊敬诚殿举行。澹泊敬诚殿张灯结彩，文武百官、国外使节纷纷行三跪九叩礼，恭祝皇帝万寿无疆。

英国人啼笑皆非地记下了当时朝觐的滑稽情景。那天拂晓 3 点钟，中国有名的大公鸡高喊了第一次之后，在清朝接待官员的催促下，马戛尔尼和他的随行人员身着礼服向皇宫出发。

可怜的英国人睡眼惺忪，在一片漆黑中走了 4 公里多的路，4 点左右，英国人终于来到灯火辉煌的宫殿前，但他们的队伍已乱成一团。上千名的天朝官员、各国贡使和仆役，在无边的黑暗中等待皇帝的到来。英国人第一次见识中国的早朝制度，幸好周围看不太清楚，倒没有太多的人注意到英国人的狼狈。在灯笼的微弱灯光下，英国人赶忙整理自己的衣服，免得自己过于失态。

在静静地等待中，天色渐亮，曙光出现，万岁爷来了！

于是全体人员呼啦啦地跪下，英国人也照样做了，但只是单腿下跪。当大家在叩头时，英国人只是低下头；大家抬起身子，英国人也抬起了头。当大家又重新趴下时，英国人低头；大家站起来时，他们也就站起来。

随后，马戛尔尼大使向乾隆爷呈递了英国国王的信，并送了几件西洋表作为礼品。乾隆爷回赠了大使一件雕刻得十分精致的蛇纹石礼品。

接着，斯当东父子上前向乾隆爷致礼，乾隆爷也赠给斯当东先生一块与大使一样的玉石，中国皇上对小斯当东很感兴趣，于是把小朋友召了过去，并解下他身上的一只黄色荷包，送给了这个可爱的小朋友。还把幸运的小斯当东抱上膝盖坐了坐。

想必乾隆爷已经知道小斯当东会讲中文，很想亲耳听听，于是小斯当东用中文感谢了皇帝送的礼品。老年人嘛，都喜欢小孩，何况这外国小孩金发碧眼，个子虽不高，鼻子倒不矮，的确非常可爱。

一边看着的中国大臣对小斯当东的好命赞叹不已，能坐上万岁爷龙膝——这"小红毛"洪福齐天啊！

然后乾隆爷赏给英国使团御膳，那可真是把英国佬吃傻眼了，一桌酒席光水果就上了 48 种！要知道，英国人从来就不讲究吃，罗宾汉那伙强盗逮到贵族老爷的肥鹿，宰了就烤，连孜然都不撒就开始啃！直到现在英国菜那还是有名的难吃，法国人就讥笑英国人烹调时连蔬菜都要杀两次的，第一次牺牲蔬菜的颜色和形状，第二次干脆连蔬菜的味道都给牺牲掉了！还说英国人唯一拿得出手的就是培根肉，实在要法国人再说一样英国的美食，法国人绞尽脑汁后会翻着白眼说——橘子水好像还可以！而中国美食的味道足够放倒嘴巴最刁的法国人，小菜几碟就可以摆平勋爵一伙，何况这种满汉全席！

庆典仪式后，吃傻了眼的英国使团一行在清音阁观看了戏剧。简直味同嚼蜡。

第二天他们参观了在万树园举行的歌舞表演，这个还有点意思。

晚上又观看了烟火晚会，哎呀，太精彩了！

随后使团给万岁爷敬上国礼，英国的礼品共19宗、590余件，都是当时英国的精品，也是英国先进科学技术的代表作。

清王朝本着"薄来厚往"的原则，分别赏赐英国国王及使臣、随员一行丝绸绒、瓷器、玉器及各类工艺品3000多件。回礼数量6倍于英国礼品，真正几千年一贯性的天朝风度，这些回礼据说是用7艘大船运来，乾隆回赠英国的国礼价格确实不菲，出手的确大方，只是真正的实用价值，那的确是比不上马戛尔尼带来的先进科技和工业品的。英国的礼品后来被分别陈列在紫禁城、圆明园、避暑山庄等地，供皇亲国戚和文武百官欣赏。

不管马戛尔尼勋爵的外交手段再怎么老到，向乾隆爷介绍自己伟大的祖国时也不会谦虚，何况马爵爷本来就是实事求是，当时使团特别带了一艘军舰模型，这艘军舰是英国当时最先进的风帆战列舰"君主"号的比例模型，把这个礼物送给乾隆的时候，英国人还特别附了一个说明书，专门介绍"君主"号。说明书上怎么写的英国呢？说英国是欧洲头等强大的海上国家，海军特别厉害，被称为"海上之王"，现在他们把英国最棒军舰的模型奉献给中国的皇帝，这上边有英国最先进的火器、火炮，它的每一个细微部分，乾隆都可以从这个军舰上看见英国海军战斗力。

其实，只从这个模型也能看出马戛尔尼此行的真诚，要知道，英国此举等于是今天的美国五角大楼将"福特"级核动力航母的全套设计图纸免费送给了中国国防部！

没想到乾隆爷看了介绍更加不爽，蛮夷海军再强大，还强大得过天朝的水师？

有历史学家这样记载了当时的情景：马戛尔尼还给乾隆送上了8门小型

野战炮，这可不是玩具模型，是能打死人的真家伙哦。

这可是当时全世界最先进的火炮，每分钟能发射 8 发炮弹（就算现代的榴弹炮也就这个速度）。

马戛尔尼此举是非常精心准备的，说到底，哪个国家不爱先进武器呢？英国人可真没想到，当时的中国人还真不喜欢先进兵器（不过现在挺喜欢的）！

马戛尔尼还特意用两支专门打造的金银猎枪和一幅介绍近代战争的油画来吸引乾隆皇帝的兴趣，但或许是马戛尔尼多次宣言英国在欧洲是一流的海上帝国引起乾隆反感，中国人一向反感自吹自擂，都挺含蓄的。又或许是乾隆皇帝的翻译德天赐神父是个钟表专家，对船舶不大精通，造成了交流的困难，结果乾隆只问了几个无关紧要的问题便对兵舰模型不感兴趣了。

说到底，当时的中国封建王朝对西方是视为落后地区的，无论是经济、文化、军事还是价值观都是排斥的态度，甚至还嘲笑西方人的智力，也就跟鸦片战争后西方看中国差不多。

这 8 门小型野战炮一炮未发地被永远停在圆明园直到生锈，几十年后被打进北京城的英法联军拉走。

其他英国礼品还包括天象仪、地球仪、七政仪、透光镜、气压计、枪炮等，它们从广州起运，经海路，过天津、通州，最后经陆路到达北京，分别被送往热河、紫禁城和圆明园，其中，一、带赴热河行宫"贡物"：大小火枪 12 杆、红毛剑 16 把、千里镜两个。

二、城内存留"贡物"：探气架子 1 件、西瓜炮 2 个、铜炮 4 个、铜炮 2 个、椅子 1 对、火镜 1 个、车两辆、巧益架 1 件、西洋船样 1 件。

三、圆明园正大光明殿安设天文、地理等仪器：天文地理大表 1 件、地理运转全架 1 件、天球 1 件、地球 1 件、指引月光盈亏 1 件、测看天气阴晴 1 件。仪器在天文生登维德和吧龙的帮助下进行安装，在钦天监任职的传教士和中方人员参与其事。

马戛尔尼来华，对礼物的选择颇费心机。首先是多方征求意见，在来华之前，曾特意征询了两位曾在意大利那不勒斯圣家书院学习过的中国教徒的意见，请他们推荐礼品。斯当东也曾认为，天文学在中国备受青睐，长期以来吸引了政府的注意，因此对仪器方面的最新改进和代表太阳系最完美运动的七政仪，中国人绝不会不接受。

为体现英国在科学方面的辉煌，使团选择了不少当时制作精美的仪器。在英国国王给乾隆皇帝的国书的译本中，还专门为此解释送这些礼物的用意：

"以至奇极巧之贡物奉上方，又思天朝一统中外，富有四海，内地奇珍，充斥库藏。若以金银珠宝等粆进献，无足为异。是以红毛英吉利国王专心用工拣选数种本国著名之器具，以表明西洋人之格物穷理及其技艺庶与天朝有裨使用，并有利益也。"

在使团献给乾隆的礼品单中，曾对天象仪和望远镜进行了专门的描述：

"西洋语布蜡尼大利翁大架一座，乃天上日月星宿及地球全图。其上地球照依分量是极小的，所载日月星辰同地球之像，俱自能行动，效法天地之运转，十分相似。依天文地理规矩，何时应遇日食、月食及星辰之愆，俱显著于架上，并有年月日时之指引及时辰钟，历历可观。此件系通晓天文多年用心推想而成，从古迄今所未有，巧妙独绝，利益甚多，于西洋各国为上等器物，理应进献大皇帝用……同此单相连，别的一样稀见架子，名曰来复来柯督尔，能观天上至小及至远的星辰，转运极为显明。又能做所记的架子，名曰布蜡尼大利翁，此镜规不是正看是偏看，是新法，名赫汁尔天文生所造的。将此人名姓一并禀知。"

这里提到的"布蜡尼大利翁"即演示天象运行的仪器，这是所有仪器中最大、构造最为复杂的一件，反映了当时英国天文科学的最新成就。

为了和中国人做生意，英国人真是下了血本。

可"英国万岁爷"送这些东西给中国万岁爷，真算是俏媚眼做给瞎子看了，一点点提高中英战略协作友好关系，增加中英贸易友好往来，增进中英人民友好感情的作用都没起到。老实说，英国人当时要在皇家芭蕾舞团挑几个高个金发美女做思想工作，动员她们远嫁中国加强乾隆爷后宫，然后让那些美丽的碧眼在乾隆爷面前多滴溜几圈，生意倒多半做成了。

如果让那些芭蕾演员把那超短芭蕾舞裙带到中国来穿上，再踮着脚尖在乾隆爷面前打几个转转，生意肯定做成了！

英国人实在是太不了解中国人了，更不知道中国万岁爷真正喜欢的是什么。

这就叫文化差异！

而"天文生""赫汁尔"无疑是指天文学家赫歇耳，"来复来柯督尔"，亦即赫歇耳制作的反射式望远镜。赫歇耳因制造望远镜、发现了天王星而闻名，他制作的仪器代表了当时英国天文学的最高水平，马戛尔尼把他介绍给乾隆皇帝，原因就在于此。

赫歇耳的望远镜背后还有一个故事。当时在广州的英国商人手中也有一些仪器被鼓捣到中国，马戛尔尼到达广州后，不失时机地购买了赫歇耳的望远镜和大透镜，并放进礼品单，希望能引起皇帝的兴趣。这很好理解，估计当时中国之大，大到马戛尔尼忽然觉得带的礼物似乎拿不出手，爱面子的中国人现在都常常这样，送礼送到朋友家门口的时候，往往会跑出去再添点啥表达自己对朋友的真心实意。

买的时候马戛尔尼就有点担心，如果仪器落到中国商人手中，敬献皇帝，会降低乾隆皇帝对使团礼品的兴趣。他的担心非常有道理。到中国来的好东西，首先肯定会被最爱拍马屁的地方官贡给皇上啊！

根据法国耶稣会士蒋友仁的记载，1773年元月，耶稣会士从巴黎带来反射式望远镜，作为礼品献给乾隆皇帝。因为对礼品缺乏认识而置之一旁，负责引见新来传教士的蒋友仁做了补充，因为这是当时西方最新的科学成果。蒋友仁在御所门前安置了望远镜，引起了乾隆的极大兴趣，发现这架望远镜比以前的看得更远。后来，乾隆命令两名官员在其外出时必须携带它，并请蒋友仁教给他们使用方法。那时，乾隆还与蒋友仁就反射望远镜的原理做过细致的探讨。

时隔20年，马戛尔尼再次向乾隆皇帝赠送了赫歇耳的反射式望远镜，早已见过这类新发明的乾隆皇帝当然无动于衷了。乾隆自然是用天朝大国的大皇帝心态来看待这些礼物，并且也一眼看出英国使节进献仪器的炫耀之心，但是皇帝对英国使团煞费苦心精挑细选的礼物竟然不加青睐，连那个"稀见架子""来复来柯督尔"都不屑一顾，这背后的确是有一定原因的。

乾隆皇帝为展示天朝的强大，对这些英国人不远万里送给中国人的宝贵科技不屑一顾，的确表现得非常失礼和无知。

但是，中国的万岁爷的确也不是土包子，还真是见过点世面的。使团的礼品选择没有获得成功，原因是多方面的。首先，清代宫廷收藏欧洲仪器之多之全是惊人的，实际上，1793年9月15日，马戛尔尼参观热河行宫时曾见到陈列的奇珍异宝，当他看到制作精美丰富的欧洲天球仪、七政仪、钟表和音乐仪器时，自叹不如之下浮想联翩，把宫廷仪器与使团所带的仪器相比，并摘引了弥尔顿《失乐园》的诗句："在你的照耀下，群星都瑟缩着，黯然失色。"来表达自己的心理感受。

既然马戛尔尼本人都觉得自己带来的礼物与宫廷藏品相形见绌，这些仪器自然不可能得到重视，当然更被乾隆皇帝所小看。这次出使，使团的人员对中国皇室所藏科学仪器的现状缺乏足够的了解，所以礼物没有达到预期的效果，这也是使团出使失败的原因之一。

实事求是地说，马戛尔尼带来的一些仪器，清廷确实都有，甚至比英国的国礼更好，只是这些东西全部被秘藏皇室内廷，只供皇上赏玩，而不允许被中国人用作科学研究，所以我们更加感慨清廷对国民思想的高度禁锢和对西方科技知识的严厉封闭。再次怀念崇祯皇帝。中国数百年的挨打落后实在不得不说与这种清代统治者极度的保守愚蠢有关。当时德国最著名的大科学家莱布尼茨由于仰慕东方文化，甚至写信给乾隆爷，愿意无条件，不要一两银子的工资，完全靠国际主义精神帮中国建一个皇家科学院，中国万岁爷没收到这封信倒也罢了，收到了肯定要把这位发明了微积分的西方大数学家当疯子了。在中国，天才一般都会被当成疯子。

礼品的赠送是一门艺术，不仅要考虑赠送的对象，上下、卑贱的关系，还要考虑心理的状态，赠送之前，需要揣摩客人的需要，否则，物品选择不当，不仅会达不到目的，有时甚至会引来反效果。而对泱泱天朝的自大君主，礼物的挑选更需慎之又慎。

所以，乾隆在看到英使送来的仪器之后，竟然发出了这样的感叹："此次使臣称该国通晓天文者多年推想所成测量天文地图形象之器，其至大者名'布蜡尼大利翁'一座，效法天地转运，测量日月星辰度数，在西洋为上等器物。要亦不过张大其词而已。现今内府所制仪器，精巧高大者，尽有此类。……

其所称奇异之物，只觉视等平常耳。"

连那个"从古迄今所未有，巧妙独绝""西洋各国为上等器物"的"布蜡尼大利翁"也看不上眼："唯是厚望薄来，天朝柔远之道，自当如是耳。"

乾隆皇帝的一道上谕是这样写的："又阅译出单内所载物件，俱不免张大其词，此盖由夷性见小，自为独得之秘，以夸炫其制造之精奇，……至尔国所贡之物，天朝无不具备，且大皇帝不宝异物，即使尔国所进物件十分精巧，亦无足珍贵，如此明白谕知，庶该使臣等不敢居奇自炫，是亦驾驭远人之道。"

一句话，不过如此。

这次礼物的赠送反映了18世纪末期英国的科学价值观，和中国人对科学的态度之间的差异，也在一定程度上反映了东西方文明刚开始交流时发生的冲撞。中国人讲究待客的礼仪，请马戛尔尼吃饭一桌光水果就上了48道！回赠的礼品讲求的是实用性，包括绸缎、瓷器、茶叶、工艺品，甚至还有哈密瓜和冰糖，离不开衣食住行。尽管这些礼品中不乏当时宫中的精品，但是一概被称为"赏赐"，大约也没有征询对方的意见，乾隆皇帝这样的"薄来厚往"，英国人也未必能心存感激。缺乏知彼知己的了解，缺乏相互的沟通，英国人的优越感，和大清皇朝的高傲自大在这场"礼尚往来"中表现得淋漓尽致，这些科学礼品自然也未能起到应有的作用。

之后1816年阿美士德使团访问中国，再也没有听说礼品单中有科学仪器了，这也许就是马戛尔尼访问中国的最直接的结果了。

不过英国人随后也扳回了一局。马戛尔尼发现了一些英国制造的八音盒，一些考克斯博物馆的藏品。陪同参观的大将军福康安见马戛尔尼对此兴趣盎然，以为他从未见过这类东西。于是福大人傲慢地问，英国是否也有这些东西，但当他听说这些东西就是从英国运入的时候，大将军也感到十分扫兴。

马戛尔尼作为贵族外交家，深知与清朝权臣打交道的重要性，这时朝廷权力最大的武将是乾隆朝第一名将福康安。应该说，马戛尔尼对身经百战的福康安是十分尊重的，因为福康安就在一年前竟然翻越了世界屋脊喜马拉雅山击败了让英国人非常头痛的廓尔喀（今尼泊尔）人。

1791年西藏遭廓尔喀入侵，时任两广总督的福康安接到乾隆圣旨，命他昼夜行军，40天内必须走完3000~5000里路程，由成都或西宁兵抵西藏。福康安接旨后立即着手筹措物资，并紧急征调勇武善将的索伦兵和适宜山地作战的金川兵7000人。一切准备妥当后，福康安率军从青海西宁出师，遵照乾隆指示强行军50天入藏。他经过实地勘察，率军首战廓尔喀侵略者于擦木地区，歼敌数千，再战济咙，又杀敌近千，并将侵略者逐出国境。此后，战争便转入了廓尔喀（今尼泊尔）境内。清军克服异国作战和后勤保障的重重困难，先后攻克索勒拉河，渡过铁索桥，转战深入敌境700里，六战六捷，先后杀敌4000人。最后当清军进至廓尔喀首都阳布（今加德满都）附近时中了埋伏，都统台斐英阿战死。廓尔喀乘胜请降。福康安考虑到此地八月即大雪封山，乃允其降。至此清军取得了西藏反击战的决定性胜利。

到了1814年还是这个廓尔喀，又遣军奇袭了当时已归英国管辖的克什米尔和不丹。英军以装备精良的3万人对付尼泊尔1.2万人，却历经两年血战才实现了和平。英国人竟然一点便宜都没占到，极擅山地作战的廓尔喀兵从此因其宁死不屈的勇猛精神受到英国人的敬佩。战后，英国与尼泊尔签订条约，获得了招募廓尔喀雇佣兵的特权，后者使用的库里克弯刀从此便开始扬名世界。直到现在，英国每年还要到尼泊尔征3000廓尔喀雇佣兵，无论是马尔维纳斯还是伊拉克，英军中都还在闪动库里克弯刀的寒光（1962中印边境自卫反击中，印度派出了曾参加过八国联军进北京的印军廓尔喀联队，占领了班公湖地区，中国方面闻讯大怒，当即令西藏军区司令员张国华中将全歼这个廓尔喀联队，结果中国军队再次在班公洛地区痛击了廓尔喀部队）。

曾经差点当上印度总督的马戛尔尼深知廓尔喀人的厉害，敬佩之下，于是盛情邀请福康安大将军观看自己随行卫队的准备已久的欧洲火器操法，实际上是让他观摩一次欧洲步兵排进攻演习，此举是恶意还是善意，暂且不论，但这无疑是清军高级统帅了解西方陆军战术的天赐良机，福康安一生千百战，的确是清代一位兼具勇敢、毅力与智慧于一身的出色将领，对这样千载难逢的侦察良机，他的答复却是："看亦可，不看亦可。这火器操法，谅来没什么稀罕！"

马戛尔尼在当天的笔记里记道："真蠢！他一生中从未见过连发枪，中国军队还在用火绳引爆的枪。"

英国人其他引以为傲的军事技术也没有得到展示的机会。回北京后，英国人曾想表演试射炮弹，但他们的炮兵很快被打发回来了，中国人告诉英国人，他们知道怎么开炮。1860年，英法联军火烧圆明园的时候，英国人惊奇地发现，这些大炮与炮弹都完好无损地摆放在那里，它们从未被使用过。于是这些英国军火在被中国人冷落了半个多世纪后，又被英国人重新运回了它们的故乡。

清廷当时的狂妄自大，可见一斑。

乾隆手下武有福康安大将军，文臣中排名第一的当然是赫赫有名的和珅和大人。

马戛尔尼当初在离开英国时，英国国王曾经交给他一封极其重要的信，让他转交给乾隆皇帝。这封信就是使团来华的所有目的，希望中国允许与英国自由通商。

对于信中的内容，马戛尔尼刚到热河的时候，就多次想通过大学士和珅转达给乾隆皇帝，但每一次话都是刚一出口，就被和珅巧妙地回避了。和珅和中堂哪是做事的人哪！要按电视剧里的说法，也就和纪大烟袋练练嘴的本事，能在乾隆爷手下风生水起，就是因为他会做人，会哄万岁爷开心，这英国红毛要求通商肯定会得罪皇上的，和珅才不会傻到去递这信呢！

请纪大烟袋干这事？他在编《四库全书》？那还是算了吧！

于是走投无路的马戛尔尼只好按照信中的内容直接给乾隆皇帝写了一封信，并想方设法把这封信递到了乾隆皇帝的手里，这封信的标题写的是："大不列颠国王请求中国皇帝陛下积极考虑他的特使提出的要求。"

马戛尔尼在信中向清政府提出了以下要求：一、英国在北京开设使馆。二、允许英商在舟山、宁波、天津等处贸易。三、允许英商在北京设一货栈。四、请于舟山附近指定一个未经设防的小岛供英商居住使用。五、请于广州附近，准许英商获得上述同样权利。六、由澳门运往广州的英国货物请予免税或减税。七、请公开中国海关税则。

特别是英国提出在珠山或广州附近划割一个小岛供英国商人使用，这明显是一种侵犯中国领土的侵略要求，对此乾隆皇帝断然加以否定。他说："所有中国的领土都归中国的版图，疆界是很清楚的，就是岛屿和沙州，也是各有专属，哪能这样随便划出去？"

别看乾隆爷83岁了，那还真没老糊涂！

对英国的其他各条，乾隆在给英王的敕书中逐条加以批驳。就是说，乾隆爷断然拒绝了马戛尔尼使团的全部要求。

连这些合理要求也拒绝了，乾隆爷多少还是有点不清醒。

最让乾隆爷恼火的是，英国要求派人常驻北京。乾隆当即严厉指出："这与天朝体制不合，断不可行。"

随即，乾隆以皇帝向天下臣民颁发的谕旨形式给英国国王回了一封信，交给马戛尔尼带回。

想想即使到了现在，大使馆也是各国公开的间谍窝，所以乾隆爷在这一点上发脾气倒也不笨。

这时，乾隆皇帝已经隐隐地感觉到了，英国使臣来华的目的不仅是进贡祝寿，而是另有企图。于是就催令他们赶快回国。西谚云，客人这东西，就像一条死鱼，过了三天就会发臭，英国使团这时在北京已经待了十个三天都不止了，乾隆爷虽然好客，也不想再闻英国人身上的味儿了。

乾隆拒绝英国商贸要求的敕书发出后，标志着中英谈判的破裂和马戛尔尼使团访华的失败，英国使团的最后一线希望也彻底破灭了。清政府催令英国使团迅速回国，并传令沿途官员严加防范，以防英国人滋事。

乾隆五十八年九月初三，乾隆任命侍郎松筠为钦差，专门护送英国使团一行起程离京。使团沿运河南下，到达广州，于乾隆五十八年十二月初七，由广州启航回国。

为了让蛮夷见识天朝的地域辽阔，长长见识，乾隆帝特许让英国使团从北京经京杭大运河水路，经直隶、苏、浙、赣，回广东上船回国。

但临走之前，乾隆爷还是有点不放心，于是他下了一道密诏给沿途接待的官员："英吉利夷性狡诈，此时未遂所欲，或至寻衅滋事，固宜先事防范。但该国远隔重洋，即使妄滋事端，尚在二三年之后。况该贡使等目观天朝法制森严，营伍整肃，亦断不敢逞萌他意。此时惟当于各海口留心督饬，严密巡防。"

不能不说，乾隆爷还是有相当战略眼光的，预见到了今后的中英冲突，能做中国历史上最著名的威福天子，的确还是有他自己的一套的。

所以，马戛尔尼的随员安德后来愤愤不平，而又极其精辟地总结英国政府第一次与中国政府官方交往过程："我们的整个故事只有三句话：我们进入北京时像乞丐；在那里居留时像囚犯；离开时则像小偷。"

也确实是间谍

不过英国人的确干了一点偷窃勾当，在运河边上，他们偷偷拔了几根茶树苗带回英国，还带了一些桑树苗和蚕茧，此后又在锡兰和印度等地分苗试种，这就是有名的锡兰红茶的来历。印度气候高温高湿，不适合气清神淡的茶叶种植，出产茶叶质量一直很次。种到现在也没种出气候（中国人说马爵爷是偷的茶树苗，爵爷则称是陪同其南下的新任两广总督长麟准其"选取最佳之茶树数棵"）。

英国人一路南行都有天朝的官员陪同，在经过艰难的跋涉并领略了天朝的人文地理后，他们终于见到了等待已久的"狮子"号与"印度斯坦"号，战舰鸣19响礼炮，迎接他们的归来。

对他们来说,这实在是一次极其失败的出使。但马戛尔尼在南下的过程中，却发现清政府的贪污腐败已是病入膏肓。比如乾隆皇帝批准给使团的招待费，当时算是一个骇人的巨款（每天五千两白银），但大多数已被经手的官员克扣中饱。在马戛尔尼看来，大清帝国只不过是一艘外强中干的"破船"罢了。

马戛尔尼100多人使团中有学者、医师、贵族、画师。其情报搜集能力是相当强大的！而在返回的时候乾隆皇帝允许使团从大运河南返，乾隆皇帝想让英国人见识一下天朝上国的威仪。可实际上在乾隆下江南时地方官粉饰太平，而运河两岸其实已经腐朽不堪。这一切都让英国人看在了眼里。但尽管大清帝国已经腐朽不堪，但运河的作用仍然十分明显，南运的粮食布匹，北运的食盐、丝绸以及两淮的盐税等形成了大清帝国的经济命脉。这条中国当时最重要的南北水运大动脉的重要性被英国使团了解得一清二楚，于是1840年英国舰队驶入长江口，攻占镇江，一举切断了这条经济命脉。大清帝国才不得不签署了《南京条约》，在英国军队刺刀威逼下，答应了半个世纪前马戛尔尼使团的全部要求。

任何一个外交使团都肩负着搜集所在国情报的使命，从这一点上说，马戛尔尼使团回程横穿中国途中所做的细致入微的观察也是无可非议的，使团中的画师可不像现在画坛这些后现代派、印象派，画的全是不知所云的东西，他们全都是超一流的素描画家，他们就是当时的摄影师，沿途留下了大量珍贵的写实素描，详细绘出了当时清朝各行各业百姓、各级官吏和各兵种军人的逼真形象，至今还是研究清朝中期情况的宝贵史料，使团中大批经验丰富的外交官兼间谍更对中国进行了极其细致的观察，他们得出了共同的结论，当时正处所谓康乾盛世的清政府腐败透顶，不堪一击。

客观地说，历史上的康乾盛世的确是在生产力发展的许多方面，发展到了中国封建时代的最高顶峰，清代统治者吸取历朝历代的教训，在很多方面也达到了中国封建统治者的最高管理水平。比如有清一代，皇室的总体勤政程度可以说没有任何一个朝代比得上；在农业的管理水平和人口增殖上，清朝也达到中国历史上前所未有的跨越式发展和巅峰；特别是南方生长的水稻，康熙末年在京津寒冷地区移植成功，明代传入中国的两种高产粮食作物——玉米和番薯特别适合干旱贫瘠、山地丘陵种植，这对中国这样一个山地很多的国家来说意义极为重大，这意味着可耕地和粮食产量的暴增，直接的结果就是中国人口的暴涨，由于政治安定、经济发展，人口增长极快。

乾隆六年（1741），初次利用保甲制度编查户口，当年人口即达 1.43 多亿，到乾隆二十七年（1762）即已超出两亿。五十九年（1794），达 3.1 多亿，到道光十六年（1836）即已突破 4 亿大关。在 100 多年里，中国人口由 1.5 亿猛增至 4.3 亿，农业和人口是国力的一个极重要的部分，若从这个角度看，清朝的国力远超中国以前历朝，而且到清朝中期的手工业、商业都有所恢复发展，所以乾隆面对马戛尔尼天朝上邦的自信和康乾盛世"天朝物产丰盈，无所不有，原不籍外夷货物以通有无"，那也的确不是装出来的。

但是，在这表面盛世的背后，却也掩盖着无法逃过马戛尔尼使团敏锐眼光的贫困和落后，还在清代人口还不是很多的康熙四十九年（1710 年），康熙帝就为"户口日蕃，地不加增，产不加益，食用不给"忧虑不已，称自己"时深轸念"。

其后乾隆朝人口暴涨 4 倍，耕地却不可能相应增加，结果人口过快增长对社会发展造成严重后果，比如人均耕地减少，物价上涨，人民贫困，而且当时又没有工会和农村卫生站发放免费计生用品控制人口增长，清中期的有识之士当时便对此极为忧虑甚至恐惧，人口情况的严峻，甚至导致出现了汪士铎这样主张用野蛮手段大量消灭现存人口的"极左"派。

除了人口繁衍过快造成的超大规模贫困外，还有对比先进的资本主义制度，整整落后一代的封建制度造成的中国全方位的科技与工业生产水平的惊人落后，当然还有封建社会惊人可怕的全方位腐败，这一切尽收马戛尔尼使团冷静观察的眼底。特别是清朝军队战斗力的低下和军事装备的落后，尤其让英国使团掂出了清朝军事力量的底细。

在镇江，等待英国使团的是声势浩大的军事操演。但是，马戛尔尼注意到城墙濒临坍塌，这种景象与 2000 多名士兵随着音乐声在旌旗下接受检阅的场面形成对照。英国间谍冷静地观察并向英国军事部门汇报：

兵士的装备是弓和箭、戟、矛、剑，还有几支火枪。他们戴的头盔从远处看像金属那样闪闪发光，然而人们怀疑它们是用涂了漆的皮革，甚至是用经过烧煮的纸板制成的。五颜六色的制服、衣冠不整的形象丝毫没有一点尚武气派；软垫靴和短裙甚至给士兵添上了女性的色彩。

负责阅兵的王大人明确指出，这种华丽的装束只是"在重大场合里"才从衣柜里取出。而对于作战来说过于笨重的钢盾牌也只是用于炫耀而已。

马戛尔尼很想从近处瞧一眼。他遭到拒绝：这是防务秘密……

所以马戛尔尼在其《纪事》中写道：

"中国自满洲鞑靼占领以来，至少在过去 150 年里没有进步，或者更确切地说反而倒退了。"

"满族人打仗爱用弓箭,当我告诉他们,欧洲人已放弃弓箭而只用来复枪打仗时,他们愕然不解,认为在奔驰的马上射箭,比站在地上放枪豪迈。"

英国人也在这次演习观摩中领教了中国军官思想的僵化保守。

"为什么宁肯用这种粗劣的火枪而不用在欧洲普遍使用的精制步枪呢?"使团成员巴罗向王大人提出这个问题。

这位清军武官回答说:"在西藏,步枪显得不如火枪有效。"

巴罗反驳道:"问题在于士兵们没有养成不将枪管支在铁叉架上的习惯。"

巴罗甚至认为中国的这些士兵与其说是军人,不如说是民兵,要知道,英国军队的职业化程度一向是世界上最高的。"除了在重大场合身着制服外,他们平时穿得同普通百姓一样。他们更多是在和平时期起作用,但缺乏战争要求的勇气和纪律。"

正当我们突然出现时,他们便匆匆忙忙穿上制服。但穿上制服后,他们更像是要登上舞台而不是去进行军事操演。

一条同中华帝国同样古老的谚语既说到了大兵的作用,也说明了他们不受尊重:"好男不当兵,好铁不打钉。"

这一点巴罗的确没说错,军人社会地位的改善并得到真正的尊重,还是中华人民共和国成立后才完成的。

指挥队伍的王炳总兵向朝廷汇报:"其经过各营汛墩台士兵俱一律整肃威严,该贡使及随从人等俱甚安静。"

他认为,他圆满完成了向英国使团耀威的任务。

英国人非但没被吓倒,他们反而认为以英军的装备和战术,能在这里轻而易举地登陆。英国人对清军的示威演习做了如此肯定的结论,以至为半个世纪之后他们就是在此登陆攻占镇江结束了第一次鸦片战争。

连恩格斯也认为这一仗从战术上来说非常巧妙——"这是位善于使用更为巧妙的武器来征服中国的入侵者。"

这也是马戛尔尼使团重大战略成功之一。

乾隆命英国使者纵穿中国，本是为让夷人震惊"天朝上国"的富强，然而走马观花的马戛尔尼没有被清廷官府豪华的排场所迷惑，反而对所谓乾隆盛世得出了否定的结论：科学极度落后，人民普遍贫穷，军队不像军队，腐败无处不在。

他说："清政府的政策跟自负有关，它很想凌驾各国，但目光如豆，只知道防止人民智力进步。"

一针见血，直指清廷的要害——"愚民政策"与夜郎自大。

马戛尔尼的惊天预言"鞑靼王朝将继续压制人民，并将发生变乱"，于58年后应验。他归国后的报告，使英国开始掂出了清朝的斤两。

但是，对于福康安这些当时还武风很浓的清廷高级将领，马戛尔尼还是保持了一定敬意，后来马戛尔尼说过一句意味深长的话："清政府好比是一艘破烂不堪的头等战舰，它之所以在过去150年中没有沉没，仅仅是由于有一帮幸运、能干而警觉的军官们的支撑，而它胜过邻船的地方，只在它的体积和外表。但是，一旦一个没有才干的人在甲板上指挥，那就不会再有纪律和安全了。"

1840年，中国人终于懂得了这句话的真实含义！

虽然马戛尔尼出使中国的使命宣告失败，中英双方都对对方误解很深，但马戛尔尼使团的中国之行也留下了中英友好的一些佳话。

比如马戛尔尼赠送给中国的珍贵的国礼中，有一套9卷16本的图册，在清宫档案记载中被列为第十件。它珍藏的图片精美地描绘了18世纪末期英国的自然风光、城市建筑、宫殿、花园、军舰等人文风物，极具人文价值，今天已成为考察18世纪英国历史状况不可多得的珍贵史料，内有200幅英国乡村别墅、宫殿和园林的示意图、设计图和剖面图。4册《大英帝国全景图》中的80幅全景图描绘了圣詹姆斯宫、温莎城堡、汉普敦庄园和伦敦塔等著名建筑，展示大英帝国的财富和成就。图中描绘的城镇风貌现在英国多已不复存在了。

结果当代一位法国学者在中国国家第一档案馆淘宝时慧眼识珍，它才走出历史尘埃，被复制并命名为《钦藏英皇全景大典》。

目前，英国任何一家博物馆都没有这套图册的完整套书，大英博物馆最多也只收藏了其中4本。大英博物馆的专家已几次观摩这套图册，认为其制作精湛，是不可多得的珍品。

2007年到任的中国驻英国大使傅莹在白金汉宫向女王伊丽莎白二世递交国书时，把这套图册作为礼物赠送给女王，女王非常高兴地接受了这份中国国礼。

而马戛尔尼勋爵的后人简·马戛尔尼现在是《泰晤士报》北京分社社长，中文名字叫作马珍，据说她对华态度十分友好，马珍说当年其先祖是否给中国皇帝磕过头的问题，一直是其家族的趣谈之一，但无论如何，现在即使一次同时见到中国国家主席和中央政治局常委全部领导班子，马珍也不用担心是否需要给这些中国的大人物磕头这个让人困惑的礼节问题了。

在我们沉浸在甜蜜的中英两国人民友好现状后，让我们再回到沉重的历史烟云中去吧，毕竟历史就是历史，马珍女士自己就十分坦率："我知道这段历史有着严重的缺憾，但是事实就是如此。"

如果说，明崇祯十年（1637）英国人威代尔率领四艘战舰进入珠江口与虎门炮台对射是西方新兴的大英帝国对古老的东方中华帝国第一次战术试探的话，那马戛尔尼这次就是一次完美的战略侦察，虽然清政府没有答应马戛尔尼任何一个条件，只是让他以觐见英王之礼见乾隆皇帝。在虎门对射后200年，马戛尔尼出使中国后仅仅48年，1840年，鸦片战争爆发了，在大英帝国完成了对印度的消化和经营之后，终于有了足够的胆识和实力与已经腐朽不堪的清政府决一雌雄！！！

想搞垮一个国家吗？卖他鸦片！

如果说，18世纪的世界贸易是中国茶叶的世纪，那么至少对中国来说，19世纪毫无疑问就是英国鸦片的世纪。

对于英国这样一个各方面都开资本主义风气之先的国家，与中国的巨额贸易逆差是不可能长期忍受的。

杀头的买卖有人做，赔本的买卖没人做。

由于清廷的极度保守，马戛尔尼勋爵出使中国要求清政府开放通商，以平衡贸易的合理要求失败，那英国人只好另想招数向清政府出口中国人必需的某种大宗货物，以平衡巨大的茶叶进口逆差，要知道，这种能启动中国市场必需的大宗货物是极其难找的，清朝奉行的是自给自足的小农经济，一切不假外人。连清政府清贵族也只肯围着马戛尔尼勋爵演示擦火柴当看杂耍，自己家里还是宁可用火石铁片敲击取火做饭（后来"洋火"大规模在中国普及，还是洋务运动之后的事了）。

英国当时产量最大的工业制品是棉布，英国工业革命最先就是从纺织业革命开始的，英国乐观主义者当时在报纸上憧憬，只要中国佬每人长衫加长一寸，就够曼彻斯特全体纺织厂忙上一年，帝国主义真敢想，这些东西在中国市场根本就拒绝接受！

而英国与中国进行贸易，用什么东西来换取中国的货物，着实让英国人伤透了脑筋。从输入中国的货物来说，英国本土的出产，实在没有一件是中国民众所喜欢的。当时英国本国的王牌货物是毛纺织品，但是这种货物对比闻名世界的中国丝绸和国产土布，既不够精美，也不够便宜，在中国找不到什么主顾，要知道，中国人普遍穿上棉织品的时候，欧洲人有条亚麻衣服就是过年了。再说中国有的是绸缎土布，所以英国毛呢在中国很难找到销路，不赔本就卖不出去。比如英国从1786年到1829年，曾8次来到中国推销棉纺织品，都销路不佳，多次赔本。1821年英国输往广州的英花呢4509匹，剪绒与天鹅绒416匹，在广州市场上拍卖脱手，结果赔本60%。

而英国商人（主要是东印度公司），自中国输出的货物首先为茶叶为大宗，其次则为生丝、土布，还有一些零星货物如大黄、瓷器、糖、樟脑等，向中国则输出毛纺织品，金属（铅料、铜等），从印度运来棉花，还有西洋参、皮毛、檀香木等。所有输往中国的商品，对中国来说可有可无，就是现在，中国长白山的老人参还是比美国萝卜田里种的西洋参值钱（美国人管西洋参叫中国萝卜）。

而英国的一些奢侈品，中国市场需求量很少，中国那时的奢侈品消费群体很小。印度来的棉花尽管有用，但中国也是盛产棉花的国家，只有在苏、浙一带棉花歉收时，印度棉花才有销路，和现在中国进口粮食一样，属于市场调剂性质，而不是市场必需性质。

而18世纪末东印度公司自中国输出茶叶每年就在400万两左右，仅此一项大宗商品价值就可以抵消当时英国输入中国的3项主要商品（毛纺品、金属品和棉花）价值，而中国结实的棉布则又畅销欧美市场，英商每年要从中国贩运两三百万匹棉布回去。这样一来，当时的英美等国不能向中国提供什么像样的商品，而又迫切需要中国货物，所以中国在对外贸易上经常是大量的出超。就是巨大的贸易顺差。

最让英国人痛苦的是，英国国防部就是想向中国军机处卖最绝密的尖端武器和国防高科技，中国政府还是不干！

乾隆爷真诚地认为他的舢板舰艇威力远超不懂礼数的英王的"君主"号战列舰，而福康安大将军宁可部队用火绳单发鸟枪，也瞧不上洋鬼子的连发枪，英国军队不远万里送给中国军队既代表友好，又的确有某种示威作用的先进野战炮，干脆被乾隆爷摆进圆明园当了玩具，总之英国的一切商品，哪怕是心里滴着血拿出来的尖端武器，天朝统统瞧不上！

天朝只瞧得上一样东西——英国人流着眼泪一船船运来买中国茶叶的真金白银！中国人从古到今都喜欢这个。

所以，当时中国每年出超的价值，高达白银两三百万两以上，英国必须用白银（西班牙、墨西哥银圆）来支付这部分贸易逆差，以致当时来广东进行贸易的外国商船，所带的货物不多，而大量的却是银圆，东印度公司来华的商船，经常要带百分之九十以上的现银，商货却寥寥无几（今天的美国人则是印出大量的绿纸支付中国的逆差，资本主义真是越来越狡猾）。所以，东印度公司对中国的整个进出口生意是无年不赔的。

更可怕的是，这时英国人的茶瘾已经越来越大，甚至流行开了一直坚持到现在的"下午茶"习惯，中国茶叶这时已经成了西方社会生活中不可或缺的一部分，中国茶叶的清香从宫廷飘到了平民社会，从英国飘到欧洲大陆，甚至跨越大洋飘到了新大陆导致了超级大国美国的诞生。

那些年，一部超级流行话剧在欧洲甚至比莎翁的经典剧目还卖座，而这部风靡欧洲半个世纪的经典话剧名字就叫《茶迷贵妇人》。中国茶叶不但改变了英国人的起居生活习惯，也随之改变了整个世界贸易全新的格局，当时不管从中国运来多少茶叶，欧洲市场统统都能吃得下去，而中国唯一肯接受的只有白银，这样的双边贸易格局终于使英国人感到无以为继了。有个学者对当时的中英贸易情况做了这样传神的描述，这篇文章虽略长，却完整生动地再现了当时全球贸易的全景，非常值得一读：

1773年4月，来自太平洋的湿润季风，为福建武夷山区带来了开年的第一场雨。清晨，一个茶农将顶着露水的三片鲜嫩茶树叶子摘下。已经是山区的烟雨季节，武夷春茶迎来了一年的采摘季。

中午时分，那三片鲜嫩的叶子，走进武夷山区的星村镇，这里是武夷山区的茶叶集市，每年第一场春雨过后，茶市开埠，这里就开始热闹起来，南来北往的茶商纷纷聚集。清人刘靖曾经在《片刻余闲集》中记述："山之第九曲处有星村镇，为行家萃聚。"在这里，那些鲜嫩的叶子被集货、炒制、包装，做成武夷茶。

腰缠万贯的茶商们，从这里进行茶叶集市贸易，然后运走。南下广州，再由行商交给东印度公司的大班们。

整个早上，每个茶农只能采摘不到两斤的鲜嫩叶子。他们从集市交易现钱，这些年武夷茶的行情日益见好，越来越多的茶农们开始追逐这项交易。而他们不知道，自己日常生活中普通流通的白银竟然来自美洲，他们更不知道，从那一刻起自己已经进入了国际贸易大循环。

贸易圈

18世纪的全球贸易遵循海洋季风的洋流，周而复始，宛如一轮逆时针行走的旋转木马。动力是商业利益，载体是横行世界的快速帆船。在大航海时代的航海地图里，中国正处于这场游戏的地理中心。

大约是在每年的1月，英国东印度公司的船只借着冬季洋流的尾巴，开始远航。在伦敦，满载本土制造品和烈酒的快船开始起航；在广州，上个交易季换来的茶叶和瓷器装满帆船开始返航。新的一轮全球海洋贸易循环正式启动了。

按照东印度公司的贸易计划，他们几乎不用自己花费白银，就可以通过一连串的三角贸易得到自己想要的东西。前提是只要有船。

东印度公司代表了一群海洋野心家的梦想，而在英国国内，工业革命刚刚启动，消费抬头，那些醉心于食货的人们，对一切中国趣味趋之若鹜，中国茶自然首当其冲，泡在茶杯里的正是上一个贸易季从武夷山采下的鲜嫩叶子。

腰缠万贯的茶商从福建星村镇的集市走出来，带着鲜嫩的茶树叶子，开始寻觅南下的路子。事实上，他们和身后数以万计的茶叶担子，可以选择的行走方式只有一条。18世纪的中国，茶叶的出口交易，只在广州一处。通向广州的路途千辛万苦而且花费不小。一如茶商在回忆录里记述的那样，从武夷山到广州，那些鲜嫩的茶树叶子要换7次船，交4处税。

从福建星村搬运一担（100斤）武夷茶到广州的代价大约3.8两银子，这差不多占去了最终交易价的三分之一。

旅途充满了波折，茶商们先用竹筏将茶叶运到崇安。之后，再由挑夫挑过山岭，到达江西的铅山。再经过多次转运到河口镇，到南昌。到达江西界经九江关，过赣关，经过大庾岭过梅岭到达广东，最终从韶关进入广州。

倒不是没有其他的替代路线，武夷茶从厦门走海路，到达广州的成本每担只在0.4两左右。

而不幸的是，从产地到出口，途中帝国政府可以征收4次关税。为了这个目的，清政府规定福建本省所产的茶叶，禁止从厦门出口，只能走这条路。

直至每年的10月，千辛万苦的茶叶担子才在广州西关茶市聚集，这里早有行商云集。在广州，行商作为官方特许的海外贸易经营机构，垄断着茶叶的出口。

后者通过注水式的加价最终将茶叶交到东印度公司的大班手里，这时候，一担子武夷茶的价钱已经达到了9两银子。而其中行商的利润就有5两。

事实上，行商的这些利润最终也没有形成一个有力的阶层，炫耀式的消费和官府的不断榨取，最终让这些行商们都走了经营不善相继破产的路子。

大约在来年的 1 月，新鲜的武夷茶装船运离广州，进入全球海洋贸易的网络。源源不断的茶叶贸易，为帝国换来的是美洲的白银。

作为茶叶贸易的起点，18 世纪的中国却是白银的终点。

那时候与中国进行贸易的欧洲国家，几乎同样面临着一个问题，用什么来支付购买茶叶的费用？

不久，他们随即沮丧地发现，源于这个古老帝国的一向自给自足的习惯，欧洲产品几乎在这里找不到任何市场！

除了白银，这个国家好像一无所求。

而另一面英国人对于茶叶的广泛爱好更是有增无减，起先他们还可以维持微妙的平衡，而到 1773 年，一切出现了变数。

这时茶叶已经成为英国最普通的饮料，每年消费大约在 1200 万磅。英国人渐渐离不开这种温和刺激的饮品，与此同时，英国的经济也开始依赖茶叶，因为财政部针对茶叶的税率高达 100%。

维多利亚时代的英国人生活并不富裕，一个警官每星期的收入是一英镑，一个码头工人每小时的微薄收入是 6 便士。

而那时候每磅茶叶的最低价格在 1/2 英镑。

起先，英国通过非洲、美洲的"三角贸易"获得银子。英国货船先从本土装上工业制造品、烈酒等货物，运到非洲海岸卖掉，完成第一笔交易；再用得到的钱买下非洲黑人，装上船，运到中美洲，把黑人做奴隶卖给那里的农场主，这是第二笔交易；这些利润一部分用来购买美洲白糖、棉花、咖啡，剩下的是以银子的形式运回来。那时候，美洲是全球最大的白银产地，而每年这里产出的白银，有一半因为购买茶叶而最终留在了中国。

到了 18 世纪 70 年代，美洲的白银产量持续减产，英国人依靠白银购买茶叶的希望越来越小了。

而与此相对应的却是中国人对于英货一如既往的冷漠，整个 18 世纪，白银占英国东印度公司对华输出货值的 90%。

随着英国国内茶叶消费的不断扩大，通过东印度公司，漏向中国的白银也是节节上升。到了 7 年战争以后，英国和法国在海外殖民地的这场世界大战，搞得英国财政捉襟见肘。战争结束，英国立刻爆发了金融危机，政府极度缺钱，将手伸向了海外殖民地。1764 年，针对北美殖民地颁布的一系列的税收，第二年再颁《印花税法》。

7 年战争后，英国虽然在北美大地上打败了欧洲列强，但要治理好北美洲的大片殖民地却非易事。为了加强对北美的控制，减轻由战争带来的沉重债务负担，英国在北美实行了一系列不得人心的税法（注：到新大陆闯世界的本来就是对旧大陆的规则秩序心怀不满之徒；这些敢漂洋过海讨生活的刁民哪里肯吃英王横征暴敛那一套）。税法一出，激起了殖民地人民的强烈反抗。

到了 1773 年，英国政府为倾销东印度公司的积存茶叶，通过了《救济东印度公司条例》。这部条例给予东印度公司到北美殖民地销售积压茶叶的专利权，免缴高额的进口关税，只征收轻微的茶税。

条例明令禁止殖民地贩卖"私茶"。而在此之前，新大陆的茶叶进口被走私垄断，位于大西洋西岸的波士顿更是个桥头堡，当地富商约翰·汉考克号称走私王。条例的颁布直接触动了这些富人的利益，以汉考克和知识分子萨姆尔·亚当斯为首，组成了波士顿茶党。茶党在咖啡厅聚会，号召人们远离茶叶。

1773 年 11 月，当装载 342 箱茶叶的东印度公司船只开进波士顿港，引起了茶党的注意。当晚，在茶党组织下，化装成印第安人的青年闯入船舱，将东印度公司 3 只船上的 342 箱茶叶（价值 18 000 英镑）全部倒入大海。

茶党事件引发了两年后的美国独立战争，导致一个新的超级大国的诞生，英国彻底丧失了国内商品的北美市场。到了 1807 年，英国和美国通过法律，严禁贩卖奴隶的行为；1811 年，西属美洲爆发独立革命战争，美洲银路受挫。英国人之前位于美洲的"三角贸易"链彻底受阻，手里可以控制的白银资本已经中断，面对中国茶叶的贸易逆差日益增大，让英国人不得不寻找新的出路。

1710 年到 1760 年的半个世纪，英国相对中国的贸易逆差非常巨大，英国的白银几乎耗尽，因为中国只肯接受这种支付方式，在此期间，英国向中国支付了 2600 万英镑的白银。如果要把它换算成中国方式的"两"

计量单位，那就在后面至少乘以 4。就是说英国为了买中国的茶叶，向中国支付了至少一亿两白银！

结果，中国的茶叶成为全球贸易链条的关键一环。它不仅改变了世界风尚，还直接或间接地导致了英国独立战争和鸦片战争。中华帝国对世界贸易游戏规则的迷失，使大航海时代的最后可能性从此消失了，结果茶叶催生了一个新的超级大国美国，摧垮了古老的中华帝国。

那么，有哪种大宗商品能让中国人像英国人离不开茶叶一样也上瘾呢？使他们也必须像英国人为茶叶支付白银一样用贵重金属结算呢？英国东印度公司的商人们在马戛尔尼访华时其实就已经找到了这种商品。

这就是鸦片。

今人可能对鸦片都只闻其名，知道它不是好东西，却不明其义，不知道它坏在哪里。用最通俗的话说，鸦片就是从毒花之王——罂粟中提炼出来的初级制成品，如果你还不知道这是什么东西的话，那么我接下去说两句你就明白了，鸦片再次提纯就是可卡因，这就是正在让全世界警方焦头烂额、制造了无数社会问题的、销量最大的通用型毒品，而可卡因再次提纯，就是大名鼎鼎的毒品之王海洛因，现在您明白鸦片是什么了吗？

对，它是毒品。

而英国人就是希望让中国人吸食这种毒品鸦片上瘾，来创造一个巨大的毒品需求市场，以平衡英国人乃至西方对茶叶上瘾造成的中英巨额贸易逆差。毫无疑问，英国人要求同中国人平衡贸易的要求完全合情合理，甚至其情可悯，但用毒品来平衡贸易是可耻的，这不是国家的贸易行为，这是贩毒集团干的事。

英国人决定使用鸦片这种毒品平衡中国贸易逆差，也是经过一番很激烈的思想斗争的，因为绅士们知道，贩毒的确是非常伤天害理的事，在此，我们不得不向大家介绍一下英国东印度公司。

英国东印度公司的全名是"伦敦商人在东印度贸易的公司"。公司创始之初共有 125 个持股人，资金为 7.2 万英镑。这些商人获得了英国皇家给予他们的对东印度的 15 年的贸易专利特许。

东印度公司由一名总督和24名董事组成全体董事。他们皆由全体经营者委任，并要向全体经营者定时汇报。全体董事下辖10个要做定时汇报的委员会。

1612年东印度公司战胜葡萄牙人，使他们获得莫卧儿帝国皇帝贾汉吉尔的青睐。英国人认识到在远洋作战的胜败是暂时的，因此他们决定在印度本土建立受双方政府支持的立足点。他们要求英皇采取外交措施来达到这个目的。1615年，英皇詹姆斯一世派托马斯·罗伊爵士拜访贾汉吉尔，贾汉吉尔是印度次大陆70%的领域的统治者。这次外交拜访的目的在于在印度苏拉特和其他地区授予东印度公司独一无二的定居和建立工厂的权利。作为交换，公司愿意向贾汉吉尔提供欧洲市场上的货物和珍品。这次旅程非常成功。

在这样明显的保护下东印度公司很快就超过了在果阿和孟买建有基地的葡萄牙人。在苏拉特、金奈、孟买和加尔各答，它建立了大本营。到1647年为止，它在印度已经建立了23个工厂（即基地）。其中大的基地有位于孟加拉的威廉堡、在金奈的圣乔治堡和孟买城堡。1634年莫卧儿皇帝将他对英国商人的优待扩展到孟加拉地区（1717年甚至完全赦免了孟加拉地区的关税）。东印度公司的主要贸易货物是棉花、丝绸、靛青、硝酸钠和茶。同时，东印度公司不断对荷兰人通过马六甲海峡对香料贸易的垄断挑战。1711年，东印度公司在中国广东建立了一个贸易点来使用白银换取茶叶。英国皇室复辟后公司的地位更加提高。1670年查理二世发布了5条法律，授予东印度公司自主占领地盘、铸造钱币、指令要塞和军队、结盟和宣战、签订和平条约和在被占据地区就民事和刑事诉讼进行审判的权利。东印度公司的敌人包括商业竞争者、敌对国家和国内的敌对势力，因此它需要更多的保护权利。从事军事行动的权利因此对公司来说是非常重要的。1680年公司很快就建立了一支自己的武装力量，其主要人员来自对当地居民的征募。到1689年为止，东印度公司可以说拥有了一个"国家"的特性，它自主地控制着孟加拉、金奈和孟买的统治，拥有可怕的和有威胁性的军事力量。在1698年，公司拥有了自己的格言"从属于赞助者——英格兰国皇和国会"。（瞧瞧，这个实际控制着印度和孟加拉国的商业公司只把英国政府看成它的赞助者！）

东印度许多公司的职员发财回到英国后建立了自己的不动产、企业和获得了政治权利。在英国国会中公司建立了一支自己的说客队伍。（注：今天对美国政府决策能起到重大作用的大企业游说集团模式就起源于东印度公司。）但一些原来与东印度公司协助的有野心的商人也对公司施加压力，他们希望能够在印度建立自己的私人公司。在这些压力下，1694 年国会通过了一个非管制法案。这条法案允许任何英国公司与印度贸易，除非国会通过法案禁止该贸易。这样英国国会实际上取消了施行了约 100 年的特许状。1698 年，国会通过法律建立了一个平行的"东印度公司"（官方名字为"英国东印度贸易公司"），这个公司拥有国家保障的两百万英镑的资金。但旧公司强大的分股人很快就购买了 31.5 万英镑的新公司的股份，这样他们就在新公司中占多数了。两个公司在英国和印度抗争了一段时间，都想获得贸易的主宰地位。但很快就看得出老公司实际上几乎没有遇到任何竞争。最后两个公司于 1702 年合并，同时参加合并的还有政府的一些机构和两个其他公司。这个新公司向政府出借了 320 万英镑，作为交换获得了此后 3 年的独一特权。这个合并公司的全名为"英格兰商人东印度贸易联合公司"。

所以我们看到，英国东印度公司在本质上说是一支在当时具有全球性巨大军事政治影响力的武装商业资本集团，它实际统治了印度 258 年之久，是印度和大英帝国许多东方殖民地的"太上皇"，以仅 7.2 万英镑这样微不足道的资本起家，趴在印度等东方殖民地身上拼命吸脂吮膏，达到了每年向英国进贡 3500 万英镑利润的庞大规模，它是人类历史上最大的吸血鬼之一，是西方资本主义诞下的屈指可数的一大吃人怪兽。

最后这个怪兽的实力甚至已经庞大到英国政府都无法驾驭的程度，特别是由于东印度公司挑起的鸦片战争给大英帝国带来了巨大的收益，威望更是狂涨，结果这个无法无天的武装商业走私贩毒集团，最后膨胀到对英国政府的稳定和各项内外政策都构成了极大的威胁，寝食不安的英国政府痛下决心利用东印度公司本身的贪婪腐败亏损，横征暴敛激起印度大起义的机会，于 1858 年决然断尾求生，将东印度公司解体（这一年东印度公司废黜了印度莫卧儿皇帝），由英国维多利亚女王亲任印度女皇，彻底解除了东印度公司的行政权，英国的政治精英们这才浑身冷汗地结束了东印度公司这个怪兽的威胁。

想想看，贩毒集团有啥不敢干的？

125

而向中国走私鸦片贩毒以平衡中英贸易的方法就是东印度公司想出来的，在这一点上，英国政府的国家行为和东印度公司的走私贩毒行为的确是有所区别的，甚至在相当长一段时间里，英国政府都是力图控制东印度公司的毒品走私的。

人类最早发现罂粟医学价值的，是公元前5世纪的西方医祖希波克拉底。直到今天，西方许多国家的医生在就业时还必须按他在2500年前订下的行规宣誓遵守医者道德规范；而在东方，中国人对于鸦片其实也不陌生，因为它也是一种传统的中药材，制造鸦片的罂粟，中国唐代的文献就记载过，而用罂粟炼制鸦片的方法，在做了20年甘肃总督的王玺1488年所著的《医林集要》中就记录过，后人猜测，他可能在那里同伊斯兰教教徒接触，学会了阿拉伯工艺和制造方法，甚至中国对这种药材就有两种称呼：从希腊语翻译过来叫鸦片，从阿拉伯语翻译过来叫"阿芙蓉"，中医没有不知道"阿芙蓉"的。鸦片是一种麻醉性的镇痛药，治胃疼和痢疾、拉肚子有奇效，而古代卫生条件不好，痢疾和现在的感冒一样是常见病，所以1767年以前清政府甚至官方许可输入鸦片做中药材使用，当时每年印度向中国输出两百箱鸦片，这是公开的合法官方贸易（直到今天，许多西药也要用到罂粟提取物做药用原料，中华人民共和国成立后中国的国营西药厂也是许可种植罂粟药用的，但有极其严格的管理规定，每一棵盆栽罂粟都要编号到专业部门报备管理）。

但是鸦片药用和吸毒就完全是两码事了，患者用适量的鸦片镇痛无可厚非，正常人吸毒上瘾和今天的瘾君子吸海洛因没有任何区别，要说有什么区别，现代的瘾君子只不过是抽的鸦片纯度更高，将大烟枪换成了注射器，死得更快罢了。

当时，在印度的鸦片业由两部分，即"孟加拉鸦片"（又叫公班土）和"马尔瓦鸦片"（又叫白皮土）组成。英属东印度公司首先控制了"孟加拉鸦片"。乾隆三十八年（1773），东印度公司取得了英国国会的授权，成为英国在印度的殖民统治机构。东印度公司即宣布对孟加拉、比哈尔、奥理萨三个地区所生产的鸦片专卖。当地鸦片种植者只能按规定的价格将鸦片卖给东印度公司。之后，东印度公司进一步完善了专卖制度，嘉庆四年（1799）东印度公司禁止任何人私种罂粟，种植罂粟的烟农必须与东印度公司签订合同，在公司指定的地点按规定的数量种植，再按规定的价格出售给东印度公司。同时，签订了合同的烟农，可以得到东印度公司提供的贷款；如果烟农违约，不种植罂粟，则要处以3倍于贷款的罚金。东印度公司的专卖制度，把孟加拉地区的鸦片生产、贩卖牢牢控制在自己的手中，从而形成了垄断经营，便于牟取暴利。这和今天的金三角毒枭、拉美毒枭、塔利班的黑帮垄断贩毒模式一模一样，不带一丝一毫的夸张，东印度公司就是今天现代世界所有武装贩毒走私集团的开山鼻祖！

在"孟加拉鸦片"之外，"马尔瓦鸦片"迅速崛起，并对"孟加拉鸦片"形成了巨大的竞争压力。作为非东印度公司的产业，"马尔瓦鸦片"价格低廉，大量销往中国，从而对东印度公司垄断的"孟加拉鸦片"形成了巨大威胁。在这一竞争压力下，东印度公司改变了限制数量牟取暴利的垄断政策，允许每箱"马尔瓦鸦片"缴纳177卢比的通行税之后，任意收购、贩卖。这相当于今天的一个黑帮向另一个贩毒集团抽本地市场保护费。而东印度公司所控制的"孟加拉鸦片"，也停止了总量的控制，全力发展鸦片业。因此，每年输往中国的鸦片也迅速增加了（后来极度眼红的美国商人也开始向中国走私鸦片，但份额较小，东印度公司这样的武装贩毒团伙地盘不是那么好抢的，当时的美国可没有今天这种可以把大英帝国当小伙计呼来喝去的派头和实力）。

嘉庆元年（1796），清廷正式禁止鸦片进口，而东印度公司根本不想放弃这一罪恶的买卖，但停止使用本公司的船只装运鸦片，表面上表示东印度公司断绝了鸦片交易。实际上，东印度公司将鸦片高价卖给散商，即来自英国或英属印度的私商，又称港脚商人，再由他们运往中国。

鸦片由印度输入，在中国广州附近形成了黄埔——广州、澳门、伶仃岛三大毒品走私中心。

一个新的三角贸易链开始形成，在这个英国、印度与中国的三边贸易圈里，东印度公司的货船依旧充当着载体，他们从英国装上毛纺品等工业制成品，运到印度卖掉，再装上印度盛产的鸦片，然后，运到广东沿岸，把鸦片在中国卖掉，换成茶叶、丝绸、土布装上船运回英国。

新的东亚贸易的旋转木马自此启动，也随后拖垮了中国。这样中国、印度和英国之间，又形成了一个新的三角贸易关系，英国人通过这个三角贸易关系，牟取了巨额利润，这个新三角贸易关系的关键，就是鸦片。

作为一种高成瘾性的毒品，鸦片进入中国数百年没有流行，固然是没有后来东印度公司走私倾销鸦片那样大的产量供毒品市场消费，但也跟生鸦片有一股陈尿恶臭有关，这种恶臭挡住了绝大多数瘾君子，就像关住恶魔的祸匣，但是，一个小尼无意间打开了祸害无穷的魔匣。徐珂的《清稗类钞》记载了旧中国这个几乎无人不晓的故事。

乾隆年间，粤东巨富家一个小寡妇，为守节做了尼姑，由于寂寞与苦闷瘫痪了，娘家亲戚都是豪阔，想方设法让这可怜女子开心，其一亲友是广州十三行的行商，给小寡妇送来了一盒洋人的鸦片膏和玻璃灯，还有一个花露水瓶解闷，小尼瘫卧床榻，闲极无聊，点着玻璃灯，用头上的簪子挑了鸦片膏在灯上烧，又用竹棍点上鸦片膏顶破玻璃瓶就着灯烧，就这么玩来玩去，终于玩开了关着魔鬼的祸匣，鸦片加热后就会产生一种奇特的甜香，她终于闻到了鸦片烟让人飘飘欲仙的毒雾，而更鬼使神差的是，她的瘫痪竟然好了！

这个消息一传十，十传百，百传千，一下传遍了中国，如果我们想想红茶菌、三株口服液、红桃K在当代中国一夜之间的神话风靡，应该对这种神药故事在天朝大地的传播速度和传播广度不会陌生。

不管这个故事是真是假，随着英国东印度公司成千上万箱毒品走私倾销进中国，鸦片烟的毒雾如野火燎原一样，数十年间就烧遍了神州大地，几乎把一个五千年文明古国烧得万劫不复。

后人统计，在19世纪的最初20年中，英国从印度输入中国的鸦片已经从不到200箱的药用进口暴增至每年平均约4000箱。30年代激增，到1839年就达将近40000箱。除了英国以外，这时还有美国商人从土耳其贩来中国鸦片，但为数较少。由于英国对华输入鸦片数量的激增，从19世纪30年代起，在它对华贸易总值中，鸦片就占到1/2以上，到鸦片战争时英国在对华贸易中由入超变为出超。

鸦片的大量输往中国，给中国带来了可怕的祸害。起初，吸鸦片的还只是一些士绅、官吏、大商人、大土地所有者，到后来依附于上层统治者的各种人物，如差役、兵丁、僧侣、道士、妓女等，还有一些流浪汉、乞丐、土匪和一些下层人士都开始吸鸦片烟，鸦片是毒品，含有大量的毒素，吸食成瘾者，精神萎靡，身体消瘦，形成不生不死的状态，最后多数因脏器衰竭致死。

当时烟毒之祸，让今人不敢置信，无数鸦片烟馆几乎是顷刻间就遍布神州大地，甚至连举子上京赶考都要带上大烟在路上吸食，抽鸦片比今天抽香烟还普及，因为这时中国人为了满足毒瘾，自己又学会了种罂粟！中国农民有啥不会种的？

甚至种这个的在中国历史上都有个专有名词———烟农！

结果，一时间毒花开遍了大江南北，连新疆、甘肃、云贵这种偏远之地都开始大规模种植罂粟，当时御史邵正笏上奏说，鸦片除了进口，内地奸民都私自种卖，并以自己老家浙江为例，说"凡城镇乡村，无往非种植罂粟之地，而男女老幼，无一非造卖鸦片之人"。

当时中国全民制毒、贩毒、吸毒的狂热劲比前些年全民炒股经商还狂热！

鸦片战争前夕有人估计，在京官中有十分之一二，地方官中有十分之二三吸食鸦片，至于"刑名，钱谷之幕友，则有十分之五六，长随，胥吏更不可胜计"。

正如马克思所说："浸透了天朝的整个官僚体系和破坏了宗法制度支柱的营私舞弊行为，同鸦片烟箱一起从停泊在黄埔的英国趸船偷偷运进了天朝。"

而这种毒品对中国人体质的残害更是无以复加的，今天海洛因晚期吸毒瘾君子是什么模样，当年的中国"大烟鬼"就是什么模样，而这种不可救药的大烟鬼当时估计中国有高达两千万之多！即使是最低估测数字也在500万以上！

连国家的柱石军队都没有逃过大烟的毒害，1832年，两广总督李鸿宾的部队在镇压广东瑶民起义的战争中惨败，惨败的原因据说是因为官军的鸦片烟管在雨中点不着火，造成了士气不振，以致在攻击时连一点虚勇都提不起来（直到100年后中国工农红军在贵州娄山关打王家烈的"双枪兵"，长征那样困难急需补充的情况下，此战后却连俘虏带装备都不肯要，俘虏体质太差不能用，烟枪虽好不能要，钢枪太次不能要）可想而知，清政府这种吸毒军队会有何等可悲的战斗力。

巍巍中华先民，披荆斩棘筚路蓝缕，以何等昂扬的精神、何等雄浑的气魄和何等强健的体质开创中华基业，结果数十年间，如此阳刚的中华民族竟被英国人倾销进中国的毒品残害成了百年闻名、人尽可欺的"东亚病夫"。

应该说，英国政府对于鸦片这样的毒品对人类的毒害是一清二楚的，某种程度上，英国自己也是毒品的受害者，英国当时的中下层老百姓中就有不少鸦片吸食者，即使在英国的知识分子中，当时鸦片的泛滥也是让人瞠目结舌的。创作千古名诗《忽必烈传》的柯勒律治，据相当可信的说法，是在服用鸦片酊后的极度亢奋中写出这首诗的，德昆西甚至洋洋洒洒写就《瘾君子自白》，培根声称毒品使他发现了"长生不老的秘密"。

鸦片甚至成了19世纪英国文学创作的一个重要题材，从艾略特《织工马南》里莫莉过量服用鸦片而死，到《月亮宝石》里富兰克林服用鸦片酊后的梦游，从《玛丽·巴顿》里鸦片成瘾的下层工人，再到《艾德温·德鲁德之谜》和《道林·格雷》画像里光临鸦片烟馆的上流人士，文学是反映社会的一个窗口，而如此之多的文学形象都与鸦片有关，可想而知，毒品在英国也是相当泛滥的。

英国的有识之士对鸦片的毒害更是一清二楚的，一位英国知识分子当时这样描写自己吸毒成瘾的朋友可怕的情形："空洞的眼神！病恹恹的面容！蹒跚的脚步！颤抖的手！变形的躯体！"

甚至，英王乔治四世本人就是个大鸦片鬼，威灵顿公爵1830年4月私下讽刺国王："前天晚上他服了鸦片酊，早饭前又是鸦片酊，昨晚也是鸦片酊，今早又是鸦片酊！"

两个月后乔治四世就很可能因吸毒致死。

在此，我们必须指出，在英国销售的鸦片，吃死乔治国王的鸦片酊，同样是东印度公司贩回英国本土的，只要有利润，没有毒商不敢干的事。

马克思引用过当时的英国经济评论家邓林格一句名言："一有适当的利润，资本就会非常胆壮起来。只要有10%的利润，它就会到处被人使用；有20%，就会活泼起来；有50%，就会引起积极的冒险；有100%，就会使人不顾一切法律；有300%，就会使人不怕犯罪，甚至不怕绞首的危险。"

而贩卖鸦片有 900% 的利润！

瞧瞧，为了这 900% 的利润，东印度公司干脆把他们的乔治万岁爷也毒得龙驭宾天！

所以，英国政府在认可东印度公司把鸦片这种毒品作为平衡中国政府的贸易方面，的确一直存在着某种良知和道义上的不安。在此我们必须提一下英国教会，英国教会是自始至终反对毒品交易的，后来在英国政府决定发动鸦片战争时，英国教会一直是坚决持反对态度的。即使是东印度公司内部也有一些正派商人反对贩卖毒品，主张同中国做正当生意。

英国驻印总督哈斯丁斯就曾在 1773 年对东印度公司向中国贩毒表示非议，他说鸦片是种毒品，不是生活的必需，不应该被允许。

而英国政府在马戛尔尼访华时给他的一项政策是，只要中国同意开放通商，就可以停止对华出口鸦片。我们必须承认英国政府和英国某些绅士的这种反毒态度的确是历史的真实。

但是，随后哈斯丁斯这位英国绅士的理想主义很快让位于财政和政治上的现实需求。白银已经在美国的革命中消耗一空，而那时西班牙与反叛的殖民地结盟，英国人再也拿不到硬通货币购买茶叶。

在哈斯丁斯禁止鸦片贸易 10 年后，他开始矛盾地放开了鸦片贸易。1782 年，他允许用两艘船出口了 3450 箱违禁鸦片。其中的一艘到了澳门，哈斯丁斯这位绅士的良心终于屈服于大英帝国的政治利益和经济利益，当起了事实上的毒贩，这也是历史的真实。

而英国政府在 1816 年再次派第二位使节阿美士德出使中国要求开放通商，阿美士德大使再次因磕头礼仪之争，用西洋拳左右开弓与中国官员对战中国武术，肉搏后被嘉庆皇帝喝令滚出中国，基于经济暴利，英国对东印度公司大规模对华走私毒品从此不闻不问，彻底采取了放任自流的做法，沦为一个大毒品输出国，这也是历史的事实。

到最后英国政府终于为保护毒品商的利益发动了鸦片战争，这更是历史的事实。

东印度公司这种国家规模级的走私贩毒行为给大英帝国带来了极其巨大

的经济利益，后来据经济学家们统计，鸦片贸易对英国的东印度公司和英属印度政府带来了暴利。以1813年为例，这年印度上等鸦片每箱成本费是237卢布，而它的拍卖价格，每箱是2428卢布，超过了原来成本的九倍！

鸦片税也成为印度政府的大宗收入，它在孟加拉按鸦片成本300%以上的税率抽税，1829年至1830年印度政府鸦片的税收已超过100万英镑，约占全年部收入的1/10。

结果，鸦片这种对人类危害极大的毒品被历史学家们称为"19世纪最值钱的商品——白色的金子"。

1793年至1832年，东印度公司主持下的对华鸦片走私不仅基本平衡了两国的贸易差额，而且利润从年收入25万英镑增至100万镑，占印度政府全部收入的1/6。1833年以后，东印度公司垄断对华贸易的地位被取消，所有英国商人均可直接经营对华商务。一年之内，从中国出口英国的茶叶增长了4倍，从印度运到中国的鸦片也翻了一番，同时，英国政府的税收也相应陡增。

"仅蒲利托尔市一家茶叶人口公司，从1834年到1839年，向英政府缴纳了100万英镑的税金，而且印度烟农卖出鸦片，赚得现银，才能有钱购买英国的纺织品，吸收英国的倾销货物。"

英国政府里里外外增加的税收，源头全在于鸦片走私。说穿了，就是大英帝国当时增加的税收，全靠向中国走私倾销毒品！

英美史学家对此看得很清楚，1929年版《滑铁卢战后的英国》中说："当时英国一部分主持正义的人士，对于这次战役频加攻击。但是单从鸦片贸易一项，印度政府一年抽税就在100多万英镑以上，为了经济利益，英国政府也就顾不得道义了。"

而英国人的毒品走私巨利就意味着中国人的财经大放血。清朝每年耗费在鸦片上的白银高达1175万两，所以后人有一句很精辟的话，18世纪世界贸易的特点，就是中国人用茶叶换回英国人的白银；而19世纪，则是英国人用鸦片又把中国的白银换回英国。

鸦片战争前夕，中国每年的白银外流量起码在1000万两以上。白银大量外流又引起了一连串的社会恶果，最直接的是造成银贵钱贱。当时清朝实行的是银钱并用的双轨制，白银外流国内缺少，使得白银与铜钱比价变动。例如，

1794 年白银一两兑换铜钱 1000 文，到 1838 年时就需 1600、1700 文铜钱，而农民向政府纳赋税时须折成白银，这样他们实际上要多交百分之六七的赋税，大大增加了负担，受剥削更重了；由于银价上涨，各省拖欠的赋税也就日益增多，这样也造成了清政府的财政危机。从 1830 年至 1838 年，清政府 8 年关税仅收 1227 万两白银！

后人都知道，当时的道光皇帝的节俭在中国历史上是出了名的，上朝时龙袍上都打着补丁，传说他想吃碗冰糖肘子，一问要 50 两银子，只好赶紧作罢，御膳房的大厨吃皇上的黑，我们暂且不去说了，但是这个故事也的确说明道光皇帝活得很节俭，其实不一定是道光不想奢侈一把吃碗冰糖肘子，而是国库实在没银子了。

当时清政府的国库空虚到什么程度呢？空到 1840 年鸦片战争爆发时，清朝的国库存银仅为 1034 万两！

这笔银子听上去很多，似乎搁谁家里，谁也成了大爷，但一个 4 亿人口的国家，国库里要只有这么点钱，那只好说这个国家虽说还没破产，但也已经穷得没裤子穿了，要知道，道光皇帝的爷爷乾隆皇帝"十全武功"中的一半，"两平金川"，平准噶尔、缅甸之役，廓尔喀之役，"五全武功"就花了 1.42 亿两银子的军费，而他爹嘉庆皇帝为平场白莲教起义就耗银两亿两！

搞得现在，中国政府被英国人的鸦片榨得口袋翻了个底朝天，道光爷和他的户部尚书被英国的鸦片，逼得像 40 年前英王陛下和他的财政大臣被中国的茶叶弄得恨不得去上吊一样窘迫了。

除了毒品泛滥造成的国民健康危机和国家财政危机外，毒品还造成清政府空前的吏治腐败，当时清政府腐败到什么程度呢？腐败到连控制最严的军队在英商收买下也一起走私鸦片牟取暴利，后来两广总督林则徐禁烟失败革职后路过湖南，向当时的名士包士臣哀叹："粤营以水师为最优，其岁入得自粮饷者百分之一，得自土规者百分之九十九，禁绝烟土，则去其得项百分之九十九，仍欲其出力拒英夷，此事理之所必不得也。"

也就是说，林则徐认为当时清朝海军最精锐的广东水师官兵个人收入的 99% 都来自毒品走私！清军就真能腐败到这个程度。

林则徐所言并非虚饰，时人披露，当时广东水师总兵（中将级别，相当于舰队司令）窦振彪本人就是 20 年的大烟鬼，家丁员弁，相率效尤，官署中大小人等无不吸毒，副将（舰队副司令少将）韩肇庆，专以护鸦片渔利，据魏源的《道光洋艘征抚记》所载，这位韩副司令除了收取正常的规费外，每万箱鸦片还要抽头 100 箱，理由是还要进贡他的上级，这位海军少将甚至胆大包天到直接用师船代鸦片贩子运烟进口，就是说他直接动用驱逐舰走私贩毒！

而且这位韩少将竟因有功而升为总兵，戴上了大清朝的铁十字勋章孔雀花翎！

将军走私贩毒，小兵就更是上行下效，当时的广东水师船与毒品贩子的约定是"每箱鸦片收 5~10 元"，大批官府缉私艇成为走私船……

毒品祸国如此，清政府终于不得不痛下决心禁毒，当时朝廷官员还为此展开一场大辩论，严禁派主张彻底禁绝鸦片，不但种毒、贩毒要杀，一年戒毒期后还敢再吸的瘾君子也要杀！

弛禁派则认为，禁毒越厉害，贩毒走私利润越高，官吏贿赂越丰，禁烟毫无意义，不如索性放开毒品交易，以公开贸易堵住白银外流渠道，至于吸毒的瘾君子，弛禁派看法很简单，瘾君子都是"社会上的渣滓"，皇上"大可不必顾惜"，让这帮大烟鬼统统吸死好了，还正好可以解决越来越严重的人口问题！

弛禁派许乃济御史给道光爷的奏折原文——"究之食鸦片者，率皆游惰无志不足轻重之辈，亦有年逾耆艾而食此者，不尽促人寿命。海内人口日多，断无减耗户口之虞。"

放开吸毒还能控制人口增长，真是一箭双雕，这位许御史还把自己当"能吏"了呢，至少也把自己当成了"精英"！

后人对严禁派和弛禁派的廷争多有评论，其实这种争论没有任何意义，因为当时中国国民普遍吸毒的恶果，已经到了清朝人不禁毒就几乎无法再生存下去的程度了，甚至在嘉庆四年（1799）清廷就已下令禁止鸦片进口，嘉庆帝还多次发表过禁烟令，他曾在 1814 年上谕指出"鸦片一物，其性质为毒烈，服亡者皆邪慝之人，恣意妄为，无所不至，久之令血耗竭，必且促其寿命"。

只不过道光这一次的禁烟要动真格的，要从洋片走私的源头，广州十三行的洋商那里禁起。

可以说，当时一位名臣的一句话就结束了道光皇帝对禁烟态度的一切犹豫，这位名臣对道光皇帝上奏说，再不禁绝鸦片，要不了多久："中原几无可以御敌之兵，且无可以充饷之银。"

说这话的就是当时的湖广总督林则徐。

他叫林则徐，中国人的英雄！

林则徐是中国封建社会能培养出的最优秀的官员，毫无疑问的晚清第一名臣，不管放在中国历史上哪一个朝代，他都会是当时最杰出的官员。

首先林则徐是廉臣，其个人操守品德无可挑剔；其次他是能臣，办事能力放在整个清代群臣之中也是数一数二的。林则徐的能力只从他一夜长谈培养出一个左宗棠，日后这位弟子替中国收复了新疆就可见一斑。最后他是名臣，当时天下仕子无不以一识林则徐为荣，晚清中兴三大臣，出道较早与其有缘的曾国藩、左宗棠都对其佩服得五体投地，左宗棠直到晚年挂帅封侯，还是将自己只不过是寒门仕子时与林则徐的一夜长谈，引为平生第一骄傲。

所以不管从哪个方面看，林则徐都是道光皇帝能拿出来处理禁烟这个当时第一大难题的最佳人选。

林则徐应召进宫后，道光皇帝连续8天召见林则徐密谈，甚至恩赏林则徐骑马进紫禁城，见其骑术不精，又赏乘轿——"你不惯骑马，可坐椅子轿"，恩眷之隆连大臣都目瞪口呆，心生醋意。可见，道光皇帝当时对林则徐依俾之重、信任之深，时人评之"此国初以来未有之旷典，文忠破格得之"。

就是说，道光皇帝对林则徐的厚待破了有清以来先例。

君臣长谈之后，道光帝给林则徐披上大清荣誉军团绶带黄马褂，任命其为钦差大臣，送其出京赴广州禁毒，钦差大臣在中国古代即代表皇帝出巡，那是见官大一级，林则徐手中的权力之大，连今天的中央巡视组组长都远远比不上，因为整个缉毒区的所有军事力量都归他通管。

道光帝和林则徐连续 8 天密谈了些什么呢？

后代历史学家研究当时的史料后，一致认为道光帝向林则徐反反复复交代的就是两句话："鸦片务须杜绝，边衅决不可开。"

简而言之 8 个字：必须禁毒，不许打仗！

但是，林则徐此去，不想打仗都是不可能的了，他的认识水平决定了他的所作所为，必然引起大清帝国与大英帝国的国际纠纷，而以大英帝国当时的国际地位和一贯的战争作风，是肯定要以武力应对这种国际纠纷的。

同时，林则徐的禁毒必定引起大英帝国财政上的惨重损失，除非太阳从西边出来，资本主义才会为道义打仗，但资本主义一定会毫不犹豫地为钱和利益打仗，这是重农轻商的中国封建王朝所不能理解的，所以直到鸦片战争初期战败，钦差大臣杨芳和广东巡抚怡良密奏英人只是想通商之后，道光帝还表示怀疑，到战后清廷才肯相信这世界上居然还有人打仗不是为了抢地盘，而是为了抢钱！

直到 20 年后，曾国藩的幕僚李元度的招降石达开书，还在向爱国长毛解释："英夷志在贸易，原无窥窃之意，故朝廷以大度容之，迨后求进城，即严拒之。"

可以说，英国人这种仗剑经商，用武力保护商贸渠道的重商主义传统，完全超越了"胜者为王败者为寇"的中国封建王朝传统战争思维。清朝君臣的脑袋里只有造反和剿匪，抢地盘当皇帝这一种战争概念，怎么也想不到几万里外的一个小岛上的蛮夷居然敢远跨三洋，为了发财打仗！

最后一个导致清政府判断失误的原因是，中国从古到今都把战争看得很重，"兵者，国之大事也，生死之道，存亡之地，不可不察也"，历史上，非到万不得已，中国一向不肯用武力解决问题，哪里想得到 18、19 世纪的英国几乎是年年都在打仗？连英国人自己都说，全世界甚至找不出英国没打过的国家！从道光皇帝到林则徐都不知道，英国根本就不在乎打仗（当然，现在有点不同了，打了两次世界大战，死人死得英国人终于也学会了害怕打仗）。

那么林则徐去广州禁毒时对当时的世界局势和西人情况是什么样的认识水平呢？他认为不但印度兵没腿肚子，洋人膝盖都是直的！

"夷兵除枪炮之外，击刺步伐俱非所娴，而腿足裹缠，结束严密，屈伸皆所不便，至若岸上更无能为，是其强非不可制也。"

后人猜测，他认为的"腿足裹缠"其实是西人穿的紧身裤和西方军人打的绑腿，"屈身皆所不便"估计是洋鬼子阅兵时踢的正步，腿伸得笔直，给人感觉膝盖不会拐弯，其实现在的中国兵阅兵时就更不用说了，就是每天出操走队列，那也是"屈伸皆所不便"的，要是踢腿的时候敢有所便之，连长和班长还不依呢！

当时，清朝臣民皆以为洋人膝盖不能拐弯，还有一个很重要的原因，马戛尔尼使华与阿英士德使华，都不愿磕拜中国皇上，对当时动不动就下跪的清朝老百姓来说，简直不可思议，能给皇上磕头，那是多少辈子才修得到的多大的福分啊！奇怪之余，中国民间就流传开了洋人膝关节有问题，估计不能转弯所以痛失洪福的说法，林则徐很可能是受了这些流言的影响。直到以后英军封锁了广州海口，林则徐还在号召百姓"英人腰腿毕直，一仆不起"，建议大家奋勇杀敌，人人皆可见敌毙之。

那么，林则徐对当时的国际局势又是个什么看法呢？首先他认为他捏住了洋人的命门——中国对英国出口的大黄和茶叶。

道光在林则徐抵达广东着手禁烟时，便向林则徐了解敌情："其茶叶、大黄果否为该夷所必需，倘欲断绝，是否堪以禁止，不至偷越之处，并著悉心访察，据实具奏。"

林则徐回答："至茶叶、大黄两项，臣等悉心访察，实为外夷所必需，且夷商购买出洋，分售各路岛夷，获利优厚，果能悉行断绝，固可制死命而收利权。唯现在各国夷商，业经遵谕呈缴烟土，自应仰乞天恩，准其照常互市，以示怀柔，所有断绝茶叶、大黄，似可暂缓置议。如果该夷经此次查办后，仍敢故智复萌，希图夹带鸦片入口，彼时自当严行禁断，并设法严查偷越弊端，应请于善后章程内另行筹议具奏。"

这用现代话语来说便是"贸易战"。道光询问林则徐，茶叶和大黄是否如同如今的石油一样，是英夷必不可少的战略资源，掐断它的供应会不会给该夷致命打击，而要防止他们走私又有无可能。林则徐调查了一番，回答说，这两项商品确是英夷的战略物资，掐断了就能致英夷于死命。但现在各国夷商已遵命令呈缴烟土了，应该给英夷一个悔改机会。如果他们死不悔改，再这么干不迟。

对比中国历代皇朝的整体水准，清朝的皇帝都算很不错的，道光皇帝绝非昏君，甚至不是庸主，林则徐更是天朝第一能臣（还不光是忠臣）。但他俩为"知己知彼"对英国进行战略侦察所得结果，不能不令现代人瞠目结舌。

以为天朝万物俱备，不需要鬼子的奇技淫巧，朝野毫无起码的世界知识，以为"天无二日，国无二主"，英吉利不过是类似朝鲜越南的蛮夷小国，只能臣服于天朝上国，更不知道贸易能互通有无，却把与蛮夷的贸易视为大皇帝单向赐予蛮子们的深恩厚泽。那逻辑可笑到极点：天朝上国不靠贸易也能活，而鬼子离开贸易就得完蛋。

那么，为什么清朝君臣都把大黄和茶叶当成对付英夷的"大杀器"和"撒手锏"，乃至是氢弹、原子弹那样的终极武器呢，统统变成了"茶叶，大黄拜物教徒呢？"后来被蒋廷黻称为中国第一位外交家，却被主流舆论谴责为大卖国贼的琦善。一本正经地解释茶叶、大黄之所以为鬼子必需，乃因为他们"日以牛羊肉磨粉为粮，食之不易消化，大便不通立死"！以肉食为主的洋人不喝茶就会大便不通，活活被屎憋死，这就是当时中国的政治精英认识世界的真实水平。难怪茶叶在蛮夷那里销路那么好！

所以，清政府后来被中国人痛骂了100多年，实实在在是清廷那一套闭关锁国的"愚民政策"害得大家被洋人揍得太惨不说，脸也实在丢得太大，须知中国人是最好面子的。

其次，林则徐对国际关系是个什么态度呢？很遗憾，他对处理英国关系的态度与乾隆爷对马戛尔尼大使的态度毫无二致，就是"君临"与被"君临"的上下级关系，一言以蔽之，林则徐将大英帝国当成了中国的藩属小邦，只能臣服于天朝上邦，把与蛮夷的贸易视为天朝大皇帝单向赐予蛮子们的深恩厚泽。

如果今人指责林则徐的认识水平和闹出的国际笑话，其实是对当时中国闭关锁国几百年造成的愚昧状态一无所知，直到 1842 年道光皇帝被英国人打得不得不签订了《南京条约》时，还在扬威将军奕经的折子上批："该女王年甫二十二岁，何以被推为一国之主？有无匹配？其夫何名何人，在该国现任何职？"

而当时的江苏布政使——李星沅看到《南京条约》的抄本，割地赔款，他都不怎么郁闷，他最郁闷的是"夷妇与大皇帝并书"这一条，一番邦黄毛丫头居然能与我们天朝大皇帝平起平坐共同落款——"并书"，凭什么呀？！

所以 1834 年前，被完全不讲任何贸易规则的清政府活活气死的律劳卑（英国首任对华商务总监督），在澳门临终前极其郁闷地说："中国人在极度的愚蠢思想和道德堕落中，幻想着自己是世界上唯一的民族，全然不顾国际法的理论和务实。"

这的确是当时中国的真实状况。

所以后人深痛地总结说：

作为落后国家，当时中国其实没有可以称得上"教育"的东西。数理化不用说，就连世界地理、国际政治、国际关系、外交等学科都一概阙如。官吏们只能"在战争中学习战争"，在与夷人们打交道中，一点点摸索出夷人的行事作风和意图来，再凭直觉行事。从琦善而耆英而奕䜣（恭亲王）乃至李鸿章，无一不是这么学会办外交的。外交家们以这种原始幼稚的方式自学成才，实在令人无法相信，然而比起彻底否认外交的必要的林则徐来，已经是天渊之别了。

所以林则徐这位民族英雄，后来能被推崇为中国"睁眼看世界"第一人，并不是一开始就懂得睁眼看世界的，而实实在在是从他自己的痛苦教训里发现了番邦夷人之长，痛知了天朝之短，被迫睁开了睡眼迷蒙的眼睛看世界，由于他的职务和身份，许多话他是不能说的，在禁烟失败被撤职后，他将自己收集的全部英国资料都交给好友——中国当时最优秀的思想家魏源，由魏源整理出了对日本明治维新产生相当影响的《海国图志》100 卷本，提出了中国历史上最著名的口号之一"师夷长技以制夷"，由此开启了中国认识世界的第一扇窗。

以这样的认识水平去和当时世界上军事力量最强大的大英帝国打交道，并以铁腕手段要求英国禁烟，林则徐就不可能不犯禁烟策略上的错误了。

1839年3月10日，林则徐到达广州，开始了他一生中最悲壮也是最辉煌的短暂奋斗。

炸出中国近代史的滚滚风雷，终于从天边急骤响起，昏睡500年的中国人，就要在几近死亡的昏迷状态被域外雷霆炸得几乎魂飞魄散！

啊，虎门！

林则徐带着尚方宝剑到了广州之后，首先搞调查研究，这就看出了林则徐之所以被称为能臣的地方了，他将几百名举子集中到越华书院搞民意调查，这是非常高明的办法。封建社会，农村地主乡绅、城市秀才举人是对社会基层情况最熟悉，而又有相当文化水平和分析能力的社会中间群体，比他们再高一级就是官员了，所谓官官相护，指望他们说真话得罪同僚上司是不可能的，再下一级或是寒门仕子，闭门苦读当书呆子都来不及，或者是底层百姓，只能人云亦云发市井之论。但这些人既有一定的社会渠道了解情况，又与官场有一定距离，而且深受孔孟之道熏陶。所谓"先天下之忧而忧，后天下之乐而乐"，林则徐本就平易近人，用现在的话讲，亲和力极强，所以这些举人当即将鸦片走私的真实情况和盘托出，最集中的问题，就是广东水师的勾结包庇乃至参与走私是鸦片泛滥最重要的原因，林则徐抓住了主要矛盾，当即准备拿广东水师总兵韩肇庆以下1000人开刀问斩以平民愤。这时两江总督邓廷桢出场了，邓廷桢是韩肇庆的顶头上司，他与林则徐长时密谈，保下了韩肇庆的小命，原准备处以死罪的韩肇庆被处以革职，后人多以此指责邓廷桢包庇韩肇庆，林则徐又包庇邓廷桢，这一点连林则徐好友魏源也承认，韩肇庆"终以邓廷桢所保，不能尽正其罪"。其实，这正是林则徐之所以为能臣、名臣之所在，广东水师走私鸦片数十年，整个广东军队系统和广东官场实际都已靡烂，以清政府的腐败，分赃时肯定人人有份儿，而林则徐还只能靠这个烂班子禁毒，杀了韩肇庆这腐败分子容易，但此举将尽失广东官场人心和水师军心，那禁毒更加困难，而放了韩肇庆一条生路，则尽显林之宽宏，人必死力卖命，这一套在中国古代叫"实学"。果然，只此一举，林则徐就尽收广东官场和军队系统之心，两江总督邓廷桢就此成为其生死好友，广东水师提督关天培后来更是与英军奋战至死，林则徐遂得广东地方官员和军队系统全力帮助其禁烟，这就是林则徐会做事的地方，没有这批官员和将领死力相助，林则徐的禁烟会失败得更惨，连虎门销烟的战术胜利都不会有。

安定了内部，林则徐下令刊行《禁烟章程十条》，下令全民禁烟，收缴烟具，勒令戒毒，两个月就从中国烟民那里收缴烟膏 461526 两、烟枪 42741 杆、烟锅 212 口，逮捕大烟鬼和小毒贩 1600 名，同时，林则徐直接对毒品走私的源头——英美洋商动手了。

1839 年 3 月 18 日，林则徐将以伍浩官为首的广州"十三行"行商全部召集起来。"十三行"是中国近代史上大名鼎鼎的洋货行，这是清政府经营外贸的专业商行，名义上虽称"十三行"，其实并无定数，相当于今天的准许外国人摆摊推销本国货物的外贸大市场，当时英美商人的货物，当然包括毒品鸦片都是从十三行的中国行商那里分销出去的。

行商商总伍浩官在林则徐训完话后表示"愿以家资报效"，林则徐的回答是："本大臣不要钱，要的是你的脑袋。"

虽说伍浩官这个人的确可以算半个汉奸，但林则徐的回答却也充分表明了清廷官员对于商人的一贯轻蔑态度，要知道伍浩官可是有顶戴的中国官商！不过这件事还真怪不了林则徐。所谓士农工商，那时候连农民工的社会地位都比今天的亿万富豪要高，这可真不是瞎扯，中国传统社会区分等级贵贱的上中下三个九流有好几种说法，其中流传最广的一种，上九流中九流都不用说了，连下九流中都没有商人的。

这个排序中，下九流最后几位是五流池子六搓背，七修八配九娼妓，也就是说，今天的富豪在传统中国，连这些人社会地位都不如的。

一流佛祖二流仙，三流皇帝四流官，在等级制度那样森严的封建时代，排名上九流第四名的钦差大臣林则徐怎么会跟下九流都进不了的商人讲客气？那时候中国的生意人，社会地位大约比当今印度的贱民地位还要低，就是孟子说的"贱人"。

所以只有理解了传统中国，才能理解林则徐禁烟时犯下的许多策略错误，包括他让行商一跪6个小时，甚至威胁要他们的脑袋，严威之下，伍浩官和一干"十三行"中国土"贱人"带着林则徐《谕各国夷人呈交烟土稿》的最后通牒，哆哆嗦嗦地要求到中国来做生意的洋毒贩，按钦差大人的要求三天之内交出鸦片，否则钦差大人将会在这些中国商人中挑出一两名，杀头抄家！

我们今天不能不说，林则徐这个玩法的确非常别扭，有人评论："林则徐制裁英商，手中的人质却是中国商人，这在世界历史上是绝无仅有的。"

所以，林则徐完全是在用封建官场的传统权术手段禁烟，这的确是历史的真实。

在此，我们无法回避的又一个历史事实是，在这危急时刻，到中国来做生意发财的洋毒贩们，对和他们做生意的中国商人们表现出了相当的人道主义精神，一个英国商人在洋商内部会议上发言："要记住，由此目前的问题而丧失的财产，可以不费力地再赚回来，但是血一旦流了，就像泼在地上的水，那是收不回来的……目前的局势直接危及我们同伴的生命，他们还是我们的朋友，我们的邻居。我们虽然有时诅咒他们，但是我们决不能忍心把我们委托人的钱袋看得比他们的脑袋还重。"

虽然大鸦片贩子颠地持强烈的反对态度，但夷商大会决定为了挽救中国行商的性命，按烟货比例各人摊派，交纳鸦片1036箱！

问题是林则徐这一干中国官员虽然眼界不开，行事手段陈旧，但可绝不是傻子，这点鸦片怎么可能蒙混过关？

特别是通过卧底得知颠地反对缴烟最烈后，林则徐当即传令外商："速将颠地一犯交出，听候审办。"

中国官员最会挑刺儿头，这个在中国传统上叫杀鸡骇猴。

就在要钱不要命的颠地魂飞魄散、众洋商六神无主之际，救星赶到了，这就是英国驻华商务监督义律，这也是中国近代史上的名人。

　　林则徐3月18日给夷人发出谕帖，当时身在澳门的义律22日才看到抄本，他当即发出一个通知，要求所有英船开到香港，挂上英国国旗，准备抵抗中国政府的任何攻击，同时写信给两广总督："军队、战船、大舟及其他威胁性准备的集合，事非寻常，本人深感不安，尤其是在广州商馆前面行刑的事情，既是创举，又没有得到解释，对于本身当局处理各事一向和平而公正的信念已经化归乌有，现在特以本国国王的名义质询贵总督，是否想同在中国的英国人和英国船只作战。"

　　义律已经以英国人的方式对中国人发出了战争威胁。

　　同时，义律写信给英国外交大臣巴麦尊，说自己："确信坚决的语调和态度将会抑制广东省当局轻举妄动的气焰。"

　　3月23日义律再次向在华英商英船发出通知，认为中国人最近的行为"纵然不是公开的战争行为，至少也是战争迫近和不可避免的前奏"。

　　发完备战通知，义律冒着极大的个人危险从澳门前往广州商馆，马上干了三件事。

　　第一件事下令升英国国旗。

　　第二件事就是保护颠地，义律让颠地躲进自己的办公室——西方老一套，出事就把用得着的罪犯藏大使馆保护，到现在还常常这样。

　　第三件事就是让行商传话，只要钦差大臣给个盖有钦差大臣关防大印的明文约定，不让义律与颠地分离，他可以陪颠地见官——义律的确够意思，但的确够傻，他马上就会知道，他自己的外交豁免权都还没影呢。

　　世人多以为义律是个罪恶的反华分子，其实并非如此，英国政府全权代表查尔斯·义律本人就是一个坚决的鸦片贸易反对者。他原任英属圭亚那医疗舰号舰长，前任中英联络官罗宾逊爵士也是鸦片贸易的反对者，他曾报告英国政府："无论什么时候，英国政府要我们制止英国船只参与鸦片非法贸易，我们都能够完成。但更确实的办法是禁止英属印度的罂粟种植和鸦片生产。"这个建议导致印度当局的强烈反对，罗宾逊爵士为此被免职，英国临时委任义律担当此职。义律一上任就要求英国政府改变在中国的历史航向，敦促政府采取措施制止鸦片走私。他个人认为这种贸易是一种罪行，是大英帝国的耻辱。在给伦敦的报告中，义律写道："鸦片贸易'给打着天主教旗号的国民丢脸。'"

义律同时正确地认为中英两国之间应该存在对等和公平的贸易。因此，义律一反前任律劳卑强硬的作风，在澳门上任后，义律没有理会伦敦的反对，便着手改善英国与清廷的关系，以恳切的语气致函时任两广总督邓廷桢，表示希望两人能够在广州见面。然而，义律经过多番交涉仍无济于事，清廷始终拒绝接见他，在这件事上，清廷的确不知国际法和外交礼仪为何物，非常的失礼，非常的愚蠢。但义律自称英国资本家的"东方代理人"，屡次要求英国从印度派舰队到中国示威打开贸易通道，并怂恿英国外交大臣巴麦尊对华使用武力，这也是历史的事实。

我们只能叹息，义律是在按大英帝国的游戏规则办事。从这套游戏规则上说，他倒也没有做错什么。

但是义律够猛，林则徐更猛，义律前脚进馆，5分钟之内，天朝军警立刻将占地6.5万平方米的商馆层层包围，真是刀枪林立，剑戟如山，义律住宅门口，站着全体中国行商，行商周围，大群钢刀紧握的清兵卫队虎视眈眈准备现场行刑。然后通宵达旦敲锣打鼓，商馆里包括比利时领事在内的，350多个战战兢兢的洋人觉都没法睡，中国厨师、仆人也都没有了影，洋人连饭都得自己做，后来有个洋人回忆当时："在饮食烹饪方面被迫使用那用来淋浴还嫌肮脏的水。"总之，最讲个人卫生的洋毒贩们的确吃了点苦头。

我们还是只能叹息，林则徐是在按大清帝国游戏规则办事，从这套游戏规则上说，他也没做错什么。

如是禁闭一连关了3天，包括义律在内的所有洋人，终于服软，同意交出鸦片，3月28日，口口声声要和清朝官员平起平坐的义律"敬禀钦差大人"，表示要上缴鸦片20283箱，林则徐高兴坏了，为了表示天朝的大度，当即派人给商馆送去200只牛羊和食物，饿得头晕眼花的洋人差点噎死，只好喝了大批的茶叶帮助消化，到5月21日，缴烟工作结束，林则徐更加高兴，所收毒品远远超过了义律所报之数，共计19187箱又2119袋，比义律原报数字多出1000多袋，看着堆积如山的毒品，捻须微笑的林则徐哪里知道，他现在收缴的毒品已经不再是洋商们的私产，而是大英帝国女王陛下的英国国家财产了！

原来，被围困在商馆走投无路的义律，是用了非常手段才让那些舍命不舍财的毒贩交出鸦片的，他以书面的形式用英国政府的名义劝告英商把鸦片交给他，然后由他交给中国政府，就是说，义律让英国政府来担保赔偿英国商人交出去的鸦片价值，等于是说英国政府买下了这批上缴给中国政府的鸦片！

结果，英商们一听高兴坏了，答应交出手中更多的鸦片，有人连路上的鸦片及在福建沿海的鸦片也一并报上，甚至连并不相干的美国鸦片贩子也抢着给义律报数，正式向中国政府缴烟时，鸦片商们还拼命划桨往林则徐那里抢运刚到中国的鸦片，所以林则徐才能多收 1000 多袋鸦片！

后来，大鸦片商马地臣的侄子在英国议会上做证时说得开心极了："我们手中的鸦片本来就是卖出的，英国政府肯出钱，跟其他人出钱买，有什么两样呢？"

难怪耶稣说富人上天堂，比骆驼穿过针眼还难。

今人争论这件事到底是义律上了林则徐的当，还是林则徐上了义律的当，这其实完全是臭学究的书呆子思维，不管把谁饿上 3 天，连觉都睡不上，只要能保命，甚至只要能睡上一觉，要他干啥都会愿意的，毕竟义律爵爷不是能熬过地狱周的特种兵。

1839 年 6 月 3 日至 6 月 20 日，林则徐从英美商那里收缴的 2376254 斤鸦片在中国广东虎门被中国人集中销毁，仅仅留下 4 个品种 8 箱鸦片准备呈给道光皇帝做胜利品，林则徐本想用传统销毁鸦片"烟土拌桐油焚毁法"，但烟膏却会渗入地中，大烟鬼掘地取土，仍可得十之二三，看看今天那些毒瘾上来用阴沟水勾兑白粉注射的瘾君子，这种事他们是绝对干得出来的，为绝后患，林则徐使用了"海水浸化法"，在海边挑挖两池，池底铺石，将高浓度盐水倾入池中，再把烟土割成四瓣，扔入盐水浸泡半日，接着投入石灰，顿时浓烟滚滚而起，石灰遇水便沸，烟土溶解，待退潮时，把池水送入大洋，并用清水冲刷池底，不留涓滴。

虎门销烟在一定程度上遏制了鸦片在中国的泛滥，在民间产生了积极影响，这次禁烟运动大大增强了中国人对毒品的认识，林则徐从此被中国人民尊为伟大的民族英雄，他清廉的官风、刚正不阿的品质将永远被中华民族传颂。

1839年9月3日晨，林则徐在两广总督邓廷桢陪同下到澳门巡视检查禁烟事宜。这一天，葡萄牙"自治政府"长官率军官4名、士兵100名在关闸列队恭迎，军官戎服佩剑，士兵荷枪实弹，"番乐齐奏"，场面热闹而隆重。途经望厦村时，林则徐在莲峰古庙接见了葡萄牙"民政长官"，向他"宣布恩威，申明禁令"，告诫他们安分守法，不得囤积鸦片，不准包庇不法奸商。接见之后，赏给他们中国的绸缎、折扇、茶叶、冰糖等特产；赏给士兵牛、羊、酒及大洋400元。之后，林则徐一行威风凛凛地巡视澳门，从三巴门进入围墙，经大三巴、关前街、妈阁庙，再折至南湾，一路视察了主要街道，抽查了一些洋楼和民房，看到原来租给英国人住的洋楼都已关闭，也没有发现储存鸦片。林则徐一行所到之处，万人空巷，无论是中国居民还是葡萄牙居民都扶老携幼，争先恐后，以一睹这位钦差大臣的风采为快，大三巴、妈阁和南湾的炮台都鸣放礼炮19响，以示对林则徐的崇高敬意。这天中午，林则徐一行在葡萄牙官员的护送下离开澳门返回香山县。这是林则徐一生中最辉煌的时刻，葡萄牙与中国的特殊关系也可见一斑。

义律这时候也在拉拢葡萄牙人，他给葡萄牙驻澳门总督写信，如果总督接纳英商和英侨进驻澳门，他可以武力保护澳门，葡萄牙总督才不傻呢，这时候谁胜谁负只有上帝才知道，于是回信"不得不拒绝这种诱人的要求"，不久澳门葡萄牙人又将英军即将对华开战的消息透露给了林则徐，应该说，葡萄牙这时候对中国的确够哥们儿。

10余名美国人观看了虎门销烟的过程，其中一位金夫人也获邀请，这是鸦片战争前，中国史书上唯一一次中国官员邀请番妇的记载，英国人拒绝了林则徐的邀请，以示中国政府破坏英国政府财产的抗议。

为了抚慰义律，林则徐赏了1640箱茶叶给正在澳门"哼哼"的义律，打一巴掌给个枣，被真打疼了的义律拒绝吃枣。

此时义律的一篇又一篇紧急报告正传给美国外交大臣巴麦尊，巴麦尊此人，典型的帝国主义者，唯恐天下不乱的家伙，丘吉尔首相有句名言举世皆知："世上没有永远的朋友，也没有永远的敌人，只有永远的利益。"这话不是丘吉尔说的，是巴麦尊说的，巴麦尊曾这样告诫英国下议院："假如把某一个国家标示为英国永远的盟友或永远的敌人，这个政策一定是眼光短浅的。我们没有永远的朋友，也没有永远的敌人。永恒的只有利益，我们的职责就是追寻利益。"

丘吉尔首相不过是剽窃巴麦尊的名言罢了。

这样一个外交大臣那当然是主张坚决报复中国的，英国国内同时还有一帮大毒品贩子利用毒资构筑的政治经济军事影响力，不断煽动英国政府对中国发动战争。

那时被人仰视的英国巨商和银行都把他们赚钱发财的好运归结于中国人吸食鸦片成瘾。在这方面最臭名昭著和最冷酷无情的是威廉·渣甸，他是当年最大的鸦片商人。1828 年他与苏格兰同乡詹姆士·马地臣结成合作伙伴，成立了怡和洋行。渣甸曾经这样说过，鸦片贸易是"我所知道的最安全和最有绅士风度的投机生意"。他的财产使得他在 19 世纪 40 年代初成为下议院的议员，并当了外交大臣巴麦尊勋爵的耳目。

毒品大亨詹姆士·马地臣则当上了议员，在下议院任职 25 年之久。他后来还当了英格兰银行行长、庞大的 P&O 航运公司的总裁，是英国第二大土地所有者，所有这一切都来自他的银行从中国鸦片贸易中赚到的利润。

1832 年，马地臣提出一个拓展鸦片航线的计划，将鸦片运输线从港口城市广州沿整个中国的海岸线渗透，培养千千万万新的吸毒者，把卖毒品的利润提高到前所未有的高度。东印度公司的一个代理人当时曾写道："鸦片就像黄金，我随时有货可以出售。"

1835 年，马地臣在英国游说对中国发动战争，意在强迫中国实行无限制的鸦片进口和一切商品的自由贸易。

英国外交大臣巴麦尊勋爵是一个老练的马基雅维利式的权谋战略家，虎门销烟终于给了这帮红黑勾结的帝国主义者发动对华战争的极佳借口，我们在此不得不说，包括英国女王在内的许多英国正义之士都知道东印度公司的鸦片贸易是个什么样的肮脏货色，都说过不愿为鸦片商打仗之类的话，英国政府为此展开了极其激烈的辩论。所以，鸦片战争的确不是"阴谋论"，不是英国政府预谋的结果。

在下议院的辩论中，反对鸦片战争的议员威廉·格拉斯顿有段名言在英国人中传诵："这场战争从根本上就是非正义的，这场处心积虑的战争将让这个国家蒙上永久的耻辱……我们的国旗成了海盗的旗帜，它所保护的是可耻的鸦片贸易。"

然而30年后，这位议员却在同样场合发表了一番热烈拥护鸦片贸易、拥护其给英国带来税收的讲演，同上次一样很有影响力。

鸦片贸易的利润实在太丰厚了，它可以压倒许多基督徒心中的正义感！

而林则徐不知世局，不知见好就收，利用经济手段和英国正常贸易化解战争危机，仍以天朝上帮自居对义律和英国商人步步紧逼，中英双方已经小规模冲突不断，林则徐不知战场真相，向朝廷奏报自己已经"七战七胜"，其实是一仗都没赢，但是因为冲突规模小，清军损失不大，此时还能向林则徐掩饰。结果烧昏了头的道光皇帝下令断绝一切中英贸易，彻底走进了死胡同，这是靠贸易立国的大英帝国绝对不能容忍的，中英战争终于不可避免。

经过极其激烈的辩论，英国在1839年10月1日终于以271票对262的9票之差通过了对华作战决定，决策中，曾经被乾隆爷抱上过膝盖的小孩子——中国通小斯当东做了引人注目的发言，他说中国人听不懂贸易的语言，只听得懂战争的语言。

当年的小孩子一点点都不感谢乾隆爷的眷宠隆恩。反而成了议会辩论中主张向中国开战的最具煽动力的代表。

鸦片战争就这样爆发了。

真被打惨了！

有件事值得一提，英国人一直到现在都拒绝承认这场给中国人民带来了无比深重灾难的战争，是英国商人向中国贩卖毒品引起的，英国的所有官方文件都把这场战争称为贸易战争，因为不管哪个国家，为销售毒品发动战争都实在太可耻，但历史就是历史，当时的英国人都知道这场战争就是为强行贩卖毒品而发动，"鸦片战争"这个词都不是中国人叫出的，而是英国政府辩论过程中《伦敦时报》叫响的，从马克思到现在，所有的西方正义人士都把这场战争称为"鸦片战争"，因为这个名字才是这场战争的本质。

参战的英军官兵心里更是清楚他们是为什么打仗，当时一位参战的英国军官简洁明了地说："可怜的中国人"有两种选择，他们"要么躺下来吸毒，要么被屠杀，因为支持自己国家的法律而在自己的国土上被成千成百地杀死"。

所以，林则徐虽然在禁毒策略上犯了错误，但道义上他是无可指责的，这场战争的正义性在谁手里，中国人和英国人把官场打到天堂去，上帝也会判英国人有罪，中国人赢！

从英国一方来说，要求赔偿烟价，此后又在通商口岸大肆进行鸦片贸易，并在第二次鸦片战争迫使中国彻底解禁，实在是英国有史以来干的最蠢、最丧尽天良的勾当之一，把英国钉上了历史的耻辱柱，使英国成了武装贩毒的先驱。

而西方资本主义帝国为巨额利润为贩卖毒品而发动战争，自己最终也被毒蛇狠狠地反噬，现在毒品已成为西方最大的社会问题之一，曾有西方记者采访20世纪最著名的大毒枭之——金三角毒王坤沙，双方做了如下精彩对答：

美国记者：金三角毒品给西方社会造成严重社会问题，请问如此生存权是否与人道主义相悖？

坤沙大义凛然、振振有词：这是你们西方人应得的报应！如果你们哪怕还有一点点历史知识的话，请不要忘记，是谁在一两百年前强迫我们接受鸦片，把鸦片播种在我们亚洲土地上？又是谁，几百年来大肆进行鸦片贸易，到处推销毒品，不惜进行鸦片战争？都是你们西方人！你们西方人几百年来从我们亚洲赚取了多少利润，发了多少不义之财，又毒害了多少我们的兄弟姐妹？现在你们发达了，富裕了，过上了文明人的生活，于是反过来要禁毒，你们几百年前为什么不禁毒？不禁止鸦片贸易？你们为什么不把鸦片贸易的不义之财还给我们，让我们从贫穷苦难中解脱出来？我们现在的贫穷落后难道不是你们西方人一手造成的吗？这能算得上一个公平和平等的世界吗？告诉你，我们就是要进行一场新的鸦片战争！把罂粟结下的果实还给你们，现在轮到你们自己尝尝这些苦果！

坤沙最后在记者访谈中虔诚地感谢上帝：

……我还要说，上帝是公平的，中东有石油，西方有枪炮，美洲有海岸线，我们金三角有什么呢？感谢上帝，幸好我们有海洛因！

上帝的确很公平，英国人用毒品将一个五千年文明古国残害成"东亚病夫"，自己也沦为毒品泛滥的重灾区，今天，英国有超过 100 万人使用可卡因，高居欧洲第一，号称"欧洲可卡因之都"。

联合国毒品暨犯罪办公室报告，英国 15~16 岁的青少年中 5% 使用过可卡因，4% 使用过摇头丸，近 30% 吸食过大麻，2007 年的美国内阁曾有 10 名成员承认吸过大麻，被美国《每日邮报》戏称为"大麻内阁"……

中国人无比尊敬的马克思和恩格斯在强烈批评英国发动鸦片战争的同时，却也都认为这场战争对人类历史，包括对中国人民来说，都有一定的进步意义。

马克思在 1853 年撰写的第一篇专门论述中国问题的文章——《中国革命和欧洲革命》中，对中国做出过这般描述："与外界完全隔绝曾是保存旧中国的首要条件，而当这种隔绝状态通过英国而为暴力所打破的时候，接踵而来的必然是解体的过程，正如小心保存在密封棺材里的木乃伊一接触新鲜空气便必然要解体一样。"

马克思当时这种对中国的真实认识也得到了恩格斯的响应，恩格斯在 1857 年撰写的《波斯和中国》一文中论述了"旧中国的死亡时刻正在迅速临近"这一局面："中国的南方人在反对外国人的斗争中所表现的那种狂热本身，似乎表明他们已觉悟到旧中国遇到极大的危险；过不了多少年，我们就会亲眼看到世界上最古老的帝国作垂死的挣扎，同时我们也会看到整个亚洲新纪元的曙光。"

马克思在《鸦片贸易史》写道："一个人口几乎占人类三分之一的大帝国，不顾时势，安于现状，人为地隔绝于世并因此竭力以天朝尽善尽美的幻想自欺。这样一个帝国注定最后要在一场殊死的决斗中被打垮：在这场决斗中，陈腐世界的代表是激于道义，而最现代的社会的代表却是为了获得贱买贵卖的特权——这真是任何诗人想也不敢想的一种奇异的对联式悲歌。"

也就是说，马克思、恩格斯都认为鸦片战争在带给中国人民深重灾难的同时，却也打开了中国封闭 500 年之久的大门，将现代文明的清风吹进了早已散发着腐烂恶臭的中国封建社会的方方面面，古老的中华文明在大英帝国真正的坚船利炮攻击下，即将开始持续百年的痛苦无比的凤凰涅槃过程，但对于当时的中国人民来说，这是一场真正的灾难。

八旗子弟

鸦片战争对于中华文明的方方面面，都是一场几乎带来毁灭性后果的百年战争的开始，但最沉重的灾难，还是军事上的，中国五千年的战争史，与外敌作战，打得再失败，也还能用"惨烈"这个词来形容，比如南宋面对蒙古大军死守襄阳，和击死蒙哥大汗的"上帝折鞭处"合州钓鱼城之战，虽然明知必败，却还是血拼到底，败也败得很悲壮，但这一次，面对一个完全不知底细的西方强势文明的冲击，面对从战略战术军制兵制到武器装备的全方位代差，这一次战争无法再用悲壮，而只能用悲惨来形容。

当时的中国军队面对英国军队，和拿着木制兵器的印第安人面对持枪骑马的西班牙人时没什么区别。

鸦片战争开始时，清朝有八旗兵约 20 万、绿营兵为 60 万，总兵力为 80 万，若论规模，这是当时世界上最庞大的正规军，而英国兵力小得多，正规军仅有 14 万，而远隔三洋攻击中国，战争初期陆军只有爱尔兰皇家陆军第 18 团、英格兰步兵第 26 团、步兵第 49 团和孟加拉志愿兵等部三个团 4000 人，加上海军也就 7000 人，战争中英军不断增兵，但到战争结束时满打满算也只有 2 万人，但就是这 2 万人，却把拥有 4 亿人口和 80 万正规军的清军打得一败涂地，毫不费力地横扫了中国沿海地区，甚至深入中国第一大内河长江攻城拔寨，如入无人之境。

鸦片战争为什么打成那样一个悲惨结局呢？我们不需要从政治、经济、文化等诸多方面分析，只从纯军事角度判断，清军不败都不可能。

清朝正规军80万人，分满洲八旗和汉军绿营两大板块，八旗是清朝皇族的嫡系部队，又分京营和驻防两部分，京营约10万人，驻扎于北京及附近地区，这相当于今天的北京卫戍区部队，拱卫国都，不可轻动，而且京营八旗承平日久，父死子替，当年横扫中国的八旗锐旅早已蜕变成了讽刺名词"八旗子弟"。

老舍先生在自传体小说《正红旗下》这样描写了一位守卫皇宫的正红旗旗兵——"一辈子，他没有和任何人打过架，吵过嘴。他比谁都老实。可是，谁也不大欺负他，他是带着腰牌的旗兵啊。"

可是，中国老百姓不忍心欺负老实兵，不等于洋鬼子不忍心欺负中国老实兵，总之这支成分不是提笼遛鸟的公子哥，就是谁都不忍心欺负的老实人部队，谁都不敢指望它能保家卫国，只能靠它守卫京畿大内，干点别让"天理教"之类的邪教乱党冲到皇宫乱放箭的活计。

而驻防八旗10万人，一部分保卫东三省龙兴之地，包括今天俄罗斯滨海边疆区的很大一片区域，一部分驻防河北、山西一带监视蒙古族，一部分成守西北边疆（今蒙古国和新疆等地），剩下少得可怜的三四万人，只能和蒙古人控制中国时一样撒胡椒面，一处多则几百，少则十余，分别由6个将军4个副都统，统领分散监视中国内地各行省不让汉族人造反，为了维持清政府统治防范汉族人异动，这10万驻防八旗几乎就不能动用。

而绿营60万人，只能辅助20万八旗起维持社会治安的作用，须知当时中国已经有4亿人口，当时清朝又没有编设武警部队和民兵组织，预备役好像也没听说过。

所以这60万绿营都是高度分散驻扎以防民变，历史学家举过几个例子，守卫海防重地的吴淞营，因地位十分重要，共有兵弁1100余兵，除200兵弁集中驻防吴淞西炮台外，其余800余名分布在县城和35处汛地。也就是说，守卫这样一个大吴淞要塞区的，集中在一起的只有一个加强连兵力，其余900人都以小组和班，排为单位分散在36处营地。

而被中国著名文学家沈从文津津乐道了一生的湖南镇篁镇，号称"天下精兵"，编制4107人——"分散汛塘六十七处，驻守碉卡关门哨台七百六十有九"！也就是说，这支清朝最精锐之一的陆军山地部队4100人，驻守营地有 836 处！

历史学家因此总结道，我们不能用今日整师、整团、整营部队驻扎某一营地的概念，去想象当时的清军，就他们看到的材料，没有一支绿营部队不分汛塘哨卡分散驻扎的，最多的就是 200 余名士兵集中驻扎一地！

因此，中国历史学家毫不客气地说，清军不是一支纯粹的国防军，而是同时兼有警察、内卫部队、国防军三种职能，维持社会治安、保持政治秩序才是清军最重要最大量的日常任务。康乾之后，在"四夷宾服"的承平假象下，清军并无固定的强大对手，统治者认为颠覆朝廷的力量在内而不在外，所以清军基本上退化成了一支类似今天英国国民警卫队那样的内卫部队，这种情况严重到什么程度，严重到清朝全国范围内没有一支能够迅速调动的野战机动部队，4 亿人口的中国，面对外敌入侵时连一支机动野战部队都没有，这就是历史的真实！

所以面对英国人的骤然入侵，清政府只能临时抽调各地兵力增援沿海战区，由于一支机动作战部队都没有，临时抽调是鸦片战争中清军集结的唯一办法！而且甚至都没法整建制抽调部队，而是采取一个驻防点抽一兵至数兵由各地拼凑成军的方式紧急赶往战场！

后来据统计，3 年鸦片战争中最先开战的广东曾得外省援兵 1.7 万人，分别来自湘、鄂、赣、云、贵、川、桂 7 省，打得最惨烈的浙江战区共得外省援军共约 2 万人，分别来自闽、皖、苏、赣、湘、鄂、豫、晋、川、陕、甘、桂 12 个省的数千个驻防点，这些临时拼凑的部队，兵兵不熟，将将不亲，战斗力可想而知，而就是从中国人口最多的这 10 多个内地省份抽调这 3.7 万人，都已经超过了各地所能抽调兵力的极限，接到调兵令后，各地督抚纷纷奏称"实无一兵可调"，极为担心当地"盐枭""烂匪"借机生事，最后又只好抽回一些，4 亿人口的大国在全国范围内抽调 37000 步兵就已经焦头烂额，只此可见清朝后期国防糜烂之一斑。

所以英军虽然初期只有 7000 人，后期也仅 2 万人，但这全都是机动作战部队，而且凭借强大的机动能力，反而能集中兵力自由选择战场，在具体的战斗中占据数量优势，以多打少，将兵力高度分散的清军各个击破，据统计，在 3 年鸦片战争规模较大的 12 战中，定海之战、沙海大角之战和镇江之战中，英军都能占据兵力优势，其余战役中兵力也都和清军相差无几。

这种情况只从 1840 年 8 月英军抵达天津海口时的情况就可见一斑，面对海面英军庞大的舰队，直隶总督琦善紧急奏报朝廷："天津有域兵共止 800 余名，其余沿海葛沽、大沽海口等三营，葛沽止额设兵 100 余名，余二营均止数十名不等，兵力较单。"

所以在鸦片战争的各次战斗中，由于远超清军的高度的机动性，横跨三大洋而来的数千英军反而能常常占据兵力优势，这就是历史的真实。

而论兵员的素质，英军此时征战全球两百年，从印度洋到非洲的沙漠，从阿富汗高山到北美的草原，英军都征战多年，对各种异国的气候与地形的适应能力是惊人的，而且英军士兵基本是志愿兵，军官都经过严格的军校教育，典型的职业军官，直到今天，英军的职业化程度还是全世界最高的，毫不客气地说，当时不论是英国陆军还是英国海军，都是世界上战斗时间最长、战斗经验最丰富的精兵，战斗力之强在当时的世界上首屈一指。

而中国当时的兵役制度，却既非志愿制，也非义务制，甚至都不是中国传统的募兵制，而实际上演化成了世袭制间杂少量募兵制的稀奇古怪大杂烩，拥龙入关的满洲八旗，旗兵世代接替吃皇粮就不用说了，而绿营也募制世袭的兵户，这种遗风直到清末民初还在流行，民初著名将领冯玉祥就是光绪年间补上父亲的缺当了兵，而这一年他才 11 岁！

而清军士兵一旦被募后，就成为终生职业，因为清军也没有明确的退役制度！

历史学家统计了中英第一次厦门之战中 9 名中国海军战死士兵的档案，结果发现这 9 名在号称精锐的福建水师中服役的士兵，年纪最小的约 22 岁，年纪最大的却已经有 59 岁！历史学家还发现，这 9 人大多都已娶妻生子，其中 6 人的家庭情况记载了母亲的姓名，却只有 2 人记载了父亲的姓名，所以历史学家推断，这是因为他们当兵，很可能是由于补了父亲亡故之后的缺。

而且清军也根本没有正规的军校，不要说高级指挥院校，连培养连排级基层指挥军官的初级军校都没有，4 亿人的大国，一所军校都没有！

所以，除非世袭贵族和与军队有相当关系背景者，普通百姓想在清军混上一官半职，只能通过科举考试，那么清朝的武科考什么呢？

外场考举石（为射箭做准备），骑射（骑马射箭），步射（站着射箭），拉弓（还是射箭），还有舞刀（汗），通过外场考试后才能入内场，再以中国传统的《孙子》《吴子》等武经七书为论题考策，论两篇。

而就是这样中古世纪选拔军官的办法，到了清朝中期之后都因应试者文化水准太低难以坚持更加松懈，因为内场考试错误百出，嘉庆年间遂统统改为默写《武经》百余字，也就是说，你只要会写这100多个字，你就能通过清朝军官的文化水平考核，而外场武科举的考试最后竟统统集中为一项，拉硬弓！结果，清军选拔军官的标准最后彻底退化成了比试臂力，甚至有中试者根本不识字之事。

所以我们今天看清末，实在是因为封闭导致了太多的荒唐，在中国历史上，军人的社会地位一向不低，但是到了清末，中国却流行开了"好铁不打钉，好男不当兵"这句违背中国文化传统的俗语，为什么？因为当时清朝军队官兵的素质实在太低。

由这样低素质的军官和士兵组成的军队怎么可能有战斗力？所以当时清军内部，军官吃空额克兵饷，小兵则盘剥百姓索贿成风，当时军官吃空额吃到什么程度？

后来的湘军三杰胡林翼在任贵州知府后私下说，贵州绿营普遍缺额过半，偏远营讯甚至仅存额兵的1/6，也就是说，贵州偏远地区部队的实际兵员只有编制数的1/6，其他5/6的军饷都被军官私吞！

偏远地区如此，连京畿驻军也照样如此，吏部右侍郎爱仁就奏称，京师"步兵营额设甲兵共21000余名，风闻现在空额过半"，其腐败真是让人瞠目结舌。

所以当时曾任福建汀漳龙道的张采馨向林则徐讨教，如何改变福建水师兵匪一家的局面，林则徐曰："虽诸葛武侯来，亦只是束手无策。"

而后来督练湘军的曾国藩，这样一个温文儒家君子，谈起当时的军队亦忍不住破口大骂："国藩数年以来，痛恨军营习气，武弁自守备以上，无不丧尽天良！"

以这样的封建腐烂军队，对阵当时正如日中天的英军，就算一代天骄成吉思汗复生，不但他的四大斡耳朵 500 个老婆保不住，他自己恐怕都只好被英国人捉去当俘虏了。

而武器装备的优劣，中英双方也已形成可怕的代差，英国海军雄霸海洋 300 年，公认世界第一，拥有各类舰船 500 余艘，主力是排水量千吨以上，装炮 70 门以上的风帆战列舰。1780 年，英国海军就已拥有 80 艘以上的风帆战列舰，最低装炮数也在 70 门以上，甚至此时连蒸气动力的铁壳轮船也已投入使用。

而清军此时四种主力战船的战斗舰"赶缯船"改自明清沿海渔船，排水量 90 吨。双篷船 48.05 吨，快哨船最大 103.5 吨，另两种吨位更小。

兵船一艘配炮 10 门，多为几百斤至千余斤的中小型铸铁炮，射程 300~400 米，火炮泥模铸成，炮身多有蜂眼，极易炸膛，炮膛加工，凸凸凹凹，射击精度极差，船上还装有大量的火罐之类的投掷火器，甚至还训练水兵使用弓箭，直到 1872 年，中国兵船上才完全废除了冷兵器，所以当时清军虽有 1000 余艘战舰，但 1832 年来华进行战略侦察的东印度公司德籍传教士郭士立在深入了解中国海防情况后断言："由大小不同的 1000 艘船只组成的整个中国舰队，都抵御不了一艘英国战舰。"

所以面对如此悬殊的实力对比，鸦片战争中中国海军在穿鼻海战中惨败后，基本没有打过海战，只能依靠海岸阵地和炮台，打海岸保卫战，那中英火炮又是怎样一个对比呢？同样还是高级间谍郭士立，他对中国吴淞口的军事设防如此评价："炮台是一座极为巨大的结构……可是最蹩脚的军队也能攻破它。"

郭士立一点也没有夸张，此时欧洲的海岸炮台早已发展成一个包括由核心炮台组成的多重堡垒，四通八达的掩蔽通道和屯兵设施构筑的完整的筑垒体系，炮位全部隐蔽并有安全的防护，而中国的炮台还是最原始的小高台，上面直接架炮而已，这样的海岸炮兵阵地对于久经沙场，发动过无数次对岸攻击的英国海军来说无异于活靶。事实上，在鸦片战争中，所有英军加以攻击的中国炮台全部被很轻松地攻下来了。

郭士立还对中国的火炮做了如此评价："我确信有些炮对炮手们要比对

他们所瞄准的敌方更加危及性命。"

郭士立这话同样是实事求是，清朝的金属冶炼技术落后，炉温低，铁水无法提纯，杂质多，而且是采用泥模铸炮，气孔气泡多，开火时极易炸膛，这种杂铁炮常常不但打不死敌人，反而炸死射手。1835 年，广东水师提督关天培为虎门炮台新制大炮 40 位（当时清朝大炮的计量单位是"位"），结果试放过程中当场炸膛 10 位，炸死兵丁 1 名，炸伤 1 名，另有 5 位火炮还有其他问题，关天培检查时发现"碎铁渣滓过多，膛内高低不平，更多孔眼，"其中有一空洞："内可贮水四碗！"

操纵这样的烂炮打仗，清军炮手祈祷的不是开火时打中敌人，而只能是不要伤着自己。

而英国经过工业大革命，冶炼技术得到极大发展，此时已有炒熟铁炉3400 座，每炉产量达 1.6 吨，当时的熟铁产量已占中国以外世界产量的一半以上，冶铁质量稳定不说，铸炮则采用铁模进行大规模工业化生产，而且用镗床对炮膛内部切削加工，使之更为光洁，而且此时的英国由于科学进步，已对火药燃烧、弹道、初速进行各方面的科学研究，而清军不要说不懂身管口径比例这些现代火炮最基本的知识，甚至连瞄准具都没有，主要靠炮手经验瞄准！

鸦片战争中的绝大多数战斗，都是清军的海岸炮与英军的舰炮之间的决斗，正是因为这可怕的火炮技术差距，硝烟散去之后，中国人不得不接受悲惨的事实：清军在三年战争中未能击沉英军的一艘战船和轮船，自己的海岸炮兵阵地则全部被英军彻底击毁。

最后，中英双方参战军队的机动能力也值得一提，由于拥有当时最现代化的海上交通工具，当时英国舰船从南非开普敦驰至香港只需 60 天，从印度开来仅需 1 个月，即使直接从英国本土将军队运至中国沿海参战也只需 4个月！

战斗中蒸汽机轮船的使用更大大提高了英军的调动速度，1841 年英国全权代表从印度孟买奔赴澳门仅用了 25 天！

而反观中国军队，除河流地区可以通航外，内地省份调遣士兵赶赴沿海战场，基本只能靠双脚走路，历史学家计算了清军19批援军的行进速度后得出了结论，当时清军邻省调兵速度为30天至40天，隔省50天，隔三省70天，隔四省则高达90天以上才能赶到战场！

而更可怕的是，由于道路狭窄和毫无平时的兵站供给设施准备，只能靠地方官临时筹措粮草，结果内地每省费了九牛二虎之力拼凑出的一两千步兵甚至不能集团开进，只能分成至少5起，每起200人左右，拉开数天距离分批开进，不然地方无法补给！

所以就算这些部队投入作战，也只能打成最忌讳的添油战术。

正因为双方在交通运输上的差距，当时英军占领中国的舟山群岛后，从舟山派船至印度孟买装载兵员和补给品的来回时间，几乎比清军从四川调兵至广东，或从陕甘调兵至浙江的时间还要短！所以在鸦片战争中，由于科学技术的差距，远距本土1万多海里进行外线作战的英军补给和补充兵员，比交通线仅1000多公里进行内线作战的清军增援都要方便得多。广西兵之能战自古闻名中国，战争中道光皇帝调了1000名广西精兵紧急增援浙江宁波前线，70天后，在山地长大，步行速度极快的1000名广西兵的头起，二起550人终于赶到宁波，后两起450名尚在途中急行军，而英军此时却已经放弃宁波，攻陷了乍浦、吴淞，浩浩荡荡开进了长江，该部又紧急赶往江苏，由于英军机动速度太快，结果一直到战争结束，这1000名广西精兵也未能赶上任何战斗，只能不停地在路上疲于奔命！

所以由于军事力量全方位代差，鸦片战争清军的表现只能用悲惨来形容，如果一定要找出清军战斗中的什么亮点，那就是清军的高级将帅，从道光帝开始，到林则徐、琦善、关天培这些前线指挥官，尽管在战略战术上有不同的看法，但在和英国侵略军对阵时，他们中没有孬种，一个都没有，几乎都能跟英军死拼到底，战争中没有一个清军将领投降。3年鸦片战争中，从相当于大军区司令级别的高级将领到要塞区司令，甚至包括战地民政最高长官，3/4的清军前线指挥官在英军密集的炮火下，都做到了与阵地共存亡，死在了自己的防守阵地上。

鸦片战争可分三个阶段，从林则徐禁烟起到1840年7月英军进攻浙江舟定海，这是英军对中国的侦察试探阶段。

一败涂地

林则徐禁烟后，中英双方冲突不断，最大的交火是穿鼻海战，广东水师提督，时年58岁的关天培率领旗舰亲自指挥了这场海战，外国人是这样描写这场海战的：

到1839年10月末，钦差大臣下令所有英国船只三天内离开广州。义律立即乘坐"窝拉疑"号驶向虎门，后面还跟着"海阿新"号。

船队到达接近河口的穿鼻的时候，已经是1839年11月2日，他们遇上一支中国舰队，其中有15艘帆船、14条火船，舰队首领就是德高望重的关天培将军。

义律没能使关天培相信他的船并非故意制造军事威胁，而此时关天培的舰队开始摆出一个阵势，以便攻击停靠在虎门下游的英国商船队。就在关天培布阵的时候，前往广州的"皇家撒克逊"号正好到达事发地点。由于义律极力要避免与"担麻士葛"号同样的尴尬，"窝拉疑号"船长亨利·史密斯便发出一发炮弹，滑过"皇家撒克逊"号船头，以示阻止它进入这条河。史密斯同时警告关天培不要接近英国船。关天培并没有被吓住，但也小心翼翼，不想挑起全面冲突。关天培把舰队停在英国战船及其想要保护的商船之间。史密斯对于自己所处的战术位置非常担心，不断要求发动进攻，但是义律犹豫不决。

第二天，即1839年11月3日，义律迫于史密斯的压力而屈服。英国船只靠近了中国战船，并且从侧面向其开炮。中国船只上面固定的大炮无法很好地瞄准，炮弹都从英国船的桅杆上面飞走。一阵齐射，炮弹正好击中一艘中国船的弹药库，这艘船在爆炸后下沉。"窝拉疑"号继续在近距离发动攻击，中国人开始害怕了。之后又有3艘中国战船被击沉，其他船上的船员纷纷跳船。全部中国船队都离开了，只有关天培的旗舰留下，继续向英国船只开火，这简直就是自杀。关天培这一条船只能造成微乎其微的威胁，然而义律对于这位老人的勇气感到非常震惊，命令史密斯不要再开炮，允许这艘破损不堪的旗舰开走。现在通往广州的路已经畅通了。

这场海战后来被称为穿鼻战役，但是这次小摩擦并没有让中国人在未来的海战中吸取教训。26艘中国船是中国所能聚集的最大船队，却被两艘英国小战船打得落花流水。英国方面没有出现任何重大的伤亡（只有一名士兵受伤）。中世纪再次与现代发生冲突，结果看来是上天注定的。

林则徐在给道光帝的奏折中这样汇报这次海战的："该提督亲身挺立桅前，自拔腰刀，执持督阵，厉声喝称：'敢退后者立斩。'适有夷炮炮子飞过桅边，剥落桅木一片，由该提督手面擦过，皮破见红。关天培奋不顾身，仍复持刀屹立，又取银锭先置案上，有击中夷船一炮者，立即赏银两锭……"

义律亦称："作为一个勇敢的人，公正的说法是，提督的举止配得上他的地位。他的座船在武器和装具上明显优于其他船只，当他起锚后，很可能是斩断或解脱锚链，以灵敏的方式驶向女王陛下的战舰，与之交战。这种毫无希望的努力，增加了他的荣誉，证明了他行动的决心，然而，不到3刻钟，他和舰队中尚存的师船便极其悲伤地撤回原先的锚泊地。"

总之，从东西方的史料看，关天培的无畏是这场海战中中国军队的唯一亮点，连敌人都对这位真正的老军人表达了崇敬之情，只是这样的近代化战争，再也不可能像冷兵器时代那样，能靠统帅个人的勇猛扭转战局了，关天培这位60岁老将的英勇真是让人备感凄凉。

穿鼻之战后，中国军队彻底丧失了制海权，林则徐只能放弃强行驱赶洋船的设想，部署"以守为战"，拼命加固珠江防线防止英军突破虎门内犯。这时巴麦尊却转而命令英军避实就虚转攻浙江舟山定海，从此鸦片战争进入第二个阶段，英军封锁中国沿海阶段。

许多中国人至今认为英国军队是畏于林则徐的严密布防而转攻舟山的，这是误解，如果英军全力进攻，以当时的军事力量对比和林则徐的迎敌方略——一旦英军突破虎门，则以战船贴上去打接触战和火船火攻的陈旧战术，毫无疑问会照样惨败，实际上，英军转攻舟山行动，是在执行外相巴麦尊的训令。

1840年2月20日，巴麦尊致海军部的公函中称，在广东"不必进行任何陆上的军事行动""有效的打击应当打到接近首都的地方去"。同日，巴麦尊给懿律和义律的训令中，规定作战方案为"在珠江建立封锁""占领舟山群岛，并封锁该岛对面的海口，以及扬子江口和黄河口"。英国远征军海军司令伯麦和懿律对此是完全照办。所以，英军只留下5条军舰在封锁了珠江口后，主力便转舵北上直扑舟山，这是非常高明的战术机动，典型的避实就虚，击敌要害，而绝非英军害怕林则徐的武备，后来的事实也证明，英军拥有彻底击败林则徐的制胜武力。

1840年7月3日，英军战舰布朗底号炮击厦门清军海岸炮阵地，翻译罗伯聘号称"英军狠狠教训了清军"，称英军毫无伤亡，清军战报战死9人，受伤16人。

1840年7月5日，英军开始攻击舟山定海，西方史料这样记载：

舟山一共有1600名士兵，但显得可悲又可笑：这支军队是由渔夫和水手组成，他们的武器也只有弓箭、长矛和火绳枪，只经过一年的训练。

12艘中国战船尾随着英国舰队，但保持着一个安全的距离。阿瑟·戈登爵士认出一艘船上悬挂着一面旗帜，显示出船上坐着的是一位高级官员。英国人希望跟那位官员谈谈。和上次在厦门所遭受的恶意对待不同，英国人被邀请到旗舰上。伯麦和他的翻译卡尔·郭实腊乘船靠近。在中国旗舰上坐着的那位高级官员并非海军官员，而是当地驻军的司令（即定海总兵张朝发——编注）。伯麦直截了当，切中要害：要么交出舟山，要么面对由此而出现的后果。中国人不为所惧，选择了后者。伯麦并没有实施自己的威胁，他不但没有摧毁中国腐朽不堪的船只，反而邀请那位中国官员和他的下属登上"威厘士厘"号，并以酒饭款待，或许想以此让这位司令缓和自己的态度，但这只是徒劳，一位中国官员（即定海知县姚怀祥——编注）的勇气给郭实腊留下了深刻印象。据他回忆，这位官员在仔细观察了装有74门大炮的"威厘士厘"号之后说："是的，你强大而我弱小，但我仍要战斗。"

饭后，伯夷再次要求中国投降，并限在24小时内答应。同时，岸上的中国人已经开始准备战斗，用大米塞满"沙包"，用来加固定海城墙。24小时的限期已过，但没有投降，伯麦乘着"威厘士厘"号慢慢靠岸。这只是一时吓唬，在中午之前，他们不敢贸然发动水陆两面的进攻，而是要等到中午时6艘英国战舰到达进攻地点之后。

7月5日中午2点，伯麦命用74门大炮中的一门向一个小渔村中的一座炮台开火。这只是对一英里之外的定海进行的一种威慑。中国人非常有礼节地放了一颗炮弹。接下来，伯麦发出一排一排炮弹，足足打了10多分钟。同时，十八旅的乔治·布勒尔中校率领先头登陆部队上了一条小船。

令人费解的是，当这支突击队接近岸边的时候，中国人停火了。英国人趁机把4艘中国战船打得粉碎，并且毁坏了其他船只。英国大炮摧毁了炮楼和海堤。"岸边传来木头爆裂、房屋倒塌和人的呻吟声。就在（轰炸）结束后，我们还听到那几艘中国帆船上发射了几发子弹。我们登上了空无一人的海滩，几具尸体、弓箭、断裂的长矛和枪支是在这个地方唯一的遗存。"一位登陆部队成员这样说道。这支部队不费一枪一炮就上了岸，因为那里没有人战斗。从这空旷的海滩上可以推测，中国守军几乎是在战斗一开始就已经逃走了。当地勇敢的将领，定海总兵张朝发曾经发誓，不管力量如何悬殊，一定要战斗到最后，而此时他乘着一顶轿子撤退，因为他的双腿被英国战船上的炮弹打断而无法行走。地方长官和几名手下在溃败之后都自杀了。

中国史料记载，此战定海总兵张朝发伤重不治，战后十天死亡。
刚上任一个月的定海知县姚怀祥在定海城北投水自杀。
此役中国军民死亡2000，英军战死19人。

仗打到这个程度，后世却发现，在保管了大量清代档案的中国第一历史博物馆里，道光皇帝对"鸦片战争"谕旨，竟归于"剿捕档"，也就是说清朝将中英两国之间的战争，竟然看成了剿匪和平乱性质的镇压反革命事件！

8月11日，从定海转航北上的英军舰队主力按照巴麦尊的部署出现在天津城外的大沽口，已直接危胁到北京的安全，先前强硬主剿的直隶总督琦善按道光皇帝的旨意接受了英国远征军司令懿律致琦善的"咨会"，按照清代官方文学的格式，"咨会"是一种平行文书，再也不是以前英国人上呈给天朝的"禀贴"，义律等人盼望已久的中英两国平等文书的直接交往，终于在大沽口外以炮舰压境的情况得以实现，中国封闭已久的国门正在慢慢被英国的炮火轰开。

也就是在接受英军"咨会"的过程中，琦善看到了中英间巨大的军事实力差距，在给道光的奏折中，他如实汇报了对英国海军力量的第一观感："见到英吉利夷船式样，长圆共分三种，其至大者，照常使用篷桅，必待风潮而行，船身吃水二丈七八尺，其高出水处，亦计两丈有余。舱中分设三层，逐层有炮百余位……火焰船……舟中所载皆系鸟枪，船之首尾，均各设有红衣大炮一尊，与鸟枪均自来火。其后梢两旁，内外俱有风轮，设火池，上有风斗，火乘风气，烟气上熏，轮盘即激水自转，无风无潮，顺水逆水，皆能飞渡。"

此后，对英军实力终于有了初步认识的琦善由主"剿"而转为主"抚"。英国军事技术之先进对琦善内心冲击之大是可想而知的，虽然他不敢也不可能把这种冲击说出口，我们今天回顾历史，必须说，当时清政府不论是主"剿"派也好，主"抚"派也好，都是中国内部高层对完全不摸底细的"英夷"的策略之争，"剿"派也好，"抚"派也好，都不是投降派，不说别的，当时还在以"天朝上邦"自居的中国大臣，断断不会有屈尊向下邦藩国投降的念头。

事实上，失去了道光皇帝信任被革职的林则徐，这位最坚定的强硬派在同朋友私下的交谈中，也坦率地认为中英军事力量对比差距实在太大："彼之大炮远及十里内外，若我炮不能及彼，彼炮先已及我，是器不良也。彼之放炮如内地之放排枪，连声不断。我放一炮后，须辗转移时，再放一炮，是技不熟也。求其良且熟焉，亦无他深巧耳。不此之务，既远调百万貔貅，恐只供临敌之一哄。况逆船朝南暮北，惟水师始能尾追，岸兵能顷刻移动否？盖内地将弁兵丁虽不乏久历戎行之人，而皆睹面接仗。似此之相距十里八里，彼此不见面而接仗者，未之前闻。徐尝谓剿匪八字要言，器良技熟，胆壮心齐是已。第一要大炮得用，今此一物置之不讲，真令岳、韩束手，奈何奈何！"

林则徐只差一句话没说出口——这仗没法打！

值得一提的是，林则徐在贬谪途中经过镇江，与当时中国最优秀的思想家魏源相会一日，将自己组织翻译的《四洲志》等外国资料全部赠给了魏源，并将自己与洋人打交道的所有经验教训都坦诚相告，深受刺激的魏源在林则徐赠予的这批资料基础上整理出了晚清第一部介绍外部世界的史地著作《海国图志》100卷，东传后对日本明治维新也起到一定的作用。

被贬谪新疆后，林则徐敏锐地注意到了当时沙俄对中国西疆的野心，此后林则徐又被朝廷起用，在告病归故途中，于长沙邀请当时只有37岁正在当农民的举子左宗棠一晤，两人于湘江舟中做竟夜之谈，深喜左宗棠人品才华的林则徐将自己在新疆积累的所有资料全部送给左宗棠，并直告左宗棠，今后西定新疆，抗击俄人侵略，唯有寄希望于左氏。正是这次历史性的会见，林则徐对左宗棠以后70岁抬棺西出玉门，收复西北，恢复新疆，抗击美、俄、法列强的反侵略事业，起了巨大作用，左宗棠以后封侯拜相，官做得比林则徐更大，但他一直认为，与林则徐会见是他一生中的"第一荣幸"！

林则徐告老回乡第二年，广西天地会起义，林则徐再次被咸丰皇帝任命为钦差大臣前往镇压，为国事焦虑万分的林则徐，一路上按中国许多传统士大夫的习惯夜观天象推测国运，途中病死于广东潮州，临死，这位中国睁眼看世界的第一人尚高呼三声"星斗南"方才气绝。

当时英国对中国的情况也并不十分摸底，以为按照传统战法封锁中国沿海地区就能使中国妥协，哪里知道，道光皇帝就盼着闭关锁国，永远不要和这些没有礼数的野人打交道才好，英国人封锁中国沿海正合道光皇帝的心意，只要洋鬼子不上岸，英国人把中国海岸封得越死，道光爷越高兴！这是诡计多端的英国人万万没有想到的，所以中英双方根本就谈不拢，于是英方更加加大对中国封锁力度，对中国沿海军事全镇发动了一系列攻击战，试图以打逼谈，这里面打得最惨、最激烈的战斗是虎门之战，二次厦门之战，和二次定海之战，这也是最能反映当时中英军事力量差距的三次战斗。

因为长期直接面对洋商坚船利炮的压力，虎门是当时中国毫无疑问的第一军事重镇，虎门守将，广东水师提督关天培也是当时中国无可争议最熟悉英军情况的前线将领，而且关天培是当时少有的靠真才实学升迁上去的军事指挥官，指挥能力之强在清朝水师之中绝对排名第一，1826年他以吴淞营参将身份押解粮船1254艘出长江口扬帆北上，其间虽有300多艘因风潮漂至朝鲜，但皆觅道而归，当浩浩荡荡的船队驰入天津港时，百万斛漕粮颗粒无差，3万名水手一名不少，关天培的指挥组织能力之强可见一斑，道光帝闻讯大喜，连续擢升其为参将，总兵，又于1843年将其调升广东水师提督，把守中国南大门。

　　作为一个老牌职业军官，关天培在中英交恶前已嗅到了战争的气息，他的前任广东水师提督李增阶，就是在与英国首任驻华商务监督律劳华的小规模冲突中吃了败仗被罢官的。接任后关天培亲任虎门炮台的总设计师，花了整整5年时间对虎门要塞9座炮台进行了大规模整修加固，以9台10船426炮2028人的战时编制进行高强度训练，组成3道防线封锁珠江防线，防止英国窜入广州，电影《林则徐》里说接任林则徐的琦善为了讨英国人欢心，炸掉了把英国人打得抱头鼠窜的8000斤大炮，拆掉了虎门防线，这完全是胡扯，事实上，不管是林则徐还是琦善都在不遗余力地帮助关天培加固虎门要塞，结果到了交战时，虎门这样一个狭小地区的清军兵勇总数竟达11000名以上，火炮和兵勇超过中国当时所有的沿海要塞！增兵已至极限，琦善奏称"炮台人已充满""亦复无可安插"。兵力密度大到再增兵即成英军炮火活靶。所以琦善战后被查办时对增援虎门不力这一条罪名是坚决不认账的。

　　即使沙角大角初战失败，英军同意清军停战的条件之一是"应将现在起建之炮台各工停止，不得稍有另作武备"时，关天培仍施以缓兵之计，不顾已经与英军达成的停火条件拼命加强工事，增设火炮和炮位，战后英军称在虎门地区缴获火炮660门以上！

　　所以可以说，当时的各级中国指挥官都尽了最大的努力加强虎门这个最强大的要塞，林则徐、琦善和前线指挥官关天培都做了他们能做到的一切，但是当英军大举进攻时，这个中国当时最先进的要塞却成了一堆劈柴，关天培原来的作战计划是封控珠江航道，万万没有想到英军胃口大到直接登陆来攻击他的炮台，英军用炮舰正面轰击，陆军则直接在穿鼻湾登陆，迂回攻击沙角炮台，结果林则徐等人以为膝盖不能拐弯的"逆夷"，陆战打得比清军更漂亮，以登陆部队侧翼迂回配合舰队正面攻击，连续作战，各个击破，仅以38人受伤一人未亡之微小代价即毙伤清军744人，攻取了沙角炮台和大角炮台。

沙角炮台守将陈连升出身湖北鹤峰土家族，最后时刻拔出腰刀直冲敌阵，当即中弹战死，这是近代中国第一位为国捐躯的少数民族将领。

沙角大角之战失败后，清军士气大沮，关天培为安抚士兵留防，将自家衣服都典质当铺，每兵给银两励战，琦善亦拨银1.1万元，发给关天培劳军，关天培更将脱落牙齿和几件旧衣寄给家眷，以示血战必死之心。

2月25日上午10时英军舰队开始进攻，到下午5时即结束战斗，占领了整个虎门要塞，俘虏清军即达千余人，而下午2时，年逾六旬的老将关天培就已战死在阵地上，当时英军登陆兵已蜂拥而上，最后时刻为不辱国家尊严，关天培令侍从孙长庆带走提督关防大印突围送回省府，孙长庆要与关天培同死，关天培执腰刀将其逼走，只留遗言："吾上不能报天恩，下不能养老母，死有余恨。汝归告吾妻子，但能孝吾亲，吾目瞑矣。"战死时双目圆睁，挺立不倒，英国人记载他的尸体胸前还插着刺刀，连英国侵略军的将领亦感其忠勇，称其为"最杰出的元帅"，并准其老仆收尸，关天培老仆收尸时，英军已将清军战死者尸体掩埋，老仆扒开浮土，找出了一半已被炮火烧焦的关天培尸体，碇泊近旁的"伯兰汉"号军舰鸣礼炮一响——"对一个勇敢的仇敌表示尊敬"。

关天培出葬的那天，"士大夫数百人缟衣迎送，旁观者或痛哭失声"。

防守厦门的是接任邓廷桢的闽浙总督颜伯焘，颜伯焘是绝对的主战派，以前曾任云贵总督，搞钱那是非常有一套，但是做事那也是相当的厉害。

颜伯焘坚决要求起用林则徐，打心眼里瞧不起主张同"逆夷"谈和的琦善、伊里布等人，到福州上任后，颜伯焘干脆把全省事务破例交给福建巡抚代行，自己只干一件事，加固厦门防线，一定让"逆夷"尝尝中国人的厉害！

他的前任邓廷桢要银子加强厦门防务只敢10万两10万两的要，而且只要到了一次，第二次就被惜财如命的道光帝痛骂了一顿，颜伯焘才不管那些呢，一要就是150万两！

看到颜伯焘要钱的奏折，被这厮的好胃口吓到眼睛瞪得不敢置信的道光帝只好痛批"力加撙节"后，如数拨给了这个自己刚刚"三日之内，五次召见"的新宠臣，结果这家伙几天就把 150 万两银子花光，不久新任福建巡抚刘鸿翔又根据颜伯焘指示申请再拨军费白银 300 万两！

颜伯焘是真能贪钱，真能花钱，但他造的工事也真是那么回事！

他监造的防御工事好到什么程度？好到英军工程师战后考察防线都叹为观止，专门在著作中绘出"颜氏防线"工事内部构造图！

而另一名英国军官战后考察厦门防御工事后感叹："就凭所以使炮台坚固的方法，即使战舰放炮到世界的末日，对守卫炮台的人，也极可能没有实际的伤害。"

根据颜伯焘的奏折和英军记载，颜伯焘的主阵地是一道当时中国最坚固的线式永久性炮兵工事——石壁。

这道石壁长 1.6 公里，高 3.3 米，厚 2.6 米，每隔 16 米留一炮洞，共安设大炮 100 倍。石壁的外侧还覆以泥土，取"以柔克弱"之意，防止英军炮弹击中石壁后炸起碎石伤人，石壁之后，又建有兵房屯军，侧后再以围墙屏护，整个厦门防线以这道石壁工事为核心，设炮 400 位，守军 5680 人，另雇佣 9274 名各保地方，所以在筑成这个中国当时最强大的要塞区之后，颜伯焘向道光皇帝夸口："若该夷自投死地，唯有痛加攻击，使其片帆不留，一人不活，以申天讨而快人心。"

英军若是不攻厦门，满怀必胜之心的颜伯焘定会感到万分沮丧。

但是战事一起，英军仅以 2500 人用 2 小时即攻陷以石壁为核心的清军防御主阵地。英国人记载守将清军总兵意识到战斗失败后，径自向英国战船方向大步走去，像是准备用血肉之躯当炮弹……这位名叫江继芸的总兵最后投水自尽，副将凌志等 7 员将佐战死，坐镇督战的颜伯焘目瞪口呆地看着自以为天下无敌的工事被英国侵略军摧枯拉朽一般击垮，与当时观战的兴泉永道刘耀椿"同声一哭"，号啕之后只得率福建文武官员连夜偷渡逃回大陆，此役英军仅战死 1 人，受伤 16 人。

而在第二次定海之战中，主战最烈的两江总督裕谦痛骂主和的琦善是"奸臣"，一道弹劾琦善的奏章文雄词劲，不知使当时多少人击节称快，已获罪斥革的林则徐见之大喜，亲笔誊录一遍，又在上面密密麻麻圈圈点点，圈点处竟占总篇幅一半以上！

战前裕谦为励战气，无所不用其极，他将4名"通夷"的汉奸枭首传边，在沿海各厅县悬挂示众，以示儆尤，震慑人心。命令彻底拆毁定海还遗存的"红毛道头"（码头设施）及"夷馆基地"，除掉一切英国人痕迹以消心头之恨，一名英国俘虏被其凌迟处死，还有一名白人俘虏被其"先将两手大指连两臂及肩背之皮筋，剥取一条"，制作自己坐骑的马缰，然后"凌迟枭示"，对另一名黑人俘虏亦"戮取首级，剥皮枭示"。又以5600兵勇守卫定海，这是鸦片战争中浙江守军最多的地方。

裕谦必胜之信念丝毫不亚于颜伯焘："（定海）从此扼险控制，屹若金汤，形胜已握，人心愈固……该逆倘敢驶近口岸，或冒险登陆，不难大加剿洗，使贼片帆不返。"

其对敌手段不可谓不狠，战志不可谓不坚决，信心不可谓不足。

结果战事一起，英军连军舰水手总共约5000人攻击定海清军5600人，真正的战斗仅仅进行了一天。

1841年10月1日，英军清晨登陆发起攻击，下午2时即结束战斗，首破晓峰岭，安徽寿春总兵王锡朋力战殉国，英军为泄愤将其尸首剥皮后用刺刀戳烂，二破竹山，浙江处州总兵郑国鸿带伤作战，中炮身亡，最后打破关山炮台，定海总兵葛云飞冲过去与英军肉搏时身中数十弹牺牲。

这就是留名中国近代史的定海三总兵殉国的故事，但很少人知道的是，这场血战英军仅战死2人，受伤27人！

仅仅一水之隔的裕谦在督战中才发现英军的陆战技战术，是自己引以为豪的清军根本不能比拟的，不久英军攻破镇海，总兵谢朝恩战死金鸡山，两江总督裕谦北向望阙磕头后跳水自杀。

这一战英军连中国的钦差大差兼两江总督都给逼死了，自己却仅战死16人，伤数人（另一说英军战死3人，伤16人）！

仗打到这时已有两年多，1852年5月1日，道光皇帝得知有俘可审，下旨询问：

"著奕经等详细询以咭唎距内地水程，据称有 7 万里，其至内地，所经过者几国？

"克食米尔距该国若干路程？是否有水路可通？该国向与咭唎有无往来？此次何以相从至浙？

"其余来浙之咖唎、大、小吕宋、双英（鹰）国夷众，系带兵头目私相号召，抑由该国王招之使来？是否被其裹胁，抑或许以重利？

"该女主年甫二十二岁，何以推为一国之主？有无匹配？其夫何名何处人？在该国现居何职？

"又所称钦差、提督各名号是否系女主所授，抑系该头目人等私立名色？至逆夷在浙鸱张，所有一切调动伪兵及占据郡县，搜刮民财，系何人主持其事？

"义律现已回国，果否确实？回国后作何营谋？有无信息到浙？

"该国制造鸦片烟卖与中国，其意但欲图财，抑或另有诡计？"

惨败两年，连广东水师提督都已战死，两江总督投水自杀，仗打到这种程度，道光皇帝还在问英吉利离中国有多远，面对这种历史的真实，我们除了一声叹息又还能做什么呢！

而就在道光皇帝还在试图搞清英国到底离中国有多远时，英军已经开始发动了扬子江战役，3 年鸦片战争就此进入了第三个阶段，英军直接攻入了中国第一内河长江，准备切断系关当时中国的命脉漕运水道——京杭大运河！英军当时的训令是"割断中华帝国主要内陆交通线的一个据点"，即扬子江与大运河的交汇点镇江。

可以看出，3 年战争打下来，英军对中国情况越打越熟悉，越打越有信心，而战法也从战争初期的占领海岛，战争中期的封锁海岸，一直打到这时深入中国内陆截断清王朝的大动脉，可称是战法越打越毒辣。胃口越打越大，气焰越打越嚣张！

而此时的清军战略战术丝毫无法应对英军攻击，毕竟明清近 500 年闭关锁国的恶果是不可能在短短两年间能够弥补的，仗打到这个时候，清军将士唯一的战法就是分兵守口，拼死殉国了。

1842 年 5 月 18 日，英军攻击乍浦，驻防此地的满蒙八旗和绿营汉兵殊死抗击，佐领隆福战败自杀，守卫天尊庙的 200 名八旗兵战至最后全部引刀自刎，汉族官兵亦奋力死战，一战牺牲各族官兵 696 人，其中以副都统长喜为首的清军官员 17 人，汉族士兵 400 人，满八旗和蒙八旗官兵 279 人。特别是乍浦驻防八旗兵，两百年落户于此，祖坟与家人皆在此地，战败后全家自尽者比比皆是，连英军打扫战场时亦为之震惊。此战英军毙命 9 人，伤 55 人，为鸦片战争历次英军战斗伤亡的第三位。

攻陷乍浦后，英军直进长江，猛攻江口要塞吴淞。守卫吴淞要塞的陈化成也是中国近代史上著名民族英雄。时已 66 岁高龄。因爱兵如子，被部下敬称为"陈老佛"。

陈化成自鸦片战争爆发起一直坚持驻扎在炮台旁的帐篷里，可谓"枕戈待旦"，两年之中，陈化成厉兵秣马，在吴淞口至上海间连设了三道防线，定海三总兵殉国的消息传来，陈化成老泪纵横，激励部下："武臣卫国，死于疆场，幸也，尔等勉也。"开战之日，陈化成晓谕官兵："我今日极力用兵，欲以死报国恩，汝等幸助我全忠节焉。"全军振奋。

战斗打响后，陈化成身先士卒，身受七创，血流至胫，犹秉旗促战，大呼"毋畏！施炮！"直至血尽而死。部将将其尸体匿于芦苇之中，幸免英军践踏，送陈化成灵柩回籍之日，宝山人民焚香道旁，泣于哀野。

吴淞陷落，长江大门洞开，1842 年 7 月 21 日，英国陆军 4 个旅 6905 人在近千名海军人员配合下，以绝对兵力优势猛攻中国长江重镇镇江，京口副都统海龄率城内 1600 名八旗兵殊死奋战，特别是 1185 名京口驻防八旗，在镇江城内与英军展开惨烈肉搏，战斗持续了 7 天 7 夜，整个镇江被打成一片废墟。

镇江是鸦片战争中英军攻击诸要点中设防最薄弱的城市，却是鸦片战争中抵抗最激烈的战场，更是英军投入兵力最多、优势最大的一次，但结果却以此战损失为最大，此战英军 39 人毙命，130 人受伤，还有 3 人失踪，这一数字今天看算不了什么，却相当于清军设防最坚强的虎门、厦门、定海、镇海、吴淞诸战役英军伤亡总和，所以恩格斯盛赞镇江守军："如果这些侵略者到处都遭到同样的抵抗，他们绝对到不了南京。"

此战中国守军统帅海龄城破后抵抗到最后一刻，将副都统大印交给骁骑尉详云，扶妻抱孙，投火自焚，详云突围不成，抱印投井自绝。

此役京口，青州八旗伤亡 30%，道光帝闻讯大恸，朱批："不愧朕之满洲官兵，深堪悯测！"

英军占领镇江，截断了中国南北水运要道大运河，清朝大运河每年从南方输纳京师的糟粮 400 万石，还有大批民船沿运河进行南北商贸，从运河征收的税款，占到全国年税款的 30%~50% 之多，是当时中国政府的大动脉，英军镇江一击正中要害，这相当于今天截断了中国京广铁路，中国立刻陷入南北运转不灵的窘境，万般无奈之下，道光皇帝终于被迫同意签订《南京条约》。

1842 年 8 月 26 日，中国钦差大臣耆英对英国侵华全权代表，后来的香港首任总督璞鼎查男爵表示愿意接受《南京条约》，在场一英军军官写道："在欧洲，外交家们极为重视条约中的字句和语法，中国的代表们并不细加审查，一览即了。很容易看出来，他们焦虑的只是一个问题，我们赶紧离开。"

天朝的大臣们实在受不了这份屈辱。

耆英当时甚至提议立即签字，英国人却当即拒绝，他们要举行一个盛大的仪式来庆贺他们的胜利。

1842 年 8 月 29 日，清政府代表耆英、伊里布在泊于南京下关的英军旗舰"康华丽"号上签署了中英《南京条约》，主要内容是同意开放广州、厦门、福州、宁波、上海 5 处通商，准许英国派驻领事，准许英商及其家属自由居住。向英国赔款 2100 万银圆，其中 600 万银圆赔偿被焚鸦片，1200 万银圆赔偿英国军费，300 万银圆偿还商人债务。将香港割让英国。海关关税应与英国商定。给予英国严重破坏中国司法主权的领事裁判权。

这是中国近代史上第一个丧权辱国的条约。

英国终于在三年鸦片战争之后用炮舰轰开了中国封闭了 500 年的大门，英军对此满意至极，一英军军官在其回忆录的结尾，用大写字母扬扬得意地写了一句话——"中国被一女子（指维多利亚女王）征服了。"

而道光帝则沉痛地说道："何此受此逼迫，愤恨难言！"收到钦差大臣耆英签订了《南京条约》的奏折后，道光帝下旨："览奏愤懑之至！朕唯自恨自愧，何至事机一至如此！"

在持续近三年的第一次鸦片战争中，由于中国的腐败、封闭和全方位的落后，尽管中国军队将士奋力死战，损失极重，但战果却是极微，这场断断续续打了三年之久的战争，是一方几乎为零伤亡的单向屠杀。其状之惨和西班牙人屠杀印第安人没什么区别。

中英双方在鸦片战争中能够查到的历次重要战斗伤亡统计是：

一、第一次定海之战（1840年7月5日）：英军攻克定海，战死19人，清军民死亡2000人左右。定海总兵张朝发伤重而死，定海知县姚怀祥投水自尽。

二、澳门之战（1840年8月）：英军仅伤4人将清军击溃，清军伤亡未表。

三、大角炮台之战（1841年1月）：英军攻占炮台，伤38人，守将陈连升战死，清军亡282人，伤462人。

四、三门海湾之战（时间同上）：继大角之战后英军进逼穿鼻以东三门海湾，攻击清军水师，清军战船1艘沉没，14艘逃跑。英军无伤亡。

五、虎门之战：英军5人轻伤，清军广东水师提督关天培战死，伤亡数百人，被俘千余。

六、广州之战（1841年5月末）：英军舰船70余艘，士兵2000余人进攻广州，双方于月底停战，英军死亡9人，伤68人，清军战败，伤亡未表，广州制高点越秀山四方炮台被英军夺取。

七、三元里民众抗英（1841年5月30日）：广州乡民7000余人趁大雨围困并攻击英军700余人，中方参加抗英民众数千至数万人，英军死亡5~7人，受伤为23~42人。

八、厦门之战（1841年8月21日）：英军36艘舰船2500士兵攻击厦门，清军以万余人、270余门大炮抗击进攻，主帅总兵江继芸战败自杀，另战死副将以下官兵331人。战船26艘被毁，炮台及大炮全部损失。英军死1

名，伤 16 名。

九、第一次定海之战（1841 年 10 月 1 日）：英军战死 2 人受伤 1 人，清军定海镇总兵葛云飞战死，寿春镇总兵王锡朋战死，处州总兵郑国鸿战死，士兵伤亡人数未表。

十、镇海之战（1841 年 10 月 10 日）：英军 1500 人在舰队掩护下进攻清军 4000 余人，清军在顽强据守后战败，两江总督钦差大臣裕谦战败投水自杀，总兵谢朝恩战死，数百士兵战死。英军战死 3 人，伤 16 人。

十一、宁波之战（1842 年 3 月）：清朝亲王奕经率 5000 人反击进占宁波英军 150 人，英军以榴弹炮和排枪抵抗，清军死伤 500 人后失败。英军伤 1 人。

十二、乍浦之战（1842 年 5 月）：清军顽强抵抗后失败，英军战死 9 人，伤 55 人。清军副都统长喜及以下官兵战死 699 人，佐领隆福自杀，官员、士兵及妻儿城陷后多自杀。

十三、吴淞之战（1841 年 6 月）：英军战死 3 人，清军江南水陆提督陈化成以下 88 人战死。

十四、镇江之战（1842 年 7 月）：清军顽强抵抗后失败，英军战死 39 人，130 人受伤，3 人失踪。清军伤亡惨重，官员、士兵及妻儿城陷后纷纷自杀，守将京口副都统海龄全家自杀，清军战死 239 人，伤 264 人，失踪 68 人。

鸦片战争终于让中国人在战场上领悟到了"封闭就要落后，落后就要挨打"这句话的含义。

鸦片战争的结果是中国封建王朝关闭自守 500 年的古老大门，从此被英国的舰炮轰开，西方诸强看清了清廷的虚弱，一起趁火打劫，形形色色的强盗一哄而上，在中国人民身上噬骨吮血。美国总统泰勒当即派全权大使乘军舰到广州，清政府已成惊弓之鸟，急忙跟美国签订《望厦条约》。

法国军舰开到广州海面示威，宣称将北上攻击舟山群岛，道光帝连忙跟法国签了《黄埔条约》。

西班牙、比利时、普鲁士（德国）、奥匈帝国、意大利、荷兰、丹麦、瑞典，等等，"一些中国曾经听说过，或从没有听说过的弹丸小国，在过去就是前来进贡也不够资格的，现在排队而来"。他们一一和中国签订了条约，而且均享有和《南京条约》里英国人一样享有的特权。

道光二十九年（1849），葡萄牙驱逐中国在澳门的官吏，停付租金，公然强占了澳门。中国封建王朝顿时陷入了半殖民地状态。五千年来，从未受此侮辱。

持续百年的中国近代大灾难开始了。这场大灾难中，中国的国防和军事力量是损失最惨的极灾区，而没有了有效的国防，人民就只能任敌宰割了，百年间数以亿计的中国人，将被迫用自己的鲜血和骨肉为这场百年大国难献祭。

而英国侵略军在中国土地上的所作所为，也与所谓"绅士精神""骑士风度"毫不相干，就是一伙杀人放火抢劫的强盗而已。外国学者这样描写了鸦片战争中的"宁波战斗"：

1842年1月13日，璞鼎查爵士到达宁波，除了抢劫金库，他还下令没收中国人所有的船只、粮食和其他财物，就连宝塔中的大钟也没放过，大钟被送往印度作为又一个象征性的奖赏。郭富对这种亵渎行为十分担忧，认为北京会因此而变得更加顽固。

璞鼎查任命卡尔·郭实腊牧师担任宁波的最高长官。郭实腊是一名普鲁士的传教士兼翻译，原本是来中国传教的，却成为一名无情的行政长官。他在任内让当地的恶徒身上锁着铁链到香港的采石场做苦工。郭牧师任命一位原妓院老板余德昌担任警察长。余德昌根据自己对城里富豪的了解列出一张名单，这样英国人就可以敲诈出更多的"赎金"。余德昌还暗中侦察到清军在宁波附近聚集、要夺回宁波的情报。他使用的是一个40人的情报网络，监视军队和居民，找出进一步榨取钱财的目标和情报。

而在某次战斗后，英军甚至贴出告示建议当地中国居民到某地看看，因为那里"鸦片大减价——机会不容错过"。

为强行贩毒而战的英国军队玷污了他们神圣的军旗，高贵的英国军官在中国的土地上沦为杀人放火抢劫的凶徒，这就是鸦片战争中英国军队的历史真实！

到了 1860 年，鸦片输入中国的规模竟然达到每年 6400 吨之巨。英国打赢了鸦片战争，而中国则被劫掠一空。伦敦版的"自由贸易"大获全胜，凯歌高奏。

但是，这种罪恶利润却直接导致了如日中天的大英帝国开始西沉。

寄生性的大英帝国从中国沾染鸦片毒瘾的社会苦难中赚了大钱（中国在 19 世纪 80 年代吸毒人数最多时达到 4000 万），同时还掌控着印度和中国的资本流动从中获取巨大利益。

在世界第一这个光彩夺目的形象背后，英国的内部正在慢慢地腐朽。英国的金融资本从 1850 年后大量流向海外，流向南北战争之后的美国，流向 19 世纪 70 年代迅速工业化的德国、欧洲大陆以及拉丁美洲国家。伦敦金融城的巨额资本向外流出，因为英国的有钱人发现资本在国外的回报远远高于国内。

一句话，不义之财来得太容易，就不想搞扎扎实实的生产劳动了。

英国国内的工业投资和现代化从 1870 年之后就停滞了，随后发生了缓慢的衰退，尽管伦敦金融城的商业银行和保险公司仍然很兴旺。一句话，大英帝国走向了钱来得最快，却也是最后疯狂的金融资本主义死路（和今日美国何其相似）。

经济的重心转移了：从英国北部的工业区（如曼彻斯特、伯明翰、利兹、纽卡斯尔和利物浦）转移到伦敦，可是伦敦的金融和贸易服务业务是管海外融资的。英国从煤炭、机械和钢铁等有形的商品贸易转向了"无形"的买卖；英国已经变成一个从海外投资收取回报和从服务收费来赚钱的国家。然后就是 1873 年的英国大萧条。

1873 年，英国历史上称为"大萧条"的严重经济衰退开始蔓延并持续了 1/4 世纪之久，一直延续到 1896 年。这个时期对后来引发了 1914 年第一次世界大战的各种力量来说，是它们成长的决定性时期。

虽然这场危机在英国十分严重，但是在英国之外的影响却转瞬即逝。到 19 世纪 90 年代中期，德国第二帝国已处于空前的经济繁荣之中。英国的对手德国和欧洲大陆的其他经济体正在迅速工业化，并已经开始向过去由英国占据的市场出口商品。

与此同时，在遥远的大西洋彼岸，一个新的工业竞争对手——美国正在迅速崛起，也对英国的统治地位提出挑战。从英国祖师爷那里学到了帝国主义全套阴谋理论和霸权思维的后起德国手段更加血腥，心思更加毒辣，为了抢夺英国的世界霸权而直接发动两次世界大战。为了捍卫世界霸权，英国在"一战"中仅军人就战死90.8万人，"二战"中军民伤亡又达190万，连首都伦敦城都给德国人炸成一片废墟，虽然有丘吉尔这样的英雄豪杰力挽战争狂澜，但"二战"后英国终于不可避免地衰落成了二流国家，被英国殖民统治过的第三世界国家挥舞着反殖民主义的大旗纷纷独立。

1817年6月，第二次访华失败的英国阿美士德大使登上了圣赫勒拿岛。拜会被英国人囚禁在此的法国大英雄拿破仑。

当听说中英双方因叩头之事而闹崩后，用刺刀逼着教皇给自己加冕的拿破仑，站在皇上的角度发表了自己独特的看法，他批评英国人，认为他们要么不去，去就遵从人家的风俗。还举例说："在意大利，即使吻教皇的骡子，也不会被人视作卑躬屈节的。"

为了更大程度地恶心把自己关在这屁大点的小岛上独自郁闷的英国人，拿破仑甚至做着动作说："如果英国的习俗不是吻国王的手，而是吻他的屁股，是否也要中国皇帝脱裤子呢？"

说完，拿破仑自己就先乐得哈哈大笑。

拿破仑对阿美士德说："你们说可以用舰队来吓唬中国人，接着强迫中国官员遵守欧洲的礼节？真是疯了！如果你们想刺激一个具有两亿人口的民族拿起武器，你们真是考虑不周。"

接着拿破仑真正显示了一位世界级的大战略家才具备的远见卓识，他对阿美士德说："要同这个幅员广大、物产丰富的帝国作战将是世上最大的蠢事。可能你们开始会成功，你们会夺取他们的船只，破坏他们的商业。但你们也会让他们明白自己的力量。他们会思考，然后建造船只，用火炮把它们装备起来，使我们同他们一样强大。他们会把炮手从法国、美国，甚至从伦敦请来，建造一支舰队，然后把你们战败。"

不以为然的阿美士德向拿破仑表示："大清是个泥足巨人，不堪一击。"

拿破仑马上回答了一句以后两百年间在世界范围内广为人知的惊世名言："中国是东方沉睡的雄狮，当他醒来时世界将为之震撼。"

睡狮终醒！

鸦片战争 109 年后，中国人民即将取得百年反帝、反封建救亡战争的决定性胜利，1949 年 4 月 20 日，中国人民解放军百万雄师即将万帆竞渡，宣誓将红旗插遍大江南岸，渡江战役即将开始，其他西方国家纷纷将自己的军舰撤出长江静观时局，只有英国军舰还沉浸在昔日横行霸道的旧梦里，依旧拖着米字旗在长江耀武扬威。英国驱逐舰紫石英于当日 8 时 30 分悍然驶入解放军渡江战地挑衅，解放军第八兵团特种炮兵纵队炮兵 3 团当即鸣炮警告，紫石英反而立即将炮口全部对准解放军江岸阵地，"是可忍，孰不可忍"，解放军炮兵部队当即开火猛轰紫石英舰，30 多发炮弹连续在紫石英舰上炸响，该舰舰长斯金勒少校，副舰长威士顿上尉均被击成重伤，操舵兵当场被炸死，全舰 17 人死亡，20 人重伤，刚刚还不可一世的紫石英舰忙不迭地挂出一件白衬衣要求停火，并于鼠串中搁浅，因为解放军炮火猛烈，搁浅后紫石英舰一连挂出三面白旗，这是中英作战史上英国军队第一次对中国军队打出白旗！

当日 13 时 30 分，英国"伴侣"号驱逐舰从南京出发救援紫石英舰，连续与解放军炮兵部队炮战，在解放军炮兵猛轰下，舰长罗伯森重伤，两座前主炮被击毁，10 名水兵阵亡，12 人受伤，吓破胆的"伴侣"号开足马力以 29 节的速度逃往上海，创下了自古以来长江船舶航行最高速度！

当日 18 时，中国人民解放军第三野战军的 7 兵团 9 兵团组成中集团，率先发起渡江战役。当日晚，由香港驰来的英国皇家海军"伦敦"号重巡洋舰与驻上海的黑天鹅号护卫舰会合，继续前往解放军渡江航道挑衅，正挡在中国人民解放军第 23 军航道正面，23 军军长陶勇立即警告其马上离开，双方再次发生大规模炮战，中国人民解放军万炮齐发，英舰蹿到哪里，哪里就有解放军炮兵部队在猛轰！一发发愤怒的炮弹在 8000 吨的英国巡洋舰的重甲上炸开，江南岸正等着与解放军血战的国民党炮兵看得血脉偾张，大感痛快，佩服之余，亦纷纷操炮参战轰击英舰，在大江南北中国军队炮火夹击下，"伦敦"号舰长卡扎勒上校重伤，连在司令塔里坐镇指挥的英国海军远东舰队副司令亚历山大·梅登中将的白色制服也被解放军弹片划破，"伦敦"号和"黑天鹅"号均被击伤，一路狂奔侥幸逃回上海，这一仗"伦敦"号15人阵亡，13人受伤，"黑天鹅"号7人受伤！

1949年5月27日上午9点，上海解放，同日，在陈化成当年殉国的吴淞口外观望的美英军舰全部拔锚退出长江口，从此，外国军舰永远地消失在了中国内河上。

1949年10月1日，毛泽东主席在天安门城楼庄严宣告："中国人民从此站起来了！"

拿破仑预言的"百年睡狮"终于睁开了双眼。

第二年，为了拯救危难中的邻邦，中国人民志愿军开进了烽火连天的朝鲜战场，中国人民志愿军作战气贯长江，威镇敌胆，将参加朝鲜战争的英国陆军部队杀得丢盔弃甲，溃不成军。

在汉城（今韩国首尔），中国人民解放军50军全歼了英国陆军29旅皇家重坦克营和皇家来枪团第一营，缴获了该部绿老虎军旗！

在雪马里，中国人民志愿军187师全歼了英国陆军攻勋部队，"英国皇家双徽营"——格罗斯特营，生俘了卡恩营长，该营1000余人，连同配属的韩国士兵一带只逃掉了39人！

在马良山，中国人民志愿军第64军191师对英国军队坚固筑垒的永久防御工事发起猛烈攻击，打响了朝鲜战场第一次步炮坦工协同作战，以1694人伤亡代价毙伤俘英军1740人，朝鲜战争期间，英国死伤被俘4435名官兵，马良山一战损失即占总数的39%！

在第二次战役中，志愿军孤胆英雄刘光子孤身冲入敌阵，单人活擒了整整63个英国兵！

拿破仑对阿美士德的警告终于变成了现实，百年间一直卫国御侮的中国军队，终于在与侵略者的百年血战中学会了打最现代化的合成战争，反手将侵略者杀得尸横遍野，取得了抗美援朝战争的伟大胜利！这一战是新中国的"立国之战"，诞生仅仅一年的中华人民共和国将以西方列强为骨干的 16 国联军，杀败在邻国的土地上，从此彻底夺回了这个弱肉强食的混乱世界最基本的生存权和和平建设环境！

1997 年 1 月 13 日，英国海军尽最大的努力集结了 21 艘舰只，进行历时 7 个半月的亚洲太平洋远航，途中进行了代号为"洋浪 97"的海上大演习，这是帝国残阳的最后一抹余晖，这支舰队为即将在香港降下的米字旗唱响了最后的哀歌。

失落百年的游子香港回归祖国。

在香港飘扬了 109 年的英国国旗悄然降下，由查尔斯王子在夜色中登上游艇携回英国，王子的游艇带着英国国旗渐渐消失在维多利亚港朦朦胧胧的雨雾中。

中华百年国耻，今朝终得洗雪。

今天，中国的国民生产总值已超越日本成为世界第二位，出口产值已超越德国成为世界第一位。而新中国海军从零起步，在短短 60 年间已拥有各型驱护舰 80 余艘，各型舰种之全，已跻身世界最先进水平之列，吨位之大，世界第二，各型舰艇的技术水平也正在与世界看齐。今天，两艘巨大的 6 万吨级大型航母也已驶向蓝色的大海去犁水四方，保卫共和国的海疆。

今天，在政治、宗教、经济、军事、文化、科技、教育等涉及国家发展的所有方面，5000 年一贯坚持和平发展的古老中国，已经彻底战胜了 500 年封闭保守导致外敌入侵，造成的近代连绵百年亡国灭种的危机，正以崭新的面貌焕发着无比的青春活力，古老东方的明媚天空上，一轮旭日朝阳即将光芒四射！

在这样一个几乎具有无数人口和无限幅员的国家，而各种物产又极为丰富，虽然他们有装备精良的陆军与海军，很容易征服临近的国家，但他们的皇上和人民却从未想到过要发动侵略战争。他们很满足于自己已有的东西，没有征服的野心。在这方面，他们与欧洲人很不相同，欧洲人常常不满意自己的政府，其贪求别人所享有的东西，西方国家似乎被最高统治权的念头消耗得筋疲力尽，但他们连老祖宗传给他们的东西都保持不住，而中国人却保持了数千年之久。我仔细研究了中国长达四千多年的历史，不得不承认我从未见到过这类征服的记载，也没听说过他们扩张边境。

——意大利耶稣会传教士利马窦

第四章
大将西征

左氏横于赤县尚二十余年，当是时，白人虽觊觎，犹敛戢勿敢大肆。

——章太炎

吾日夜望死，恐忝宗之陨。

——曾国藩

真疼了，难忘的圆明园

第一次鸦片战争的惨败，只能说是把当时的中国人打痛了，却远远没有打醒，一个五千年的古国，两千多年的封建帝制，那种强大的文明运行惯性并非一两场战争就可以撼动，当时的中国已是一个拥有 4 亿人口、疆域在1300 万平方公里以上的大国，维持这样一个庞大国家运行的官僚行政系统、武装力量系统、文化教育系统和哲学思想体系并不是能够说变就能变的，甚至由于极度的封闭和信息控制，当时的绝大多数中国人除了知道朝廷吃了洋人的败仗之外，也根本不清楚中国的沿海和外部世界到底发生了什么事。实际上，中国真要发生根本性的改变还要等到 60 多年后孙中山发动辛亥革命，推翻两千年的封建帝制。

当时除了魏源等极少数清醒者外，中国人几乎没有吸收第一次鸦片战争任何真正的教训，甚至魏源这样中国最先进的思想前卫，由于信息资料的匮乏，在对外国人的认识上也存在许多误区，比如他在《海国图志》里就认为，鸦片是洋人用人的眼珠子熬出来的。说到底，当时的天朝还是实在不屑于做蛮夷的学生，战争失败后中国君臣的检讨只能让人叹息。

被大英帝国打得灰头土脸，天朝君臣得出的最大结论竟然是：西学中源。一句话，别看西夷厉害，他们那些玩意儿都是中国古已有之的，都是咱老祖宗玩剩的。比如英军的飞炮（爆炸弹），两江总督裕谦认为中国本有此法，不过将铁弹挖空，实以火药，"不足为奇"。

正是因为如此强烈的军事自信，裕谦成为当时态度最坚决的主战派，最后在目睹清军被真正的近代爆炸弹轰得落花流水后，实在无法向道光皇帝交代，只能投水一死以报皇恩。

大理寺少卿金应麟认为，西方的船坚炮利不过是"中国之绪余""夷人特稍变其法"。

连梁廷枏那样的开明人士也认为西方的火炮舟船包括算学都是学中国的，他大概想起了祖冲之，而且他并不主张"失礼而求诸野"，老先生振兴中华的办法是复古，对付洋人很简单的嘛，只要像老祖宗那样出息就行了："天朝全盛之日，既资其力，又师其能，延其人而受其学，失体孰甚。彼之火炮，始自明初。大率因中国地雷飞炮之旧而推广之。夹板舟，亦郑和所图而予之名。即其算学所称东来之借根法，亦得诸中国。但能实事求是，先为不可胜，夷将如我何。不然而反求胜夷之溢于夷也，古今无是理也。"

（按这两位开明人士的看法，中国根本就没什么需要向洋人学的，只要把五百年前郑和造船方法弄懂就足够对付洋人了，因为西方的火炮，都是从咱明初学去的，而洋人造船的方法全是从郑和那里学去的！问题是，不要说这种彻底复古的方法是否可行，就连郑和航海，包括他造船的所有资料也早就被毁掉了呀！）

至于西方至今还在向中国人民显摆的资本主义民主制度，在天朝人民眼里，更不像话了，感觉不是文明人玩的：

姚莹老先生则对英国王位继承制嗤之以鼻："至其立国，自称1800余年，本属无稽，然国俗王死无子则传位于女，其女有子，俟女死后传之，实已数易其姓，而国人犹以为王之后，足见夷俗之陋。"

而中英《南京条约》的签订者耆英则说："至各国虽有君长，而男女不齐，久暂不一，迥出法度之外，如英夷属女王，咪、佛二夷系属男主，英、佛之主皆世及，而咪夷之主则由国人拥立，四年一换，退位后即等齐于民。其称号亦有不同，大都剽窃中国文字，妄示夸张，夜郎自大。"

所以在当时，就连思想最先进的魏源等中国人，还以对中国传统文化的极度自信和自大看世界，认为刚经历的惨败只是数万里外的蛮夷小国，凭借奇巧淫器、船坚炮利前来挟制天朝大国，而天朝只要师夷长技以制夷，便可无事。需要注意的是，魏源提出的是师夷长"技"，对英国人隐藏在先进军事科技表象之后的西方近代人文思想、资本主义民主法制等之所以先进的基础一无所知。而在魏源等寥寥无几的思想先驱之后，绝大多数中国人更认为，鸦片战争只不过是处置不当引起的偶然事件而已。老实说，听评书长大的中国人都认为是朝廷又出了秦桧那样的卖国贼，弄得岳飞被贬才输给了番邦大元帅。所以，当外国侵略者暂时停止进一步行动，正在匆忙消化侵略果实时，中国人又沉湎昏睡过去，水师的整顿和装备更新也随之而停。

1851 年 1 月 11 日，和耶稣争当上帝之子的洪秀全发动了金田起义，这位自封的中国圣子，以未经梵蒂冈教皇允许，就私自建立的中国"拜上帝教"为核心（注：在造反这件事上，中国人倒是非常擅于洋为中用、古为今用的，对各种造反的方法引进，那倒是思想一点也不保守的，各种理论成果和实践活动，还常常居于世界领先地位），建立了"太平天国"，清政府承平日久，军备废弛，腐朽没落，洪秀全从广西而出，入湖南，破武昌，挟数十万众，万余船只，以雷霆万钧之势顺江而下定鼎南京，清政府到这个时候终于意识到，满蒙八旗和汉军绿营已经彻底朽烂，再也不堪驱驰，为了保住政权，只得允许曾国藩等汉族官员组建团练地主武装对付太平军，曾国藩为了夺回长江江面的控制权，创建湘军水师。这支水师出了些像彭玉麟这样骁悍的战将，与太平军血战湖口，争夺安庆，在长江中下游打了许多惊心动魄的大仗，毫无疑问，湘军水师是当时清朝最强大的水上作战力量，但它的装备和作战方式与旧水师没有任何区别，内战内行而已。

1855 年曾国藩亲撰了一首《水师得胜歌》中，教战这支清朝头号水上王牌舰队，当时被列为中国最高军事绝密的水师制胜战术如下：

三军听我苦口说，教你水战真秘诀：
第一船上要洁净，全仗神灵保性命；
早晚烧香扫灰尘，敬奉江神与炮神。
第二湾船要稀松，时时防火又防风；
打仗也要去得稀，切莫拥挤吃大亏。
第三军器要齐整，船板莫沾半点泥；
牛皮圈子挂桨柱，打湿水絮封药箱。
第四军中要肃静，大喊大叫须严禁；
半夜惊营莫急躁，探听贼情莫乱报。
第五打仗不要慌，老手心中有主张；

若是好汉打得进，越近贼船越有劲。
第六水师要演操，兼习长矛并短刀；
荡桨要快舵要稳，打炮总要习个准。
第七不可抢贼赃，怕他来杀回马枪；
又怕暗中藏火药，未曾得财先受伤。
…………

还能再多说什么呢？

所以，没有任何悬念，1856 年 10 月，在英帝国主义者蓄意挑起的"亚罗号事件"引发的第二次鸦片战争中，中国毫无悬念地再次大败于英法联军之手。战况之惨，大清国可称完全被打出了中央帝国外强中干的原形，彻底暴露了封建帝国所有的腐朽和落后，如果说英国为要求通商而发动第一次鸦片战争，还有那么一分钱的道理，中国官员也处置不当导致战争的爆发，也有一定的责任，挑起第二次鸦片战争的英国则是彻底的强盗，没有任何一丝一毫站得住脚的理由！英国以中国军方搜查船主为中国人的海盗船为借口发动战争，马克思当时就说，在全部事件过程中，错误在英国人方面。而且认为处理"亚罗号事件"的两广总督叶名琛"中国官吏心平气和，冷静沉着，彬彬有礼"。

在这次战争中，三元里抗英的神话破灭了。广州被战火焚成一片废墟，后被英法联军占领三年之久，连天朝的两广总督叶名琛也被装在木笼里押往英舰"刚毅"号，又被押往印度加尔各答，次年绝食死于印度囚所。

在北京近郊的通州八里桥，清廷亲王僧格林沁率最精锐的 3 万步骑，向 6000 英法联军发起了整整持续一个小时的决死冲锋，其英勇和无畏连英法侵略军也感动不已，法国军官吉拉尔描述道："光荣属于这些好斗之士，确实应该属于他们！没有害怕，也不出怨言，他们甘愿为了大家的安全而慷慨地洒下了自己的鲜血。这种牺牲精神在所有的民族那里都被看作伟大的、尊贵的和杰出的。"

但是一个小时后，挥舞马刀冲锋的一万蒙古铁骑全军覆没，3 万清军伤亡过半，用燧发枪和滑膛炮布成严密阵势的英法联军却仅有 12 人阵亡。指挥这次战斗的法军将领孟斗班回国后，被法国皇帝拿破仑三世封为"八里桥伯爵"，不过这位在异国侵略逞威的"八里桥伯爵"，很快就尝到了祖国被侵略的痛苦。1870年，74岁的法国内阁总理兼陆军大臣孟斗班亲历了普法战争中的色当溃败，拿破仑三世投降和法兰西第二帝国垮台，"八里桥伯爵"自己也被迫流亡比利时，这就叫侵略者的报应。

拱卫京畿的清军主力覆没于八里桥，北京的大门在英法联军面前敞开了，英法联军一路烧杀，甚至两个强盗自己都不好意思，互相指责对方的野蛮，英法互相指责对方士兵抢劫，事实上双方都一样犯下了罪行，尽管英国人更倾向于破坏，而法国人则喜欢把新抢来的财产保护起来———一个是毁坏，一个是玩赏。

英军统帅额尔金伯爵在日记中这样指责法国："法国人强取豪夺，已经激起这些和平民众的反抗。他们在全副武装的敌人，甚至是中国人面前，倒是很谨慎；但是在手无寸铁的村民和食不果腹的妇女面前，则有着不容置疑的勇气。"

一名法国人在北塘抢劫之后则说："至于英国人，他们是我们的榜样。他们经过之后，你甚至连一片指甲也找不到。"

为了"惩戒"清政府，英法联军决定火烧人类建筑史上最伟大的瑰宝之一———万园之园圆明园！

就在近年，还有中国知识"精英"说圆明园被毁是由于中国的乱民和宫内太监跟着英法联军一起抢劫，然后为掩盖罪行放火灭迹，这实在是最无耻的胡说八道。因为额尔金在放火前，专门在北京张贴中文告示，公布放火时间并解释放火原因："任何人，无论贵贱，皆需为其愚蠢的欺诈行为受到惩戒，18日将火烧圆明园，以此作为皇帝食言之惩戒，作为违反休战协定之报复。与此无关人员皆不受此行动影响，惟清政府为其负责。"

在此，我们必须介绍一下小额尔金伯爵，这位苏格兰贵族的家庭是人类历史上最大的疯狂魔鬼家族之一，就是他的父亲老额尔金伯爵破坏了希腊文化的灵魂之瑰，祭祀雅典守护神——智慧女神雅典娜的希腊帕特农神庙，老额尔金这个文物大强盗充分利用奥斯曼帝国需要借助英国对付拿破仑的军事压力之机，在当时还被奥斯曼土耳其统治的希腊大肆疯狂盗宝，雅典、亚地加等希腊名城中的古老神庙纷纷遭殃，许多代表希腊文明辉煌成就的无价之宝被老额尔金野蛮地斩断裁取，为了盗取世界闻名的帕特农神庙里万神殿的雕塑，老额尔金甚至不顾危及巴特农神庙的支撑结构，对巴特农神庙造成了巨大破坏，老额尔金破坏希腊文物，对希腊人民造成的心理创伤，一点也不比圆明园被焚对中国人民造成的心理创伤差，希腊政府一直到现在都没有向英国放弃索回帕特农神庙文物的权利，已故希腊文化部部长曼考丽生前饱含深情地说：“我希望帕特农神庙文物能在我死以前回到希腊，如果在我死以后回来，我一定复活！”

曼考丽女士是带着无尽的忧伤和遗憾闭上双眼的。

当时英国著名诗人拜伦猛烈抨击老额尔金在希腊摧残古迹和偷窃文物的恶行，指责他是“疯狂的破坏分子”，痛骂老额尔金这个“苏格兰劫盗”使得英国蒙耻。这位真正的英国绅士则为了希腊的独立事业倒在了希腊古老神奇的土地上，希腊独立政府为陨落的英国诗歌巨星举行了国葬，全国哀悼三日。

英国，就它对人类文明所做的极其伟大的贡献和可怕的巨大破坏来说，就像英国诗人拜伦和英国纵火犯额尔金，真是个最善良天使和最可怕魔鬼的奇异混合体。

圆明园绝不是一座普通意义的园林，它是人类的想象力、艺术精神和艰苦劳动进行最完美的结合才能建造出的，是最伟大的人类文化瑰宝之一。这座园林清朝宫廷集中华全国物力、民力，经四代皇朝连续150余年才建造完毕，不管是从规模还是建造技术上说，圆明园都是人类历史上最伟大的建筑博物馆，所以它以其宏大的地域规模、杰出的营造技艺、精美的建筑景群、丰富的文化收藏和博大精深的民族文化内涵而享誉于世，被誉为“一切造林艺术的典范”和“万园之园”，而且圆明园还是一座伟大的皇家博物馆，收藏无数奇珍异宝和国内外稀世文物。园中文源阁还是四大皇家藏书楼之一，园中各处藏有《四库全书》《古今图书集成》《四库全书荟要》等珍贵图书文物。这座东方最伟大的园林早就享誉欧洲，所以法国的良心大作家雨果评论说：“即使把我国所有圣母院的全部宝物加在一起，也不能同这个规模宏大而富丽堂皇的东方博物馆媲美。”

而这样一座总面积等于 8.5 座紫禁城，水域面积等于一个颐和园，建筑面积比故宫还多一万平方米的伟大园林竟给英法联军烧掉了！"火烧圆明园"是人类历史上最大的文化浩劫之一，也是英法两国永远洗不掉的国耻！

外国史料记载，在英法联军抢劫圆明园时，守园太监是这样劝阻那些眼睛血红的强盗的："不要亵渎圣物！不要踏进圣殿！"而英法联军却毫不犹豫地对这座伟大的圣殿进行了大抢劫。

抢劫完毕，英法联军干脆一把大火彻底毁掉了圆明园这座人类文明的无价瑰宝，额尔金本人声称火烧圆明园是为了惩罚中国皇帝。历史学家杰克·比钦是这样描述纵火犯额尔金的阴暗心理的："额尔金之决定火烧圆明园，至少意味着他所熟悉的人所遭受的血肉之苦是一定要报复的；不是在战争中杀人——伤害那些无助的中国人，而是破坏毫无生命的物体，那些多么贵重的东西。"

西方历史学家记载，由于当时中国人被当作野蛮人一样对待，火烧圆明园的消息传回欧洲，欧洲一片欢腾，据说当时西方只有 4 个人表示反对，法国的良心大作家雨果当即痛骂英法联军是强盗，英国首相巴麦尊痛批为什么不把中国皇宫也一起烧掉，另外两位反对者是维多利亚女王和其丈夫阿尔伯特亲王，维多利亚女王被额尔金伯爵的报复行为惊呆了，对她来说，火烧皇家宫殿实在太激进了，阿尔伯特亲王也非常沮丧，他担心中国皇帝受辱和表现出的无能会导致清朝覆灭，而给当时仇视有财产和特权的太平天国运动带来好处。

随着时间的流逝和人类文明进步程度的提高，今天，即使在西方世界，火烧圆明园也被视为对人类文明成员的大破坏和野蛮的行径。

但是，圆明园已经没有了。

这次事件对中国人自尊的伤害连外国人都一清二楚。外国学者记叙到：一个半世纪之后，当火烧圆明园这一事件引起西方读者关注的时候，它所产生的影响仍然令人震惊，它给中国人内心带来的伤痛从来没有停止过，从清朝，国民政府，到今天的中华人民共和国，那里的废墟作为对欧洲人侵略的警醒和谴责而被停留下来。不管哪一个政府当政，一个民族的耻辱留下来了，而且继续使一个民族（注：文意指英国）蒙羞。

圆明园熊熊的大火从此将镂刻进灵魂的耻辱燃进了所有中国人的生命，

一小批当时最先进的中国人以这烧亮了漆黑天穹，烧垮了中国传统文明自信的熊熊大火为苍凉背景，终于开始了真正的图强。以恭亲王奕䜣、文祥、曾国藩、左宗棠、李鸿章为代表人物，掀起了近代史上中国第一次大规模引进西方先进科学技术的风潮，这就是堪称晚清改革开放的洋务运动。

图强，中兴三大名臣

英法联军攻进北京时，咸丰皇帝已逃往热河，留下恭亲王奕䜣和洋人打交道，这个时候，过了一辈子穷日子的道光皇帝已经去世了，他的儿子咸丰不太有名，他媳妇儿可就太有名了，就是大名鼎鼎的慈禧太后。

鸦片战争前，清政府认为同外国关系仅是"理藩而已，无所谓外交也"，被打傻后，发现这藩人似乎比天朝还先进那么一点点。也就不好意思再用理藩院和外国人打交道了，而改由两广总督特加一个钦差大臣头衔，称为"五口通商大臣"，专办与欧美国家的交涉，一个 4 亿人口的大国，连一个外交部都没有，让一个钦差大臣代表天朝办理外交，晚清之荒谬着实可见一斑，这时西洋各国纷纷在华设立使馆，派驻使节，但是这些带着洋枪洋炮闯进来的洋大爷，坚决不肯承认自己是"蛮夷"，根本不肯同"理藩院"的孔雀毛和黄马褂们打交道，同时认为地方总督无权处理涉外事务。

而且蛮夷这个看法还真是无可非议，在国际法上，一国使节全称是"特命全权大使"，那是代表一个国家的官员，中国用地方官跟别人一个国家的代表打交道，用现在的话说，叫作级别不对等。

所以 1861 年 1 月，留守北京跟洋人打交道有了初步程序概念的恭亲王奕䜣上了奏折，请求建立总理各国事务衙门，以有效办理洋务和外交事务，总理衙门是中国历史上第一个真正代表中央政府与外国政府对等交往的外交机构，旧址位于北京市东堂子胡同，后来在 1901 年清政府实施宪政改革的时候正式改名外交部，这就是中国外交部的肇始，也是今天北京市东堂子胡同南侧外交部街得名的原因。

总理衙门最初主持外交与通商事务，后来扩大到管理办工厂、修铁路、开矿山、办学校、派留学生等，权力越来越大，举凡清廷的外交，和与外国有关的财政、军事、教育、矿务、交通等，无不归该衙门管辖，到后来甚至位列清廷六部之首，成为晚清政府最重要的决策机构之一。实事求是地说，总理衙门打开了中国政府看世界的第一扇国家窗口，对中国的近代化事业贡献极大。但是，这个衙门也实际成为外国侵略者控制清廷的一个总枢纽，甚至它属下的海关总税务司署，第一任总税务司就是英国人李泰国，李泰国干了两年离任后，英国人赫德又一连干了40多年，这个英国佬成了中国海关的太上皇，清廷对其完全无可奈何。中国的海关竟由英国人主管，所以后人称，总理衙门是中国开始成为外国半殖民地的标志之一，这话也确实没说错。

当时清廷在总理衙门的中枢有奕䜣和文祥等开明派，在地方则有曾国藩、左宗棠、李鸿章等一帮汉族人重臣积极推动洋务运动。洋务运动的内容很庞杂，涉及军事、政治、经济、外交等，而以"自强"为名，兴办军事工业并围绕管辖军事工业开办其他企业，建立新式武器装备的陆海军，是其主要内容。

洋务运动堪称中国近代史上最早的改革开放。

由于曾国藩、左宗棠、李鸿章在这次洋务运动中厥功至伟，因此也被称为"晚清中兴三大名臣"。

曾国藩这些汉族官员能在实际上主持晚清相当大的行政军事权力，实实在在是清朝贵族走投无路之举，也是因为这帮汉族重臣在镇压太平天国运动、捻军起义和回族群众起义中功劳实在太大，可谓于清廷有再造之恩。而且更重要的是，这些人在清政府中第一次据有了地方兵权，实际上，清朝贵族骨子里对这帮汉族重臣一直是十分警惕的，一直到这些人自解兵权，并采取了种种自保手段才得到清朝贵族的信任。

满族人入关后，对汉族人一直采取歧视政策，兵权不授汉族人。直到太平军起事后，满族人将领颟顸无能，八旗和绿营糜烂已极，在锐气极盛的太平军面前不堪一击，洪秀全从广西起事，入湖南，下湖北，定都京陵，如入无人之境，为了保住政权，满族人中有识之士如军机大臣文庆、肃顺等主张重用汉族人，这实在是不得已的事，这样，曾国藩、胡林翼、左宗棠，在镇压太平天国和捻军的过程中靠组建地主团练湘军拥有了自己的武装力量，"无湘不成军"即从此肇始，从某种程度上说，鸦片战争后的晚清史，前半截是湘军写的，镇压太平天国，镇压捻军，镇压回族群众起义，收复新疆这都是曾左胡湘军为骨干所为；中半截北洋海军史，甲午战争史则是出自湘军系统的李鸿章淮军写的；后半截则由出身淮军系统的袁世凯北洋新军所写。

李鸿章本人是合肥人，所招兵马以安徽江淮等地兵员居多，故称"淮军"，其实严格地说，淮军也是从湘军中派生出去的一个分支，李鸿章本人原为曾国藩得力幕僚，当时中国军队的指挥系统仍未采取近代参谋部制度，而以幕僚组成统帅幕府的古制指挥作战，1861年，太平军进攻上海，上海守备清军无力抵抗，向两江总督曾国藩求援，曾国藩早有按湘军制度训练两淮勇丁的计划，即令李鸿章招募淮勇成军，并拨调两营湘军1000人作为淮军骨干，这就是中国近代史上有名的湘军对淮军的"赠嫁之资"。

从曾左胡等汉族官员拥有武装力量之始，清朝贵族对其都是十分疑忌和警惕的，咸丰四年湘军在武昌打了一次胜仗，咸丰帝本来十分高兴，不料大学士祁隽藻却挑拨说："曾国藩以侍郎在籍，犹匹夫耳。匹夫居闾巷一呼，蹶起从之者万余人，恐非国家福也。"

咸丰帝当时听了脸都变青了。

中国历史上许多事都毁在祁隽藻这种自己没有半点真本事，还老喜欢嘴巴歪歪叽叽的清谈之士身上。

但是曾国藩这批人何等人也？连毛泽东求学时都说："愚于近人，独服曾文正，观其收拾洪杨一役，完满无缺。"到了晚年还在赞叹："曾国藩是中国地主阶级中最厉害的人物。"许多中国历史学者都认为，曾国藩一生所为，内求修身、节欲，追求内在道德完善之行，外则孜孜不倦讲求经世之学和济世实行，是中国传统儒家最优秀的代表人物之一，甚至认为中国传统儒家的代表人物是前孔子，中朱熹，最后则是曾国藩压阵。甚至曾国藩自己的理想就是做"天地之完人"。——"君子之立志也，有民胞物与之量，有内圣外王之业，而后不忝于父母所生，不愧为天地完人"（曾国藩与诸弟信）。

所以，精熟中国历史君臣权谋之道的曾国藩平完太平天国，立即自解兵权以示忠诚，却又外连左宗棠楚军和后起李鸿章淮军以为臂膀股肱，终于得以自保并取得清廷相当大程度的信任，甚至以慈禧太后之多疑，在曾国藩死后亦不禁哀恸不已，并下令"汉族人从此封爵不许超过曾国藩"，所以曾国藩拥有了很大的地方自主权力推动洋务运动，时人甚至以汉之诸葛亮、唐之裴度、明之王守仁形容他，"呜呼！中兴以来，一人而已。"

曾国藩率先筹设了中国第一家近代军事工厂——安庆军械所，虽然一开始只是一个手工作坊，但这个军械所却搞出了中国第一台蒸汽机，还在中国近代科学史上大名鼎鼎的徐寿、华蘅芳设计督造下搞出了中国第一艘轮船"黄鹄号"蒸汽轮船。

曾国藩还与学生李鸿章共同创办了江南机器制造局，办起了中国第一家大型使用机器生产的近代工厂。毫不夸张地说，江南制造局就是中国近代工业的黄埔军校，在中国工业史上的地位相当于奠定中国革命胜利基础的井冈山。"它制造出旧中国的第一艘兵轮和第一台机床，它炼制出旧中国第一磅近代火药和第一炉钢水，它造出了中国第一支步枪，第一颗水雷，第一门后膛炮，在30年间都一直是东亚最大的兵工厂，它造就出旧中国一大批近代技术工人和一部分工程技术人员。"它是中国近代工矿企业的母厂，奠定了中国近代工业的基础。

直到今天，它的后身江南造船厂仍是共和国现代化工业的心肝宝贝，今天中国稳居世界第一的强大造船工业，基础力量就几乎全是从这个厂起步的，新江南厂造出了中国第一艘潜艇，第一艘护卫舰，第一艘万吨水压机，第一艘万吨轮，第一艘海上测量船……

在曾国藩的主持下，江南制造局不仅是中国近代工业的基地，而且是中国近代科学技术的扩散中心、辐射中心。1866年，江南制造局设立翻译馆，大量翻译西方科学技术书籍，"声、光、化、电、营阵、军械各种实学，遂以大明，此为西欧文明输入我国之滥觞"。这些书籍不仅为培养我国近代科学技术人才做出了贡献，而且对近代思想界也有相当大的影响。康有为、谭嗣同最初接触西学，就是从这些书籍入门的。江南制造局一创办，还附设了一所机械学校，培养生产技术力量，开我国近代职业教育的先河。

曾国藩对中国海军的近代化也做出了巨大贡献，他从轮船的制造，到海军的建制，从水兵的招募与训练，到海军经费的筹集和水师章程的制定等，都做了许多开创性的探索。以后中国海军的发展基本是按曾国藩制定的蓝图进行的。例如，江苏巡抚丁日昌当时提出在吴淞、天津和南澳建立三支外海水师的设想，当即就得到曾国藩的赞同和支持，曾国藩在给丁日昌的信中称这是"举一事而数善备，实属体大思精"。

曾国藩对中国海军建设的筹划与支持，促进了中国近代海军的形成和发展，促进了中国海军的近代化。直到今天，中国当代海军，北海、东海、南海三大舰队的战略布局仍在佐证曾氏对中国海军布防的战略眼光之佳。

曾国藩对中国教育近代化也做出了不可磨灭的贡献。1872年，曾国藩采纳容闳的建议，派幼童到美国留学，从此揭开了中国向西方派遣留学生的历史。此举推动了中国的对外开放、中西文化交流，促进了我国教育的近代化以及新式知识分子队伍的形成。今天中国几百万留学生的负笈留洋的国门就是曾国藩亲自开启的。

当代历史学家说："他镇压了太平天国有功有过。历史假他之手对南北两个封建政权进行了选择。曾国藩发动了洋务运动，使中国历史运动与世界近代文化运动合流。中国历史由此走上一个新的阶段。历史的步履不管何其艰难，但历史并不是倒退，而是前进。曾国藩在外事的处理上，表现了能审时度势应付巨变的才能，他坚持民族正义立场，忍辱负重，力保和局，避免了新的战祸，使中国有了一个喘息之机，在一个相对稳定的和平环境里，进行'图强求富'的建设。因此，曾国藩虽有一定的历史罪过，但其历史地位应划在近代进步的爱国人物之中，而且，其重要性，在中国近代历史前60年里几乎无人可与之相比。"

而左宗棠，实在是晚清经天纬地的第一奇才，其在乡清贫务农时声名即已远播中华，晚清第一名臣林则徐路过长沙，不见长沙富商士绅，独与左宗棠泛舟湘江长谈一夜，（左宗棠上船时因心情过于激动，竟至从跳板落水，这也是中国近代史上美谈之一）。咸丰帝在太平军起事后甚至直接在北京传话："左宗棠要出来为我办事！"而野史曾传，左宗棠曾秘见洪秀全，因洪秀全不纳其尊重中国传统文化的意见，而从太平军不辞而别，太平军在路过其家·乡时，甚至专门派出一支部队搜捕左宗棠。

左宗棠出道后在湖南幕府襄助湖南巡抚骆秉章，办理湖南军财、民、政各事，成为各路湘军的总后勤负责人，时人称之为"国家不可一日无湖南，湖南不可一日无左宗棠"。此后又出幕亲任楚军统帅，参与了湘军镇压太平天国、镇压捻军和回族群众起义等军事行动，左宗棠更是近代中国最著名的民族英雄之一，68岁那一年抬棺出征西出嘉峪关，收复了沦陷10余年的新疆，为中国在那样的衰危乱世保住了163万平方公里的沃土，当时不但感动了全中国人民，更震惊了世界。中法战争时，左宗棠坚决主战，他派出的"恪靖定边军"与老将冯子材密切配合，取得了抗法战争中的镇南关——谅山大捷，时已74岁高龄的左宗棠则亲镇福建准备抗击法军登陆，在紧张的备战中逝于福州，临终弥留之际犹在喃喃低语："出队！我还要打。这个天下他们不要，我还要！我从南打到北，从西打到东，我要打，皇上也奈何不得……"

所以中国历史学家对左宗棠的评价除了某些特殊时期外，一向极高："宗棠事功著矣，其志行忠介，亦有过人。廉不言贫，勤不言劳。待将士以诚信相感。善于治民，每克一地，招徕抚绥，众至如归。论者谓宗棠有霸才，而治民则以王道行之，信哉！"当时与左宗棠有过交往、来华经商的德国人福克都对左宗棠高尚的品德、严肃的作风、俭朴的生活和丰功伟绩佩服得五体投地，他赞叹道："左爵相年已七旬，身在沙漠之地，起居饮食，简省异常，内无姬妾，外鲜应酬之人，其眷属家人多未带至任上，惟一人在塞。老臣謇謇，砥柱中流，不特清廉寡欲，硕辅朝廷，凡一切爱民敬事之诚，尤旷代所罕见也。"

他又赞叹左宗棠爱国、爱人民的精神，说："一月以来，觉爵相年已古稀，心犹少壮，经纶盖世，无非为国为民；忠正丹心，中西恐无其匹。爱民犹如赤子，属员禁绝奢华，居恒不衣华服，饮食不尚珍馐。如此丰功伟业，犹不改儒生气象。"

德国民族生性严谨朴素，爱国心强，做事认真，所以像福克这样真正了解左宗棠这样优秀中国人的德国人，不佩服左宗棠都不可能。

而左宗棠对洋务运动最大的贡献就是建立了福州船政局，左宗棠认为要达到御侮自强，就必须加强军事力量。鉴于当时外患大都来自海上和清王朝海上力量薄弱的状况，决定首先建立海军；而建立海军首先要制造新式的轮船。于是时任闽浙总督左宗棠亲自筹办的福州船政局是中国第一个近代最重要的军舰制造基地，地位相当于今天专业的各国海军船厂，连李鸿章也赞其为开山之祖，后更发展成为当时远东最大的造船厂。

福州船政局制造的军舰为近代海军的创立做出了贡献。从"万年青"号兵轮开始，船政局从1867年到1907年共计造大小兵船40艘，船只制造的类型不拘泥旧式，时时更新，初为木壳，后改为铁胁木壳、铁胁铁壳和钢胁钢壳，船式则由常式进而为快船，又进而为穿甲船，再进而为钢甲船。这些轮船对于巩固海防，捍卫海疆起了一定作用。福州船政局所造船只同时装备了当时中国四支海军力量。所以当时英国人看到福州船政局后惊叹道："中国有可能成为一个海军国，使我们英国感觉到惊慌或忧虑，如果中国军队获得适宜的武装与正确的领导，他们将成为我们可怕的敌手。"

而法国海军在中法海战中最重要的战略任务之一就是炮轰福州船政局，也可见西方侵略者对这个中国军事工业基地的畏惧与痛恨。

而且福州船政局并不仅仅只是一个造船厂，实际上也是中国第一所海军初级指挥军官学校（相当于今天的大连海军学院），同时是中国第一所海军专业技术学校（相当于今天的海军工程大学），还是中国第一所船舶设计研究院！

要掌握造船技术，首先就必须培养本国的技术人才。因此，左宗棠把办学堂、培养人才看成是能否自造的关键。在办福州船政局的同时，就把船政学堂规划在内，取名"求是堂艺局"，分前后两堂，前堂学法文，以培养造船人才为主，后堂学英文，以培养驾驶人才为主，"招十余岁聪俊子弟入学堂学习"，并聘请英、法两国人员做外教。

左宗棠要求船政学堂学生至少要受双语教育，同时要求他们具备世界眼光，要掌握基础知识而不是学点皮毛，左宗棠和以后的沈葆桢等几任船政大臣一贯重视教育，培养了一批能自造、自驾、自管的技术人才。"求是堂艺局"培养出了数百名绘图、设计、制造、驾驶等方面的人才。选派的留学生回国后，成了福州船政局的主要领导力量。他们不但按照外国图纸仿造了2400匹马力的巡海快舰，而且自行设计了钢甲船。福州船政局在前九年所造的大小15艘轮船中，有3艘轮船就是由中国技术人员和工人完成的；留学生中学习驾驶的分派到各地管带船只，成为海军主要将领，甲午海战中几乎整整一代中国海军将领，如刘步蟾、邓世昌、林永升、林泰曾、叶祖珪、萨镇冰、方伯谦等都出自这个学堂，连大思想家严复，设计建造中国人第一条自己的铁路的詹天佑也是从这里毕业的，福州船政局所造船只和培训出来的海员，建立了中国第一支初具近代化规模的舰队，开中国海军之先河。

毫无疑问，福州船政学堂是保定军校、黄埔军校之前，近代中国最著名，也是最优秀的军官学校！当然，也正是由于福州船政学堂的这种特殊历史地位，也使近代中国海军中逐渐形成了强大的闽系军人派别，以后"不论政局如何演变，中国海军及海军学校大权总是掌握在马尾系的闽人手里"。

左宗棠创办福州船政局仅半年，就被调任陕甘总督平定回族群众起义和收复新疆，他又把洋务运动之风带到了中国最偏远的西陲边地，开设兰州制局、火药局等兵工厂和甘肃织呢局等近代民用工厂，甘肃织呢局是中国第一家织呢工厂，它的意义和影响比甘肃制造局更大，当时英国人都对其十分注意，从机器刚运到，直到工厂落成，上海的英文报纸都全程报道。值得一提的是，为左宗棠在西北办洋务购买机器的，就是中国近代史上最著名的红顶商人胡雪岩，客观地说，中国能保有新疆这块沃土，为左宗棠筹饷并提供大量物质支持的胡雪岩是立了大功的。

中国的"洋务三杰"中，因为李鸿章本人的操守和甲午战败，加之确实有点恐洋惧外，所以中国人对李鸿章的评价最为复杂，但是对洋务运动中李鸿章的评价，当代中国历史学者也都做了非常正面的肯定。若论洋务实绩，当代一致公认实以李鸿章功绩最大："鸿章持国事，力排众议。在畿疆三十年，晏然无事。独究讨外国政学、法制、兵备、财用、工商、艺业。闻欧美出一新器，必百方营购以备不虞。尝设广方言馆、机器制造局、轮船招商局，开磁州、开平铁矿、漠河金矿；广建铁路、电线及织布局、医学堂；购铁甲兵舰；筑大沽、旅顺、威海船坞台垒；遴武弁送德国学水陆军械技艺；筹通商日本，派员往驻；创设公司船赴英贸易。凡所营造，皆前此所未有也。"李鸿章晚年周游列国，与各国政要交往，各国对李鸿章的评价都还很高。当然，也留下了"李鸿章杂烩"这道名菜和许多笑话，但是，没有他在外国出的那些洋相，别的中国人还是会出，因为他是第一次。

所以连梁启超都说："吾敬李鸿章之才，吾惜李鸿章之识，吾悲李鸿章之遇。"而中国当代历史学者则中肯客观地评价："李鸿章才识过人，只是生不逢时，值得同情。至少李鸿章在中国经济的现代化和外交的现代化上还是做出了不可磨灭的伟大贡献。"

毫无疑问，相对朝廷当时的保守派而言，李鸿章的确是"积极要求进步的思想先进分子"，虽然他有许多时代的局限，特别是对外交往上的确患有相当程度的软骨病。

在经济现代化方面，李鸿章倡导洋务运动，李鸿章是当时中国极少数能够正确对待西方技术的人之一，极力主张"师夷长技以自强"。在他的主持下，中国出现了第一个大型兵工厂，第一座炼钢炉，第一条铁路，第一个煤矿，第一个纺织厂，第一座机器制造厂，第一所近代化军校，第一支近代化海军舰队，第一艘轮船，第一个到西方的留学生，等等。洋务派创造了中国近代化的许许多多的第一，无疑为中国的近代化迈出了第一步。

李鸿章为大清国国计民生近代化所奠基的所有事业，令他身后的国人一直在受益。他是对中国近代化产生了至关重要影响的洋务运动的中坚。创办江南制造局、天津机器局、北洋舰队、轮船招商局、电报局、开平矿务局、派遣中国第一批学生留美等。这些实业对中国的现代化进程起到了举足轻重的作用。

在 18 世纪的整个七八十年代，李鸿章先后创办了河北磁州煤铁矿、江西兴国煤矿、湖北广济煤矿、开平矿务局、上海机器织布局、山东峄县煤矿、天津电报总局、唐胥铁路、上海电报总局、津沽铁路、漠河金矿、热河四道沟铜矿及三山铅银矿、上海华盛纺织总厂等一系列民用企业，涉及矿业、铁路、纺织、电信等各行各业。

李鸿章在经济上的改革使中国有了最基本的工商业基础，有些企业直到新中国还是国家的工业基石。1909 年，轮船招商局更名为招商局股份有限公司。中华人民共和国成立以后，招商局开改革开放之先声，于 1978 年开发蛇口工业区，并于 1986 年收购香港友联银行，成为中国首家拥有银行的非金融企业。次年又创办中国首家股份制商业银行——招商银行，1988 年创办中国首家股份制保险公司——平安保险公司。同时，招商局也是中国首家在境外发行债券的非金融公司、首家在香港上市的中资企业。

"中国积弱，由于患贫"，在这种认识下，李鸿章不仅发展军工、机械以求"自强"，还发展了一系列极其重要的民用企业以"求富"，在这个过程中，李鸿章创造了一系列中国的"第一个"，对中国的现代化起到了举足轻重的作用。

短短20余年间在李鸿章等洋务派领导人的主持下，中国的近代军事工业体系基本建成，火枪、大炮、弹药、蒸汽战舰都已能够在国内建造，其决心之大、动作之快令中外为之震惊，这是近代中国历史的一次大飞跃，从此中国大地上有了自己的资本主义工业。

李鸿章签了那么多丧权辱国的条约，在那个留下太多中华民族痛苦回忆的时代，自然首当其冲，但是他为中国现代化事业所做的巨大贡献，也是永垂中华民族史册的。

30年洋务运动的最直接结果，就是使饱受鸦片战争和太平天国运动、捻军起义、回族群众起义内外夹击，已经濒于崩溃的清政府又多撑了半个世纪才垮台，这30年就是近代中国冲击现代化的第一次努力，史称"同治中兴"。

"同治中兴"是中国近代史上的重要时期。在经过太平天国农民战争打击和英法联军的入侵之后，清王朝的统治已摇摇欲坠。但是，在中央和地方大员的努力下，也在西方列强的支持下，它又重新站稳脚跟，并出现所谓"中兴"景象，使其统治又维持了半个世纪。

外国资料记叙同治中兴的情况："1860年之后的30年是中国社会一个复兴的时期，远非今日我们想当然的黑暗岁月。一代新的政治人物已经崛起，在中央他们以恭亲王与文祥为代表，能用更熟练的技巧处理对外关系，在地方他们以曾国藩、左宗棠、李鸿章、胡林翼为代表，成功地镇压了太平天国等一系列的'反叛'。他们正直、勤奋、自我克制，重新树立了道德的榜样，他们大力挖掘人才，为官僚系统注入了生机；在外交上，总理衙门的引入让中国在处理对外事务上逐渐专业化，并赢得了某种尊敬；在军事上，更多的现代装备被引入湘军、淮军，包括机枪与克虏伯大炮；在19世纪60年代，随着各路义军的逐个消亡，农业生产逐渐恢复，新开垦的土地带给了新的移民；

洋务运动的倡导者开始着手建立现代工业，甚至中国商人在沿海贸易方面也开始赶上外国商人；新思想也开始被引入，更多的翻译作品受到了手握政权的地方改革者的重视，被腐败与战乱所摧毁的地方行政系统重新运行起来，士绅再一次发挥起作用；教授传统儒学的学校大批兴建，继续为帝国提供稳定的思想教育……在面对中国社会的老问题上，改革派的成效卓著。

比如，左宗棠完成了新疆的平叛，让帝国的光芒在西北地区重新闪耀；山东的丁宝桢治理了黄河及大运河的水患，加强了地方团练，改革了盐政；李鸿章则建立了还算现代化的军队，创造了江南制造局。一位驻中国的外交官在1872年写道："中国正在迅速地成为一个令人生畏的对手；整个官僚阶级都决心恢复中国的国际地位；兵工厂和造船厂的产量给人以深刻的印象；中国建造的军舰不久就将达到欧洲的最高水平……"

自19世纪60年代开始的，被历史学家称为"同治中兴"的改革，在很多方面，就像是日本人差不多同时开始的明治维新一样，似乎标志着一个古老文明面对现代挑战的应变。

洋务运动，从经济上讲，是近代中国的一次"求富"和"求强"的运动。它以创办机器大工业工厂为主要内容，是19世纪世界经济近代化潮流的一个组成部分。洋务运动陆续兴办了19个近代军工企业和近40个近代民用工矿交通企业，新式产业的产值总额，在国民生产总值中占到4%，其余96%以上是小农业和小手工业产值。尽管看上去不是很好，可就这样的工业产值就已经超过同时期的日本了。这一切都是洋务运动奠定的基础。

而对于中国当时千疮百孔的国防来说，洋务运动的过程也就是中国军事近代化的过程，为日后中国军事近代化道路奠定了基础。正是在洋务运动中，清军彻底淘汰了弓箭、刀枪等冷兵器，普遍装备了后膛来复枪、后膛钢炮等先进武器，甚至装备了当时最先进的马克沁重机枪，海军更是直接从舢板时代跃进到了铁甲舰时代，海岸炮兵的主力装备也从自造的前膛土铁炮换代到了德国克虏伯大口径钢炮和各种自造后膛钢炮时代，以军事工业的开展为契机，洋务运动开设了一些军事学校，培养了一批近代军事人才；通过西方新式洋枪洋炮的使用，西方近代化的军制与训练方法初步开始进入中国。

仅用 30 年的时间，清朝陆军从第一次鸦片战争时彻底腐烂无法驱驰，一支战略机动部队也没有的情况下，先后发展了曾国藩湘军各营，左宗棠楚军各营，李鸿章淮军各营等机动部队，到 1876 年左宗棠入疆时，已能调动刘锦棠老湘军 25 营，张曜所部 14 营，蜀军 5 营，回族军队"旌善五旗"，回族群众"董字三营"和原新疆驻军马步炮军 150 余营，近 8 万野战机动主力，西出阳关，纵横万里收复南北两疆，还能保证近 8 万野战主力万里征战的补给。虽然供应条件很差，像冯玉祥回忆他父亲跟着左宗棠进疆时，就是背着一袋红薯过了莫贺延碛大沙漠，结果吃得冯父从此终生见到红薯就要呕吐。虽然清廷建立真正的近代陆军军制是在袁世凯小站练兵新建"北洋三军"之后，但是清廷陆军这时的确已经拥有了强大的陆军野战机动作战部队。

而中国的海军这一时期进步甚至比陆军更大，从鸦片战争时的舢板海军到曾国藩镇压太平天国时的内河水师，之后 10 余年间中国先后建立了北洋水师、南洋水师、福建水师、广东水师 4 支舰队分守沿海，还有湖北水师、广西水师等内河舰队巡防各江，兵器装备也以从木船跃进到了以壳船为主，动力则从风帆升级为蒸气锅炉，武器则从弓箭、手抛火罐换代为各种舰载火炮！

所以，正是由于洋务运动带来的这种军事上的巨大进步，才使得清政府在第二次鸦片战争惨败，1860 年圆明园被烧之后，仅 16 年后，左宗棠就能万里征战收复沦陷 10 多年的新疆，并在随后的中法之战中，与当时的世界超强之一法国军队互有胜负，打了个平手。

卫新疆还是守沿海？

作为一个全球性的大帝国，英国当时并不仅仅限于在中国的东南沿海搞侵略，在中国的西陲中亚一带，英国同样虎视眈眈。英国，也是西方最著名的战略地理学家麦金德认为中亚地带是世界的心脏，而亚洲、欧洲、非洲构成了"世界岛"，谁要能控制世界的心脏，谁就能控制世界岛，谁控制了世界岛，谁就能统治全世界，这就是今天北约征战阿富汗，美国在中亚到处搞军事基地的秘密，而当时正在急剧扩张的沙俄同样盯上了中亚，于是两个帝国同时将黑手伸向了中国的新疆。

清同治四年（1865），中亚浩罕汗国（在今乌兹别克斯坦境内）军事头目阿古柏在英国支持下，率兵侵入南疆，建立"哲德沙尔"伪政权，进而占领天山南北广大地区，实行殖民统治。清政府忙于镇压内地人民起义，无暇西顾。1871年，俄国又乘机出兵占领时为新疆军政中心的伊犁地区，加紧与英国争夺中国西北边陲。现在我们不得不面对中国近代史上极其沉痛的一面，那就是两次鸦片战争，固然打掉了中国人盲目无知的自高自大，却也打掉了许多中国人，尤其是许多中国官员的民族自信心，因为这些官员了解真正惨败的内幕，由极度的自大转为转度的恐外媚外，用今人的话说，就是从"极左"一下变成"极右"！

李鸿章对中国近代化事业做出那么巨大的贡献，甚至可以说近代史上无人能及，但为什么名声一直不好，甚至很臭，虽然外国人把他捧为"世界伟人"，甚至给他立雕像，但很长一段时间里，李鸿章却成了中国人里投降派甚至是汉奸的一个代名词，就因为李鸿章在民族气节和民族自信心上这一点上犯了错误。

李鸿章此人，肯定是个爱国者，而且是为中国近代化事业做出过许多重大贡献的爱国者，但他一生有两大缺陷为人诟病：其一是私德不谨，这一点他远远比不上曾国藩、左宗棠。俗话说"三年清知府，十万雪花银"，曾、左可谓权倾天下，但官道真是一清如水，不但未贪过一两银子，甚至把自己大部分收入都捐出去办教育，扶危济困，私德官声无可挑剔，曾国藩三子曾纪鸿贫病而死，女婿聂缉椝穷困潦倒，后被左宗棠保荐到上海制造局，为中国实业做出过很大贡献，左宗棠本人西征军过手军费几千万两银子，自己每年不算办公费用，单养廉金（工资）就有两三万两银子，却仅拿出两三百两作为一个几十口人大家庭的用度，余者全部散去办学种树助贫，他一生光工资节余就有50万两银子以上，死时却只留下两万两银子分给四子："尔等四分，各以五千金为度。"完全无负恩师林则徐"儿孙若如我，留钱做什么，儿孙不如我，留钱做什么"的男子气概。

曾、左这份清廉和大丈夫气度实在是永远为世人敬仰，而李鸿章死后据说留下4000万两银子，手肯定是不太干净的。这一点他远逊曾、左。

其二，李鸿章犯的最大一个错误就是恐外，甚至是媚外，和今天的许多精英一样的毛病，在别人的先进和强大面前丧失了民族自信心和自尊心，曾国藩办理天津教案，处死17人以平洋人之气，被全国人民群起而攻之，一世刚强的曾国藩自己在家信中自责："内愧方寸，外干清议""心绪不免悒悒"。随即盲一目。

第二年曾国藩即因"昔年所办之事……贻人讥议。用是寸心焦灼，了无乐趣。境颇顺而心不适"。旋即逝于两江总督任上。

而李鸿章先生对此事的态度是什么？"已有可正法者10余人，议罪20余人，固觉喜出望外。"

杀十几个老百姓就能不跟洋人打仗，李鸿章就喜出望外！

而左宗棠对此事的态度则是："宜养其锋锐，修我戈矛。"

一句话，帝国主义敢侵略中国，那就刀兵相见跟它干！

就是因为胆怯惧洋，使李鸿章失去了一个统帅应有的战略眼光，任何谋略都是以勇毅为基础的，骨头一软，啥都完蛋了，所以李鸿章虽然是个最优秀的经济管理者，却同时是个最蹩脚的战略家和军事家，一生在军事外交战略上可谓毫无战略眼光，就是个常败将军。勇气是一切军事行动的基础，李鸿章毫无勇略，见洋人就怕，浑身骨头就软，更不用说和洋人斗，所以一生一败马江，二失新疆之略，三败甲午，亲手断送了自己缔造的北洋海军，毁掉了自己一世声名。

左宗棠入疆前，反对最激烈的就是李鸿章，当时任文华殿大学士兼直隶总督、北洋大臣的李鸿章竟认定新疆只是一块徒耗兵饷的旷地，"无事时岁需兵费200余万，徒收数千里之旷地"。而且认为中国人收回来了新疆也肯定守不住："且其地北接俄罗斯，西界土耳其、天方、波斯各国，南近英属印度。今昔异势，即勉图恢复，将来断不可守。"

所以，李鸿章的建议就是干脆放弃新疆："此议果定，则已经出塞及尚未出塞各军，可撤则撤，可停则停，其停撤之饷即匀作海防之饷。"他提出了一个极其荒谬的理由，新疆是中国的四肢，丧失了于元气无伤，海疆是心腹，人才会死去，既然轻重有别，就应将西征各军一概从关外撤回。

那中国放弃西陲后，新疆会怎么样呢？这一点李鸿章倒非常有战略眼光了，他说新疆将由俄、英两国瓜分。

倒也没笨到要死的程度！

而左宗棠则坚决主战要求恢复新疆，这就是晚清中国国防史上有名的海防与塞防之争，左宗棠一针见血地指出了新疆在中国国防地缘上不可替代的重要作用："若新疆不固，则蒙部不安，匪特陕、甘、山西各边时虞侵轶，防不胜防，即直北关山，亦永无晏眠之日。"

说得真是一针见血，新疆一丢，中国陕西、甘肃、山西全部腹心都要暴露在外了，左宗棠指出所以守新疆是为了卫蒙古，守蒙古是为了保京师，所以他提出的国防战略是"东则海防，西则塞防，二者并重"。

有恩师林则徐当年提供的宝贵一手资料，左宗棠对新疆的实际情况有相当了解，所以左宗棠坚决要求收复新疆："天山南北两路粮产丰富，瓜果累累，牛羊遍野，牧马成群。煤、铁、金、银、玉石藏量极为丰富。所谓千里荒漠，实为聚宝之盆。"他还说，"我朝定鼎燕都，蒙部环卫北方，百数十年无烽燧之警……是故重新疆者所以保蒙古，保蒙古者所以卫京师……而况今之与昔，事势攸殊。俄人拓境日广，由西向东万余里，与我北境相连，仅中段有蒙部为之遮阂。徙薪宜远，曲突宜先，尤不可不豫为绸缪者也。"

夺回了新疆！大胜！

左宗棠是在廷争中艰难战胜了李鸿章放弃新疆的观点后才得以出兵西征的，事实证明，新疆不但被中国夺回来了，而且中国也一直守到了现在，新疆现在对于中国的国防地位之重要，那谁都知道了。说句实话，在军事上，李鸿章给左宗棠当学生都不配，所以当时，急切扩张的沙俄西伯利亚军区参谋长伊·费·巴布可夫，痛恨地怒骂卫国御敌的左宗棠是"恶毒的敌人"。

清光绪元年（1875），清廷采纳左宗棠等人当务之急是出兵收复新疆的主张，任命左宗棠为钦差大臣，督办新疆军务。左宗棠在多年准备的基础上，采取缓进急战，先北后南，致力于北而收功于南的战略方针，督率7万大军抬棺西出阳关，西征军在前敌总指挥刘锦棠的指挥下，仅用3个月平定新疆北路，第二年再平南疆八城，入侵叛乱匪首阿古柏于库尔勒绝望自杀。自此沦陷10余年的新疆复归中华。

这是一次史诗性的战役。

历史学家们对左宗棠西征军的武器装备情况做了如下简要描述："左宗棠在新疆的胜利还应归因于这一事实，他现在增多了对欧洲武器或者中国的仿造武器的使用。他给他的部队分配了欧洲制的来复枪，这种枪他曾贮备了1.5万支。到1876年，新疆清军的装备有连发枪、发射12磅或16磅炮弹的钢炮、克虏伯的撞针枪和一门欧洲大炮（此炮'能致远数里外，自空而下，以打步马队之成团者最妙'）。左宗棠在兰州的兵工厂除了制造枪弹和炮弹（其中有一些并不完全令人满意）以外，甚至在1875年成功地造出了4支'钢枪管后膛枪'，这是一位俄国官员目睹的。左宗棠的有些部队还在使用旧式劈山炮，但他们似乎没有继续使用土炮。"

"为了给西征部队配备精良的武器装备，左宗棠专门在兰州开办了机器局，大量进行枪炮弹药的生产，还成功仿造了德国的开花炮，大大提高了部队的攻坚能力。他从英国购买了先进的后膛枪，甚至为部分军官装备了当时还很罕见的双筒望远镜。当时的西方媒体惊呼，左宗棠主力部队所配备的武器装备几乎达到了西方强国军队的装备水平。"

西征军的装备情况经笔者详细查证到的情况是，当时受到左宗棠很大信任的胡雪岩来往于上海出售军火的外国洋行之间，精心选择，讨价还价，购买大批军火转运西北，仅1875年在兰州就存有从上海运来的来福枪"万数千支"。

左宗棠对于胡雪岩在上海的采运给予了充分的肯定。收复新疆后竭力主张对胡进行奖励。他认为胡光墉自办理上海采运局务以来，已历10余年，"转运输将毫无贻误，其经手购买外洋火器必详察良莠利钝，伺其价值平减，广为收购，遇泰西各国出有新式枪炮，随时购解来甘，如前购之布洛斯后膛螺丝开花大炮……现在陆续运解来甘者大小尚存数十尊，后膛马步枪亦数千杆，各营军迅利无前。关陇新疆速定，虽曰兵精，亦由利器，则胡光墉之功，实有不可没者"。

因此，左宗棠认为"此次新疆底定，核其功绩，实与前敌将领无殊"，要求破例给胡雪岩赏穿黄马褂以示恩宠。此事也可见复疆清军当时装备之一斑。

左宗棠感觉单纯从上海采运洋枪洋炮运道太长，费用太巨，所以先在西安后在兰州创办过制造局等一批近代工业企业，就地生产，并带动西北地区经济发展，从而也将洋务运动引进了中国最偏僻的内陆地区。其中，于同治十三年（1872）创建的兰州制造局对收复新疆的军火补给起过重要的作用。

兰州制造局主要生产枪炮弹药，产品主要有仿德制后膛螺丝大炮，仿意制重炮，仿德制后膛七响枪，又改进国内原有的劈山炮和广东制无壳抬枪，劈山炮本来很笨重，要13人施放，改进后只需5人，抬枪也由原来3人放一支，改为1人一支，另外还大量生产铜引、铜帽和大小开花子弹等。

史料记载：制造局工匠多为"浙匠"和"粤匠"，虽也有"洋匠"，但中国工匠在该局中发挥了主要作用。产品可考的有：仿制德国"后膛螺丝大炮""延粤匠学造，已成大小二十余尊，与布炮大致无殊"。造轮架大炮，"又仿其意造二百余斤重炮，用车轮架放，亦殊合用"。造后膛七响枪，"局造已成数十杆，亦能及之"。改制劈山炮及广东无壳抬枪，"劈山架改用鸡脚"，"无壳抬枪，改照洋枪式，安宝嗒嘴，用铜帽子"。除此之外，还"自造铜引、铜帽、大小开花子"。

光绪元年（1875），在刘典的筹划下，火药局也在兰州成立了。自此，原先从海外购买的子药也可就地取补了。所造火药，经左宗棠检验并使用，认为好的已能做枪药。与洋火药相比，则洋火药每发只有二钱五分，土火药须要多加七分，力量才可和洋火药相等。可见，土火药与洋火药在质量上还是有差距的。至于其余种类的土火药则远不如洋火药，原因是籽粒稍粗，不很过火。这样的火药用于战场，其威力自然逊色不少，但考虑到当时中国近代工业的总体面貌，也就不足为怪了。就这样，兰州制造局在短短的几年中，生产了大批枪炮弹药，而且生产的武器装备质量非常好，兰州变成了一个积蓄军火的大本营，武器和弹药被源源不断地运往前线。

当时担任战略侦察任务，来华游历的俄国军官索思诺福齐等人专门到兰州拜访左宗棠，索思佩服英、法、德三国产品，也在左宗棠面前宣扬俄国武器的精良，根本看不起中国的武器，认为中国还不可能造出好枪炮的，左宗棠便派人领他们去参观制造局，结果几位俄国人看到制造局不但能仿制法、德等国的军械，还有几种中国独创的产品，如大洋枪、小车轮炮和三脚劈山炮等。同时参观了制造局试炮演习，所放四门后膛炮、三门后膛炮都很好，只有一门不行，结果俄国人虽然认为中国自制的兵器不错，但又怀疑制炮钢材是进口的，左宗棠肯定地告诉他们，钢材亦是局中自炼，于是俄国人同声叹服，再也不夸耀西方的枪炮了，甚至由于同英国人争夺势力范围的矛盾，还表示俄国可以供应出售军火，甚至希望左宗棠早日进军，以便开通茶事（看来俄国人也怕憋死），左宗棠表示军中储备的军火已足够用度，谢绝了俄国的帮助，但从俄国人那里购买了400万斤粮食供应西征军。

为了缓解军火短缺，清军还从京师调运军械装备。从1875年9月至1876年7月，先后4次谕令从神机营和工部向驻新疆哈密、塔城、布伦托海等地的清军拨解大量武器弹药。其中，仅光绪元年（1875）9月20日就命令神机营和工部火药局向驻哈密的文麟拨发带刺刀洋枪200杆、洋帽10万个、7响后膛洋炮200尊，随带炮子10万、各种火药3.2万斤、火绳4000盘出关，由察哈尔都统安排解赴哈密交接。光绪二年闰5月21日，额勒和布也曾命该军赴京制备军装委员富里布承领转运过一批拨自神机营的军火，其中，有洋火药1000斤，大铜帽40万粒。我们还可从荣全请求清迁再由神机营和工部拨解军火的奏折中看出清军弹药构成："由神机营再拨台枪300杆，随带三百分六力以上弹弓500张、皮弦1000条、梅针箭300支，并请饬下工部续拨万夯火药5000斤，枪铅丸6万出，鸟枪火绳1000丈，烘药50斤。"梅针箭等请调300支，可见这时清军中还有弓箭在使用，子弹却一次要了40万发，显然打仗已经完全是用洋枪了，而弓箭则可能只是起仪仗队之类的礼仪作用。

老湘军刘锦棠部是西征主力，这是西征军的核心作战力量，从将领到人员的配置，曾国藩也付出了大量心血，原统领老湘军的猛将刘松山就是曾国藩推荐给左宗棠的。刘锦棠一直打到喀什收复南疆，装备也最优，出关时除原有枪炮外，又配给各种火炮10多门，包括最新式的后膛开花大炮，各种枪支 1000 多杆。"后来又拨过大洋火 100 万颗（直接从国外进口的步枪子弹），标响枪子 2.8 万颗，大号、三号开花后膛炮两尊，各配弹 500 余枚（一门炮配 500 余发炮弹，这种弹药配发数相当高了，相当于现在多个弹药基数），七响后膛洋马枪 300 支，每支配子 80 排，每排 7 发（这肯定是每排 7 发的步枪弹夹）。来福前膛马洋炮 500 门，每门配子 300 发，合膛大号洋尖子 15 万颗进口洋枪子弹。又拨过田鸡炮，不记多少尊，配弹 500 枚，是当时最新式的炮，可打好几里远。当时，还采用了一些利于指挥作战的先进仪器。比如，前线指挥官使用了双筒望远镜。1902 年 5 月，新疆巡抚饶应祺在一份奏折中提及："前督臣左宗棠、抚臣刘锦棠出关，携运后膛来福马枪（用上来福枪了），哈乞开斯、马蹄泥、杆针快、利名登、七响、八响、十三响枪共 2 万余杆。"

这还不包括西征军金顺、张曜等部的武器装备。可见，这时的清军西征部队武器已经完全以枪支和火炮为主了。

由于左宗棠的部队大量装备了进口或仿制的洋枪洋炮，其战斗力有了明显的提高，整个西征军已是一支具有初步近代化色彩的军队。所以英国人包罗杰评论，这支中国军队"完全不同于所有以前在中亚的中国军队，它基本上近似一个欧洲强国的军队"。

这些近代化的武器装备在西征中发挥了巨大威力，特别是炮兵，成为清军克敌制胜的关键所在。

光绪二年（1876）6 月，在清军攻拔古牧地的战役中，火炮初步显示其攻坚的作用。当时，古牧地守敌顽抗不降，"金顺遂饬所部环城正西、西北、西南三面结垒，抽派营勇于南城外昼夜修筑炮台，以高过城身一丈为度。其各面原有炮台，均令培土、铺板以便安炮，迨炮台告成，布置就绪，金顺督所部攻西北一带，并分开花铜炮一尊置湘军炮台"（清军攻城前构筑了炮兵阵地并放列火炮）。

26 日，清军以开花大炮轰塌东北面城垛，"复用开花铜炮并劈山炮紧对缺口连轰之。27 日，移开花大炮斜轰城之正东，其轰塌缺口与东北相似。复以开花小炮及劈山炮环攻不歇"。

从历史记载看，清军炮火相当猛烈。

之后，知府罗长佑督同副将杨金龙及庄伟"率亲兵移开花大炮于正南炮台，伺天色渐明，指轰南门左侧，并调集标针快响枪、七响洋枪、劈山炮排列炮台两侧同时轰击，提督谭慎典、谭和义率中军左四旗，参将董福祥，副将张俊率董字两营，各饬勇丁囊士潜伏墙壕，俟大炮轰有缺口，即行攻入……28日黎明，开花大炮轰动，南城左侧子墙渐圮，大炮测准连轰，城身坍卸过半，城头悍贼潜伏城隈，仰施枪炮。官军标针快响枪、七响枪、劈山炮连发，子注如雨，贼多死者"。

　　凭借强大火力，各路大军乘机飞奔入城，古牧地宣告光复。从史料记载看，清军炮兵火力是此战制胜的关键。

　　后来解放战争陈毅元帅一听说敌军坚固就说"用炮掀它"。

　　在清军攻克玛纳斯的战斗中，新式枪炮显示了巨大威力。清军以后膛开花大炮轰城东北角楼，横塌丈余，又以后膛开花大炮猛轰城西南二面。8月17日，刘锦棠令在城南及西南隅高筑炮台。9月1日午刻开炮，当即轰塌城身2丈余，此次炮击一举将敌军元帅韩刑脓击毙。

　　在清军攻克达坂城的战役中，新式枪炮再次发挥了决定性作用。当时，刘锦棠率军兵临城下，建好炮台，清军测定敌军炮台及城垣方位、远近，连续急促射，"逾时，相继坍坏，俄而一炮子丸，飞堕城中火药房，有声轰然，如山摧地裂。大风起，火势骤张，延烧所储药弹开花子，砰訇震撼，城中人马碎裂，血肉横飞。清军乘势攻入城中，四千守敌或毙或俘，无一逃脱"。

　　诸多历史记载都证明，虽然左宗棠西征军也使用了刀矛，"但得力于枪炮者居多"。清军收复新疆之战的胜利，具有深远的历史意义。它是1840年以来，中国人民对敌作战中取得的少有的一次彻底的胜利。它不仅唤起了中国人民的民族自信心，振奋了民族精神，而且粉碎了英国殖民者借阿古柏反动政权在新疆扩展其势力的阴谋，并使沙俄认为清军收复新疆"那一天永远不会到来"，从而达到永久霸占伊犁地区的阴谋遭到彻底破产。清军在对敌作战中所表现出的非凡作战能力，使帝国主义列强在对待中国问题上，不得不有所顾忌。

　　今天我们对左宗棠收复新疆的历史意义和军事主义有越来越深刻的了解，

但当时这次事件对全世界的巨大震撼即使现在也知者不多，一直密切注视战争进程的英国亚洲问题专家包罗杰说："毫无疑义，是一件近50年内在中亚发生过的最值得注意的事件，同时，这是自从一个多世纪以前，乾隆征服这个地区以来，一支由中国人领导的中国军队所曾取得的最光辉的成就。这又以一种更为不合我们口味的方式证明，中国具有一种适应能力，必须承认这是在中亚日常政治生活中一个很重要的事实。"

然而，这次胜利的取得，除了左宗棠力主西征得到清政府的大力支持，顶住各种压力，扫除重重障碍，保证了西征军的顺利进军外，与西征军的前敌统帅刘锦棠等人灵活机动的军事指挥才能的充分发挥和运用是分不开的。这说明清军这时也拥有了一批能初步驾驭近代化战争的将领，刘锦棠、金顺、张曜、扬昌濬、刘典、徐占彪、董福祥、崔岳、张俊、董双良等回汉各民族将领指挥的清军进军之神速，使外国人也为之惊叹。

包罗杰评论说："中国人的所有军事行动都有他们非凡的深谋远虑的特点，这些行动表明中国将军和他副手们的非凡才干，也表明他的士兵们的服从、勇敢和忍耐力。从曲惠向喀喇沙尔迅速地推进，从那里向布古尔急行军，占领库车，征服者对待平民的宽容，所有这些综合起来使这一段战争对中国和它的将军们，特别是对金顺（应为刘锦棠）说来，是最值得钦佩的。"

欧洲报纸也发表评论说，中国"用兵可谓神矣！"欧人"军律亦无以过此。平时欧洲人轻料中国，谓中国人不能用兵，迄今观中国之恢复回部……足令吾欧洲一清醒也"。

所以，当时美国前副总统华莱士公正地评价："左宗棠是近百年史上世界伟大人物之一，他将中国人的勇武精神展现给俄罗斯，给整个世界。"

第一次把中国工农红军和长征介绍给世界的斯诺评价："当时清政府已趋衰亡，但能干的汉族将领左宗棠震惊世界，收复了湖北、陕西、甘肃、西藏东部，最后带领他的胜利大军。……在中亚细亚那个偏远之地，重振了中国国威。"

南疆阿古柏叛乱势力的背后是英国，北疆更是由沙俄帝国直接侵占了伊犁，而西征军武力收复南疆，又以武力为后盾使沙俄吐出了已经到口的伊犁地区，从左宗棠收复新疆一役即可看出，此时中国军队比10多年前在北京城郊八里桥举着马刀策骑冲锋的情况已经有了甚至可以说是革命性的进步。

不久后的中法战争再次见证了这一点。中国军队在与当时的世界军事超强之一的法军直接作战中互有攻守，打了个平手。

中国海军在战斗！

当时中国陆军有了较大的进步，而中国海军的进步甚至更大，在第二次鸦片战争中，中国海军虽然再次惨败，但比第一次鸦片战争时完全任人宰割的局面已是天壤之别，而且斗志极其高昂，战争中中国海军的战术表现比八里桥的清朝陆军好得多。

第二次鸦片战争中，英国海军上将西马縻各厘率英国舰队闯入广东虎门，10月22日攻入广州，大肆烧杀抢掠，广东水师和中国百姓则以游击战术不断反击，连西马縻各厘的旗舰"科罗曼德尔"号也遭到猛烈攻击。

史料记载：1857年1月4日，广东水师首次向英国军舰发起大规模的主动进攻。下午1时，首先攻击英军盘踞的炮台。约有70只大沙船和30只各配备40条至60条桨并在首尾安设重炮的兵船，直接列阵珠江江面，猛烈而准确地射击西马縻各厘亲自率领的英军增援舰艇。直到涨潮的时候，中国沙船才开始退往小支流上去了。在另一处，自下午1点半起，约180只或200只沙船，配有同样的划艇，向英舰进攻；还有22只沙船，连同划艇，也从一条小河上开来。当它们距离英国船舰约1500码时，展开了灵活的炮击，英军也立即反击，一场激烈的战斗开始，一直持续到2时3刻，中国船艇才扬帆撤回到小河上去。

在以上两处战斗正进行时，一支由20只沙船组成的分遣队，从另一条小河开来，但为英军所阻，进攻没有成功。外国人在宁波办的《中外新报》报道说："据英人云，中国人打仗，向无如此大胆，其战法亦较前为胜。"

中国海军战志之旺为两次鸦片战争以来仅见，这次战斗之后，火箭和火药瓶仍不断掷入英国船舰。西马縻各厘上将变本加厉地以攻击中国平民和非军事目标来报复，决定烧毁外国商馆附近（即十三行一带）的中国房屋，其中不少是储存着货物的中国商民的货栈。

根据他的命令，1 月 12 日清晨，英军放火队出发，先焚所赁居之洋行，渐延渐广，自西濠至西炮台，一昼夜毁数千家中国民居。西马縻各厘乘机派一支规模不小的军队进城。然而，中国人这次却是有戒备的，这队英军走近城墙时遭到射击，结果死了 2 人，重伤 11 人，轻伤 2 人，进攻被击退。

由于中国军队不断地袭击，商馆周围的英军阵地朝不保夕。1 月 14 日，西马縻各厘决定放弃该阵地及在荷兰洋行的阵地，退守凤凰冈炮台和大黄炮台。次日，驻黄埔村的英军也被迫撤离。

陆上的战斗以英军的撤退告一段落，广州军民再接再厉，全力攻击水上目标。1 月 16 日，当一只英船通过珠江左岸一条小河河口时，同 120 余只沙船和师船遭遇，后者即展开猛烈的射击，很快就重伤了英船的领港，还有 3 名水手为弹片所伤。在佛山，一艘为广州英军运送给养的轮船被截获。1 月 21 日夜间，英军被迫再次收缩战线，除大黄炮台外，放弃了省河两岸和岛上的所有据点。

西马縻各厘上将在一份报告中哀叹，他已经"饱受数以百计的中国舢板的袭扰"和"火船以及其他设计巧妙而又凶险的兵器的攻击"。他深恐成为瓮中之鳖，终于在 2 月 15 日率舰队退往虎门之外，只保留了海军上尉贝德率领的大黄炮台 300 名守军。他们被中国水师围困，与外界隔绝，缺吃少喝，席不安枕。贝德颓丧万分，竟然声称"宁可进纽基特和潘敦威尔监狱，都不愿意待在这个地方"。

5 月下旬，琼州镇总兵黄开广募到红单船 60 余艘，合各巡船共百余艘，驻平洲三山河面，准备向大黄炮台的英军发动总攻。为了解除中国水师的威胁，5 月 25 日，西马縻各厘上将不得已杀了个回马枪，率领 20 多条炮艇，首先攻击停泊在东江口北部的遁溪的一队中国师船。经过连续 3 天的战斗，有 28 艘师船被击毁，但英军的损失也不轻，每 10 人中就有一人被打中，即使在欧洲战争中，也算得上一个很大的比例。

6 月 1 日，英军一支 1900 人的舰队攻占了平洲附近三山两座炮台，摧毁了黄开广的 72 艘师船。当一支 500 人的英军分舰队到达佛山附近时，遭到当地炮台上 20 门发射 32 磅重弹的大炮和上百门小炮的猛烈轰击，现时还有 89

只师船支援这些炮台，战斗进行得非常激烈，有很长的时间不分胜负。英军最后虽攻下炮台，焚毁师船，但也在此死 13 人，伤 40 人。

西马縻各厘的侄子，即 1900 年曾率八国联军进犯北京、被义和团拦阻袭击后败退回天津的西摩尔，当时作为一名见习生参加了佛山之战。他在回忆录中心有余悸地说："领导我们的'香港'号搁浅了……许多发炮弹马上击中它……（分舰队司令）凯佩尔准将的座舰被击成粉碎沉没……我所乘搭的敞篷汽艇同时也受一发炮弹穿透而沉没，而且恰在同时，'高飞'号上的一个军官被一发炮弹炸成两截，他的尸体从我们头上抛过去。"

对这几场战斗，当时西方国家的刊物《两个世界杂志的年鉴》有如下评述："中国舰队几乎全部被歼，然而和它进行的这三次战斗却是异常激烈的。英国人遭受到严重的损失。他们承认，在 1842 年的战争中曾目睹天朝帝国的师船和水兵不经一击，一触即溃；然而在这以后，中国人的军事训练和武装却已大有进步。大炮造得很好，口径很大，另外，火绳枪也由射程很远的欧洲枪所代替。"

另一位评论者说："而中国人在佛山确实比人们所预料的要打得好了不知多少。正由于此，海军上将（西马縻各厘）才函告本国政府……'这次战斗揭开了中国战史上的新纪元：中国人在防御方面极为灵活，而且很有勇气。'英国方面有 84 人阵亡或负伤。"

遁溪、平洲、佛山三役，英军虽达到了削弱中国水师以救援大黄炮台守军的目的，但却遭受了空前惨重的损失。

从这些外国资料的记载分析，中国海军的表现与第一次鸦片战争中的表现已是天壤之别，虽然技不如人，艺不如人，但中国海军没有放弃自己的职责！

一句话：中国海军仍然在战斗！

中法剑拔弩张

历史上，中国东北边境的朝鲜、西南边境的越南与中国有非常特殊的关系，其实质远非藩属那么简单。中、朝、越三国彼此也打过仗，但由于政治、经济、文化上不可分割的血缘关系，实际上，从唐朝开始，三个国家关系已经基本稳定并大致形成这样的格局：朝鲜、越南名义上是向中国进贡的藩属国，而中国回赐的物质则不知超过了其象征性贡品的多少倍，而且在朝越两国遭外敌入侵时，中国必须负起保护之责。唐末以后，只有中国改朝换代时的乱世间，中朝、中越关系会有一些波动，其他绝大多数时间三国关系都是非常稳定的，明代更列两国为永不征伐之国，清代也没有打过仗，毫不夸张地说，中朝越三国历史上是真正的千年友好邻邦（后来被西方帝国主义殖民近百年后，韩越都有人患上西方为一己私利任意歪曲篡改历史的坏毛病，把三国之间十分清晰的历史篡改得面目全非）。从地缘上说，朝鲜、越南两国是中国的门户，唇之齿寒，只要外敌入侵，两国政府求救，中国历代政府为了自己的安全，是肯定要前往救援的，就因为这个原因，中国为朝鲜打了万历援朝战争，甲午战争，以及后来新中国的抗美援朝战争，抗法援越、抗美援越战争。

法国在 1883 年进攻越南，强迫越南订立《顺化条约》，意使越南脱离中国的藩属，成为法国的保护国，法国进攻越南，越南宫廷当即两次向中国求救，这是无法不救的，于是慈禧太后下诏向越南派兵，中法战争开始。

1883 年 12 月 11 日，法军向驻扎越南山西的中国军队发动大规模进攻，挑起了中法战争。在不到 5 个月的时间里，全部占领了红河三角洲。清军败退。法国看准了清政府的虚弱本质，决定利用谈判迫使清政府屈服。在法国威胁下，1884 年 5 月，李鸿章与法国海军中校福禄诺在天津签订《中法简明条约》，清政府承认法国对越南的保护权，驻越清军撤回中国边境，开放中国与越南北部毗邻的边界，迫不及待的法军不顾中法双方尚未就中方撤兵问题具体协商，就再次向谅山中国驻军攻击，中国近代史上非常著名的爱国武装"黑旗军"和越军利用越北山区地形抗击法军，仗打得相当漂亮，一度遏制了法军北进势头。李鸿章在中法战争取得局部胜利的时候，主张见好就收，理由是国家贫弱，要韬光养晦，否则后患无穷。李鸿章向来是洋人把屠刀架自己脖子上也舍不得反抗，只想谈和的，现在前方打了胜仗，有了谈和的本钱，那就更是要谈和了，在李鸿章签订了中法《李福协定》后，"清流派"对其发动弹劾，并且拒绝执行《李福协定》。法国方面见条约无法得到实现，随即出兵台海胁迫清廷。

1884年6月26日，孤拔海军中将在中法正式宣战的前夕被任命为法军远东联合（特混）舰队的司令。当时，法国是世界第二海军强国，在1882年，它已经拥有38艘铁甲舰、9艘岸防铁甲舰、50艘巡洋舰、炮舰和60艘鱼雷艇，总吨位达50万吨。凭借这样一支强大的海军，法国与另一个老牌殖民帝国英国一起在世界上耀武扬威。中法战争前夕，随着战争形势逐步升级，法国也不断向远东增兵，孤拔指挥的法军舰队兵力，虽然没有精确统计，但一般来说，至少是有20~30艘各种舰只的联合编队。

8月4日，法军炮轰台湾基隆，清军炮台火炮口径太小，无法有利回击敌舰，防御阵地连连被毁，这时清军的战术表现与两次鸦片战争只会死守炮台与阵地俱亡就完全不一样了，淮军名将刘铭传当即下令撤出炮台守军，退到法军舰炮射程之外设伏，此举果奏奇效。8月6日，清军即将深入法军多面合围，击毙击伤法军100多人，而且缴获了火炮四门，法军登陆兵只得退回炮舰，这一仗刘铭传避敌之长，击敌之短，打得漂亮之至，孤拔见在台湾占不到便宜，转而袭击马尾福建水师，企图封锁洋面，从根本上断绝台岛的后援，并在心理上给守卫台湾的淮军刘铭传以及台岛民众以致命的打击，诱使其早日投降。8月23日法舰对福建水师发起进攻，导致了中法马江之战的爆发。

马江，马江，跟战舰共存亡！

而李鸿章在中法战争中再次软骨病大发，一厢情愿地指望与法国人和谈，军事上不但不做丝毫准备，甚至不许舰队备战，这直接导致了马江之战的惨败。所以左宗棠当时怒责"十个法国将军也比不上一个李鸿章"。

台湾之战前，在孤拔率领下，法国远东联合舰队的主力舰只以"游历"为名陆续进入马尾军港，钦差会办福建海疆事宜大臣张佩纶、闽浙总督何璟、福建船政大臣何如璋、福建巡抚张兆栋、福州将军穆图善等，由于对国际法浑然不知，加之畏敌怯战，竟任由法舰违犯国际惯例，驶入马尾军港，甚至给予友好款待；同时，命令各舰："不准先行开炮，违者虽胜也斩。"驻在马尾港的中国海关不但不予以制止，反而给予法舰"最友好的款待"。于是，法舰在马江出入无阻。他们与福建水师军舰首尾相接，并日夜监视之，前后为时月余。福建水师处于被法舰围困的状态，战争一触即发。福建海军许多官兵请战，要求自卫：不少士大夫上书要求直隶总督兼北洋大臣李鸿章派北洋水师支援，以挽救大局。但李鸿章执意求和，不准抵抗，更拒绝增援。何如璋等也怕影响和谈，命令各舰不准发给子弹，不准无命自行起锚。就这样，中国海军整整一支舰队在自己的军港里，竟被来意不善的法国军舰逐艘盯死，想备战，却连子弹都得不到，所以李鸿章挨左宗棠的痛骂，的确不是没有原因的。

清廷特派主持福建沿海防务的会办福建船政事务大臣张佩纶（张佩纶后娶李鸿章之女为妻，著名作家张爱玲即是其孙女）立即发电，请求其他三洋舰队派舰支援，但只有广东水师派了 2 艘军舰。在搬救兵的同时，张佩纶及船政大臣何如璋、福州将军穆图善等多次致电清廷询问战守之策，但得到的多是"彼若不动，我亦不发"之类的命令，于是便不顾水师将领的请战，下严令"无旨不得先行开炮，必待敌船开火，始准还击，违者虽胜尤斩"。就这样，海战尚未开始，中国海军的手脚就被束缚起来了，就凭中国海军这个前线统帅部的极度怯战，马江海战的结局几乎就已经确定的。

22 日，孤拔接到法国政府命令，当晚 8 时法国各舰舰长召开作战会议，决定于次日下午 2 时左右，法国舰队利用落潮的有利时机发起攻击，利用退潮转移舰身之机，向中国舰队发动进攻，此时法国军舰可以利用舰艏攻击中国军舰的舰艉，舰艉是军舰最为薄弱之处，极易遭到破坏，而且被限令停泊中的中国舰队即使作出反应，也要做整个半圆形的回转，才能掉转船头作战，如此，法国舰队就占有了"决定性的战略优势"。

8 月 23 日上午 8 时，为避免港内的各国军舰误会，法国舰队将开战通知送达各国领事馆，并告知了马尾港内的英国"冠军""蓝宝石""警觉"，美国 "企业"等 4 艘军舰。当日上午 10 时，闽浙总督何璟接到法方送来的战书，声明 4 小时后向中国开战。我们必须承认，法国侵略军在开战这件事上的确恪守了国际法，比"二战"日本偷袭珍珠港光明正大一点。但愚蠢的清朝官员竟然对福建水师官兵封锁消息，不准请战官兵"轻举妄动"，而寄希望于乞求法军延期进攻。而何璟干脆将消息对外封锁，直到中午 12 时过后方才告知张佩纶等人，真是要多饭桶就多饭桶，要多窝囊有多窝囊，驻福州的福建巡抚张兆栋以及旗舰"扬武"号管带兼舰队指挥张成，也都先后逃之夭夭。都够得上执行战场纪律当场处决的份儿。这种指挥官西方国家开个军事法庭审一下走个过场就要枪毙。

张佩纶、何如璋闻报后大惊，以中国来不及准备作战为由，命精通法语的福建船政著名工程师魏瀚乘船前往法方交涉，听任各舰抛锚江心，实际上是让各舰坐以待毙。当他们看到法舰升火待发，才慌张起来，以未做好战斗准备要求法方把开战日期求延至次日开战。而法国舰队旗舰"窝尔达"号看见中国方面驶来一船后，认为是中国军舰来袭，13 时 45 分，孤拔随即下令对中国舰队开火，法军一开炮，岸上的张佩纶即被当场吓晕。

马江海战爆发。

开战前，先后进入马尾港的法国军舰有 10 艘，另有鱼雷艇 2 艘，还有 2 艘军舰在金牌、琯头一带江面巡弋，阻止清军塞江封口，保障后路安全。参战法舰共有重炮 71 门，还有不少射速为每分钟 60 发的哈齐开斯机关炮，官兵共有 1790 人。总吨位约 15000 吨，其中 4 艘巡洋舰吨位在 2000 吨以上，凯旋号装甲巡洋舰吨位甚至高达 4127 吨，旗舰"窝尔达"号木壳巡洋舰吨位也有 1300 吨。

而福建船政水师仅有旗舰木壳巡洋舰"扬武"号和两艘木壳运输舰，两艘炮舰吨位在 1000 吨至 1500 吨之间，中国军舰虽有 11 艘，但总吨位仅 6500余吨，炮 47 门（大口径炮很少），官兵 1176 人。装备火炮 50 余门。且中国舰队的军舰大都采用立式蒸汽机，机器在水线之上，又无护甲，极易被破坏，装备的火炮又基本都是前膛炮，既没有装甲，威力、射速又都不如法国军舰装备的后膛炮，更为不利的是，法国舰队还装备了当时的新式武器——机关炮、鱼雷。

从吨位、防护能力、重炮数量、兵员素质等方面比较，中法两国海军实力悬殊，法国舰队显然占有优势。但是如果清军充分备战，与海岸炮台密切配合，未始不能给法舰重创。当日 13 时 56 分，孤拔趁落潮的有利时机，指挥法舰突然袭击福建水师。福建水师舰只未及起锚即纷纷起火，在十分不利的情况下，福建水师基层官兵自发英勇还击，纷纷与法军血战到最后一刻后殉舰同沉。

当时，福建船政的舰船有 8 艘环卫船厂：运输舰"永保""琛航"泊于船厂水坪前；旗舰"扬武"率炮舰"福星""福胜""建胜""伏波""艺新"泊于罗星塔上游与法舰相拒；另外 3 艘炮舰"振威""飞云""济安"泊于罗星塔下游海关附近。此外，还有 10 余艘绿营福建水师的旧式师船和许多武装舢板，分别停泊于罗星塔南侧。法国军舰与船政舰队相距仅有数百米，对中国军舰形成南北夹击之势，所以进攻是从两个方向同时开始的。

罗星塔上游方向，孤拔指挥旗舰"窝尔达"等舰集中主要火力攻击船政旗舰"扬武"，以部分炮火攻击其他舰船。"扬武"来不及掉转船头，一面砍断锚链，一面发尾炮还击，第一炮就打中"窝尔达"的舰桥，炸死法军 5 人，法军又以 46 号杆雷艇攻击"扬武"，另以 45 号杆雷艇攻击"福星"。"扬武"右舷中鱼雷重伤，上层建筑也开始中炮起火，管带张成弃舰乘舢板逃走。"扬武"舰官兵虽顽强抵抗，但军舰受伤过重开始下沉，在沉没的最后一刻，一名水兵爬上主桅顶挂出龙旗，表示"舰虽亡，旗还在"，最后"扬武"舰和舰上的官兵共同殉国。

法军 46 号杆雷艇击中"扬武"后，随即遭到中国陆军岸炮的轰击，锅炉被击中爆炸，一人被炸死，军舰完全丧失了战斗力，逃向下游。攻击"福星"的 45 号杆雷艇偷袭未成，遭到"福星"官兵的猛烈回击。由于距离太近，"福星"舰又没有机关炮，官兵们便使用步枪等一切能用的近战武器攻击敌舰，46 号艇艇长拉都被步枪击中眼睛，杆雷艇也多处受伤，急忙掉转船头，逃向美国军舰"企业"号附近躲避。"福星"舰管带陈英指挥官兵击退 45 号杆雷艇后，急令起锚，掉转船头攻击敌舰。陈英不顾"弹火雨集，血肉风飞，犹屹立指挥，传令击敌"。他的随从劝他暂避敌锋，他对部下说"此吾报国日矣！吾船与炮俱小，非深入不及敌船"，下令冲向敌舰。孤拔指挥 3 艘军舰围攻"福星"。陈英大呼"大丈夫食君之禄，当以死报！今日之事，有进无退！"指挥所有火力猛击法军旗舰，但因炮小弹弱未能击中敌军要害，在望台督战的陈英却不幸中炮身亡，三副王涟继之开炮奋击，亦中弹身亡。"福星"舰"死伤枕藉，仍力战不退"。法舰又施放鱼雷，击中"福星"暗轮；接着，舰上火药仓又

217

中弹起火，"福星"号这才爆炸下沉，全舰官兵95人，仅幸存20余人。

跟随"福星"之后冲向敌舰的"福胜""建胜"两舰是用来把守海口的蚊子船，仅在舰首装备有一尊不能转动的前膛阿姆斯特朗16吨大炮，火力很弱，而且马力小、笨重迟缓，无法靠近援救"福星"，只能远距离射击。"建胜"开炮击中孤拔旗舰，轻伤其舰首。敌舰以重炮还击，"建胜"多处中炮，管带林森林阵亡，游击吕翰继续指挥作战。吕翰，广东鹤山人，船政驾驶班第一届毕业生，战前即遗书老母妻子表示，"见危授命，决不苟免"。开战后，吕翰短衣仗剑，督率"福胜""建胜"两舰迎击敌舰，面部中弹，稍事包扎又继续指挥。"建胜"迫近敌舰时被击沉，吕翰中炮阵亡。管带叶琛指挥的"福胜"舰开战后尾部中炮起火，死战不退。叶琛战斗中面部受重伤，忍痛督炮连中敌舰，最后饮弹身亡，"福胜"舰亦被击沉。

罗星塔上游方向的另外两艘炮舰"伏波"和"艺新"，在敌舰发出的第一排炮火中就被击伤起火，遂向上游福州方向撤退。法军旗舰"窝尔达"号追击，"艺新"转舵发炮，敌舰退去。"伏波""艺新"两舰退出战斗，驶至林浦搁浅。

"永保"和"琛航"两艘运输舰火力薄弱，自知无法伤敌，战事一起，立刻拔锚，开足马力撞击敌舰，意图与法舰同归于尽，法舰拼命发炮阻击，两舰在如林水柱中相继被击沉，舰上官兵全部殉难。法国"凯旋"号装甲巡洋舰罗星塔下游方向，船政的3艘炮舰"振威""飞云"和"济安"与3艘法国军舰对峙。海战开始后，与"振威"同泊的"飞云""济安"两舰，还没有来得及起锚就中炮起火，很快沉没，这是马江海战中最早被击沉的两艘中国军舰，法舰早已精确测距，中国军舰连火都不许升，无法移动，所以战事一起即被击沉。"振威"舰最快做出反应，立即发炮轰击附近的法舰"德斯丹"号。"振威"管带许寿山，砍断锚链应战，迅速反击，并冒着炮火登上望台指挥。法军集中3艘军舰的火力攻击顽强抵抗的"振威"舰。"振威"舰船身多处中弹，遭到重创，轮叶被击毁。最后关头，"振威"号开足马力向法舰"德斯丹"号冲去，意欲同归于尽。法舰"费勒斯"号急忙以侧舷炮拦击。"振威"舰锅炉中炮爆炸，船身开始下沉。许寿山仍继续指挥顽强奋战。外国的目击者描述说："这位管带具有独特的英雄气概，其高贵的抗战自在人的意料中；他留着一尊实弹的炮等待最后一着。当他被打得百孔千疮的船身最后额斜下沉时，他乃拉开引绳从不幸的振威发出嘶嘶而鸣、仇深如海的炮弹"，许寿山这最后一炮重创敌舰长和两名法国士兵。这位外国目击者惊叹，"这一事件在世界最古老的海军记录上均无先例"。32岁的许寿山与大副梁祖勋打完这最后一炮后，被敌舰机关炮击中，壮烈殉国。

停泊在港内的中国旧式水师的帆船和炮船根本不是法舰的对手，"但见敌燃一炮，我沉一船"，很快被全部打沉。沿江人民自发组织起来的火攻船也多数被毁。

江上激战持续了30分钟，很快就以清军的失败而告终，到下午2时25分，马江海战结束。

福建水师兵船11艘、运输船19艘，全被法舰击沉、击毁，官兵阵亡521人，受伤150人，下落不明者51人。法军仅死5人，受伤15人，有两艘鱼雷艇受重伤，其余为轻伤。

此役中，詹天佑的同学，中国派出的首批留美幼童中的四名阵亡，其中三名在美国麻省理工学院毕业。

船政舰队覆灭后，当日夜间，沿江中国居民自发驾驶渔船、盐船用水雷等武器对法国舰队发起火攻，整个23日夜间，马江上下火光冲天，雷声、炮声不断。

由于法国远东舰队司令孤拔在中法战争中重伤死于澎湖群岛，历史上对其死因有多种说法，有说是马江之战中孤拔受伤，民间野史则说是当地尚干乡义勇林狮狮当日深夜孤身驾着一条独炮小船，借夜色掩护接近法舰，冒死连续装药发炮击伤了孤拔，无论这个故事是真是假，都可佐证当夜中国百姓和乡勇确实对法军发动过攻击。

七月初四上午，部分法军炮舰乘涨潮上驶，用大炮轰毁福州造船厂，使之变成一片瓦砾。这对中国刚起步的造船工业造成了极其巨大的损失，福州船政局的造船能力此后再也没有恢复到被破坏以前，直到60年后中华人民共和国成立才真正恢复了生机，此事也可见西方帝国主义者对福州船政局这个中国当时最大的军船基地的痛恨与畏惧。

七月初五，法海军陆战队一部在罗星塔登陆，夺去了3门克虏伯大炮。

此后几天，法舰驶向下游，逐次轰击闽江两岸炮台，炸毁无数民房，然后鱼贯而出，退至马祖澳（定海湾）。马尾海战的惨败，主要是清朝政府妥协政策和前敌将领昏聩畏敌造成的，也是中国军事技术落后于法国的结果。但是我们同时也看到，这是鸦片战争以来，中国海军舰队第一次与西方超级大国的海军正面抗衡，虽然多方因素造成了马江海战的惨败，虽然清军各方面都比法军落后很多，但中国海军当时的装备、战术、技术的确与两次鸦片战争中的表现有天壤之别，一些上级军官虽然惧战畏战，但绝大多数中下级军官和普通士兵的战斗精神和战斗意志却是无可挑剔的，事实上，对任何一支海军来说，这种不惧牺牲，勇于战斗的钢铁意志和战斗精神，才是舰队最宝贵的财富。我们只从阵亡福建水师将领及军官的名单中就知道，这支中国舰队的绝大多数军官都战斗到了最后一刻。

马江海战之后，朝廷命建昭忠祠，中祀栗主12座，东西配飨各24人，均舰上弁目及练童、医生等，两庑祀阵亡兵士736人，船政大臣裴荫森制文立碑，以慰忠魂而垂不朽。

此战福建水师仅七品以上军官就战死32人，舰长、副舰长战死17名，可见，绝大多数中国战场指挥官的确都能恪尽职守，与战舰共存亡。

马江战役惨败的消息传出，中国老百姓顿时沸腾，一致要求对法宣战。

大捷镇南关

8月26日，马江战役3天以后，清政府终于顶不住民间压力，正式下诏对法国宣战。据说在此之前，慈禧六神无主，先是招来醇亲王奕譞哭诉："不愿再经历咸丰故事（指火烧圆明园），也不愿大清江山由我手上丢失，由我示弱。"

奕譞只是一味排外，对军事外交都不是内行，这时候也没了主张。于是又召集御前大臣、军机大臣、总理衙门大臣，六部九卿、翰詹科道一起开御前会议，议论不决。慈禧说："和亦后悔，不和亦后悔。和就是示弱，不和就会割地赔款而且损兵折将。"群臣听了，面面相觑，许久无人发言。

此时 73 岁的左宗棠缓缓起立说："中国不能永远屈服于洋人，与其赔款，不如拿赔款作战费。"

慈禧含泪称是，于是宣战。左宗棠随即以钦差大臣的身份南下，督办福建军务，主持对法作战事宜，在这位中国老统帅的坚定指挥下，中法战争终于迎来了真正的转机，胜利的天平开始向中国倾斜。

9 月 30 日，法军再次猛攻台湾，一路由孤拔亲率十一舰进攻基隆，另一路由利士比率四舰袭击沪尾，企图直捣台北，强占整个台湾，刘铭传放弃利于法军发挥舰炮优势火力的死守海岸战术，坚壁清野，炸掉了基隆煤井，销毁存煤，不留一块煤给法军当燃料（当时军舰锅炉烧煤）。转移机器、炸毁厂房，留了基隆一座空城给孤拔，主力撤基保沪，再次对法军登陆部队设伏待机，10 月 8 日，800 名法军钻进了刘铭传伏击圈，刘铭传亲率卫队出击，一举击毙法军 300 多人，沪尾之战中，法军 800 人登陆部队被击溃，"拉加利桑尼亚"号陆战队队长方丹，"雷诺堡"号见习军官罗兰和狄阿克，"凯旋"号陆战队队长德荷台均被清军枭首，士兵伤亡数百。法军士气大沮，直到战争结束都未敢再犯沪尾。这便是中国史书称作"淡水大捷"的战斗。根据法方发表的数字，法军共死 9 人，失踪 8 人，伤 49 人，这是明显的虚报，因为孤拔承认，我们的损失十分严重，因此我决定放弃占领淡水埠口。因为我们军队员兵，仅勉强足供基隆使用。

很明显，法军若真只战死 9 人，是不可能放弃作战计划的，刘铭传报告："馘首级 25 颗，内有兵酋 2 名。枪毙约 300 名。"

法军失利后，法国远东舰队随即开始了对台湾的封锁，以断绝台湾守军的外援。

但这时中国军队的前敌统帅已是左宗棠，这可不是软骨头，左宗棠当即毫不犹豫地下达"渡海讨贼令"，派部队以偷渡、强渡的方式携大批物资不断越过海峡支援台湾。是年底，三营"恪靖讨贼军"（左宗棠爵位二等属靖侯）在王诗正率领下扮作渔人成功越过法军封锁线登陆台湾，投入台湾保卫战，台湾军民士气顿时大振，鉴于福建水师已全军覆没，在直接派兵支援台湾的同时，左宗棠又奏请朝廷派北洋水师和南洋水师前来支援，11 月 20 日，北洋水师"超勇""扬威"二舰（管带分别为参将林泰曾、都司邓世昌）与南洋水师"南琛""南瑞""开济""澄庆""驭远"五舰会合援助台湾，并以"开济"为旗舰，由记名提督总兵吴安康统帅。

1884年12月，日本利用清政府忙于中法战争，无力他顾之机，操纵中国属国朝鲜的亲日派开化党人发动政变，挟持国王，组织亲日政权，史称"甲申政变"。清政府为控制朝鲜局势，急令在上海的"超勇""扬威"二舰开赴朝鲜协助陆军平乱（注意，这个时候日本已经开始登场）。就这样，南洋水师开始单独援台作战。五舰于1885年1月18日南下，26日驻泊浙江南田、31日泊玉环。

法国舰队司令孤拔中将得知消息，立即把封锁台湾的任务交给少将利士比，亲自率舰队截击中国水师。2月3日孤拔率领7艘战舰驶抵吴淞口外搜索南洋水师的军舰。10日，主力巡洋舰"杜鲁士居因"号因燃料不足退回基隆。

3月1日下午3时，法军以"凯旋"号居首，率3舰进攻招宝山炮台，炮目周茂训开炮还击，港内的"开济""南琛""南瑞"也开炮攻击法舰，清军炮火犀利，首炮即正中"凯旋"号舰首，第二炮击中头桅，第三炮击中舰尾，这时清军海岸炮基本都是进口的德国克房伯后膛炮，威力已非鸦片战争可比，所以给法军造成重大损失。炮战两个小时，法军终于不支撤退。清军初战告捷后，为防法国鱼雷艇偷袭，南洋三舰统帅吴安康派出3艘舢板，各装1门格林炮，在镇海口外彻夜巡逻。3月2日晚8时，法国鱼雷艇前来偷袭，遭到巡逻舢板的痛击，狼狈逃出，中国军官《三国演义》都看得精熟，连海军也很会防劫营的。

3月3日上午，法军军舰再次袭击镇海口炮台，遭到中国守军猛烈炮击，守备吴杰在招宝山威远炮台亲自发炮，这下更猛，清军一发炮弹击断了"巴雅"号的舰首主桅，下坠的桅木，把正在舰桥上指挥作战的孤拔砸成重伤，法军败退。

3月5日，敌2条小船运兵企图在南岸馒头山登陆，被守军击沉。3月14日，法舰在海口与清军进行炮战。3月20日，薛福成决定夜袭敌舰，派遣副将王立堂秘密地把8门克房伯后膛炮推到南岸海边，出其不意地轰击敌舰，有5发炮弹击中目标，"巴雅""凯旋"受伤，法军败退。自此以后，法国舰队无计可施，只得每日在港外游弋，直至中法停战，再未敢入侵镇海。6 月 29 日，法舰被迫全部退走。镇海之战是中国近代海军配合陆军作战的第一次胜利。法国舰队司令孤拔被击伤，不久在澎湖死亡。

而这时，就在中越边境的镇南关，中国军队打了一次真正的大胜仗，取得了中法之战的决定性胜利，这就是镇南关大捷！

就在左宗棠派出的王诗正部登陆台湾不久，法国再次增兵越南，1885 年 2 月，法军统帅波里也集中两个旅团万余人攻进中国广西边境，占领了广西门户镇南关，炸毁了中国国门，并在镇南关前的废墟上插上一块木牌，上面用汉字大书："广西的门户已不再存在！"

就在这时，又一位中国老将赶到了前线，这位 70 岁的中国老将立即令人在关壁上大书："我们将用法国人的头颅重建我们的门户！"

他就是中国著名爱国英雄将领冯子材！

是年 3 月 21 日，法国东京军区副司令尼格里上校率第 2 旅 143 团第 1 营和外籍军团第 2 营再次猛攻镇南关，危急关头，冯子材传令诸将"法再入关，有何面目见粤民？何以生为？有退者，无论何将遇何军，皆诛之！"

冯子材随即持矛大呼，头裹布帕脚踏草鞋，率两个儿子冯相华与冯相荣率先跃出长墙冲阵，清军士气大振，左宗棠派出的"恪靖定边军"和各部清军一起全线出击与法军白刃肉搏，法军抵敌不住，立时大溃，弃尸近千，中国军队沿途追杀攻进越境，乘胜收复了解放军对越自卫反击战中夺取过的谅山，谅山一仗即毙伤法国 1000 余人，扭转了中法战争整个战局，法国茹费理内阁因此战失败垮台。总指挥官尼格里也身负重伤，一堆残兵败将，拼命向南逃跑。

一败涂地的法国侵略军，为了活命，把大小辎重、枪炮全都扔了。甚至连抢来的 13 万块银圆，也都抛进了江里。

正当冯子材筹划攻取河内，规复全越之时，清廷却下诏停战，冯子材被迫含泪撤军回国，将士白骨，功亏一篑，原来这时李鸿章又要谈判了。

慈禧此人，典型的"头发长，见识短"，对内玩权术搞平衡，维持清贵族统治那是很有一套的，敢说中国历史上甚至没有几个万岁爷比得上。为了清政府和自己的利益，她也支持洋务派搞点小改革，但是一旦触动自己的权利体系和满族统治根基，那慈禧是坚决不干的。所谓"宁与外人，不予家奴""量中华之物力，结与国之欢心"，中法战争若全胜，汉族人军政势力将更加强大，满族人就很难驾驭了，于是慈禧又要求和了，现在中国打了胜仗，正好有条件跟法国重新"和好"！

这就难怪梁启超入木三分，鞭辟入里地讽刺慈禧和李鸿章一干软骨头："即使果亡矣，果分矣，而吾今年七十矣，八十矣，洋人不来，强盗不起，我已快活过了一世矣""若不得已，则割三头两省之土也奉申敬贺，以换我几个衙门，卖三几百万人民作仆为奴，以赎我一条老命，有何不可？有何难办？呜呼！今之所谓老后，老臣，老将，老吏者，其修身齐家治国平天下之手段，皆具于是矣。"

哪里想过子孙怎么办！

就这样，1885年4月4日，中国政府通过英国人金登干，跟法国政府签订了停战协定。4月7日，慈禧太后下令停止中法战争。

6月9日，李鸿章跟法国驻华公使巴德诺，在天津正式订立了一个条约，也就是中法《越南条约》。这个条约虽然是在中国方面以战胜国的一方与法国签订的，可条约的内容，却仍然是非常屈辱的，完全像一个战败国一样，出卖了国家的主权。

从镇南关大捷，到中法《越南条约》的签订，我们不难看出，中国人民所蒙受的耻辱，一方面来自帝国主义野蛮的侵略，而另一方面却来自昏庸、腐朽的清朝统治者。对于中国的统治者来说，无论是胜也好，败也罢，反正都得签订屈辱的条约，把中国的主权和领土，送给洋人，所以尽管近年来很多精英总想给李鸿章翻投降派的案，但历史真是铁证如山，李鸿章虽然是给中国做出过巨大贡献的爱国者，但他软骨头这个案子恐怕很难翻过来了，中国在东南沿海和越南连连大捷，打得法国内阁倒台，束手无策之际，竟签订如此屈辱的条约，实在让人难以接受。在福州坐镇督战的左宗棠为此气得一痛不起，于1885年9月5日病逝于福州，这位中国近代最伟大的军事统帅最后的口述遗疏是："此次越南和战，实中国强弱一大关键，臣督师南下，迄未大伸挞伐，张我国威，遗恨平生，不能瞑目！"

随后左宗棠在"我出队！出队！我还要打。这个天下他们不要，我还要……"的喃喃低语声中闭上了双眼，是夜福州城东北角崩裂两丈多宽，消息传出，福州街巷一片哭声。

左宗棠一生系天下安危者数十年，时人赞其风骨精神："绝口不提议和事，千秋独有左文襄！"章太炎评论："左氏横于赤县者尚二十年，当是时，白人虽觊觎，犹敛戢勿敢大肆。"

左宗棠对于中国国防事业最后一个贡献是，在他生前力主下，1885年10月12日，台湾行省成立，刘铭传就任台湾行省第一任巡抚，此前中国历代，台湾一直由福建代管，更早一年，1884年10月，新疆行省成立，刘景棠就任首任巡抚，这更是从林则徐开始就有的梦想，新疆、台湾行省的成立，对两地至今归于中国版图起了极大作用，左宗棠于中国，于中华民族厥功伟矣！

一头狮子统帅的绵羊能打败一头绵羊统帅的一头狮子，失去了左宗棠这位猛狮统帅，清廷之中能做决策的高层人物全是些慈禧、李鸿章那样见洋人就抖的人物，此后中国军队装备越来越好，反侵略战争中却再也打不出收复新疆和中法战争那样的好仗了，一直要到毛泽东横空出世，以28年血战带出一支钢铁雄狮，才在1950年的朝鲜彻底重振了中国国威和中国军队军威。

中法之战，战场辽阔，从越南到中国台湾及其他沿海地区，战线绵延万里，法国更是当时世界上公认的超级强国，中国军队却与位居世界上第二强的海军和陆军互有攻守，并且是在战局于己有利的情况下达成了谈判协议，这不能不说中国的军事力量在洋务运动中取得了巨大进步。虽然因体制的腐败，政府的昏庸统帅部的无能，造成了一系列严重的战争失误，但中国国防力量的巨大进步却是无法抹杀的，中国海军虽然没打什么好仗，但马江之内极端被动之中血战到底，南洋水师五舰援台，敢于横槊东海巡弋减轻台湾压力，镇海诸炮台击退法军舰队，重伤孤拔，这的确是中国海军巨大的进步，任何一个持论客观的人都无法否认这一点。

中法战争，清廷君臣更加意识到了海军和海防的重要性，连慈禧在召见中法两国商议划定中越边界广西段的划界大臣邓承修时，都痛切地说："此番立约，实系草草了事，朝廷吃亏在无水师。"左宗棠临终前不久上折再次强调海军的重要性："臣老矣，无深谋至计可分圣主忧劳。目睹时艰，不胜愧愤。惟念开铁矿，制船炮各节，事虽重大，实系刻不容缓。"垂垂老臣，耿耿忠心，即慈禧亦深为感动，李鸿章也上了一道请办武备学堂以培养海军人才的奏折，促使清廷在1885年夏季再次发起一场关于海防建设的大讨论。

1885年6月21日，清廷颁布上谕提出：自海上有事以来，法国恃其船坚炮利，横行无忌。我之筹划备御，亦尝开立船厂、创立水师；而造船不坚，制器不备，选将不精，筹费不广。上年法人寻衅，迭次开仗，陆路各军屡获大胜，尚能张我军威；如果水师得力，互相援应，何至处处牵制？当此事定之时，惩前毖后，自以大治水师为主。船厂应如何增拓，炮台应如何安设，枪械应如何精造，均须破除常格，实力讲求。至于遴选将才，筹划经费，尤应谋之于豫，庶临事确有把握。着李鸿章、左宗棠、彭玉麟、穆图善、曾国荃、张之洞、杨昌濬各抒所见，确切筹议，迅速具奏……毋得蹈常袭故，撷拾从前敷衍之词，一奏塞责！

9月30日，慈禧太后发布懿旨，将海防建设的讨论扩大至军机大臣、总理衙门王大臣及醇亲王。讨论主要环绕设立海军衙门、确定海军发展的重点、落实海军发展的经费、加强海军人才的培养、重视舰炮军火的制造等问题展开，涉及问题较第一次海防大筹议更为深入。设立全国性的海军管理机构，裁汰旧式师船，建设现代海军，开矿设厂，加强基础工业建设，等等，中法战争的痛切终于让清廷上下朝野达成空前一致：一句话，中国要大力发展海军！

可惜，此时左宗棠已经亡故，中国军队失去了一位最优秀的战略家和统帅，此时中兴三大名臣中，曾国藩、左宗棠均已去世，论资历、论威望、论镇压农民起义和洋务运动中的功绩，李鸿章都成为众望所归的清廷第一重臣。

左宗棠的去世，使得中国海防建设失去了一位规划者和实施者，也使清军内部湘淮系权力制衡的天平产生重大的倾斜，湘系失去了唯一一个能与李鸿章相颉颃的人物。从此，中国海防建设的计划主要由李鸿章来主持，海军发展的重点也终于转向北洋一隅。

第五章
一衣带水

虽为天子，兄弟子侄皆可为夫妇，后通异国，中华之道行于我国，天下万事皆学中华，我国始知礼仪，悟人伦之道，弃禽兽之行。

——［日］太宰春台

仁轨遇倭兵于白江之口，四战捷，焚其舟四百艘。烟焰涨天，海水皆赤。

——《旧唐书·刘仁轨传》

日本晁卿辞帝都，征帆一片绕蓬壶。

——李白

北洋龙旗舰队

北洋为京畿门户，此时与中国防海相望的日本正飞速崛起，西觊朝鲜，南望琉球台湾，威胁日甚，第二次鸦片战争英法联军更是入渤海直下大沽口，攻入中国京师，所以北洋水师是中国海军建设重点（后来，新中国第一支驱逐舰部队、第一支潜艇部队也都是在北海舰队率先成军），而李鸿章本就担任北洋大臣，而且限于中国当时的国力，也只有能力重点发展一支主力舰队，所以清廷权衡左右，决定重点发展北洋水师拱卫京师，所以总理衙门归纳说，各种见解"皆为统筹全局起见。然与其长驾远驭，难于成功，不如先练一军，以为之倡。此后分年筹款，次第兴办……查北洋屏蔽畿辅，地势最为扼要，现有船只亦较他处稍多，拟请先从北洋开办精练水师一支"，并获懿旨允准。这样，清廷南北洋海军同步发展的建军路线正式被修改了，改为以北洋海军建设为重。

中国古代没有全国性的海军指挥机构，清代八旗、绿营水师也和中国历代一样，属于各地将军，督抚指挥下的辅助军种，但是鸦片战争后中国兴起的造船购舰热潮，使沿海各省迅速集结起一批近代军舰，而海军自己的特点决定了这些军舰必须编队指挥，一句话，海军需要自己独立的指挥机构才能发挥战斗力，这样，在清廷开始大力重视海军的历史背景下，1885年10月24日，清廷"总理海军事务衙门"成立，这是中国历史上第一个海军司令部，标志着中国近代海军已成为一个独立的军种，在中国军队建设史上有十分重要的意义。

作为海军衙门的第三号人物和北洋大臣，李鸿章也倾尽全力大力发展北洋水师，左宗棠去世后，李鸿章的经营管理能力在中国无出其右，在其全力施为之下，北洋水师迅速建成了一支全亚洲最强大、全世界排名第六的海军舰队，李鸿章此人，的确是个爱国者，总想着图强，特别是被洋人羞辱之后，就更是拼老命办工厂、兴教育、买武器、建部队，这是无可否认的历史事实，但每当历史需要他拉出军队跟外国侵略者真刀真枪干一场时，优秀管理家李鸿章却又每次都举棋不定懦弱怯战，没有一次能当好战略家和战争统帅，结果总是弄得自己苦苦练出的精兵军心不定，最终全军覆没、毁于一旦，这却也是历史的真实。让人时常惋叹李鸿章到底练兵养军干什么，说到底，军队就是打仗用的，又不是摆谱显威风的玩具，所以后人总结左宗棠与李鸿章的区别："左主战，以未得一决雌雄为憾事，李最不欲战，而中国之役，迫其一试，竟丧令名，为士大夫所唾弃……李尝为清议诋以卖国，拟为秦桧。"

往好里说，李鸿章确实是个爱国者，但也的确不像个男人。

真是何苦哦。

1889 年 2 月 20 日，北洋舰队一片欢腾，（从前一年开始，北洋水师在所有正式文件中改称北洋舰队，这也是北洋舰队正式成军的重大标志之一，在 19 世纪末，作为"舰队"意义上的海军，中国只有北洋一处独用）。这一天是光绪皇帝大婚前 5 天，慈禧太后选中了自己二弟桂祥的二格格叶赫那拉为光绪皇后，原户部右侍郎长叙的两个女儿他他拉氏姐妹为瑾嫔、珍嫔，为示皇恩浩荡，李鸿章和北洋海军提督（这相当于今天的北海舰队司令员）丁汝昌商定在这一天为舰队军官晋衔授衔，根据慈禧太后懿旨亲定的《北洋海军章程》，北洋海军额设副将 5 缺，参将 4 缺，都司 27 缺，守备 60 缺，这对舰队军官来说是一次极好的晋升晋级机会，连工资也要涨的，军队里每次遇到这种事都是喜气洋洋，恐怕只有打了大胜仗的痛快才能跟这种快活比。

随着京师电报（这时中国已经有了电报通信）传来皇太后、皇帝允准晋升名单的喜讯，82 位晋衔授衔的中国海军军官，一齐山呼"万岁"，同时向京师方向跪下，叩谢皇恩浩荡。这次任命的头几名军官是：

中军中营副将以花翎提督记名总兵邓世昌借补，委带"致远"舰。
中军左营副将以花翎副将衔补用参将方伯谦升署，委带"济远"舰。
中军右营副将以花翎副将衔补用参将叶祖珪升署，委带"靖远"舰。
左翼右营副将以花翎补用游击林永升升署，委带"经远"舰。

熟悉中国海军史的朋友对这些名字都不会陌生，就算对军事不感兴趣的很多人也从中国经典电影《邓世昌》和电视剧《北洋水师》里听到过这些名字。

而此前一年，天津镇总兵丁汝昌被任命为北洋海军提督，记名提督林泰曾为北洋海军左翼总兵，记名总兵刘蟾为北洋海军右翼总兵（这相当于今天两支驱逐舰支队司令员）。

北洋舰队这次授衔，意味着中国海军经过多年建设，已经拥有了一支职业军官队伍，以林泰曾、刘步蟾、邓世昌、林永升为代表人物的这批军官，基本都是福州船政学堂里海军专业出身，而且很多人都有留洋和在国外督造舰只，并从大西洋经印度洋驾舰归国的经历，他们几乎都是从北洋水师建设起就投身海军建设，这批优秀的海军职业军官既是当时中国海军多年苦心经营的成果，也是中国海军最宝贵的财富，更是从零起步的中国海军教育建设的成果。

这时中国海军除了创办了福州船政学堂、天津水师学堂、昆明湖水师学堂等三所国家级的海军院校外，广东、江苏等地也分别办起了海军学校，广东水陆师学堂是中国海军第四所院校，由洋务运动后起最重要人物两广总督张之洞和广东巡抚吴大澂奏议成立。江南水师学堂于1890年由曾国荃于江宁（今南京）创办。这些海军学堂都要进行双语教育，我们看一下其中创办最晚的江南水师学堂的招生情况和课程安排，就知道中国海军当时已能培养出合格的初级军官。

江南水师学堂设在南京仪凤门（今兴中门）和挹江门之间的花家桥，地广约三四十亩，南北狭长。校园系仿英国水师学堂常习之式，请上海著名西式建筑专家，稍变其制，设计建造的。公务厅、客厅与学生住房、饭房、睡房皆照华式。西学堂、工艺房、洋教习房则仿西式。另有操场，设高桅，供学生练习桅上操法用。10余年后考入该校的周作人，曾对校舍做过详尽的回忆。

学堂分驾驶、管轮二科，各计额设学生60名。创办时将原设鱼雷学堂裁撤，优等学生转送旅顺鱼雷营加习海操，其余留归学堂。向社会公开招生，要求年龄在13~20岁之间，已读二三经，能做策论，文理通顺，曾习英文三四年者。除了考试中文外，还要加考英文、翻译、地理、算学四门，须四门皆有可观者方能中选。文化考试之后，"由西医体检，证明身无隐疾，再由本人家属出具甘结及绅士保结，声明身家清白，并非寄籍外国，亦不崇奉异邪等教"。

在学五年之中，"不得自行告退请假完娶，不得应童子试。（不许在学期间结婚，不许拿其他文凭，比现在普通大学还严格）"学习训练中，"如有他虞，各听天命，倘若借众滋事或畏难逃学，除将该生开革外，还将提其家属，追缴历领赡银"。然后留堂试习 4 个月，最后确定是否录取。如此严格的要求，使招生颇难，江南水师学堂各项规章主要仿效天津水师学堂。根据英文深浅，资质进境，把学生分作三班。英文胜者为一班，每月每人除饭食外给赡银 4 两；次者为二班，赡银 3 两；再次者为三班，赡银 2 两（奖学金比现在要高）。未满 4 个月的试习生，只供饭食不给赡银。

驾驶学生除要求精通英文外，需学几何、代数、平、弦三角、中西海道、星辰部位、升桅帆缆、划船泅水、枪炮步伐、水雷鱼雷、重学、微积、驾驶、御风、测量、绘图诸法、轮机理要、格致、化学等课程。管轮学生需习气学、力学、水学、火学、轮机理法、推算绘图诸法，并由洋教习领赴机器厂、绘图房、鱼雷厂、木厂，实习打铁、翻砂、铸铜、修理轮机诸项手艺。并规定了定期考试制度（学科不比现在的海军军校生少，动手能力甚至要求更高）。1892 年 10 月 17 日，学堂总办桂嵩庆特请江南制造局著名英国翻译傅兰雅到校，主持五天大考。驾驶班平均分数为 2196 分，管轮班平均分数为 1866 分（3200 分为满分）。按例凡得全分之半者得到上取，得全分 1/3 者为次取。因此，学堂的教学还是很有成绩的。

除了海军人才建设取得重大成果外，这时中国海军水面舰艇部队建设也取得极其重大成果（当时水下潜艇部队在西方海军都属于很不成熟的前卫兵器，要到"一战"中才能真正投入大规模海战），其中以清政府重点发展，李鸿章倾注全部心血搞出来的北洋舰队为真正的标志性成就。

根据《北洋海军建设章程》，当年威镇远东的北洋舰队共有 25 首在编军舰，定远、镇远两艘当时世界一流的德制铁甲舰构成了舰队的核心战斗力量，两舰满载排水量 7670 吨（以后直到甲午海战，日本最先进的"三景舰"和吉野号巡洋舰都不到 5000 吨），舰上装有 4 门 305 毫米口径巨炮和两门 150 毫米口径火炮，另外装有 12 门法国"哈乞开斯"连珠快炮（高射速机关炮），4 门 75 毫米舢板炮和 3 具 355 毫米鱼雷发射管雷 21 枚。防护能力更是超一流，德国军舰对防护力的重视一贯超过英国海军，定远级舰的防护采用了当时最先进的"铁甲堡"，据北洋海军史学家陈悦记道：

> 铁甲堡长度达 43.5 米，自上层建筑到舷侧水线及水线以下，以305~355 毫米的钢面铁甲将军舰除首尾部分外的船体紧密包裹，整个军舰中部要害部位如弹药库、动力部门等均处于铁甲堡防护中。之所以选择钢面铁甲，是考虑到铁在海水中不耐腐蚀，因而在熟铁之外加上钢甲。因遇原材料涨价，订造"镇远"号铁甲舰时限于经费，被迫将水线下的钢面铁甲换成防御效果略逊的熟铁装甲。需要指出的是，在"定远"级建造之时，世界上最新式的装甲为英国发明的康邦装甲，即钢铁复合装甲，又称钢面铁甲。然而当得知中国两艘铁甲舰的订单被德国接到后，英国政府随即下令拒绝向德国出口钢面铁甲。最终德国人通过反复试验，生产出了自己的钢面铁甲，并最先应用到了"定远"级铁甲舰上。"萨克森"级铁甲舰中两艘建造时间晚于"定远"级的军舰，即应时采用了钢面铁甲。"定远"级铁甲舰成为德国造船工业中第一型采用复合装甲的军舰，为德国舰船工业提供了技术积累。

一句话，这两艘铁甲舰当时的火力是世界级的，防护力也是世界级的。

两艘主力铁甲舰之外，北洋海军另在编"经远""来远""致远""靖远""济远""超勇""扬威"7 艘巡洋舰。

其中，1881 年归国的"超勇""扬威"两艘英制撞击巡洋舰满排 1542 吨，建成时是世界最新式的军舰，甚至是一级体现新技术、新思想的概念舰。主要火力是口径 10 英寸阿姆斯特朗后膛炮，此炮号称 1881 年威力最大的舰载火炮。

1885 年归国的"济远"舰排水量 2300 吨，为德制穿甲巡洋舰，主要火力为 2 门 210 毫米炮和 1 门 150 毫米炮，在下水时亦可算是当时先进军舰。

1887 年归国的"致远""靖远"舰排水量 2300 吨，为当时非常先进的英制穿甲巡洋舰，号称"英厂杰构"，主要火力为 3 门 210 毫米炮。

而 1887 年归国的"经远""来远"舰排水量 2900 吨，为世界舰船发展史上开创性的装甲巡洋舰，主炮为 2 门 210 毫米克虏伯后膛钢箍套炮，副炮为 2 门 150 毫米克虏伯后膛炮。

所以，北洋舰队的核心主力，2 艘铁甲舰，7 艘巡洋舰均向国外购入，而且均出自国外名厂，战斗力极强。在各自级别上都是当时的一流军舰。

此外北洋舰队还编入了 6 艘炮艇，6 艇鱼雷艇，3 艘练习舰，1 艘运输舰，到甲午战争爆发时还补入了 1 艘 "平远" 号巡洋舰，1 艘 "福龙" 号大鱼雷艇和 1 艘 "海镜" 号训练舰，整个舰队排水量高达 4 万吨，在当时排名亚洲第一，世界第六。

建设这支强大的海军力量，清政府可谓不惜血本，为了让北洋舰队拱卫京畿，成为渤海屏障，甚至不惜削弱南洋方面的海军建设。据统计，从 1887 年至 1894 年，北洋海军共获得 1000 万余两协款，平均每年 130 万两，而南洋 1886 年从海防经费获得 100 万余两，以后仅得 50 万余两，有人统计，不算南洋海军和广东，福建水师，仅建成北洋海军就耗银 3000 万两，还有统计说清廷支付的舰船购造费便已超过 3000 万两，合计，清廷在海军建设总投资在 1 亿两上下，中法海战后至甲午战争期间等于每年拿出 300 多万两白银建设海军，平均占其年财政收入的 4%，个别年份超过 10%，中国财政当时一直极度紧张，这么大的投入，的确是下了血本办海军。

除了水面舰队基设，李鸿章还在旅顺和威海营建了庞大的海军基地和防御严密的海岸炮兵阵地，并彻底整修了大沽口炮台屏护天津，到 1884 年，大沽口南岸共设大炮台 4 座，小炮台 40 座。旅顺基地设 9 座海岸炮台，配置火炮 58 门，包括 200 毫米以上口径巨炮 9 门。因为旅顺基地主要定位是北洋舰队维修保养泊区，所以在旅顺基地内建造了拦潮大坝、大坞，还有锅炉厂、机器厂、吸水锅炉厂、木作厂、铜匠厂、铸铁厂、打铁厂、电灯厂等 9 座修船厂，另建仓库 5 座，库间以铁道相连，间设起重铁架 5 座，当时旅顺基地甚至已开始使用自来水和电灯。

而威海基地则要用作舰队聚泊和补给，在威海刘公岛上修建了北洋海军提督衙门和大批营房。威海基地营建较晚，所以其防御体系更加现代化。海湾南端设北邦三座炮台，海湾南端设南邦三座炮台，扼住了军港入口，两邦炮台之后，又设有 5 座陆路炮台构成环形防御体系，又在刘公岛上设 6 座炮台，刘公岛之南的日岛上建设地阱炮台，构成火力核心，装备皆为克虏伯大炮，其中的地阱炮台，巨炮设于地下，以水机升降，见敌至则升炮轰击，可以圆转自如，四面环击，发射后借弹药力退力水汽，降还地阱。真可称是壁垒森严，这是当时远东最强大最先进的军港。毫无疑问，北洋舰队和取得了相当大进步的南洋水师、广东水师、福建水师在内的中国近代海军，是洋务运动在中国海防事业建设成果上最显著的体现。

北洋海军是中国历史上第一支用西方新式军舰大炮和训练方法建设起来并正式成军的近代海军。这支的确具有当时世界一流战斗力的舰队。在当时的中国各界产生过极大的震动，历次阅操，艨艟云集，舳舻相接，就连并不精通海军的朝廷权贵也有深刻印象。

1886 年，醇亲王巡阅北洋海军后向朝廷报告，"各将弁讲求操习，持久不懈，可期渐成劲旅""各将领文武等均能勤奋将事，官弁兵勇，步伐整齐，一律严整。枪炮雷电，施放灵捷""布阵整齐，旗语灯号，如响斯应"。连清朝贵族也选送了 60 名满族学员进昆明湖水操学堂赶时髦。

北洋海军成军后，共举行了两次阅操。一次是 1891 年 5 月 23 日至 6 月 9 日，李鸿章与海军衙门大臣、山东巡抚张曜巡阅舰队。前往旅顺途中，各舰分行布阵，声势浩荡。夜间以鱼雷艇演习袭营阵法，其他各舰整备御敌。又调集各舰鱼贯打靶，旋以铁甲舰、巡洋舰、鱼雷艇演放鱼雷。夜晚合操，水师万炮齐放，无稍参差。舰队显示了强大的战斗力。另一次是 1894 年 5 月 7 日至 27 日，李鸿章同帮军大臣定安最后一次巡阅了舰队。这次调集南北洋 21 艘军舰中国近代海军史上规模最大的一次检阅。

检阅中，连一向与北洋龃龉极深的湘系洋务派首领刘坤一，也承认南洋训练水平远不如北洋。他请李鸿章"转嘱禹亭军门（丁汝昌），于南船抵津后赐之教督，俟会操时，谕令南船一切进止，皆视北船为标准"。李鸿章自己也有些陶醉。1891 年巡阅海军后，他说："综核海军战备，尚能日新月异，目前限于饷力，未能扩充，但就渤海门户而论，已有深固不摇之势。"

但是，正陶醉在北洋海军强大表象中的李鸿章并不自知，由于别人进步得更快，改革得更彻底，也由于他自己畏战怯敌、指挥失误，他尽半生之力创建的北洋海军很快就要全军覆没，一代中国英杰发起的引领中国第一次冲击现代化的"洋务运动"几乎所有的成果将因他的战败被血水淹没，付诸东流，而且由于这支海防力量的失败和覆灭，中国将会掉落进更可怕的乃至亡国灭种的深渊，而他更想不到的是，给他致命一击的，竟不是船坚炮利的"泰西豪强"，而是仅与中国一水之隔的近邻，仅有 4 岛 30 万平方公里弹丸之地的日本！

饥渴的旭日

世人皆知，日本是近代对中国伤害最大的国家，甲午战争日本用血火终断了中国的第一次现代化进程，抗日战争又用 3500 万中国人的血肉终断了中国的第二次现代化进程。日本历史学家自己都说，从甲午战争起，日本人欺侮了中国人 50 年，但是在历史上，甲午战争之前，日本却是和中国打仗最少的亲密邻邦，两千多年间，中日两国也就打过两次半真正的战争，在中国的近邻中，中日之间的战争次数是最少的，甚至比中国和朝鲜、越南打的仗都要少得多，绝大多数时期，中日两国都在进行和平友好的文化交流和商贸往来，这是历史的真实。

中日两国政要在形容两国关系时，都常常喜欢引用一句成语，"一衣带水"，就是说中日两国之间只隔着一条衣带那样狭窄的水域，与东亚大陆仅隔一条宽度仅 67 公里，平均水深仅 95 米朝鲜海峡的日本 4 岛，自古以来就与中国有着极其密切的友好往来，自古以来，两国人民在政治、经济、文化各领域就有密切的联系和相互的影响。客观地说，中国作为亚洲大陆上的超级大国，在文明发展的诸多方面都长期居于东亚的领先方面，古代的日本劳动人民以自己高度的智慧和辛勤的劳动，创造了具有独特民族特色的日本文化，"绳纹文化""弥生时代"都有日本人民自己伟大的独到之处，但是，日本民族的发展的确是从一衣带水的中国那里受益匪浅的。稍有历史知识的日本人都不会否认这一点，日本人不太瞧得上近现代中国人，但也承认"古代中国人是非常了不起的"。

日本大名鼎鼎的哲学家中江兆民就直言不讳："我们日本没有哲学。"日本文化史上一直没有产生像西方的亚里士多德，中国的老子、孔子、禅宗六祖慧能那样的巨哲，巨哲的产生需要辽阔的时空历史背景沉淀，深厚的民族文化积累，不是日本人民没有足够的智慧养育出自己的巨哲，而是日本狭窄的地理条件和相对单薄的历史文化，使日本没有足够的历史养分和肥沃的时空土壤培养这样的人物，巨哲和他们的思想体系是构筑文明最重要的基石之一，日本文明缺乏的这块奠基石的确是由中国人民给日本人民弥补上的。从4世纪中国儒家传入日本开始，佛教道教，大量文史典籍，诸子百家著作等都从中国陆续东传日本，日本贵族对这些中华文明的宝贵结晶如获至宝，中华文化的移植，大大提高了日本文化的水平，太宰春台实事求是地评价中国文化对日本人民道德行为的影响："虽为天子，兄弟子侄皆可为夫妇，后通异国，中华之道行于我国，天下万事皆学中华，我国人始知礼仪，悟人伦之道，弃禽兽之行。"

　　中国文化传入日本甚古，早在姬周时期，两国已有交往，频繁往来始自汉武帝，公元57年，一个来自北九州"倭奴人国"的大国来到中国洛阳，拜见东汉光武帝刘秀，刘秀赐其纯金印绶，此印阴刻5个篆字："汉委奴国王。"
　　1784年，日本志贺岛农民甚兵卫整修农田时发现此印，从而证实了中国史籍的记载，后来福冈藩的饱学宿儒看出金印的重要性，将其献给黑田藩，明治以后，这枚金印被指定为国宝，1954年再定为日本一级国宝，现收藏于福冈市博物馆，日本甚至专门为这枚金印发行过邮票，日本曾有历史学家怀疑过此印真假，但1956年，中国云南省考古工作者在云南晋宁县（今为昆明市晋宁区）石寨西汉古墓群中，发掘了一座滇王墓，墓中有一枚金印"滇王之印"，是汉武帝刘彻于公元前109年赐给滇王尝羌的，此玺除"滇王之印"四字与日本出土的"汉委奴国王"不同外，其他无论从外观、尺寸、字体形状和质地都同于日本发现金印，"文革"期间，江苏扬州市的汉墓附近又出土了一枚金印，这就是"广陵王玺"。"广陵王玺"与"汉委奴国王"金印形制相似，字体以及文字的雕刻法与光武帝赐予日本委奴国王的金印几乎同出一辙，人们推测这两枚金印有亲戚关系。
　　由这枚金印引起的争论仍在继续，关于这枚金印的传说也变得神乎其神。据说有一次广陵王玺被借到日本福冈参展，多古屋的摄影专家前往拍照。当把两枚金印摆得很近的时候,两印之间出现了在北极和南极常见的那种极光!

按照当时中国史籍《三国志·魏书·倭人传》记载,汉朝已与日本的30多个国家通了往来。

由于朝鲜与日本仅一狭窄海峡相隔,当时中华文明东传日本,多经朝鲜半岛浮海而至四岛,所以中国、朝鲜、日本自古以来就是交流非常密切,三国关系真是爱恨情仇多种情感交相混合,关系好的时候,真是感人肺腑,好到相互之间可以割头换颈子的,而且,三国之间这种感人肺腑互称哥们儿的时候的确占了历史上多数时间,关系坏的时候,那白刀子进红刀出也很正常,咬牙切齿你死我活的时候也不是没有。660年之前,朝鲜半岛是高句丽、百济和新罗三国鼎立,史称朝鲜三国。三国之间的关系很微妙,一会儿是友,一会儿是敌。新罗最初与高句丽结盟以对付百济和倭人。随着高句丽的南下,新罗开始与百济结盟对付高句丽,新罗从百济手中夺到被高句丽霸占的汉江流域后,疆土抵达黄海又开始与中国唐朝结盟对付百济和高句丽。

显庆五年(660)七月,百济为唐、新联军所灭。唐军留郎将刘仁愿等驻守百济王城,大部队自押俘虏回国。

百济即亡,但百济将军武王从子鬼室福信与浮屠道深等人率部死守周留城抵抗唐军。同时,鬼室福信为迎回以前赴倭国为人质的王子扶余丰回国即王位,遣使去日本,同时向倭国乞师求援,并献上战争中俘虏的唐军百余人,倭王将此百余人安置在美浓国不破、片县二郡,这里也就是今天位于本州中部的歧埠地区。后来日本将中日战争中的俘虏都称为“唐人”,大概就源于此吧。

百济的覆灭,对倭国来说,也是极其重大的损失。如果听任百济亡国,则倭国在朝鲜半岛上的势力,将被全部清除。齐明七年(661)正月,以倭王亲征的形式,向百济发兵数万。

这样,倭军与唐军就不可避免地进行了一次较量,这是中日两国历史上第一次战争。指挥唐军迎战日军的是唐初名将刘仁轨。

刘仁轨出道很早,成名却很晚,60岁才开始统兵出征,当时半岛北部的唐军主力因攻平壤不克,大雪天寒皆已归国,刘却孤悬半岛南端的百济,将士皆欲泛海西归,刘仁轨却从大局出发,坚决不允,励士曰:“《春秋》之义,大夫出疆,有可以安社稷、使国家,专之可也。况在日沧海之外,密迩豺狼者哉!且人臣思尽忠,有死无贰,公家之为利,知无不为!"

于是全军感奋,出死力与刘仁轨共镇百济,这就是刘仁轨孤军镇百济的传奇故事。

663 年 8 月 17 日,刘仁轨率 7000 唐军与 5000 新罗联军与扶余丰率领的 4 万日军与 5000 百济联军,在白江口(今朝鲜半岛西南部的锦江口)展开会战。日本史籍对此有详细的记叙:"大唐军将率战船一百七十艘,陈列于白江村。戊申(27 日),日本船师初至者,与大唐船师合战。日本不利而退,大唐坚阵而守。己申(28 日),日本诸将与百济王不观天象,而相谓之曰:'我们奋勇向进攻,唐军就会撤退。'更率日本乱伍中军之卒,进打大唐坚阵之军。大唐便自左右夹船绕战,须臾之际,官军败绩,赴水溺死者众,舻舳不得回旋。朴市田来津仰天而誓,切齿而嗔杀数十人,于焉战死。是时,百济王扶余丰与数人乘船逃去高丽。"(《日本书记》卷二十七《天命开别天皇》)

中国史料则记载:"倭船千艘,停在白沙,百济精骑,岸上守船。"刘仁轨立刻下令布阵,百七十艘战船按命令列出战斗队形,严阵以待。倭军战船首先开战,冲向唐军水阵。

当时唐军的舰船与日本舰船技术水平相差之大,和鸦片战争中中英海军对比也差不了多少,唐军船高舰坚利于防守,倭军船小不利于攻坚,双方战船一接触,倭军立刻处于劣势。倭军的指挥员慌忙下令战船撤回本队,其指挥互相计议说:"我等争先,彼当后退。"遂各领一队战船,争先恐后毫无次序地冲向早已列成阵势的唐军。

倭军坐井观天,妄自尊大,竟然认为将智兵勇,唐军见之,必然自动退去,于是浩浩荡荡地闯进了唐军的埋伏圈。

唐军统帅见倭军军旅不整,蜂拥而至,便指挥船队变换阵形,分为左右两队,将倭军围在阵中。倭军被围,舰只相互碰撞无法回旋,士兵大乱。倭军指挥朴市田来津虽然"仰天而誓,切齿而嗔",奋勇击杀,直至战死,但亦无力挽回战局。

中国曾有传说,朴市田来津身披金甲,勇冠三军,连斩十余唐兵,有唐军勇将大怒,执刀欲与朴市田来津单挑,刘仁轨于高处见之,阻之曰:"匹

238

夫之勇，于事何益，即死矣。"片刻之后，这位日本勇将就被唐军乱箭射成了刺猬。可见中日两国史书对中日这场战争的经过和结局记载不是几乎一至，而是彻底吻合的。

此役，数万倭兵被大唐军全数歼灭。《旧唐书·刘仁轨传》史载："仁轨遇倭兵于白江之口，四战捷，焚其舟四百艘。烟焰涨天，海水皆赤。"《新唐书》记载：唐军与倭军海战，"四战皆克，焚四百船，海水为丹"。

百济王先在岸上守卫，见倭军失利，乘乱军之际，遂逃亡高句丽。

唐倭海军白江口之战，结束了新罗与百济间的长期纠纷，同时使倭国受到严重打击。倭国失败的直接后果是，停止了对朝鲜半岛的扩张，大约在千余年之内，未曾向朝鲜半岛用兵。此后中日亲密友好了近千年之久。

另外，唐灭百济，五年之后灭亡高句丽，与唐友好的新罗强大起来，逐渐统一半岛。

日本遣唐使

日本这个民族有一个极大的优点，那就是非常善于在失败中学习，唐军的完胜使日本彻底认识到了当时中华文明的强盛和博大，于是日本从上到下掀起了一股举国向唐朝学习的热潮（以后佩里黑船打开日本国门，日本马上搞了明治维新，全面向西方学习，很快成了亚洲首强。"二战"失败后又全面向美国学习，很快在一片瓦砾废墟上建成了一个排名世界第二的经济超级大国，日本人民这种伟大的学习精神是非常令人钦佩和尊敬的）。

唐代是中华文明封建时代最辉煌的鼎盛期，至今海外华人还将自己的聚居区命名为唐人街，以示对那个最让中国人骄傲的时代的留恋。唐代繁荣的经济，昌明的文化和完备的制度，对日本产生了极其强大的吸引力，白江口一战，使当时的日本猛然醒悟了自己的落后，于是当时的中国成了日本竭力模仿的楷模，唐朝文化的各个方面，从哲学思想、文物制度、文学艺术、音乐舞蹈、天文历算、医学、建筑等文化科技的各个领域，以至衣食住行、风俗娱乐等社会生活的各个方面都大规模被移植嫁接到日本。

甚至连日本这个国名，都是 7 世纪唐高宗与皇后武则天准赐的，时日本遣唐使已知"倭人"一词丑陋，因此自称为日出之地之民，请唐皇将国书中的国民改为"日本"，至此方有"日本"一词，此事《新唐书》有很明确的记载。

担任中国文化交流主体的，是历史上著名的"日本遣唐使"，也就是日本官方留学生。其实在隋朝时期，日本已经派出遣隋使，最早的遣隋使是在日本圣德太子第一次征讨新罗中派出的，时当推古天皇八年（600）。据《隋书·东夷传》云："开皇二十年，俀王姓阿每，字多利思比孤，号阿辈鸡弥，遣使诣阙。"

而 30 之后的公元 630 年，日本派出了第一批遣唐使，直到最后一批于公元 838 年，经过了 238 年的漫长时间，对中国先进文化的引进吸收，日本在政治、思想、文化方面才开始逐步走向成熟，进入独立的本土文化阶段。

日本官派遣唐使共有 20 次，实际成行 17 次。

遣唐使团的规模初期一二百人，仅一两艘船，到中、后期规模庞大，一般 500 余人，4 艘船，最多是 838 年第十八次竟达 651 人。使团成员包括大使、副使及判官、录事等官员，成员有主神、阴阳师、文书、医生、翻译、画师、乐师、译语、史生等各类随员和各类工匠以及水手。此外，每次还带有若干名留学生和学问僧。

日本朝廷选拔的使臣大多为通晓经史、才干出众而且汉学水平较高、熟悉唐朝情况的第一流人才。甚至相貌风采、举止言辞也不同凡响，就是随员也至少有一技之长，至于留学生与学问僧也均为优秀的青年，有的在留学前已在国内崭露头角，学成归来一般均有一定的建树。一句话，派往唐朝学习的，全是当时日本真正的精英，遣唐使一旦安全回国，立即奏报朝廷，进京后举行盛大欢迎仪式。使臣奉还节刀，表示使命完成，天皇则为使臣晋级加官，赏赐褒奖，并优恤死难者。

遣唐使团在中国受到盛情接待。唐朝有关州府得到使团抵达的报告后，马上迎进馆舍，安排食宿，一面飞奏朝廷。地方政府派专差护送获准进京的使团主要成员去长安，路途一切费用均由中国政府负担。遣唐使抵长安后有唐廷内使引马出迎，奉酒肉慰劳，随后上马由内使导入京城，住进四方馆，由监使负责接待。按着遣唐使呈上贡物，唐皇下诏嘉奖，接见日本使臣，并在内殿赐宴，还给使臣授爵赏赐。

遣唐使臣在长安和内地一般要逗留一年左右，可以到处参观访问和买书购物，充分领略唐朝风土人情。遣唐使归国前照例有饯别仪式，设宴畅饮，赠赐礼物，珍重惜别。唐朝政府除优待使臣外还给日本朝廷赠送大量礼物，表现了泱泱大国的风度。最后遣唐使一行由内使监送至沿海，满载而归。

遣唐使对日本的贡献首先是引进唐朝典章律令，推进日本社会制度的革新。遣唐使在长安如饥似渴地考察学习，博览群书，回国后参与枢要，仿行唐制，如"大宝法令"即以唐代律令为规范制定的。还仿效唐朝教育制度，开设各类学校教授汉学，培养人才。818 年，嵯峨天皇根据遣唐使菅菅原清公的建议，下诏改走礼仪，并命"男女衣服皆依唐制"（《大日本史》卷 123）连历法、节令、习俗也尽量仿效中国。

其次是汲取盛唐文化，提高日本文化艺术水平。遣唐使每次携回大量汉籍佛经，朝野上下竞相赞写唐诗汉文，白居易等唐代著名诗人的诗集在日本广泛流传。留唐学生僧人还借用汉字偏旁或草体创造出日本的假名文字。遣唐使还输入唐朝书法、绘画、雕塑、音乐、舞蹈等艺术，经过消化改造，融为日本民族文化。

甚至，围棋等技艺和相扑、马球等体育活动也是从唐朝传入的。遣唐使团中常有日本画师、乐师以至围棋高手赴唐访师学艺、观摩比赛。

日本民间文化代表，著名的三道：茶道、花道、书道，全部出源中国。

茶道初始是在 729 天平元年。2 月 8 日，日本皇宫大极殿举行季度御读经会，盛装的 100 名僧侣首次进行了施茶仪式。仪式上的茶叶即由中国带回。

其时，大唐文士陆羽著《茶经》（三卷），详细记述了中国茶的历史、器具、制法、产地等，该著作后来对日本茶道的发生发展有极其重要的影响。

嵯峨天皇治下，日本茶文化的最初高潮"弘仁茶风"。日本的茶文化就此兴起，在南宋末期（1259）日本南浦昭明禅师来到中国浙江省余杭县（今为杭州市余杭区）的经山寺求学取经，学习了该寺院的茶宴仪程，首次将中国的茶道引进日本，成为中国茶道在日本的最早传播者。日本《类聚名物考》对此有明确记载："茶道之起，在正元中筑前崇福寺开山南浦昭明由宋传入。"日本《本朝高僧传》也有："南浦昭明由宋归国，把茶台子、茶道具一式带到崇福寺"的记述。直到日本丰臣秀吉时代，千利休成为日本茶道高僧后，才高举起了"茶道"这面旗帜，并总结出茶道四规："和、敬、清、寂"，显然这个基本理论是受到了中国茶道精髓的影响而形成的，其主要的仪程框架规范仍源于中国。

日本赏花之风始于赏梅，梅树与柳树这两种优美的树种最开始皆由遣唐使带回日本，此由日本贵族效仿中国赏梅习俗开始，天平二年（720）正月 13 日，日本贵族在太宰府举行了"梅花宴"，"初春之日，风和日丽，梅如镜前之粉盛开如雪……"，这是当时梅花宴之序文，此后，日本权贵与雅士纷纷效仿唐代习俗，于雪日梅树下赏花、咏诗、饮酒，极尽风雅之能事，此后日本又开始像中国人一样赏菊、咏柳，初步拥有了自己的花文化。

而圣德太子派出的遣隋使节小野妹子归国后，自称专务，居住在太子创建的六角堂内的池坊，潜心修道，专心侍佛，并将中国的佛前供花习俗引入日本的第一大插花流派——池坊派。此即日本花道的起源。

日本书道与中国文化的渊源就不用说了，因为日本的文字迄至 8 世纪中叶，日本人始用汉字楷书的偏旁，造成片假名，又用汉字草书偏旁造为平假名，以为注汉字音，及标注日本语音之用。当时称汉字为男文字，而称假名为女文字。

闻名世界的日本搏击术空手道起源于中国盛唐时期，由日本武道传播者带回日本，将其完善。它原称"唐手"，因日文读音与"空手道"偕同，现代空手道继承了实用性、观赏性的特点，摒弃现代中国武术纯观赏为主而忽视实用性的特点。

现在"日本刀"的形状总体上就是完全抄袭中国唐朝的"横刀"样式，虽然这对于喜欢标榜"日本刀"攻击力的日本人来说是种难堪，但这的确就是真实的历史。横刀的锻造技术在当时世界上是极为先进的，锻造出来的刀锋锐无比，而且步骑两用，唐朝制造横刀的技术后来被日本学去，成就了日本刀后世的声名。

所以，当年日本侵略中华时，有国人愤愤地说，不是我们中国人，日本人连饭都不会吃，虽然这位国人的确有点儿子打老子的阿Q精神，但这话也并不是太夸张，因为日本人吃饭用的筷子，也是在4—6世纪之间，从中国经朝鲜半岛传到日本的，日本人至今还将筷子称作中国古字"箸"。

毫无夸张地说，唐代对日本的文化科技输出，是人类历史上空前规模的文明成果和平布施，是中国当时先进的文化奠定了日本文明作为一个真正意义上的文明的基础，任何一个持论公正的日本历史学家都不能不承认，中国之于日本，即于希腊之于西方，从文化学意义上说，中国是日本真正的文明之母。

当时中日两国除了官方遣唐史之外，民间也有大规模的经济文化交流，其中最有名的当然就是鉴真大师东渡日本的故事。

鉴真大师当时在中国已经是国宝级的人物，日本来访使者慕其高风大德，希望能请大师东渡日本传法，中国官府当然舍不得放这位国之奇瑰去国离乡，结果为使大乘佛法惠及日本人民，大师先后6次舍命东渡，终以盲眼为代价赴日成功。大师受到日本朝野盛大的欢迎。旋即为日本天皇、皇后、太子等人授菩萨戒，为沙弥证修等440余人授戒，为80僧舍旧戒授新戒。自是日本始有正式的律学传承。所以鉴真被尊为日本律宗初祖。

756年孝谦天皇任命鉴真大师为大僧都，统理日本僧佛事务。759年，鉴真及其弟子们苦心经营，设计修建了唐招提寺，此后即在那里传律授戒。在营造、塑像、壁画等方面，他与弟子采用唐代最先进的工艺，为日本天平时代艺术高潮的形成，增添了异彩。唐招提寺建筑群，即为鉴真及其弟子留下的杰作。整个结构和装饰，都体现了唐代建筑的特色，是日本现存天平时代最大最美的建筑。鉴真去世前，弟子们还采用干漆夹苎这一最新技艺，为他制作了一座写真坐像。日本奉为国宝。1980年2月，日中友好团体为了增进两国人民世代友好下去的情谊，曾将坐像送回北京、扬州两地供中国人民和佛教徒瞻礼。鉴真及其弟子大都擅长书法，去日时携带王羲之、王献之父子真迹，在日本流传至今，影响所及，至今日本人民犹热爱中国书法艺术之风不衰。当时日本佛典，多从朝鲜传入，口授、手抄，错误在所难免。据《续日本纪》记载，天皇曾为此委托鉴真校正经疏错误。鉴真对日本人民最突出的贡献，是医药学知识的传授，被日本人民奉为医药始祖。日本豆腐业、饮食业、酿造业等也认为其行业技艺均为鉴真所授。

唐代是中日两国人民友好往来的鼎盛时期，留下了许多两国人民感人肺腑的动人故事。这里最脍炙人口的就是阿倍仲麻吕与中国诗仙李白的兄弟之谊和在中国流传极广的喜娘替父探故国的传说，这两个故事很长一段时间，在中国真是家喻户晓。阿倍仲麻吕于公元717年3月（元正女皇的养老元年）19岁的时候随第八批遣唐使入唐，与中国最有名的大诗人李白结下深厚情谊。公元753年11月15日晚上，阿倍仲麻吕打算随日本第十批遣唐使回国，可归国途中却遇到了大风巨浪的袭击！当这个消息传回中国后，阿倍仲麻吕的好友——身在南方的李白误以为阿倍仲麻吕已经遇难，在悲恸欲绝之中，写下一首《哭晁卿衡》（《李太白全集》卷二十五）诗以悼念友人：

> 日本晁卿辞帝都，征帆一片绕蓬壶。
> 明月不归沉碧海，白云愁色满苍梧。

这是一首流传至今，代表了当时中日两国人民真情实谊的名诗。

其实阿倍仲麻吕并没有遇难，他与藤原清河于孝谦女皇天平胜宝七年（755）回到了唐京都，就在这一年，唐朝爆发"安史之乱"，阿倍仲麻吕也卷进了逃难的人流，跟随唐玄宗避难四川，直到"安史之乱"平定后才又回到长安，以后他就继续任唐朝的官员：秘书监、左散骑常侍、安南都护、镇南节度使、光禄大夫兼御史中丞，赐北海郡开国公，食邑三千户。直到公元770年阿倍仲麻吕去世，他一直留在中国。

宝龟十年（779）日本光仁天皇以"前学生阿倍朝臣仲麻吕在唐而亡，家口偏乏，葬礼有阙，敕赐东绝一百匹，白棉三百屯"（《续日本纪》，宝龟十年五月丙寅条），趁唐使孙兴进归国时带回，以祭祀亡灵，并追赠"正二品"。《大日本史》卷176记载有天皇对他的高度评价："身涉鲸波，业成麟角，词峰耸俊，学海扬漪。"

最有趣的是，现在日本漫画界的宠儿，事迹拍成了电影电视剧，传说其母为仙狐的平安时代阴阳师安倍晴明，据说就是阿倍仲麻吕的直系后代，当时专职捉鬼的阴阳师可是日本国家公务员，安倍晴明的传说在日本历史上用汗牛充栋来说一点也不过分！而这位日本历史上最伟大的阴阳师抓住的最著名的一只狐狸，居然就是中国最著名的狐狸精，弄得周朝亡了国的九尾狐姐己！原来日本传说苏妲己搞得中国商朝完蛋了，800年周朝坐了天下还觉得不过瘾，又跑日本化名"玉藻前"迷得鸟羽天皇七荤八素，恼羞成怒的日本君臣搬出大杀器安倍晴明。安倍晴明经过艰苦努力，终于维护了日本道士们的集体荣誉，在三浦义纯和上总广常两位日本勇将，率领的15000名用武士道精神武装起来的日本大军配合下，将中国狐狸精擒杀在那须野。不过，中国狐狸精的野心和执念仍以"杀生石"的形态保留在那须野，时时刻刻都在准备反攻倒算，锁住妲己的"杀生石"直到现在还是日本的名胜呢！

这个故事只好再次说明了中国友好交流范围之广泛，日本的阴阳道从中国阴阳家传入就不用说了，连中国最有名的狐狸精也要勾引日本天皇！

如果说阿倍仲麻吕的故事是出闹剧的话，那喜娘的故事就是一出非常感人的喜剧传说。

公元753年，日本政府派出了第十批遣唐使团。该使团由滕原清河率领，船队历尽辛苦，顺利到达中国，并在中国学习、游览，完成了使命。在返回日本途中，滕原清河不幸在台风中落水，侥幸被中国的船只搭救，死里逃生。两年之后，他辗转周折，又回到唐朝的国都长安。中国灿烂的文化、繁荣的经济，在当时都是举世无双的。滕原清河流连忘返、乐不思蜀，就在唐朝做了官。后来，他和一位中国姑娘结了婚，生了一个美丽的女儿。为了表达喜悦的心情，他们夫妻为爱女起名叫喜娘。

喜娘生得聪明伶俐、勤奋好学。从记事起，就常听父亲对她说："孩子，将来等你长大了，咱们一起坐船到你父亲的家乡去看看，那里也是一个美丽的地方，有终年积雪不化的高高富士山，有灿若明霞的江户樱花……"小喜娘被父亲描绘的美景迷住了。她随着年龄的增长，越来越向往那远方的美丽岛国。然而，不幸的是，在喜娘还未成年之时，父亲滕原清河就病逝了。

公元 777 年，很长时间没有到来的日本遣唐使，又来到了长安。14 岁的喜娘已经长成一个美丽而有智慧的少女。从她得知日本遣唐使到来时起，便苦口婆心地说服母亲，允许她随船东渡日本，完成父亲的遗愿。时间长了，喜娘之母终于答应了女儿的请求，并和喜娘一起置备礼品，筹集盘费。

当喜娘听到日本遣唐使就要启程回国的消息之后，她大胆地向官府提出随船东渡的请求。事情传到了唐代宗那里，代宗皇帝非常赞赏喜娘的胆识。于是，传下圣旨，钦命喜娘随唐朝回访日本的使团前往日本，指令特使赵宝英照顾好喜娘。

结果，四船中三船顺利抵达日本，唯喜娘坐的船在海上突遇狂风巨浪，日本的遣唐副使小野石根和唐朝特使赵宝英等 60 多人，被风浪吞没。喜娘和余人抱着船板在海上漂了五天五夜，他们顺着浩荡的黑潮，漂到了日本肥后国天草郡的西中岛。这时幸存者只剩下 30 人。

在日本的肥后国天草郡，百姓和官员们热情欢迎中国的使者。当人们得知唐朝使节中唯一的女子喜娘就是日本遣唐使滕原清河之女时，更是无比激动。滕原清河家庭的亲人，怀着特别亲切的感情款待喜娘，对她不畏艰险，渡海探亲的一片赤心倍加称赞。这感人的佳话，传到皇宫，国王和贵族们为欢迎喜娘和其他唐朝的使节举行了隆重的仪式。公元 778 年 5 月 27 日，喜娘和其他使节们登上一艘大船，向送行的日本官民挥手惜别，回到了中国。

喜娘探父国，被中日两国人民传为佳话。

中日两国在唐代轰轰烈烈的文化交流终于在唐昭宗时代落下最后的帷幕，公元 894 年，新任遣唐使菅原道真引用在唐学问僧中灌的报告而上奏天皇，以"大唐凋敝""海陆多阻"为由，建议停止派遣唐使。宇多天皇接受了这一建议，两国关系遂告中断。

根据日本京都大学的历史教授井上清（日本一位罕见的具有真正世界眼光的大历史学家）叙述，当时的执政藤原氏北家专权，引起天皇不满，遂扶植右大臣菅原道真分权。菅原道真是个汉学家，他懂得唐的局势：9 世纪后半期，中国先后发生了"安史之乱"和黄巢起义，加之各地藩镇割据，唐王朝日薄西山，摇摇欲坠，即菅原道真报告中所指"大唐凋敝"，但是他不懂得做官的道理，最后也成了宫廷斗争的牺牲品。

然而随着日本政府推行闭关政策，终止中日一切贸易往来之后，中日之间官方往来在唐以后比较少，但民间往来从未真正中断，尤其是日本僧人东渡求法，那更是经常有的事。

而且日本民间和贵族都十分喜爱"唐物"，可以说是崇拜，这一点有些像今天日本的中国热，或者中国小孩子的"哈日"，所以走私也就应运而生了，以至中部、四国及九州一带的豪族，不少成了走私者的保护神，公开对走私者征税，称"唐物税"。

北宋时，日本僧人奝然来华，受到比遣唐使更高的礼遇。《宋史》记载宋太宗对日僧大发了一番无厘头的感慨："太宗召见奝然，存抚之甚，厚赐紫衣。于太平兴国寺，上闻其国王一姓传继，臣下皆世官。因叹息谓宰相曰：'此岛夷耳，乃世祚遐久，其臣亦继袭不绝。此盖古之道也。'"

是呀，要是中国的皇帝不管怎么胡来，总能像日本天皇一样"安忍不动如大地，咬定泰山不放松"该多好哇，难怪宋太宗羡慕日本天皇！

仅从中日文化交流这件事上，也可以看出古代中国在东亚不可撼动的中心地位，所以中国古代皇帝总以"天朝"自居，视四方外邦为蛮夷，这种根深蒂固的自大思想的确是在这种优势文化输出（也包括大规模的科技发明和物质输出）的历史背景下产生的，理解了这一点，我们才能真正理解乾隆爷接见马戛尔尼，和清朝君臣在鸦片战争之前那种愚蠢自大表现的根源。

白江口海战后，中日真诚亲密友好交往了600年的时间，600年间中日双方无一兵一卒之伤，无寸剑尺刀之创，这种国与国600年的友好交往在西方历史根本不可能想象的，欧洲各国之间的相互攻伐直到打了两次世界大战后才稍稍平息。

仅从能够长期保持各国之间的和平友好这一点看，古代以中国为首的东亚诸国的和平主义思想与智慧，就值得西方诸国认真研究学习，这就难怪英国被称为20世纪最伟大的大历史学家汤因比说："拯救21世纪人类社会的只有中国儒家思想和大乘佛法。"（汤因比当时预言，人类必将因为过度的自私和贪欲迷失方向，科技手段将毁掉一切，加上道德衰败和宗教信仰衰落，世界必将出现空前的危机，汤因比和日本著名思想家池田大作都认为，拯救

21世纪人类社会的只有中国儒家思想和大乘佛法，所以21世纪是中国的世纪。汤因比还说，如果有来生，我将在中国，看看今天世界的混乱，汤因比的预言真是无比正确。）

但是东亚的和平安宁，乃至整个世界的千年秩序，都被北方草原狂飙中怒涛雷霆一样猛烈崛起的风暴帝国——蒙古，一瞬间就打得稀里哗啦。

蒙古人遇上神风

公元13世纪，在人类历史上最杰出的军事统帅铁木真率领下，数十万蒙古铁骑仅用两代人时间就在欧亚大陆建立了一个疆域3000多万平方公里，人类历史上空前的大帝国，总体上看，从蒙古的征战中得益最大的是西方和俄罗斯，如果不是铁木真父子犁庭扫穴般夷平了中亚那些既有高度文明又非常强悍的民族和国家，并由金帐汗国传承了历史文化地理知识和军事技能，僻居欧洲北部偏远苦寒地带的俄国人根本就不可能在以后对西伯利亚和中亚，如入无人之境一样爆炸般扩张（俄国政治家承认：俄国人的灵魂中，有深深的鞑靼烙印），而欧洲在拔都西征中学到了蒙古帝国全套的谋略和军事思想，包括军事战术，这对以后欧洲各国的整体走向起到了巨大的牵引作用。

蒙古帝国征服受害之深的就是东方，文明越发达的地方受创越重，中亚就不必说了，中国北方的汉族人列为第三等汉族人，地位在色目人之后（中亚阿拉伯人），而反抗到最后才被征服的南方汉族人竟被列为蒙元地位最低的四等贱民"南人"。"南人"在世界范围内对蒙古抵抗时间最长，打得最惨烈，还在今天中国重庆钓鱼城打死了蒙古大汗蒙哥，以后"南人"又在全世界第一个将蒙古帝国驱逐回北方草原。

蒙元时期，中国传统上社会地位最高的读书人，在元代彻底斯文扫地，只好到社会最低层写剧本混饭吃，直到今天，提起元朝最出名的读书人，中国人想半天可能还是只会说："戏曲家关汉卿还挺火的。"

这位元朝最有名，自称"蒸不烂、煮不熟、捶不扁、炒不爆、响当当一粒铜豌豆"的读书人，说好听点是位戏曲编剧兼导演，说得不好听呢，也就是位戏子，因为"铜豌豆"自己也常常一时技痒，客串一把演员，要知道，传统中国，戏子地位够低的了，所谓"婊子无情，戏子无义"，中国文化的大规模通俗化即是从元代开始的，原因就是读书人只能待在社会底层写小说写剧本讲评书混饭吃。

蒙古帝国大规模的杀戮，文化破坏，奴役式的剥削，最落后的集权专制政体，把中国传统文明几乎所有方面都打了个七零八落，（所以后来中国大历史学家陈寅恪哀叹，真正的中国只能到宋代以前找）。传统中国用了1000多年时间建构起的东亚诸国之间传统和平友好的外交格局就更不用说，一瞬间就被蒙古铁骑踏得面目全非，中日之间600年的友好一夜之间就被破坏了。

元代征日，是许多军事爱好者非常感兴趣的一件事，但是有关这方面内容的介绍极少，很多军迷深感遗憾，只有宋宜昌先生对中日双方的史料进行过非常完整的研究，甚至还在日本专门与日本学者进行过探讨，他的这份资料非常少见珍贵，也是国内最全面的，所以摘录在此以飨读者：

公元1270年，元世祖忽必烈派女真人赵良弼为国信史出使日本，一方面传递国书，另一方面进行战略侦察。

至元十年（1273）3月，赵良弼由高丽再至日本大宰府要求进京面见国王，大宰府西守护所再次拒绝，不得已回国。同年6月至京，忽必烈召见，询问出使日本情况，称赞其不辱君命。赵良弼将他在日本逗留时对日本君臣爵号、州郡名数、风俗土宜等的考察呈上，忽必烈于是征询他对用兵日本的意见。赵良弼说：臣居日本将近一年，睹其民俗，狠勇嗜杀，不知有父子之亲，上下之礼。得其人不可用，得其地不加富。赵良弼认为：舟师渡海，风险浪阻，祸害莫测。勿将有用之民力，填无底之洞。不可进攻日本。

但是忽必烈迷信武力，不纳良言，于是组织元朝大军渡海伐日，这是东亚古代一次非常罕见的大规模跨海两栖登陆战。

至元十年（1273）4月，忽必烈乘耽罗岛林衍起事反对高丽王统治之机，派元军驻高丽统帅忻都、洪茶丘和高丽将军金方庆，率军攻入耽罗岛，控制了日本与南宋间的海上通道（注：就在这一年的2月，苦战6年后，南宋襄阳失陷，南宋朝廷正准备在江淮地区做最后的抵抗）。

随后，忽必烈召忻都、金方庆等回国向高丽王传达忽必烈的造舰命令：共造舰900艘，其中大舰可载千石至四千石者300艘，由金方庆负责建造；拔都鲁轻疾舟（快速舰）300艘、汲水小船300艘，由洪茶丘负责建造，并定于正月十五动工，限期完成。6月，900艘按高丽船式而未按南宋船式建造的军舰完工，上报世祖。忽必烈任命征东都元帅忻都、右副帅洪茶丘、左副帅刘复亨，统率蒙汉军20000人、高丽军5600人，加上高丽水手6700人，计32300人，于8月出发。

由元世祖授命组成的征日元军，是由蒙、汉、高丽三种部队组成的联军。联军的核心蒙古部队，经过著名统帅忽必烈的训练，军纪森然，英勇善战，战斗力强。部队的组织在当时亦较先进，每十人、百人、千人、万人各为一个战斗队，每队设长一人率领。千人队为兵力的基本计算单位，任命武功卓著的将领为队长。元军进攻的战术较日本先进，日本史书载：

击鼓鸣锣，杀声震天。日军战马惊恐不安，跳跃打转，当武士拔转马头冲向敌人的时候，已被敌人射中。蒙古矢短，但矢根涂有毒液，射上即中毒。敌数百人箭射如雨，长柄矛可刺进铠甲缝隙。元军排列成队，有逼近者，中间分开，两端合围，予以消灭。元军甲轻、善骑马，力大，不惜命，豪勇自如，善于进退。大将居高处指挥，进退击鼓，按鼓声行动。在后退时，铁炮中装铁弹，随着火焰喷出，四面烈火，烟气弥漫；其声凄厉，心碎肝裂，目眩耳聋，不辨东西，被击毙者极多。

这是元日战争参加者的战况记载。从中可以看出元军的战斗队形和战术的应用。其一，元军击鼓鸣金，鼓噪前进。这使日本武士及其战马很不习惯，战马惊惧，在原地打转不敢冲锋，致使武士在拔转马头时，已被射中落马。

其二，元军列队集体进退，敌人冲至队前立即中间分开，两头合围聚而歼之。

其三，元军弓箭手集体排射，矢短弓硬，射程近200步，矢可穿透日本重铠，而且矢尖涂毒。

其四，士卒身着护头轻甲，便于运动，随着携带短弓、曲刀、长矛、大斧，英勇悍斗。

其五，指挥官占据高处，以鼓指挥进退。

其六，元军使用日本武士没见到过的铁炮。蒙军在征服欧亚各国的战斗中，经常使用。大炮的轰鸣使日本武士极为害怕。

元军的武器和战术，日本武士从未见过，因而在初次接战中，损失不小。（注：其实这很正常，在征伐世界的过程中，蒙古军的战略战术和武器装备都是世界上最先进的。）

反过来再看当时日本武士部队的情况。

日本武士部队的基础是守护地头制（庄头制）。这是日本著名武士源赖朝建立幕府时期形成的兵制。任守护地头职的武士，多为有功于历代将军或执权的家臣即"御家人"。守护，是掌握某一地方兵马大权的最高行政长官；地头，是管理公私土地进行征税的官吏，对其所管理的土地拥有警察权。他们按其管理的土地面积大小，蓄养私兵。这种私兵叫作"家人"（族人、家人）、"郎党"（家臣）。家人是守护、地头一族的世仆，在需要时即成为武士队伍的骨干。郎党类似汉、唐的部曲，是第一线的战斗员。家人和郎党是多年随从守护、地头的世仆。某一守护率队出征，其一族的家人、郎党即成为该守护部队的骨干随同出征，守护所辖的地头，亦率其家人、郎党自成一队，归守护指挥。这种以主从关系构成的部队，组织巩固，不易溃散，散可以重聚。家臣以死于君主马前为荣，因此，战斗力颇强。但是，这种队伍是各自为战的，指挥不统一，战斗时又偏重于一骑对一骑的单打（即一骑打），因此战斗时几乎是混战、无组织无纪律，不易指挥，无战术可言，因而从整体上说战斗力是弱的。日军尚未经过大战的洗礼，没有系统的战略战术理论，还只是正规军队的雏形。

至元十一年（1274）侵日元军在忻都、洪茶丘、刘复亨三将指挥下，10月3日从高丽合浦（今镇海湾马山浦附近）出发，驶向对马。10月5日逼近对马岛。6日占领对马岛。元军于14日傍晚攻入嘉定壹岐岛。16日元军逼近肥前沿海岛屿及西北沿海带，元军没有在此处登陆，向纵深发展，将军力直接指向博多湾大宰府。

元军10月5日进攻对马岛的消息，在10月17日方送到镰仓。到10

月22日，镰仓幕府方知对马岛为元军占领，而这时，元日第一次战斗已经结束。从日本人的反应看，日本朝廷和幕府对元军的入侵，没有任何具体的部署和指挥，战斗主要在大宰府少贰藤原经资的指挥下进行的。

大宰府西守护所少贰兼任"三前二岛"守护，藤原经资得到元军进攻对马岛的战报后，一边上报幕府，一边部署防御。藤原经资自任总指挥，丰后守护大友赖泰任副指挥，经资之弟景资任前线指挥，同时命令九州各地武士队伍向博多湾集结，参加战斗。

10月19日，元军舰队进攻博多湾，杀散海滨守军占领今津一带。由于今津一带地形不利于大部队展开作战，且距大宰府尚有一日行程。因此，当晚元军退回船上，准备次日进攻大宰府。

20日晨，元军展开登陆战，一部分元军从博多湾西部百道源滨海一带登陆。先天晚上已在此布阵的第一线指挥藤原经资所率500名骑兵，并没有乘元军登陆半途邀击。而是在元军登陆整顿好队形后，方始按日本当时会战的惯例，由主攻部队放射"鸣镝"，表示进攻开始，然后由一名武士单骑搦战，驰在前边，大队骑兵随后冲杀。日本武士对元军的战术，完全没有思想准备。当日本武士骑兵队伍逼近时，元军鼓声齐鸣，喊杀之声震天，硬弓短矢，喷射火焰的大炮轰鸣，震撼山岳，日本武士心惊胆裂，战马惊恐不前。被元军分围合击，两军刚一接触，日本武士军队死伤严重。百道源战场日军"伏尸如麻"，元军推进至鹿原（作者注：蒙古军征服世界，以少胜多，靠的就是协同作战能力强）。

另一部分元军攻入百道源西部的赤坂高地，肥后武士菊池二郎武房率武士130名骑兵与元军展开战斗。大宰少贰藤原经资所率武士部队，按一族一门的战斗组织形式，轮番与占领赤坂高地的元军进行殊死战斗。终于迫使这部分元军向鹿原方向后撤。在元军撤退时，肥后武士竹崎季长率自己的郎党四骑，尾追元军，负伤落马侥幸未死。元日战后，竹崎季长以自己参加战斗的经验和目睹实况为基础，绘画《蒙古入侵绘词》一卷，为研究元日战争留下了比较逼真的史料。

鹿原及鸟饲一带的元军，继续登陆，扩大占领地面。日本北九州各地武士一队一队轮番进攻元军。尽管武士军队人数不少，但就每一队武士说，都较元军为少，因而死伤惨重。

这时，又一部分元军从博多湾东部箱崎方向登陆，占领岸边松林，从背后夹击与百道源军作战的日本武士。该地守军大友赖泰的武士队伍受不住元军的夹击，开始向东南方向撤退。由于大友赖泰武士部队的撤退，与百道源元军作战的日军腹背受敌，被迫向大宰府水城方向撤退。

20日，元军与日军鏖战一整天，近傍晚时候博多湾、箱崎等地方落于元军之手，日军被迫全面撤退，但元军紧紧咬住不放，随着撤退的日军节节紧逼前进。元军作战指挥刘复亨为了更好地指挥作战，从高坡走下骑马前进。这一情况被日军前线指挥藤原经资发现，他立即引弓搭箭，刘复亨被射落马下。元军统帅受伤，使进攻的势头略受挫折，加之天已黄昏，遂停止进攻。

元军统帅忻都召集其余将领讨论第二天的军事行动。经过一天的奋战，元军对日本武士的勇猛战斗，颇有惧意，而且对一队队参战的武士部队很难准确地估算其数字，以为数倍于元军。同时元军虽然占领了滩头阵地，但死伤不少，兵疲矢尽，且统帅受伤，这些对久经战斗的元军统帅忻都产生了影响，从而不能正确地判断出战争双方的形势。高丽军将领金方庆比较冷静，他看到当时的战争形势对元军有利，认为只要坚持苦战，将可攻取大宰府，保住阵地以待援军。所以，他建议："我军虽少已入敌境，人自为战，即孟明焚舟、淮阴背水计也。"但是，不能正确判断战争形势的忻都，否定了金方庆的正确意见，他说："小敌之坚，大敌之擒。策疲兵入境，非完计也，不若班师。"于是忻都决定，全军撤至船上，明日班师。然而就在当夜，突降大风暴雨，元军不熟悉博多湾地形，船触礁者极多，忻都连夜率军冒风雨撤退回国。

元军侵日的第一次战争，就这样地结束了。据史载，元军未回者约13500余人。这个数字为侵日元军的半数，当然这并非都死于战斗，主要死于风暴。

第二天即22日晨，日军在水宰府水城列阵，但不见元军进攻，派出侦察人员始知博多海里已无元军船只，元军撤退了。

入侵元军遭暴风袭击，人溺船毁连夜遁走的消息传入镰仓和京都后，幕府和朝廷、公卿大臣、武士和人民，无不认为是天佑，是祈神的结果。因为元军不是为日军所击退，是被暴风所吹走。因此，全国上下，朝廷和幕府开始了祈神运动。一为酬谢神佑，二为祈神使元军勿来。

当时实际掌握朝廷大权的龟山上皇从11月初开始，向寺、社奉献钱币，在延历寺，为祈愿"异国降伏"，修行五坛法、金轮法、佛眼法、四天王法等。现在看来这种迷信活动似乎可笑，但在当时，是天皇朝廷唯一能做的事。因为天皇政府不掌握军队，备战的问题完全由幕府进行。

不仅天皇朝廷祈神，幕府的掌权者北条时宗也在祈神。北条时宗信仰禅宗，师事道隆。

身为武士统帅的北条时宗尚且如此，其他武士的崇佛情形不问可知了。

日本人在战争中成长起来了。为防元军再次入侵，北条时宗在祈佛的同时，着手增强西部的守护力量。首先加强长门守护所的力量，任命胞弟北条宗赖为长门守护，统率长门、安艺、周防、备后各国的"御家人"，防卫西部。与此同时，增派北条实政去镇西主持九州方面的备战工作。

北条时宗在增强西部兵力之后，开始在博多湾沿岸修筑石坝，作为反抗元军入侵的防御工事。石坝西起今津，东至箱崎，坝高五六尺，厚约一丈，沿自然地形长达10余公里。石坝在防卫元军第二次入侵的战斗中，起了很大的作用。

幕府在加强镇西防守力量的同时，在建治元年（1275）11月，下达"异国征伐令"，准备入侵高丽。尽管军队没有出征，已有部分武士未经幕府的批准，即自行侵扰高丽南部沿海。

元世祖忽必烈第一次派元军入侵日本的目的，在于威吓日本，促其迅速通好，尚无灭日的决心。忻都等元军统帅利用忽必烈的这种想法，巧妙地掩饰遭风退败的实情，以"入其国败之"的战绩，上报世祖。忽必烈信以为真，认为日本在元军的打击下，受到了应有的教训，必将与元通好。因此，在至元十二年（1275）2月，大赏征日有功将士，同时决定派出礼部侍郎杜世忠、兵部郎中何文著等，携带国书出使日本，以求通好。

8月，元使杜世忠一行至镰仓。刚愎自用的北条时宗，既不接受元国书，也不考虑其他后果，以下令斩元使之首表示自己的勇武不惧。9月7日，元使杜世忠一行 30 余人，被斩于镰仓的龙口，并放逐四名高丽船员。

至元十六年（1279），南宋亡后，元统一中国，这时忽必烈注意到杜世忠尚无消息。南宋降将范文虎奏请以自己的名义写信致日本政府，请求通好。范文虎的使者周福，在同年 6 月抵日，8 月被杀于大宰府。忽必烈要求通好的一切努力毫无结果，迫使他萌发出了征服日本的决心。

至元十六年（1279），忽必烈任命忻都和洪茶丘为第二次征日的元军统帅；同时，命令高丽王造舰 900 艘。至元十七年（1280），杜世忠被杀消息传至凶都，忽必烈征日决心始定。为了集中领导征日工作，忽必烈特设征东行中书省，任命范文虎、忻都、洪茶丘为中书右丞，行中书省事，加封高丽王为开府仪同三司中书左丞行中书省事。

忽必烈决心征日，着手建立海军。命范文虎往江南收集原张世杰旧部及其他愿意从军者计 10 万人，战船 3500 艘，组成江南军。江南军由范文虎统率，从水路出发东征日本。另一方面，又命洪茶丘至东北，招募辽阳、开原等地愿从军者 3000 人，归洪茶丘统领。忻都仍统领蒙古军。又任命高丽将军金方庆为征东都元帅，统率高丽军 10000 人，水手 15000 人，战船 900 艘，军粮 10 万石。三军合计 40000 人，组成东路军，取道高丽东征日本。

元世祖军事部署就绪之后，于至元十八年（1281）正月，召集两路征日军统帅会议，并任命元军优秀宿将阿剌罕为两路军的总指挥。会议确定，两路军各自择期出发，于 6 月 15 日至壹岐岛会师。同时，忽必烈命令各船携带农耕器具，以备占领九州之后作屯垦之用。由此可知，忽必烈征服日本之心甚坚，并且认为此行胜利是必然的。

2 月，诸将陛辞，忽必烈指示取人之国者，在于得到百姓土地，切勿多杀。同时，将帅要同心合力，切勿猜忌，以免招致失败。忽必烈已看到将帅间的不合。这是第二次征日失败的重要原因。

至元十八年（1281）初，元世祖忽必烈征日军事部署已经完成，即将择日下令出征。恰值此时，高丽王上书世祖，日本武士犯边，要求出兵追讨。于是，元世祖下令征日大军出发。

本次征日的先锋是东路军。5 月 3 日，东路征日大军自合浦起锚，开往巨济岛等待江南军。东路军在巨济岛待命半月，尽管未到预定会师日期，但忻都等决定不再等待。5月21日，东路征日大军舰队直驶对马岛，元军第二次侵日战争揭开战幕。

日本弘安四年（1281）5月21日，元军征日东路军进攻对马岛的世界村（上岛佐贺浦）、大明浦，守岛日军奋勇抵抗，因众寡悬殊，全部战死。元军占领对马岛后，不顾忽必烈的指令，大肆杀掠。5月26日，东路大军攻入壹岐岛。元军占领壹岐岛后，理应按忽必烈召集的军事会议精神，在此等待江南军。但是，忻都自恃有上次战争经验，而且兵力多于上次战争，尤其担心江南军抢占首功，因而在没有认真侦察研究日本的防御战术是否发生变化的情况下，贸然地率军自壹岐岛出发，驶向博多湾。忽必烈最担心的将帅不合问题发生了。不侦察日本的防御状况和不与江南军会师，是东路军失败的根本原因。6月6日，东路军出现在博多湾海面。与此同时，忻都曾派出一支小型舰队，驶向长门，牵制长门的守军，使其不敢救援大宰府。

5月21日，元军进攻对马岛的消息于10天之后送到幕府和京都。元军进攻长门的快报，6月14日方始送到。特别是元军进攻长门的消息，震惊了镰仓和京都。民心不稳，舆论惊民，以致出现市无粜米，民有饥色。后宇多天皇亲临神祇宫祈祷七昼夜，龟山上皇在石清水神社祈祷，又派人去伊势神宫祝词：愿以身代国难。各王公大臣纷纷向寺、社献币、写经、诵经。

武士的惊慌不亚于天皇和公卿，纷纷向社、寺献地祈愿。

当北九州镇西守护所得知元军侵入对马岛、壹岐岛后，在镇西奉行少贰藤原经资统率下的守护部队立即进入沿海石坝阵地，严阵以待。北九州的守护部队通过第一次元军入侵战争即文永之役，取得了战争的经验教训，对部队进行适当的调整。总指挥仍为藤原经资，大友赖泰做副手，在他们领导下，参加第一线的战斗员大约有4万人，此外，其他地方部分御家人和武士，参加了九州的战争。

6月6日，元军舰队驶进博多湾时发现，沿海滩头筑有石坝，登陆发生困难。忻都派出侦察部队，侦察终日，始知志贺岛和能古岛防御薄弱，未筑石坝，遂命舰队靠近志贺岛下锚。元军第一次侵入博多湾，是以突然袭击而得手的，第二次侵入侦察终日未能登陆，为日军防御赢得一整天的时间，已不再是突袭而是强攻了。

7日晨，由洪茶丘所率元军登陆战领志贺岛，与元海军形成掎角之势，扩大占领区。8日和9日，元日两军的陆战，集中于这个狭长的岛屿上。志贺岛在海潮退时，露出海滩直通陆地，元军力图从海滩突破，进攻博多守军后路。因此双方的争夺战极其激烈。

《张成墓碑铭》载：八日贼遵陆复来。君率缠弓弩，先登岸迎敌，夺占其□要，贼沸能前。日晡贼军复集，又返败之。明日倭大会兵来战，君统所部，入阵奋战，贼不能支，杀伤过众，贼败去。

战斗越来越激烈，高丽军也投入这场争夺战。日军副指挥大友赖泰之子大友贞亲率日军突入，击退元军和高丽军，恰遇洪茶丘。幸亏王万户率军抢救，战退日军，洪茶丘方免于难。九日，日军复来进攻。在这狭长的滩头阵地，元军不能发挥其所长，恰好适应日本武士一人一骑的战斗方式，因而元军的伤亡很大。据日本史书记载，元军被杀千余人。战斗进行到六月十三日，元军未能前进一步。这时正值六月（公历七月）盛夏，长期船上生活和战斗，蔬菜、饮水供应困难，疫病不断发生，病死者已达3000余人。元军处境不妙，抢占博多湾的计划已难以实现。因此，忻都等决定，于六月十五日率军撤离志贺岛，驶向壹岐岛，与江南军会师。

江南军亦未能按期到达指定地点会师，延期后至。五月，征日行省侦知，靠近大宰府的平户岛守军皆调至大宰府，应以该岛作为两路军的会师地点。忽必烈将此情报通知两路军统帅阿剌罕，由他作出决定。阿剌罕决定于平户岛会师，后在六月初因病死去。忽必烈任命阿塔海代替阿剌罕职，由于人事更动，致使范文虎江南军未能按期出发。范文虎于六月初已派出先遣舰队去壹岐与东路军联系，不幸这支先遣队误至对马，以后始至壹岐。九州日本守军知江南军（尚不知是先遣军）至壹岐，总指挥藤原经资率一部军队进攻壹岐。六月二十九日和七月二日，激战两日，日军不敌，退走。

范文虎因先遣舰队已发不宜久等，遂在阿塔海未到任的情况下，命江南军于六月十八日分批开航。阿塔海于六月二十六日到庆元，这时江南军已全部离港，所以阿塔海未能参加江南军的指挥工作。江南军在七月底全军进入指定阵地，范文虎在与东路军会师之前，所属各军尚未与日军作战。两路大军会师之后，七月二十七日开往鹰岛，先头部队曾受到日军船队的截击。

《张成墓碑铭》载：贼舟复集，君整舰，与所部夜以继日，鏖战至明，贼舟始退。

战争进行了一天一夜。天明，日军撤退之后，范文虎与忻都等相议，"欲先攻大宰府，迟疑不发"。两路大军会师，军势大振，本应立即进攻大宰府，其所以迟疑不发者，大概是看到了台风到来的前兆，"见山影浮波，疑暗礁在海口，会青虹见于水上，海水作硫黄气"，等等。元军两路统帅皆无海上知识，见台风前兆不知躲避，如果当时退至平户、壹岐、对马或高丽，尚可保全。由于在海上"迟疑"了一天，遂招致全军覆没。

八月一日，台风袭来，元军船毁人溺，师丧大半。台风过后江南军张禧即乘船各处寻救元军将士。江南军总指挥范文虎舰碎，抱船板漂流海中，被张禧救起。张禧立即向他建议，据他了解，江南军士卒未溺死者尚有半数，且皆为青壮战士，可以重整旗鼓进行战斗，利用船坏将士义无反顾的心理，强行登陆，因粮于敌，扩大战果。从当时形势看，这个建议是可行的。但是，范文虎刚刚脱险，慑于台风，已无斗志，坚持回师。他对张禧说："还师问罪，我辈当之，公不与也。"张禧只得分船于范文虎，收集残卒共同班师。这时平户岛尚有被救起的4000军卒无船可乘，范文虎命弃之不顾。张禧不忍，将船上75匹战马弃于岛上，载4000军卒回国。

第二次元军侵日战争和第一次一样，遭遇台风而失败。元世祖忽必烈准备数年的侵日战争，因用人不当，以致江南大军10万之众，3500艘战舰，不见一阵，丧师而还。

范文虎回师后，被遗留在日本海岛上的元军士卒约3万人，除一部分被俘外，大部分被日军杀害。

范文虎等回至元都，向忽必烈汇报时，编造一个弥天大谎：至日本，欲攻大宰府，暴风破舟，犹欲议战。万户厉德彪、招讨王国佐、水手总管陆文政等，不听节制辄逃去。本省载余军至合浦，散还乡里。

范文虎和忻都等联合欺骗忽必烈，既不汇报先期出师破坏军事会议的会师日期，招致战争失利，又隐瞒了范文虎军至平户近一个月不进行战斗的过失。同时，以在合浦散还乡里的措施，掩盖了台风破舟溺人的惨状。范文虎等把失败的罪过，推到部下厉德彪身上，骗过忽必烈，而且受到赏赐。一年之后，于阊等人从日本逃回，忽必烈始知范文虎等的欺骗行为，非常震怒，立将征日军大小将领，全部罢职。征东行省左丞刘国杰指出，"罪在元帅"，不要累及将校。实际上，罪在元帅一语，也包括忽必烈自己在内。

第二次征日失败后，忽必烈不甘心这不可思议的失败，又积极进行备战，以图再展帝国雄威，彻底征服日本，无奈英雄气短，不等洗刷两次征日失败的耻辱，纵横欧亚两大洲的忽必烈饮恨东瀛，壮志未酬，于1294年死去。

于是，忽必烈征日在悲壮、宿命、神秘中结束了。

元代是中国的正朔，所以忽必烈伐日这笔侵略战争的账，那是不能不算到中国头上去的，但是实事求是地说，南宋汉人才是这场侵略战争中最大的受害者。在侵日战争中，蒙军用刚征服的10万南宋军去攻伐日本，这个用意实在是太明显了，忽必烈那就是打算把这些坚决抵抗到最后的南宋军在侵日战争中消耗掉，以巩固自己的统治，所以我们清楚地看到，战争中突遇台风后，元将宁可救马也不救落水汉军，最后还是江南军自己的将领张禧扔掉75匹马才救回4000人，另外还有35000人干脆被扔到日本各海岛上弃之不顾，被日军慢慢杀掉了事。在人类历史上，统帅和将领如此对待自己部下的战例实在不多，所以瞎子也看得出来忽必烈伐日的目的之一，就是消耗掉抵抗得最激烈的南宋部队（后来，也正是由于严重的民族歧视政策，终于导致江南汉族人纷纷揭竿起义，将元朝赶回了蒙古草原，使仅有80余年历史的元朝成为中国正朔上最短命的皇朝）。

忽必烈伐日，两次突如其来的大台风刮败了蒙古军，感恩戴德的日本人，从此将台风称为"神风"，后来在"二战"中被美国人打得上蹿下跳无路可走时，希望老天爷开恩，发梦"一机换一舰"，指望空中武士变成导弹操纵导航系统，用撞击战术扭转战局，并用历史上救过日本命的"神风"为这种空军敢死队命名，这就是"二战"史上著名的"神风敢死队"的来历。

历史学家宋宜昌总结道：日本民族战斗力本来不高，然后自元朝忽必烈对日两栖登陆失败之后，日本士气大振，军事作战能力大大增强，颇像希波战争后的希腊人，自信非凡。

自此，日本官方民间，一直奉行侵略政策和海盗行径。蒙古时期，朝鲜半岛损失最大，树被砍光，精英战殒，李朝一蹶不振，这就给日本入侵亚洲大陆开放了便捷的通道。

中朝日大战

所以，后来明末清初的巨儒王夫之总结日本在明代入侵朝鲜和倭寇犯边数十年的历史教训时沉痛地写道：

故光武闭关而河、湟巩固。天地设险以限华夷，人力不通，数百里而如隔世，目阻心灰，戎心之所自戢也。中国之形势，东有巨海，西有崇山，山之险，不敌海之十一也。然元胡泛舟以征倭（即忽必烈两栖登陆日本一役），委数万生灵以海岛，而示以巨浪之可凌（跨海易也——日本人自如是想），然后倭即乘仍以犯中国；垂至于嘉靖（1522—1567），而东南之害旷古所未有。巨海且然，况山之蹞实以行相蹑以进者乎？

铲夷天险以资匪类之横行，其必然者又一也。二者害同，而出乎贪君倭臣不知厌足之心，一而已矣。

一句话，忽必烈对日本的野心，招来了日本对朝鲜和中国的野心。传统中国苦心经营千年，东亚诸国长期的和平友好交流局面就这样被彻底打破了。

终元一代，日本未能踏上东亚大陆，这是很好理解的，以元朝军事力量的强大，日本贸然上陆，无异于猫捋虎须，只能祈祷天照大神保佑元军不要发动第三次伐日战争，"事不过三"这句中国老师的成语，日本人肯定听说过，再大胆的日本武士也不敢把日本的国运寄托在第三次"神风"上。所以，忽必烈伐日失败之后，中日互不往来，你不理我，我也懒得看你，两国之间100

多年互不串门，倒也相安无事。

元代的横征暴敛和野蛮的种族歧视制度，终于激起了中国的元末农民大起义，神州大地群雄并起、共逐元鹿，在16年的战争之后，公元1367年，已建立明朝定都南京的乞丐和尚皇帝朱元璋派出的北伐军，在名将徐达和常遇春指挥下，将元顺帝逐出了北京，此后朱元璋又用了近20年的时间，消灭了农民起义中自立为王的各路诸侯，击溃了北元残余势力，再次完成了中国的统一，随后就是朱棣篡权和郑和下西洋的中国海权全盛期。

而这一期间的日本国内在室町幕府之后，各路大名同样杀得四岛山河变色，日月无光。

在中国无人不知的日本高僧一休小和尚生活在室町幕府全盛时期，日本动画片《聪明的一休》里那个很可爱的足利义满将军，是和中国乾隆爷一样非常懂得享福的人。这位常和一休斗智的老将军将分裂了60余年的日本重新统一，功高盖世。除了一休哥敢跟他开心外，在日本无人不尊，无人不服，老先生过得实在太快乐了，干脆在38岁就把一切职务都辞掉了，出家当了和尚，法名道义，将军的职位则传给了9岁的儿子。

在日本当和尚其实是件很快活的事，酒照喝，肉照吃不说，老婆都可以照娶的，连中国啥戒都不守的鲁智深和尚都要羡慕，毕竟偷偷摸摸吃狗肉喝老酒，总没有大张旗鼓搂着穿和服的艺伎喝清酒痛快啊。所以足利义满大师俨然成了日本的太上皇，根本不把天皇和上皇放在眼里。据说他竟敢与天皇对斟痛饮，破了日本的天条。就是这位搞怪的足利义满大师恢复了自忽必烈起已断绝100多年的中国邦交，他在给中国的信中，自称"日本国王臣源"，中国明朝政府也不知内情，在回信中称义满和尚为"日本国王源道义"。

日本国王源道义，义满大和尚在同中国的交往中，为了防止倭寇冒充日本国使（其实日本政府对浪人和海盗也一直头痛得很，很多倭寇都是失主的野武士和浪人被砸了铁饭碗，下了岗再就业，啥也无所谓了，和中国的侠客挺相似，拿"武士有武士的规则，野狗有野狗的良心"当名言，都是些天不怕地不怕自己制定游戏规则的家伙，这里要插一句，由于日本百年战乱，大批野武士和浪人，失地农民无路可走，铤而走险和中国沿海的不法刁民互相勾结，干起了海盗营生，不停滋扰中国沿海，这就是明朝中期"倭患"的来历，后来中国名将戚继光，俞大猷率军荡平了中国沿海倭寇），保证正常的官方贸易，与明政府实现了"勘合贸易"制度，即由明政府制定贸易许可证，骑缝分解为二，中日各执其一，贸易时须交验此凭证咬和。中日之间的勘合贸易实现了150余年。

足利义满在京都北郊室町地方建立幕府住所，所以后人便称足利幕府为室町幕府。

所谓"花盛必衰，月圆即亏"，室町幕府的全盛期后，很快便爆发了长达10年的"应仁文明之乱"，日本两大武士集团由山名宇全和细川胜元带领，分东西两军杀成一团，直到各自头目都蹬了腿，这之后更糟，两个镇得住场子的老大一死，小喽啰们翻了天，个个都觉得自己才是当老大的料，各地大名（相当于中国的诸侯）开始割据称雄，相互混战，日本进入长达100多年的分裂、战乱时期，这就是日本历史上最有名的"战国时期"。所以日本诗人藤田东湖在《咏史》一诗中叹道：

室町霜业衰，中原乱如麻，天地杀气满，山河战场多。

战国时期在日本的历史地位等同于中国的三国时代，书籍包括电脑游戏也称这一时期为日本三国志，所以和日本人交朋友最好的办法，就是跟他聊日本战国时代。当时整个日本都成了战场，战国群雄割地称王，200多个大名占城掠地，不听从任何人的号令，一门心思攻进京都"上洛"（这个词相当于中国的"夺鼎"）称王，都想建立自己的山口组，可怜的日本天皇和室町幕府比中国三国时汉献帝和东汉朝廷的政治地位好一些，但也就好两分钱。

所谓"乱世出英雄"，日本战国时代，那真是和中国三国时代一样，英雄好汉遍地都是，智谋军师层出不穷，当然奸贼浑蛋也和中国一样少不了。这100多年最杰出的日本英雄有6个，这就是北条早云、上杉谦信、武田信玄、织田信长、丰臣秀吉和德川家康。

北条早云是战国大名的先驱性人物，治国安邦的奇才，死后四代仍在日本关东地区称雄。

上杉谦信和武田信玄是一生惺惺相惜的死对头，都是出类拔萃的军事天才，有点像中国的曹操和刘备，不过也不太像。两条好汉五次川中岛合战（大会战）在日本家喻户晓，无人不知，信玄一生都在梦想"上洛"，全日本没有一个别的大名打得过他，但就是被谦信死死拉住不得脱身，到了晚年，信玄终于能向京都进军，一路把后来称霸日本的后起大名德川家康和织田信长打得鸡飞狗跳，家康在三方原甚至输得要自杀剖肚子！

眼看就要"上洛"成功，绣着中国孙子兵法名句"疾如风，徐如林，侵略如火，不动如山"的武田军旗即将插上京都城头，信玄却不幸病死军中，功亏一篑，世界电影导演大师黑泽明的著名作品《影子武士》就是根据此事改编。

武田信玄之后，就是著名的日本怪物英雄织田信长称雄了，信长幼年简直就是个超级浑球儿，结果家臣兼恩师平手政秀只好忍痛切腹劝谏，政秀的确死得值，他对着自己的肚子切了两刀，却为日本切出了个大英雄！

老师死后，信长的状态就仿佛中国禅宗里讲的顿悟，一夜之间由小浑球儿变成了大英雄，简直以中国的秦王扫六合之势一股脑儿将日本 66 国征服了 30 国，除了在名取川被不久病死的老英雄上杉谦信打得鸡飞狗跳外，简直就没吃过什么败仗，但是信长的暴戾脾气可没因为师傅的死而改变。据说是因为一条鱼没烧好，信长狠狠侮辱了自己的大将明智光秀，详细情形呢，有小鬼子考证说是信长把鱼盆子当着很多尊贵客人的面扣光秀脑门上了，这下光秀终于不干了，觉得这次太丢面子了，一不做二不休，干脆在京都本能寺一把大火烧死了即将统一日本的织田信长！

看来不但中国人要面子，日本人也很讲面子的呀。

明智光秀刚烧死自己的主人信长，信长最喜爱的一员大将马上以迅雷不及掩耳之势从前线回师，在天王山击灭了光秀，为将自己从乞丐堆里捡回来培养成大将的主人报了仇，并抢到了信长遗子三法师，干起了中国三国时代枭雄曹操挟天子以令诸侯的勾当，这就是日本传奇人物，在中国人中也很知名的"猢狲"丰臣秀吉。据说当时织田家众将在清州跪拜幼主三法师殿下，出身微贱的猴儿精却抱着三法师颔首还礼，这当然引起织田家另一名臣，同样野心勃勃的柴田胜家的不满。于是名门出身的胜家，和出身微贱的胡扯老母和天皇有一腿遮丑的秀吉火并一场，猢狲在贱之岳压平了柴田大军，直上北海道，在北之庄逼死娶了日本第一美女，而让秀吉嫉妒得要命的柴田胜家，接着秀吉又拿老娘做人质收服了织田家的盟友德川家康，高举织天信长遗下的"天下布武"大旗，四处征战，很快完成了日本的统一。

出身贫寒，幼年吃尽苦头的丰臣秀吉着实是个治国的奇才，统一天下后建大阪、兴水利、开荒地、修农桑、改行政，特别是秀吉早年给一帮商人跑过腿，对商人很有好感，在国君中也要算个极其少见的商业奇才，日本的商业流通更是被他搞得非常繁荣（秀吉说过一句名言"土地归大名，财富归我"）。总之，秀吉仅用了10多年的时间就把历经百年战乱的日本管理得井井有条，结果他觉得自己太有才了，管理日本这等小地方实在太委屈，必须到朝鲜甚至是中国那样的大地方才能充分施展自己的才干，于是丰臣秀吉便发动了侵朝战争。

宋宜昌先生颇为幽默地从文化学的意义上总结了这1000多年的中国交往史：

尽管神武天皇在2600年前就奠定了日本民族的历史，然而真正有编年史记载的，却是8世纪以后的事。在元正天皇养老四年（720）修成史书《日本书纪》之前，日本列岛上的上百个部落处于史学家说的"大倭阙史时代"。一大群野蛮的以渔猎为生的岛国部落，文化上比中国落后了两千年。当中国已经广泛使用铁器，有了完整的政治、经济、军事组织和哲学思想的时候，日本人却连文字都还没有。看到古代中国和其他文明古国那灿烂悠久精湛深邃的文明，日本人实在感到羞愧。

然而，这又有什么关系呢？奋起学习就是了，干脆拿来就是了。从文字、宗教、政治统治、美学、儒家的哲理，到各种冶炼、纺织技术和税收制度，一股脑儿从中国搬来。这种大规模的文化引进在世界上也是史无前例的。日本人的学习精神确实值得自豪。文化革新给日本民族注入了沸腾的血液。然后，日本人就自满了，感到不那么赤身裸体了，甚至想到老师也不过是

264

那么回事儿，到丰臣秀吉时代就兴兵打起老师来了。

秀吉很早就萌发了想当亚洲霸主的思想。在他跟随织田信长西征时，看到来自中国和朝鲜的丰富产品，非常羡慕。那时，西洋葡萄牙人已来到日本经商，耶稣会传教士也到日本晋见天皇，使秀吉误认为日本已强盛无比，也应让亚洲各国前来朝圣献贡。为此，他还专门寄信印度和菲律宾等国，敦促他们向日本纳贡。他还向台湾派去使节，自称"红太阳"下凡，要求归附。称霸亚洲之心，溢于言表。

1592年4月，丰臣秀吉第一次侵略朝鲜。调动大军306250人，以158700陆军分9个军团，以小早川隆景、毛利辉元等老将压阵，带领日本战国时代大批后起青年名将如小西行长、加藤清正、福岛正则、黑田长政作为指挥骨干杀气腾腾地横渡朝鲜海峡登陆杀入朝鲜，丰臣秀吉很明显有在侵朝之战中锻炼军队的想法，日本青年名将几乎全部参加侵朝战争，而德川家康、前田利家、上杉景胜、蒲生氏乡、伊达正宗等战国老将则率10.5万大军集结在肥前名古屋，准备作为侵朝军预备队。

而当时朝鲜承平日久，朝鲜"人不知兵二百余年"，八道武备废弛，全国300多郡县没有设防，国防早已彻底糜烂，结果日军百年内战锤炼出的精兵猛将一击之下，朝鲜山河大地顿时一片焦土。

日军登陆不出20天，朝鲜汉城（今为韩国首尔）被占，6月，平壤陷落。7月，朝鲜两王子被俘，国王出走，三千里江山沦陷一大半。日军沿途烧掠，无恶不作，仅晋州一地就有6万余人死于屠刀之下。

得意忘形的丰臣秀吉，扩张野心急剧膨胀，为自己谋划了更"美好"的前程。这时，猢狲甚至认为自己的能力管理日本、朝鲜和中国都屈才了，似乎很想挑战一下印度问题，他给家中写信，称自己将乘船过海，到大明的宁波府居留，因为那里离印度近！

秀吉这时已经在拨拉印度的算盘了，中国那就更不在话下了，他叫其子丰臣秀次第二年初攻北京，占领北京周围百县，并在1594年迁都北京，让天皇住到那里。

但是秀吉没有想到的情况出现了，朝鲜挨打了怎么办？

地球人都知道的，找中国做帮手救命呗！

从古到今都是这样的。

秀吉侵朝前，大概中国古书看多了，居然想搞假道灭虢，通知朝鲜李朝：借道朝鲜，攻打中国，结果朝鲜政府当即拒绝："中朝待我，同内朝。赴告必先，患难相救……夫党偏袒反侧之谓，岂舍君父而投邻国乎？"

一句话，中国对我们朝鲜，感情真诚得就没把我们朝鲜当异国看，跟你们倭寇混，没门！这话说得实在太动情了，于是哗啦哗啦从中朝边境传来惊天动地一片马蹄子声，中国援朝军，辽东铁骑在名将李如松统率下抗日援朝来了，于是日朝之战就几乎变成了中日之战。

这场断断续续、打打谈谈的战争持续了7年之久，朝鲜方面称这次战争为"壬辰倭乱—丁酉再乱"，日本称为"文禄—庆长"之役，中国称为"朝鲜之役"，与当时的宁夏之役、播州之役合称"万历三大征"。

由于近年来中日关系的不断波动，中国历史上的很多事都被翻出来仔细研究，我们就不再详述此次战役的全过程。战争的结果当然是日本侵略军被赶回了本土四岛，朝鲜军队最大的亮点是打出了一个同英国纳尔逊一样的海军名将李舜臣，李舜臣在整个战争中凭自己发明的先进海战兵器龟船，带领朝鲜水军牢牢地掌握了制海权，将大批日本精兵猛将溺毙在航渡过程中，连丰臣秀吉都赞叹："朝鲜人水战大异陆战，且战船大而行速，楼牌坚厚，铳丸俱不能入。我船遇之，尽被撞破。"

如果不是李舜臣纵横海峡，日本军肯定会把德川家康、上杉景胜、前田利家等老将输送到朝鲜战场奠定胜局，就是因为李舜臣的英勇战斗，才使秀吉无论如何不敢下让德川家康、前田利家这些名将率部过海参战的决心，这些日本军的元勋也是丰臣家的支柱，他们要丢在大海喂了鱼，秀吉无论如何也无法向诸大名交代，丰臣家的统治体系也要彻底完蛋，所以日本军战局最顺利打到平壤时，由于李舜臣率朝鲜水军奋勇出击，秀吉还是不敢下家康、利家过海增援前线的命令。

这场战争结束时，中朝两国联合舰队联手截击了日军撤退舰队，打了一场世界海战史上都很有名的"露梁大海战"，一战击沉焚毁450多艘日本战船，数以万计的日军溺死海中，日军第五军主力几近全军覆没，而李舜臣和中国70多岁的援朝海军老将邓子龙都像纳尔逊一样，在扭转国运的最后一场大海战殉国，李舜臣就此成为朝鲜最伟大的民族英雄。在朝鲜民族的历史上，李舜臣和中国的岳飞、关羽两位名将地位一样。

李舜臣死得很壮烈，也很值得，露梁一战换来了朝鲜两百年的和平。

中国当代最知名的明史学者当年明月这样总结了中日朝三国对这场战争的态度：

日本的史料表示，这是一场延续了战国光荣以及名将光辉的战争，虽然未必光彩（这一点，他们是承认的）。朝鲜（韩国）的史料则认为，这场战争之所以胜利，主要是因为李舜臣和朝鲜义军（无奈，政府军的表现实在太差），至于其他方面的因素，当然是有的，但似乎也是比较次要的。而明朝方面……基本没什么动静！

现象是奇怪的，但原因是简单的，因为在明朝看来，这场战争，压根儿就不是什么大事。这是千真万确的事实。所谓抗倭援朝战争，在史学界实在不算个啥，也没听说哪位专家靠研究这事出了名。即使在明代，它也只是"万历三大征"的一部分而已，史料也不算多，除了《万历三大征考》还算是马马虎虎外，许多细节只能从日本和朝鲜史料找。

说起来，也只能怪我国地大物博，什么事都有，什么人都出。就规模而言，这场战争确实不值一提，打了七年，从头到尾，明军的总人数不过4万左右，直到最后一年，才勉强增兵至8万，且打两个月就收了场，架势并不算大。

而日本为了打这场仗，什么名将精兵之类的老本儿全都押上去了，十几万人拉到朝鲜，死光了再填，打到后来，国内农民不够，竟然四处抓朝鲜人回去种田，实在是顶不住了。朝鲜更不用说，被打得束手无策，奄奄一息，差点被人给灭了，国王都准备外出避难，苦难深重，自然印象深刻。日本军在侵朝战争中奸淫烧杀、无恶不作，两次侵朝使朝鲜在籍人口比战前减少5/6，李朝大量文物、档案、建筑物、历史文献和艺术品均在战火中焚毁，田地荒芜人口减少，工匠和技术人员大量流失（很多都被掠往日本），耕地仅为战前的1/3。

相比而言，日本是拼了老命，朝鲜是差点没命，而明朝却全然没有玩命的架势，派几万人出国，军费粮食自己掏腰包，就把日本办挺了，事后连战争赔款都没要（估计日本也没钱给）。什么叫强大？这就叫强大。

明政府共耗费800万两，还不及同期明政府修定陵的费用多。（注：所以有历史学家把明朝灭亡归咎于明政府不该打这场反侵略战争，只有当代精英才有这种奇思妙想，要知道，清政府输了甲午，赔了日本3.6亿两银子！）

事实上，在进行这场战争的同时，明朝还调兵10余万，围剿四川方向的杨应龙叛乱。在万历皇帝看来，这位叫杨应龙的土财主（土司），比丰臣秀吉的威胁更大。

基于以上理由，在宣传方面，明朝也是相当落后。战争结束后，在日本，明明表现不咋样的加藤清正、岛津义弘都被捧上了天，所谓"虎加藤""鬼石曼子"一波接一波地吹，从没消停过。

朝鲜方面，货真价实的李舜臣自不必说，死后被封公爵，几百年下来，能加的荣誉都加了，成了家喻户晓的民族英雄。

至于明朝，对相关人员的处理，大致是这样的：战后，刘綎、陈璘（援朝名将）任职都督同知（从一品），算是升了半级，当然，也不是白升的，几个月后，这二位仁兄就被调去四川播州的穷山恶水，因为在那里，还有个杨应龙等着他们去收拾。

英勇献身的邓子龙也得到了封赏，他被追赐为都督佥事（从二品），并得到了一个世袭职位，给儿子找了个铁饭碗。

仅此而已。

万历二十七年（1599）四月，征倭总兵麻贵率军凯旋，明神宗在午门接见了他。在搞完大大小小不厌其烦的程序仪式后，明神宗下旨，当众宣读大明诏书，通传天下，宣告抗倭援朝之役就此结束。

在中国政府这份宣告战争胜利的大诏里有这样一句话：义武奋扬，跳梁者，虽强必戮！

什么叫大国气派？

这就叫大国气派！

这次战争真正伤害最大的，还是发动战争的侵略者丰臣秀吉本人，侵朝战争的失败使满腔雄心的秀吉忧愤不已，他的侵朝政策本来就有许多大名将偷偷反对。（名将蒲生氏乡就躲在家里骂"猢狲发了疯"）日本百年战乱，人心思和，只不过秀吉威势太大，诸大名谁也不敢公开反对出兵朝鲜，战局不利不说，秀吉自己的嫡系更在朝鲜受创极重，这在当时军阀割据色彩很浓的日本可真不是一个好兆头，所以视人生为一场戏剧的秀吉还在撤军前，就无限惆怅地吟诗一首后撒手而去：

吾似朝霞降人世，来去匆匆瞬即逝。

大阪巍巍气势盛，亦如梦中虚幻姿。

秀吉一死，丰臣家的霸气便黯然而收，他临死时千叮万嘱的托孤五大老之首，日本的忍者武士之王德川家康便乘机崛起，丰臣家的大名分成东西两军互相厮杀，结果关原与大阪两场火并之后，德川东军彻底灭亡了丰臣一族，秀吉独子由其母淀姬带着在火中自焚（秀吉一生英雄，可这个儿子的确是个"生于深宫之内，长于妇人之手"的犬子，据说自杀时都是女人帮他动的手）。秀吉发动侵朝战争的对他自己家庭的恶果报应至此彻底显现，丰臣一姓犹如日本国樱，怒放一场后就此绝灭。所以日本有句名谚："织田和面，丰臣做饼，德川享其成。"

德川家康一生历千百战，是信长、秀吉之后日本最杰出的武士，但他在逼死丰臣后嫡这件事上干得极为绝情极不厚道，因此很长一段时间，这位日本老狐狸一直受到日本人的腹诽，但以当时日本天下大势来说，丰臣家孤儿寡母，懦弱无能，主弱臣强，家康在时还能维持局面，家康一死，谁都不敢保证那些最爱在刀头舔血的大名不会再把日本拖入新的战国乱世，所以家康当仁不让，彻底一统日本，重建幕府，让日本人民过上了两百年的太平岁月，却也是英雄所为，不过这是日本人民的内部事务，咱们中国人民不便干涉，点到为止。

丰臣秀吉在中华世界面前碰得头破血流、族灭国亡，残酷的事实，教育了德川家康：与其与中华世界唱对台戏，不如重新加入中华世界，从中捞取实惠。出于这种功利的考虑，家康把恢复同明朝的关系，作为外交上的中心课题。他在给明朝皇帝的信中表达了复交的希望。并吹嘘日本已非昔日之日本，"其教化所及之处，朝鲜入贡，琉球称臣，安南、交趾、占城（越南）、暹罗（泰国）、吕宋（菲律宾）、西洋、柬埔寨等蛮夷之君长酋师，无不分别上书输贡"，俨然建立了一个与中华世界抗衡的"日本世界"。

以当时东亚国际局势的实际形势而言，家康的吹嘘只会让明朝君臣捧腹大笑而已，他说的这些国家，统统在给中国上贡！再说明朝对倭寇和侵朝日军记忆犹新，牙痒之余，没有同意恢复邦交。

当时中国正面临西方的初步冲击，日本同样也面临着这个问题，西方那些吃风饮浪的老船长，架着纵帆船就像嗨昏了头了，没哪儿不敢去的！而日本国土狭窄，受到西方的冲击后，感到的震荡比地域辽阔的中国更大，尤其是天主教的广泛传播，更是动摇了日本人民的传统信仰基础，这让刚刚开幕，急切希望维护统治稳定的家康忧虑不已。怎么办呢？我们看到日本的幕府将军德川家康和中国的康熙万岁爷采取了一模一样的做法——"封闭锁国"！

实际，全世界所有的封建统治者在愚民统治这一点上都像开过秘密会议一样达成了空前一致，真是天下乌鸦一般黑啊！

日本闭关锁国

1543 年，葡萄牙人乘船来到日本九州南边的种子岛。西班牙人尾随其后。他们在商教一体的方针下，进行贸易和传教活动。贸易获得了巨额利润，传教活动也效果显著，从乞丐到大名，信天主教者甚多，以至有人将当时称为日本的天主教时代（秀吉侵朝军先锋主将，摄津守小西行长即为天主教徒）。

天主教的盛行，引起日本统治者的警惕和担忧。丰臣秀吉认为日本是"神国"，天主教乃"邪法"，神圣之地怎能让邪法玷污。他宣布禁教，限令所有天主教传教士在 20 天内归国；对外贸易则实行统制。

但在具体执行禁教令时，雷声大雨点小。传教士赖着不走，问题便拖到了德川时代。家康继续实行禁教，不同的是，他奖励贸易，一时对外贸易异常活跃。他企图修复同朝鲜、中国的关系，同东南亚国家积极开展邦交活动，与英国、西班牙、荷兰也有贸易往来。日本人去海外的增多，在东南亚一些国家出现了拥有数百人甚至数千人的日本人街。

但好景不长。德川幕府很快实行了锁国令，使繁荣的对外贸易灰飞烟灭。

奖励对外贸易本是为了增加幕府的财力，但被西南大名钻了政策的空子。他们近水楼台先得月，利用地利之便，通过对外贸易增强了自己对抗幕府的力量；从西方国家输进的洋枪洋炮，壮大了西南大名的军事实力。尾大不掉，构成了对中央政府的潜在威胁。虽然幕府没收了大名 500 石以上的大船，建立了专卖制度，但家康意识到，这并非治本之策。

西方天主教传教士企图通过传教，把日本人变成任其摆布的温顺羔羊。令他们始料不及的是，天主教教义中的上帝创世、上帝面前人人平等的思想，对日本民众有极大的吸引力。老百姓一旦被这些思想武装，要求和家康将军和大名一样平等了，不可设想，日本的封建统治还会太平无事。所以，幕府深为此忧。

而且幕藩领主的寄生生活，是靠剥削农民来维持的。由于商品经济的发展和侵蚀，农民发生分化，一部分农民失去了土地，幕藩领主的财政收入锐减。切断国内商品经济与世界市场的联系，可以使小农经济免受冲击。所以，德川幕府当即决定锁国！

日本锁国有独特的地理条件。它是一个四周海洋环绕的岛国。浩瀚的大海，是天然的锁国屏障。当时西方的航海技术和军事技术还难以越过这道屏障，日本无"袭来之虞"。

锁国令由一系列法令组成。它先从禁教开始，最后形成了一张涉及方方面面的严密的法网。

说句实话,全世界的专制政府治国能力多少都有点问题,但是干起这个来,一个比一个天才!

1612年,德川家康宣布禁止在直辖领地内进行天主教传教活动。次年,他又下令在全国范围内禁止天主教。但天主教传教士以为幕府只是说说而已,因而故技重演,赖着不走。傻教士们不知道,这回幕府可动真格的了。1616年,幕府重申禁教令:彻底根除天主教信教,违令者严惩不贷。从1614年至1635年,因拒绝改宗而被屠杀的天主教徒达28万之多!

严刑杀戮终于遏制了天主教在日本蔓延的势头。

从1633年2月至1639年7月,幕府连续5次颁布"锁国令",从单纯的禁教发展到全面的锁国。1633年的锁国令规定,禁止日本船只出海贸易,如有偷渡者,处以死刑;已在国外定居的日本人,不许回来。1635年的法令更严厉:严禁日本人和日本船只出国,在海外的日本人一律不许回国,违者应处死。1638年下令,号召全国检举潜伏的天主教神父和信徒,使天主教在日本无立身之地。1639年7月,幕府颁布了最后一道锁国令,禁止葡萄牙船前来贸易。在这之前,西班牙和英国与日本的贸易就已经断绝了。对已在日本的欧洲人,幕府采取别出心裁的隔离措施,不让他们与日本人接触。幕府在长崎填海建立了一个4万多平方米的人工岛,取名为出岛。1636年,在日本的葡萄牙人被迁往此地,后来幕府又将他们赶往中国的澳门。1641年,在日本的荷兰人成了这块"飞地"的新住户。至此,锁国制完成。日本人不许出国,欧洲人不得入境。日本人完全与世隔绝;似乎生活在另一个星球上。

闭关自守,成了江户时代的一个重要特征。

也有国家被幕府另眼相看。它们是荷兰和中国。荷兰虽是欧洲国家,但其表现与葡萄牙等国不同,深得幕府欢心,荷兰发誓不在日本传教,还支持幕府镇压农民起义。中国是经济强国,保持与中国的贸易往来对日本只有好处。尽管与荷兰、中国的贸易不在禁止之列,但并非自由自在,也有严格的限制。荷兰的商馆被迁往出岛,荷兰商人不能随便外出,只能与指定的日本官员打交道，还得忍受种种屈辱。他们只得循规蹈矩，一门心思赚钱。中国商人的贸易活动限于长崎一地，他们在长崎的住所，四周围有竹栅，出入被严加管理。

幕府对锁国令的期望值很高，把它当作抵御外侮、维持封建统治的"双刃剑"。锁国令在一定时期内的效果确实让幕府心满意足。民族危机的来临被推迟了，相对和平的局面出现了。但闭关自守毕竟与国际潮流格格不入，必将贻害无穷。日本和中国一样要吃封闭保守的苦头的。

锁国令下的日本，成了名副其实的孤岛。由于它与外界联系的途径被切断，先进的科学技术和文化知识无法输入，而不断接收新的信息，是一个民族发展的必要条件。囿于封闭系统内的日本民族，闭目塞听，逐渐形成了一种盲目排外、安于现状的性格，严重阻碍了民族活力的发展。因此，锁国令是日本人民的悲哀，德川家康也为此被近代日本人民痛骂不已。日本人在明治维新时对家康的态度就像中国人"五四"打倒孔家店，"文革"打倒孔老二时对孔夫子的态度一样，不过现在日本人民又想起了家康的好处，就像中国人民又想起了孔老夫子的好处一样，由于又用得着了，所以中日两国人民又都在对自己曾经非常不恭的前辈大肆吹捧，中日两国人民现在吹捧两位的书籍和文章，多得让孔老夫子和将军在天堂都永远看不完。

真是让人啼笑皆非。

宋宜昌先生这样描述了江户锁国时代对日本文化的影响：16世纪中叶葡萄牙勇敢而贪婪的船长们，给日本带来了基督教和枪炮，然而并未能冲击日本的文化。日本还需要时间来吸收中国的文化，在自己的根基上把它发展得尽善尽美。于是，日本文化在德川时代的一种内省式的环境里产生了、发展了。音乐、美术、文学、手工艺品、哲理、宗教全都日本化了。日本民族成了一个聪明的有主见的大孩子，能够承受另一次更大的文化和技术地冲击了。

现在，我们必须指出日本民族的优点：这就是日本人民非常善于在学习别国优秀文化基础上进行富于本民族特色的创新。于是，中国亲切随和的茶艺变成了日本庄严宁静的茶道，中国的佛前供花变成了日本享誉世界的插花艺术，中国搞得实在不算太好的盆景变成了日本真正在世界上发扬光大的盆栽艺术，中国的地方戏曲变成了日本的能剧，中国的唐刀变成了日本武士刀，中国的风景画变成了日本的浮士绘，中国卖艺不卖身的名妓变成了日本拿把扇子摇曳生姿哼哼唧唧就是不肯上床的艺伎……

一句话，日本终于在这两百年的江户时代宁静时期，彻底完成了对中国传统文化的消化吸收，并做了富有日本特色的发扬光大，日本人民终于走上了日本特色的发展道路，总之一句话，日本文化现在有了真正属于自己的东西，不过书道不能提，因为弯弯曲曲的日本字不管怎么写也没有方方正正的中国字好看，这是传统毛笔的特点决定的，所以不能责怪日本人民没有将中国书法发扬光大。

于是在日本传自中国的儒学基础上，日本有了自己的国学。有了自己的国学后，日本的国学家们对中国就开始不大看得上眼了。

1675年，提出"日本主义"的山鹿素行谈到日本人羡慕中华文化的原因。山鹿先生先痛批了一番日本人的劣根性——日本人日夜不辍读中国书籍，故不知不觉以中国为标准；日本是小国，以为万事万物均不及中国，中国的月亮比日本的圆，圣人只能出自中国。

然后山鹿先生非常愤慨地认为，实际上，中日两国相比较，只有日本才配称"中国之地"。为什么呢？因为中国自开天辟地迄大明，政局动荡，天下易姓；而日本皇位"正统相继，未曾易姓"！

拍天皇和幕府将军的马屁倒也罢了，山鹿先生还认为"本朝当天之正道，得地之中枢，正对南面之位，背北阴之险。上西下东，前拥数州，有河海之利；后据绝壁，濒临大洋，每州皆可漕运，故四海虽广，犹如一家，万国之化育同于天地之正位，终无长城之劳，亦无戎狄袭扰之虞。更何况鸟兽之美，林木之材，布缕之巧……无不毕备。称叹赞美为圣神，岂虚言哉"。

山鹿如不为夜郎，世之无夜郎也。还有比山鹿夜郎走得更远的，18世纪出现的一批日本国学家就是如此，他们认为，自从中世纪以来日本人的生活真情受到中华文化的很大歪曲。现在要通过批判中华文化，阐明真实的人生。中华文化中的"唐心"是虚伪的，束缚了人性。他们研究日本古典文献学的过程中，发现了与"唐心"对立的"大和心"，"大和心"是活生生的真实的思想感情。

那么，日本国学家们从日本的古典文献里挖出来的"大和心"到底是个什么东西？说到底其实也就是西方的"人本主义"和"人性论"而已，中国古代的先贤倒也没有日本人想的那么傻，"民为贵，君为轻，社稷次之"之类的中国古代人文思想非常多，或许日本从中国搬回去的典籍还是太少。

其实远胜"唐心"的"大和心"倒也算不了什么，真正厉害的是集国学之大成的本居宣战，对中华文化的批判比山鹿更尖锐。山鹿的日本主义毕竟是以儒学为基础的，而本居宣战的日本主义是反儒学的，因而是纯粹的日本主义。他说儒者心目中，无其他国家能超过唐土，推崇其王为天子，视如天地自然之理，此最之不可理解。做文化比较批判倒也没什么，在日本搞文科的，还不就靠这个混德川将军和大名一口饭吃？

我们只好说，这位本居先生可真是数典忘祖的典范了，中国人念"人之初，性本善"的时候，恐怕日本人才在吃人肉（后来日本兵一直到"二战"还在偷偷甚至是公开吃战俘人肉，连小布什总统的爸爸老布什总统都差点给父岛日本兵吃掉了）。其实当时的日本很多国学家，包括这位本居先生，要搁"二战"德国呢？肯定是纳粹党卫军的骨干，要搁现在呢，就是日本的"极右"，要碰到东条英机呢，那还有啥说的，就是陪着东条一起上吊的战犯！说到底，也就是些日本民粹分子罢了。

所以我们研究历史的脉络，看到日本这位在唐朝极度尊崇中国，什么都从中国搬回去的好学生，发展到清朝认为"学习中国，甚谬"。作为中国人，只有没有出息的东西才去骂日本忘恩负义之类的话（虽然这是事实），我们只好说，人必自侮而后人侮之，我们中国人的本事比不上我们的祖宗，结果连我们祖宗的学生也瞧不起我们这些无能的不肖子孙了。

第六章

落日旌旗

今欧洲之人，虽田夫野老，无不以瓜分中国为言者。凡与中国交涉者，亦为之大变，中国被日本老拳横击，使其水陆之师一起放倒，故各国乘此危弱，群向竟噬。

——英国报刊评论

我不是先知。我不知道在未来的十年或十五年中，会发生什么事情。条件会不会有太大改善，因为中国追赶队伍开始得太迟。也许上苍会如他所做过的那样怜悯他们，因为他们需要偿还一个多么大的账单呀！天啊！多大的一个账单啊！

——房龙《世界地理》

啊，难忘的兰学！

相对于日本来说，在宋代极高的文化与经济繁荣后，经过蒙元的血腥统治和种族歧视，明朝黑暗严密的特务统治，清朝极其严密的思想禁锢和对知识分子残酷的文字狱迫害后，中华文明的确失去了以汉唐时代为代表的伟大创造力和活力，中国封建王朝腐败堕落，暮气日浓，文化和科技如一潭死水，八股恶臭，科技生产力甚至比前朝更加倒退，而且还要自高自大，真是令人厌恶。所以到了晚清，日本的知识分子和学术界批判中华文化的潮流已经蔚然成风。和马戛尔尼勋爵对中国的感觉差不多吧，其实这时在日本真正代表了未来方向和先进思潮的，并不是民族自大主义的日本国学，倒是在日本受到压制，却真正属于日本自己的独门秘籍——"兰学"。

我们已经知道，荷兰在日本有十分特殊的地位，荷兰人居住的出岛，是日本人了解西方的唯一窗口，就跟明清时的中国澳门一样，所以德川锁国令唯一对荷兰网开一面，荷兰的医学、外科、天文学、兵学、航海等书籍都不在幕府禁止之列，于是，这些通过荷兰语介绍过来的西方近代科技文化便被日本称为"兰学"。德川第八代将军吉宗的政治顾问新井白石、天文学家青木昆阳都是兰学的佼佼者。1715年，日本兰学先驱新井白石写了记叙西方情况的《西洋纪闻》，包括《荷兰纪事》和《荷兰考》。青木昆阳撰写了《荷兰文字略考》《荷兰语译》等著作，成为日本人学习荷兰语的入门书。青木昆阳的学生前野良泽等7人，青出于蓝而胜于蓝，1774年从荷兰文译出德国学者的《解剖学新书》（四卷）。这是第一部大型的兰学译著，开有计划、有组织研究兰学之先河。这是日本兰学研究里程碑的事件。以此为界标，兰学似"滴油水而布满全池"：从医学发展到了各门自然科学；从长崎、江户、京都、大阪扩展到全国，从政治家、知识分子到下级武士。一时兰学名家灿若群星，兰学一派繁荣景象。

其他领域也硕果累累。兰学家从荷兰语翻译了法国学者的《经济辞书》，名为《原生新编》，共70册，这是日本明治维新前最浩大的一项

278

翻译工程，对西方经济学的传播功德无量。他们还译介了哥白尼、牛顿、拉瓦锡等人的学说。据统计，从1744年至1852年，译介西学的人共117人，译著约500部。

德国著名学者、"日本的利玛窦"西博尔德在培养人才方面，超尘拔俗。他是百科全书式的人物，对医学、动物学、植物学、人类学、政治学无不知晓。1823年他以荷兰商馆副医官的身份，来到长崎，在郊外的鸣泷开办学校。该校成了兰学的研究中心和人才培养基地。西博尔德培养了一批优秀的兰学家，如高野长英等。师生共同点燃了研究兰学的烽火。

兰学研究的思想、理论跳出了幕府锁国和欧洲中世纪清代文字狱一样的思想牢笼，让日本人耳目一新，但对封建的藩幕体制来说，无异于一颗可能毁灭自己统治的定时炸弹，于是幕府以"西博尔德事件"为借口开始压制兰学。

幕府认为兰家"为好奇之谋，或生恶果"，从18世纪末开始镇压兰学。在越来越严重的学术迫害气氛中，炸药包终于被一次偶然事件点燃了，1828年西博尔德准备回国，幕府官吏在他的行李中查出有幕府天文官高桥景保赠送的日本地图和幕医土生玄硕赠送的德川家族家徽葵纹服。这些都是被禁止带出国的。西博尔德当即被逮捕，并于次年被驱逐出境，高桥被捕后死于狱中。幕府对他十分愤恨，对其尸体宣布死刑判决。西博尔德的学生和朋友受株连。几十名著名的兰学家被迫害。这就是日本历史上有名的"西博尔德事件"。

此次事件后，幕府开始大规模镇压兰学，在中国鸦片战争开始的1840年，幕府通告禁止卖药的招牌使用兰字，翻译的兰学书籍，未经官方许可不得出版，兰学在日本的研究和传播被官方彻底压制了，但是，日本兰学的思想先驱们已经为日本悄悄播撒下了迎接大规模对外开放和明治维新的文化种子，不久，以英语、法语为媒介的洋学将在兰学的基础上爆炸性兴起。

兰学渗入日本之前，日本人对西方的认识和清代君臣没有任何区别，林则徐认为印度兵没有腿肚子，美国人膝盖不会拐弯，日本人则认为"荷兰人短命，没有脚跟"。兰学在日本的短暂传播则使日本的一部分先进知识分子对西方文明有了全新的认识，这一点，日本当时比彻底封闭的清政府要先进得多。

1840 年，鸦片战争开始，大英帝国摧枯拉朽一般击垮了东亚两千年的老大，此事对靠中国文化起步的日本，震撼可想而知。日本很多人已经意识到了，西方诸强将会迫使日本开国。就在 1844 年，与日本一直有着特殊贸易关系的荷兰，派海军上校科普斯带给幕府一封荷兰国王威廉二世的绝密亲笔信件，警告日本即将面临中国同样的灾难，幕府的反应却是书面告知荷兰商馆，以后再有这种信件不拆，直接将其退回，和鸦片战争前清君臣反应一模一样！（而这一年，被打傻了吓傻了的中国知识分子中，已经有先驱者魏源撰写的《海国图志》在中国出版。以后此书流入日本，一度成为日本追求海外知识的幕府末期志士的必读之物）。

但是东亚老大中国想锁国都没锁住，日本又怎么可能自我陶醉在富士山下的樱花树里过小日子？

西方的坚船利炮没有放过中国，当然也不会放过与中国一衣带水的日本。

黑船到日本

1853 年 7 月 8 日，美国海军蒸汽船之父，佩里准将率两条巡洋舰、两艘护卫舰闯进日本江户湾浦贺，其中旗舰"密西西比"号巡洋舰吨位高达 3200 吨！

为了增加对日本的威慑效果，佩里将 4 条军舰全部涂成阴森森的黑色，只要在帆上再画上撒旦，那简直就是地狱里驶出的魔鬼船了。

日本人果然被这些从未见过的黑色巨舰吓傻了。

佩里记录了当时浦贺港的防御情况："……小艇驶近海岸时，就清楚地望见了各处炮台的情况，但并不怎样可怕，单单从它的结构就可以明显地看出，它既没有多大威力，也没有什么技术……当时日本士兵摆出威风凛凛的架势，武装看来也很整齐，但并没像要坚决进行抵抗。因为小艇刚靠拢陆地，他们都退到墙壁后面去了。"

何止士兵害怕了。美国"黑船"的到来，就像哥斯拉闯进了纽约，日本顿时人心惶惶，谣言四起，越传越虚。

一个封闭太久的国度,遇到突如其来的强势文明的冲击,第一反应都这样。

4艘船、500美国兵,到江户就变成10艘船,5000美国兵把德川家的大名们统统当点心吃了!

到京都就有百艘船,10万兵占领江户把将军大人逮住下油锅了!

那咱日本天皇哪儿去了?

为了中日人民友好,咱就不拿天皇开玩笑了。

总之还未交手,日本在心理上就败下阵来。

下午5时,舰队在浦贺海上抛了锚。浦贺当局派人问明来意后,按例要求美国舰队开往长崎。

真是不知天高地厚!

日本要美国舰队停哪儿,美国军舰就得停哪儿?日本到现在都做不到哇!

所以趾高气扬的佩里根本不予理睬,以开战相威胁。浦贺当局只得请示幕府。

此时的幕府已被黑船搅得惊慌失措,贵族家的后代一般地来说差不多都同样饭桶,德川家的将军锻炼太少,也拿不出什么好主意,于是幕府急忙召开通宵会议,商讨对策。会议决定暂时屈服,以图后事。并派全权代表户田氏荣、井户弘道赶往浦贺,领受美国国书。

7月14日,在久里滨(横须贺市)临时搭建的接待所里,佩里与日本代表举行了简短的交接国书仪式。短短的30分钟,气氛紧张,日本接受了国书,表明美国冲破了其锁国的祖法,所以井户弘道当时有些气不忿,话里藏针:“此次背国法受领国书,但不能开任何会议,请先退去!”

但是美国人哪有中国人的含蓄呀,一句客套都没有,弘道话音刚落,佩里马上露出了侵略者的獠牙:“两三日内,会离开日本,但明年四五月还要再来”,而且“恐怕要率更多军舰前来”!

7月17日,佩里扔下明年春天再来听取答复的狠话,心满意足地率舰队离开了江湾。

佩里走了,幕府总算松了口气。但“黑船”带来的冲击波并没有消失。美国人走了,但是这些不知哪里突然蹿出来的“八嘎”留下一大堆难题,却使幕府大伤脑筋。将军只好征询天皇和各地大名的意见,但是谁也提不出可行的对策。

这边日本政府焦头烂额，那边美国白宫迫不及待。佩里不顾严冬天寒，提前于1854年2月23日率舰队再次驶进日本，老先生实在是等不及了，这次他带了7艘舰船，舰队的威力显著更大。

在佩里武力威胁下，幕府同意在神奈川（今横滨）进行谈判。谈判从3月8日开始。日方递交了将军对美国总统函件的答复：对于总统提出的要求，"如完全接受，则为我国祖宗之法所严禁，今实难以应允"。在美国提出的友好、通商、供应煤炭和粮食、保护遇险船四项要求中，将军只把后两项要求作为"不得已之事"，予以同意，对前两项未做答复。佩里觉得友好通商对美国还不是当务之急，就让了步。

31日双方签订了《日美亲善条约》（又叫《日美神奈川条约》），这是近代日本同外国签订的第一个国际条约。条约有正文12条，附录13条。它规定，日本供给美国船只必要的燃料、食物；开放下田（今静冈县）、箱馆（今北海道的函馆）两个港口，允许美国设驻领事，给美国以最惠国待遇。

这样，日本长达200年的锁国大门被美国叩开了。

《日美亲善条约》的签订，就像中英《南京条约》签订之后，各路强盗顿时如决堤之水滔滔而来，英、法、俄、荷也相继而入，摁着将军的脑袋如法炮制了所谓亲善条约。日本只好愁眉苦脸地结束了闭关自守的时代。

根据这些不平等条约，在日本的所有外国人享有治外法权，胡作非为之徒不受日本法律制裁，使日本民族蒙受种种耻辱。正如日本启蒙思想家所说："试看今日都下之情景，骑马乘车、趾高气扬、令人回避者，多是洋外之人。偶有巡逻、行人抑或驭者车夫，与之发生口角，洋人则旁若无人手打脚踢。而（我国）恃懦卑屈之人民竟无还手之力。洋人即使为非作歹，但忍气吞声不去诉讼者也不在少数。或者有因商卖交易等事前往五港之地起诉者，其结局由彼国人裁判而定，实不能申冤。由是人人相告，与其诉而重冤，莫如忍气吞声为易。其状恰如弱小之新妇在老悍之姑婆身边一样。"

其实和当时的"东亚病夫"中国一样，日本也是西方人眼里的"东洋病夫"。

不平等条约中的种种特权，犹如一道道套在日本身上的绳索，把日本拉进了半殖民地的泥淖。日本社会这一巨变，黑船来航开其发端，幕府实在觉得太晦气了，想像中国皇帝一样换个年号冲冲喜，于是1855年幕府把年号从嘉永改为安政，结果日本刁民揶揄道："如果把'安政'倒过来读，就成了'依然'，而剩下的一个字还是'美利坚'。"（日语读音）

当时日本受西方列强欺凌之惨，其实和以后"华人与狗不得入内"的中国租界也没什么区别。

佩里轰开了日本的国门，功劳实在太大，美国海军真的觉得过意不去，以后用他的名字，命名了一级护卫舰，这是美国海军"二战"后造得最多的一级护卫舰。

倒幕

现在，大名鼎鼎的"武士道"精神就要登场了，面对和中国同样沦为西方殖民地的危机，日本的武士们是怎么干的呢？

讲两个日本武士的故事。

第一个故事：佩里舰队第二次来到日本后，停泊在下田的"密西西比"号军舰上的军官被舰外的声音惊醒，发现两个男人从悬梯登上了甲板，这两个日本人打着手势，要求允许他们乘船。军官将这两个人带到佩里面前。这两个人告诉佩里，他们想随舰队到美国去，周游世界，增长见识。佩里告诉他们："必须有日本政府的许可，才能满足你们去美国的要求。你们去搞许可吧，还有时间嘛！"无论两个人如何求佩里，佩里终究没有答应。这两名偷渡者回去以后，被其所在藩判处监禁。

这两位偷渡者是只有二十几岁的吉田寅次郎和涩木松太郎。吉田寅次郎就是后来著名的吉田松阴——日本近代思想家、明治维新的先驱。

在吉田松阴第一次看见佩里黑船到来的时候，他还主张锁国攘夷，不久他就转变为开国攘夷论者。他强烈主张尊王是振兴国家的大义，要求他的门生"明皇道而建国体"，辅助天皇振兴国家。主张建立以天皇为元首的一君万民制。为转移民族压迫，他主张通过割取朝鲜、中国的领土弥补日本从欧美那里的损失，主张失之西洋，补之东洋，积蓄国力，称霸东北亚。后来他主持了松下学塾，提倡学以致用，大唱尊王攘夷的经世之道。他的学塾后来会聚了长洲的有为青年，成为培养倒幕维新人才的大学校，这个敢偷渡游世界的家伙是个搞革命的煽动天才。在他的门下，出现了许多倒幕维新的风云人物，如高杉晋作、久坂玄瑞、木户孝允、伊藤博文、山县有朋、井上馨等，在后来明治政府的论功行赏功劳簿中，37名松下学塾的学生获得各级爵位或被追赠官位。而吉田松阴的不少政治主张，由他的学生逐步实现。

第二个故事：德川末期，因黑船骚动而动荡的日本，发生过好几起牵涉到西洋人的事件，其中有个"堺事件"。停泊在大阪的法国军舰水兵，在堺的路上与土佐藩的武士发生口角，土佐藩武士愤然拔刀，寒光闪过，13名法国水兵重创倒地，法舰立刻要求"以血还血，以牙还牙"，日本必须严惩13名日本武士。结果日本立刻有13名武士要求剖腹。于是日本方面设置了非常漂亮的剖腹座位，并邀请法国代表出席。法国代表团原以为不过是要审判有关的武士，并交给法方而已。结果法国军官们来到仪式现场后惊呆了，原来这不是审判，而是剖腹的仪式！

在一字排开的土佐藩和幕府官员们面前，13名日本武士衣着白色净装，个个毫无惧色，一个接一个开始切腹，法国军官脸色苍白，有几个代表当场呕吐起来。切到第四个武士时，法国代表团再也坐不下去了，当即要求停止，然后逃跑一般退出仪式现场，日本方面立刻命令剖腹停止。于是，事件只好不了了之，此事传到欧洲以后轰动一时，从此，日语词汇"剖腹"便在欧美人中固定下来，直到今天。

所以可想而知，面对日本所受西方欺辱，很多自尊心极强的日本下级武士不干了，幕府怕洋人是不是？干掉你！

这时候德川家的武士们忽然想起，咱日本除了将军，还有天皇呢！

于是做了几百年玩偶的日本天皇又被一帮下级武士抬起来，他们把尊崇天皇和赶走洋人结合起来，于是德川家的武士竟然搞起了尊王攘夷运动！

开国后，西方人在日本国土上胡作非为，视日本人为草芥，武士们开始动手杀洋人，日本的忍者本来就是国际级的杀手，被忍者盯上，大名都打哆嗦，在自己国家杀几个洋人算什么？日本武士更是靠杀人吃饭的！于是在日本作威作福的洋鬼子们，在江户神奈纷纷倒地长眠，弄得其他的洋鬼子坐卧不安，一时也不敢过于嚣张。为此，英国海军还和日本萨摩藩干过一场"萨英战争"，把鹿尔岛市几乎夷平。但是此役英军虽胜却死伤60多人，日本虽然炮台悉数轰毁，却只死伤9人！而且战后萨摩藩方面还检讨认为受创惨重的原因是英国的新型大炮命中率、射程都远远优于萨摩藩的大炮！

日本武士的战斗力和老百姓的备战意识可见一斑。

洋人都砍了，砍卖国贼也不在话下了，于是1860年3月3日，江户城外樱田门外一声呼哨，18名壮士呐喊着直冲而出，武士刀寒刀闪闪，剁开了60名卫士组成的防线，砍下了幕府首席大佬井伊直弼的脑袋！

首席大佬是什么意思？德川家康当年就是丰臣秀吉的首席大佬！这就是大佬的江湖地位！

首席大佬都砍了，幕府将军也就那么回事了，砍！

于是1868年1月28日，5000名天皇军武士在鸟羽、伏见和1.5万名幕府武士互相砍了个昏天黑地，三天血战之后，日本官府也和中国官府经常干的事一样，没能打过杀红了眼的强盗，战斗结束，末代幕府将军德川庆喜大发感慨："三百年天下，三天失之。"于是庆喜只好身着黑色棉衣，下着小条纹百底裤，足踏麻底鞋，启程前往流放地水户隐居。

就这样，从1860年"樱田门之变"幕府大佬井伊直弼倒在血泊里开始，经过"禁门之变""第一次征长战争""第二次征长战争，直到1867年的戊辰战争，"日本武士用整整7年的时间，用铁血武士刀砍开了日本现代化大改革的道路。

日本文明史家加藤周一因此总结："明治维新以前，当时这些下级武士的先进分子有了危机感，虽然不是全部，他们认为不学习是不行了，他们是抱着一种危机感下决心学习的，后来他们推翻了幕府，建立自己的政府，通过政府来实现并推行他们的目标。"

1868年11月26日，日本天皇"巡幸"到达江户，改江户为"东京"，10月23日，新政府为天皇举行继位仪式，23日，改元"明治"，并确定一世一元制，奠定现代日本基础，直到今天仍能保持日本世界强国地位的"明治维新"开始了！

明治维新

1868 年 4 月 6 日，年幼的睦仁天皇率众公卿诸侯鱼贯进入京都紫宸殿，祭祀天地神祇，宣读施政纲领《五条誓约》：

一、广兴会议，万机决于公论；

二、上下一心，大展经纶；

三、公卿与武家同心，以至于庶民，须使各遂其志，人心不倦；

四、破历来之陋心，立基于天地之公道；

五、求知识于世界，大振皇基。

兹欲行我国前所未有之变革，朕当身先率众誓于天地神明，以大定国是，立保全万民之道。尔等亦须本斯旨趣齐心致力！

宣读完毕，众百官表示：誓死服从这五条誓约。《五条誓约》是立资本主义民主制、表明近代化方向的宣言书，描绘了未来日本的蓝图。

为把封建落后的日本改变成一个实力可与西方国家相匹敌的现代化国家。实现现代化，首先得有现代化模式做参照，而这唯有西方能提供。向西方学习，去西方取经，成为日本朝野的共识。一句话，日本政府立誓要从封建时代进步到资本主义时代。

日本政府决定派遣由右大臣岩仓具视为特命全权大使，木户孝允（参议）、大久保利通（大藏卿）、伊藤博文（工部大辅）、山口尚芳（外务少辅）四人为特命全权副使，组成共有 48 人的庞大使节团，随行还有 59 名华族、士族出身的留学生，出访美国和欧洲。政府对使节团寄予很大希望，太政大臣山条实美在送别辞中表达了这一心愿："外交内治，前途大业，其成与否，在此一举。"

1871 年 11 月 12 日，一艘英国轮船阿美利亚号拉响了汽笛拔锚，船上107 名日本人看着渐渐远去的祖国山河倩影不禁泪流满面。

使节团编成三组，各组有各组的考察项目。第一组研究国家制度、法律理论与实践，考察办公厅、议会、法院、会计局的体制及工作情况；第二组研究贸易、铁路、邮电等公司，工厂的规章制度；第三组研究各国的教育规章和方法。

11 月 23 日，伊藤在旧金山市长举行的盛大宴会上，用英文发表了著名的《日之丸演说》："我们国旗中央的红色圆形（日之丸）将不是以往人们所说的封盖我帝国的封蜡，将来人们会清楚地懂得其真正的含义：它象征着值得尊敬的初升太阳。日本必将与世界各文明国度为伍，犹如不断向上升起的一轮红日。"

其勃勃雄心，可见一斑。

日本使节团先后访问了美国、英国、法国、比利时、荷兰、德国、俄国、丹麦、瑞典、意大利、奥地利、瑞士，共计 12 国，历时一年零九个月，耗资达百万日元，使节团一路上栉风沐雨，对西方文明精心调研，大开眼界，学到了许多新东西。

对西方的考察，对日本使节团无异是一次"洗脑"，初见璀璨夺目的西方文明，"始惊、次醉、终狂"，发现西方的经济、政治风俗无不超绝东方。

木户说："我国今日的文明不是真正的文明，我国今日的开化不是真正的开化。"日本使节团现在的感觉就和当年遣唐使到大唐一样，觉得自己和 1000 多年前一样又成了土包子。两种文明的强烈反差，令使节团成员思绪万千，往往夜不能寐。沉重的思考，更加坚定了他们将西方文明移植日本的决心。

学习西方，不是盲目模拟西方，而是将新知识、新认识、新信息加以比较，判断哪个国家在哪些领域最先进，采撷这些最先进的经验，与本国的实际结合起来，就能勾画出最佳的现代化蓝图。

日本使节团走遍了英伦三岛，参观了 20 多个重要城市，对英国的经济发展，深为叹服，英国与日本皆为岛国，英国却成了"世界工厂"，奥秘何在？使节团经过考察，认为发展商业就是"全英国的谋富要领"，日本要走英国工商致富治国的道路。正如大久保利通所说："要想在这个世界上独立建国，富国强兵之必要自不待言；而要实行富国强兵，则务必从殖产兴业上下手，切实谋求其进步发达。"所以日本使团决定经济上要学英国。

海军更不用谈了，不学英国海军还能学谁？

德国成了日本在政治体制上追求的模特儿。使节团认为英、法、美等国的民主政治好则好矣，但不适合文化水平低、盲崇宿弊的日本。他们的理想政体是，介乎于"民主政治"和"君主政治"之间的"君民共治"制。这样的政体，既突出了国民的精神权威天皇，又保证了中下级武士出身的新官僚的政治地位。他们按图索骥，特别留心，终于发现德国的君主立宪专制政体正是他们苦苦追求的。德国的国情与日本相似，"尤当取者，当以普鲁士为第一"。

德国的军事制度和军事经验，对使节团格外有吸引力。在考察德国的军事制度时，使节团被德国的重视军事教育程度所震惊，"国中之男子堪所执兵器者，悉受兵卒之教练，至少服一年常备军役，全国接受军人之磨炼"。

在克虏伯公司，他们更看到德国军事工业的强大，从此致力于学习德国的军事经验。特别是完成德国统一的铁血宰相俾斯麦所传真经更是让日本使节团醍醐灌顶。

俾斯麦对使节团直言不讳："方今世界各国，皆以亲睦礼仪交往，然而这都是表面现象，实际上是强弱相凌，大小相侮。""他们所谓公法，被他们说成是保全列国权利的准则，但是大国争夺利益的时候，如果对自己有利就依据公法，毫不改动；如果对自己不利，马上诉诸武力，根本没有坚持公法的事情。"

俾斯麦向使节团介绍了普鲁士强盛的经验，告诉日本使节团，弱小国家要想独立自主，必须依靠自己的军事实力，在内治与外交上，应该内治优先，搞好内治才有发言权。

日本人听到俾斯麦这番帝国主义真经，那不只是向俾斯麦鞠45度的大躬，而是非常地想像中国人那样磕头。

至于教育吗？那当然是美国的最好了。

日本使节团在考察中发现，只有发展教育，才能人才辈出，推动经济的发展。日本与欧美人一个重要的不同，"只在于学不学而已"。日本的当务之急，莫先于办学校，抓全民的智力开发。木户孝允写道："如果对后人子弟的行为，不予以格外的重视，那么日本国家的保安是没有指望的。"在这方面，美国资本主义发展培养了源源不断的人才，美国教育崇尚实学，重视与民生切实相关之事，这也是日本教育改革必须效法的。日本使节团的确有战略眼光，日本人重视教育的程度在现代世界上那也是数得着的，美国的大学教育到现在都是世界的范本呢！

真是看不完的西洋景！

…………

1873 年 9 月，出访欧美前对现代化茫然无知的日本使节团，带着满腹的日本现代化蓝图归国，日本大改革"明治维新"开始了！

殖产兴业、振兴贸易，大力推动资本主义经济的发展，15 年间，日本将财政总收入的 1/4，合计 2.1 亿日元的巨额投资，另外还发行大量国债，集中发展各项产业！

民间不敢搞的项目，政府带头搞资本主义工业化，东京炮兵工厂成立了，它生产了中国人谁都知道的"三八式"步枪。

大阪炮兵工厂成立了，它生产了日本第一批法国式山炮。

横须贺制铁所成立了，它于 1880 年建造了日本人第一艘自己设计的军舰"磐城"号。

石川岛造船所成立了，这是一所专门的海军造船厂。

这四家国营军工企业在明治初年成了日本国企的中心，它们是现代日本的工业化之母，日本近代化的军事工业体系由它们开始奠定。

富冈缫丝厂、新町纺织厂、千住呢绒厂和爱知纺织厂，四家大营民用企业成立了，富冈缫丝厂建厂便有女工 200 多人，规模和技术水准世界一流，建厂第二年日本参加维也纳世界博览会，该厂生产的生丝即受西方好评。

在政府的带动、鼓励、保护下，私人资本异常活跃，"大阪商人一怒，天下大名皆惧"。日本人的商业传统和环境远胜重农主义的中国明清两朝，于是三菱、三井这些到现在都还享誉世界的大型资本主义企业出现了。

在政府主导的殖产兴业政策的推动下，日本从 19 世纪 80 年代中期掀起了工业革命的热潮，从以纺织业为中心的轻工业开始，工业革命热潮席卷一切主要产业部门，日本工厂总量剧增，生产发展迅速。到1895年甲午战争前后，仅用了25年时间，虽然工业品总量比中国要差一些，但按人均来说，日本已经是亚洲最强大的资本主义工业化国家！

还有农业的现代化，日本从美国、法国、澳大利亚、奥地利引进9种小麦品种，从中国引进葡萄、苹果、柿子，19世纪70年代初引进的外国水果蔬菜品种达370多种，引进作为仿造样品的农具达3万件。1876年美国费城博览会展出了5种日本仿造的美式农具，质量之佳让美国人大吃一惊，日本人的改良精神再放异彩！

还有农业生产环节的改革，农业试验场、农业育种场、农具厂、模范牧场纷纷成立，实行采用机器生产的示范活动。1871年在东京驹场野、霞美设立农事试验场，使用进口农具试行栽培进口作物。

还有农业制度的根本性改革，日本的地税改革将封建领主土地所有制改为确认新兴地主、富农、自耕农对农村土地所有制，这是完全的近代土地所有制。地租过重，日本农民举起竹枪反抗，于是天皇立刻下诏将地税降至2.5%。日本农民自豪地说："竹枪一挑，挑出个二分五厘！"

教育和文化思想方面的变革更是惊天动地，日本政府1871年就创立了文部省，统辖全国的科技文化教育事业。教育改革中一句口号响彻日本："邑无不学之户，家无不学之人！"

日本以法美为榜样设计教育体制，全国分为8大学区，各设大学一所，每个大学区分为32个中学区，每区设中学一所，每个中学区分210个小学区，各设小学一所，全国共有8所大学，256所中学，53760所小学，平均每600个日本人就拥有1所小学。10所师范学校和东京特设女子师范学校成立了，所有的日本老师都必须进行正规的师范教育才允许进课堂。教学内容更是焕然一新，着重灌输西方近代文化思想和传授科技知识，中学开设算术、地理、外国语、博物、测量学、矿山学、天文学等方面的课程，大学开设理学、文学、法学、医学等方面的课程，甚至建立了初等、中等、高等三级配套的实业教育网和强大的技术工人培训教育系统（中国称为技校）……

因为项目太多，明治政府当时财政困难到了"一金无储"的地步，可是政府仍然克服一切困难向教育部门进行最大力度的投资，7 年间文部省的开支占日本政府开支 7%，位列日本政府各项开支第三位！受教育成为日本国民三大义务之一（另两项是纳税和服兵役），日本政府重视教育的远期效果使日本民族受益终身。（以后到 1914 年，日本的小学入学率将近 100%！）直到今天仍然享誉世界的日本产业工人群体就是这样培养出来，称霸亚洲 50 年，打得亚洲诸国鸡飞狗跳的日本兵就是这样教出来的！

如此巨大规模的体制改革，不可能不触动一些既得利益集团势力范围，怎么办呢？日本人才不顾这些呢，一切为了国家富强让路！

这时日本人的蛮劲和武士刀开始发挥作用了，敢反对维新者，砍！

即使是推翻过幕府的大功臣，民族英雄级别的人物同样照砍不误！

维新严重伤害了把天皇扶上台的武士阶层的利益，为了下层武士的利益，西乡隆盛在萨摩藩搞起了自己的一套，日本政府没有任何客气可讲，立刻出动陆海军 6 万，由栖川宫炽亲王总督带领讨伐西乡。

1877 年 9 月 30 日，鹿儿岛县令大山纲良拖到刑场被政府军斩首。持续 8 个月的日本西南战争结束，日本政府靠两万名日本人的脑袋结束了这场战争，当然也包括西乡隆盛的脑袋！

这场战争日本政府军战死者 6278 人，伤者 9523 人，消耗炮弹 73000 多发，枪弹 348 万发。萨军死伤 2 万多人。这些数字充分说明了战斗的惨烈。

而更惨烈的是，此前与政府军作战重伤后，要求部下把自己脑袋砍下来的西乡隆盛是日本"维新三杰"之一，为日本的倒幕和维新做出过极其巨大的贡献，是日本公认的明治维新第一功臣（注："二战"日本海军名将山本五十六的亲祖父高野秀右卫门贞通和养祖父山本带刀，就因在壬辰之役中激于义愤参战而被砍了，明治维新时，日本官府甚至不许山本带刀的宗门复存，直到 1883 年天皇大赦时方赦掉带刀之罪，带刀已出嫁长女以户主之名才重振家势，山本五十六一生于此事为之不欢，由西乡隆盛和山本五十六家世的遭遇，我们才能真正理解日本民族的性格和传统的日本武士道精神、耻感文化，到底是怎么一回事）！

整个日本沸腾了！

明治维新后，大和民族埋头苦干，现在，收获的金秋到了！

1894年7月16日，经过三年的艰苦谈判，日本驻英公使签订了《通商航海条约》（又称《日英新约》）。这个条约废除了治外法权，把片面的最惠国条款改为互相对等，修改了一部分税率。日本摘掉了西方列强套在脖子上近半个世纪的不平等条约的枷锁。青木一签完字就从伦敦拍回电报，说该条约"使日本一扫三十年来之污辱，跃身于国际友谊伙伴之中"。

日本外相陆奥宗光接到电报后，立即斋戒沐浴，进宫觐见天皇，通告这一喜讯。随后向青木回电："天皇陛下嘉许贵公使获得成功。余代表内阁同仁向贵使致贺。"

消息传出，日本四岛一片欢呼，"天皇万岁"声响彻云霄！

的确可喜可贺。日本人民终于得了和西方列强平起平坐的地位，至此，日本基本上完成了争取民族独立的历史使命，而这时，距1871年明治维新开始仅仅只有23年！

现在，在彻底消化吸收中华传统文明的基础上，日本在亚洲最先成功嫁接了西方工业文明的许多现代化成果，它的各种战争经济军事文化体制、文化思想、工农业生产技术、科技教育事业和军事力量都已远远领先于包括中国在内的亚洲诸国。

1868年明治政权确立后，开始采取主动融入西方世界的政策，对儒学进行清算，中华文化在日本的地位一落千丈。

到甲午战争前夕，日本蔑视中国达到高潮，明治政府对中华世界不屑一顾。《女学杂志》发表如下社论："勿言中国为大国。因何而知其不大国焉？答曰地理——面积3497700平方公里，人口42388万！可悯可笑！此面积至少将分裂为六、七国……如瘫痪，如残疾，如中风之病人，苟血液不循因流于全身，则五肢虽大，岂能谓身躯高大焉？！中国亦如斯，其人民无统一之语言，其帝王频繁更迭，君不见，正有数万之同志正觊觎当今之帝位焉！？如此之邦，何谓大国？！悲夫！中国400余州，广袤万里，民千亿，千古夸称中华，然当前之末路竟已如斯。"

日本小学生唱着歌谣："支那佬，拖辫子，打败仗，逃跑了，躲进山里不敢出来。"正是在这样一种极端鄙视中华世界的情绪中，日本发动了甲午战争。

用铁甲舰，榴弹炮，机关枪武装起来的雄心勃勃的日本新型武士再次举起了传统的武士刀，平静了 300 年的朝鲜海峡战云翻滚，继白江口海战之后 600 年中国友好，忽必烈伐日遇神风后 100 年互不往来，明代抗日援朝再次打出中日 300 年和平之后，由于日本再次试图向东亚大陆扩张，中日之间第四次较量已经不可避免！

一间破屋

我们现在都已知道，中日之间的第四次较量以 1895 年甲午战争的惨败为起始，整整持续了 50 年，这 50 年日本真是纵横东亚大陆，杀得中国尸山血海，一场 14 年抗战中国即伤亡 3500 万人，中国为中日第四次持续 50 年较量之后获得的惨痛代价实在是太沉重了。

中国的洋务运动早在日本明治维新之前 11 年前就开始了，而且工业化的成果不可谓不大，直到甲午战争开始时，日本的钢铁、煤、铜、煤油、机器制造的总量都比中国低，当时日本共有工业资本 7000 万元，银行资本 9000 万元，年进口额 1.7 亿元，年出口额 4000 万元，年财政收入 8000 万元，这些指标除了进口量与中国相当外，其他都低于中国（人均比中国高），这说明当时日本的经济实力和中国一样并不强盛，而且战争毕竟打的是国家整体实力，而不是国民人均财富的多寡。

从军事上看，日本在甲午战前的一二十年里，竭举国之力提升军事实力，尤其重视海军建设，到 1893 年，拥有军舰 55 艘，排水量 6.1 万吨，与中国海军主力北洋舰队相当（中国还有广东、福建水师）。日本常备陆军 22 万人，总兵力不到中国的一半，武器装备也相差不大。中国陆军力量还在美、日之前。

那么，中国为什么在甲午战争中败得那么惨？

百年来，中国的无数仁人志士和学者都在思考这个问题，虽然各自的看法都有独到之处，但公认的原因有三个：一是烂树上结不出好果子。

晚清已是中国两千年封建王朝所有积毒一起迸发的末世，政治上皇权独裁，经济上原始落后，军事上战力低下，文化上保守八股，思想上愚昧无知，各项封建体制都已烂入骨髓，想在这样一种混乱制度上发展出现代化工业国家，几乎不可能。

而日本明治维新却相当程度地注重典章制度与思想、观念方面的改革。注重个体自由和人权。在 1868 年公布的"五条誓文"：就规定了人民享有言论和思想自由（自文武百官以至庶民，务使各遂其志，人心振奋）甚至激进到了 19 世纪 70 年代中期就在日本形成了一定规模的反政府团体和人权组织，这种国民思想解放促进了资本主义内阁制的形成。

明治维新废藩置县，摧毁了所有的封建政权。同年成立新的常备军。1873 年实行全国义务兵制和改革农业税。在 19 世纪 70 年代中期，受西方自由主义思想影响的日本民权论者要求实行立宪，召开议会，万事决于公论（广兴议会，万机决于公论）。明治政府在 1885 年实行内阁制，翌年开始制宪，1889 年正式颁布宪法，1890 年召开第一届国会。在政治改革的同时，也进行经济和社会改革。至于社会、文化方面的改变，随着留洋知识分子（伊藤博文、大隈重信、新渡户稻造等）吸收并引介西方文化与典章制度进入日本，以及众多现代化事物的引进，"文明开化"的风潮逐渐形成，对于原本传统而保守的日本社会造成了很大的影响。日本不只物质需求与生活习惯上出现西化的转变，在教育系统与社会组织的广泛推行下，思想与观念上也逐渐有了现代化的倾向（例如守时、卫生、遵守秩序等概念与西式礼仪）。

日本经济和工业化的真正成功其实是奠定在明治维新做出这些根本性的制度上改革的。

而清政府呢，以大学士倭仁为首的顽固派，高唱"立国之道，尚礼义不尚权谋，根本之图，在人心不在技艺"，主张"以忠信为甲胄，礼义为干橹"，抵御外侮。他们攻击洋务派学习西方先进生产技术是"陈甚高，持论甚正"，然而"以礼义为干橹，以忠信为甲胄，无益于自强实际。二三十年来，中外臣僚正由于未得制敌之要，徒以空言塞责，以致酿成庚申之变"。

洋务运动 30 年间，顽固派与洋务派一直互相攻击，斗争十分激烈。而且就连主张学习西方先进生产技术的洋务派领袖本人，也从未意识到先进的政治制度与发展经济和工业化之间的关系。

曾国藩最初的理论是"制胜之道，在人不在器"。认为人的主观能动性能战胜一切。

李鸿章进步了一点，认识到西方"大炮之精纯，子药之细巧，器械之鲜明，队伍之整齐，实非中国人所能及""洋兵数千，枪炮并发，所当辄靡，其落地开花炸弹，真神技也""西人专恃其枪炮轮船之精利，故能横行于中土，中国向用之弓矛小枪土炮，故不敌于彼等，是以受制于西人"，可见李鸿章的认识水平的确又比曾国藩高了一点，就是高到"唯武器论"那个分儿上了！

而对于当时落后封建体制的看法呢？虽然李鸿章惊呼中国是"三千余年一大变局"，但"中国文武制度事事远出西人之上，独火器万不能及"的话，反映了他的"以纲常名教为本，辅以诸国富强之术"的中体西用的洋务思想，所以李鸿章埋头搞了一堆军工企业，最后还是因为体制的原因被外国人炸光抢光毁光。

当曾、李二人终于认识到封建制度的腐败时，都已深深感到了个体对抗整个体制的无力。所以当曾国藩机要幕客赵烈文指出："天下治安一统久矣，势必驯至分割。然主威素重，风气未开，若非抽心一烂，则土崩瓦解之局不成。以烈度之，异日之祸必根本颠仆，而后方州无主，人自为政，殆不出五十年矣。"

赵烈文说以现在清政府这种状况，50 年内中国必将四分五裂，军阀混战。

曾国藩沉默良久，最后终于向自己的心腹低叹了一句心里话："吾日夜望死，忧见宗之隙。"曾国藩说这话时是 1867 年 7 月 21 日，仅仅 44 年后，1911 年 11 月 10 日，辛亥革命就爆发了。

而一直对中国封建制度自信满满的李鸿章更惨，在甲午战败后第二年，李鸿章带着中国第一个政府级别的大出使团踏上了赴西方考察的道路，此时距 1871 年日本出使团访问西方学习已经 25 年，当看到真实的西方情景时，李鸿章这位一生以中国文化为自豪的老人心情之凄凉可想而知，李鸿章办洋务，"上受制于腐败之清廷，中受制于保守之同僚，下受制于愚昧之国人"。

当他拜会一直很仰慕的德国铁血宰相俾斯麦时，也只能低叹："在我们那里，政府、国家都在给我制造困难，制造障碍，不知道怎么办。"

被德皇贬下来的铁血宰相当然也不好多说什么，只能开导两句，中德这两位都曾权倾天下的大臣此时心中想必都是相当感伤，最后告别时，李鸿章终于忍不住说了一句推心置腹的话："对我目前遇到的阻力，我已经无力了。"被赋闲在家的俾斯麦只好再开导一句："您过于低估了自己。对于一个国家大人物来说，谦虚是非常好的品德，但是一个政治家应该有充分的自信。"

已经风烛残年的李鸿章听到这话的感觉恐怕只能是想哭，仅仅5年后，李鸿章在"老来失计亲虎狼"的遗憾中，留下一首极其伤感的诗后溘然辞世：

> 劳劳车马未离鞍，临事方知一死难。
> 三百年来伤国步，八千里外吊民残。
> 秋风宝剑孤臣泪，落日旌旗大将坛。
> 海外尘氛犹未息，请君莫作等闲看。

去逝时双目圆睁，久久不闭。

我办了一辈子的事，练兵也，海军也，都是纸糊的老虎，何尝能实在放手办理？不过勉强涂饰，虚有其表，不揭破犹可敷衍一时。如一间破屋，由裱糊匠东补西贴，居然成一净室，虽明知为纸片糊裱，然究竟绝不定里面是何等材料。即有小小风雨，打成几个窟窿，随时补葺，亦可支吾应付。乃必欲爽手扯破，又未预备何种修葺材料，何种改造方式，自然真相破露，不可收拾，但裱糊匠又何术能负其责？

——李鸿章

造成这一切最大的责任人当然是被国人痛骂至今的慈禧太后，清政府在遭受了两次鸦片战争的打击和太平天国运动的一系列打击后，慈禧的宝座已摇摇欲坠，以她为首的顽固派惶惶不可终日，早已不再妄自尊大，为了自己的权力不受损害，因此对曾、左、胡他们的洋务作为虽然心存疑虑，但只是行使了保留意见的权利而暂时默许。洋务派搞企业发展经济可以，但如果发展经济触及了国家体制和个人地位，慈禧是会不惜一切手段进行镇压的。西太后这人，搞经济不行、搞军事不行、搞文化不行、搞教育不行、搞政治还是行的，而且是挺行的，连曾、左、胡如此人物都被其支使得无可奈何，不能不说她没有整人的本事，连光绪皇帝真想变法救国，请老母退休的念头刚起，自己倒被迫退了休，中国历史学家这样栩栩如生地描述了当时中国最高统治者的手段：

慈禧不允许洋务派的权力过度扩张。她之重用曾、左、李等人，固然是由于她晓得他们都愿做"忠臣孝子"，不会做"悖逆"之事，但是为了避免尾大不掉，她依然对他们有所防备。镇压了太平天国，曾国藩立刻将很大一部分湘军解散，这当然是慑于慈禧的淫威，怕功高震主，树大招风，给本人引来杀身之祸。事实证明，他这样做也确实契合慈禧的心愿。左宗棠率军西征，一举消灭了阿古柏之后，又紧密布防，准备打击沙俄的侵略，恢复伊犁，威望大振。有人就对他开始了攻击，说他拥重兵巨饷，不顾国度全局。慈禧也就趁机下令，将他调回，削夺了左宗棠的军权。从1870年起，慈禧就任命李鸿章为直隶总督兼北洋通商大臣，前后共达25年之久，每有要政，总要征求他的意见，但是她一直未让李鸿章进军机处，并竭力培植李鸿章的政敌。经常有人对他进行弹劾，同他抗衡，就阐明了这一点。

对慈禧专权要挟最大的是恭亲王奕䜣。所以在推倒八大臣之后不久，慈禧和奕䜣之间就产生了异常尖锐的矛盾。1865年慈禧借御史蔡寿祺上奏弹劾奕䜣之机，亲笔写了一道错字连篇的朱谕，给奕䜣加上了两大罪名：一是"办事徇情贪墨，骄盈揽权，多招物议"；二是"妄自菲薄，诸多狂敖（傲），以（依）仗爵高权重，目无君上"。其中心意义只有一个，就是奕䜣遇事好自作主张，不能对她百依百顺，驯良如羊。因而，将他的"议政王"头衔予以取消。1874年，奕䜣由于带头反对修复圆明园，又遭到严责，差一点丢了脑袋。到了1884年，当左庶子宗室盛昱又以在越南问题上对法国交涉失机为理由而参劾军机处时，慈禧便一下子撤换了全部军机大臣，开去了奕䜣的一切差使，组成了一个唯她之命是从的军机处，构成了她一人独霸朝廷的场面。慈禧的独断与弄权，使洋务派都处处缩手，畏惧不缩。

终年闭居深宫的慈禧，既没有近代化的科学学问，也没有近代化的思想认识。她对洋务事业的支持与否，全凭其高度政治敏锐性，看是否对她的封建专制统治有利，特别是对那些作为封建统治支柱的政治制度和思想体系，她都不择手段加以维护，只允许在旧的封建专制主义的根底上，添加一些在她看来可以增强其统治的近代化的新工具和新技术。超越这个界线的，她都坚决反对。

但慈禧这套中国人最擅长的权术本事却无法支使洋鬼子呀，于是中国只能被日本纵横屠杀50年了。

而中国甲午战败的第二个原因，所有的学者都一致认为是封建专制造成的全局性的腐败堕落。

从上到下都搞钱

这种惊人的腐败从慈禧太后开始，到李鸿章，到清政府采购外国军火的官员，福州船政局的管理人员，再到北洋舰队的下级官兵简直人人皆贪，个个皆腐。甚至北洋舰队修造军船的工人都要弄点边角余料回家捞点外快！

慈禧太后挪用海军军费修造颐和园祝寿，这几乎是中国举国皆知的事，她到底挪用了多少海军军费造园呢？较为接近的数字有三种：1200万~1400万两之间，600万~1000万两银子之间，860万两，即使按860万两银子算，这个数字意味着什么呢？北洋海军主力铁甲舰"定远""镇远"两舰购置经费是247万两银子，也就是说，慈禧拿去造园的海军经费还可以再造7艘"定远"那样的铁甲巨舰，而决定中国50年国运的黄海大海战中，中国方面只要再多一艘铁甲舰参战，战争的结局很可能是另一个结果！

所以慈禧造园，北洋舰队在甲午战前7年竟未购一艘新舰！

朝廷停止购舰的消息刚一传出，孤悬海外，对日本野心一清二楚的台湾巡抚刘铭传就痛哭起来，跌足叹道："人方慭我，我乃自决其藩，亡无日矣！"

在中国太后挪用海军军费造园的同时，日本在干什么呢？日本以天皇带头，举国捐款造海军！

1887年，甲午开战前8年，日本参谋本部第二局局长小川又次大佐制定了《清国征讨方略》，其中讨论了中日开战的时间，主张要在中国实现军队改革，和欧美各国拥有远征东亚的实力之前，即在1892年前完成对华作战的准备，设想日本要吞并北平以南的辽东半岛、胶东半岛、舟山群岛、澎湖列岛、台湾地区以及长江两岸10里左右的地方。同年3月，天皇下令从内库拨款30万元，作为海防补助费，这是日本天皇的私房钱！全国华族和富豪也竞相捐款，至9月底，捐款数额达到103.8万元。这些资金全被用作扩充海军军备。1890年到1893年4年间，日本军费占国家财政预算的平均比重为29.4%，其中1893年达到32%！

慈禧这样腐败的国家领导人，能带出一支怎样的腐败官僚体系呢？历史记录中说：大清国走到19世纪中叶的时期，已是千疮百孔了，其中腐败的大漏洞，就足以致命。

就拿购买武器装备这一点来说吧，大家都知道，买武器装备用的钱可不是仨瓜俩枣的，要用一大笔钱。要使钱用到该用的地方，而不是中饱私囊，只有两个办法：一靠道德自律，二靠对权力的监督。道德自律有作用却有限，私欲冲破道德的底线简直易如反掌。这样，就需要法律之下的权力监督。但是，专制政体的政治文化特点又决定权力监督的空白点。这种悖论使得政权结构布满了漏洞，这也就给了掌握权力的人腐败的机会。握有采购军火大权的人几乎没有不贪的。一支洋枪市场价格不过2两银子，但是广东地方政府却报价6两银子。江南机器制造局从一成立，就虚报各种费用，然后把差价留在自己腰包。当时就有人说，只要在机器制造局管事一年，终身就可享用不尽了。尽管这有些言过其实，但是贪污的事实总是有的。沈葆桢为什么不愿接左宗棠的班当那个船政大臣，他提出的船政大臣"七难"之一，就是担心具体的承办人员"先饱私囊"。有权力的人腐败，上行下效，那些普通的工匠也想方设法地捞便宜。沈葆桢说，就是"内地工匠专以偷工减料为能"。他说，我不怕洋人不好好教，不认真顾问，而担心内地工匠马马虎虎，散漫已成痼疾。

反对中国加强海防和建立近代海军的刘锡鸿，攻击力挺海防和建立海军一派的观点之一，就是在内政改革还没有完成，腐败之风没有遏止的前提下，加强海防与建立近代海军，就是瘦了国家，肥了个人。

真是到处有漏洞。据说，在大清国建立一支舰队所花费的成本，要比日本建立一支舰队的成本高出将近一倍。而这中间很多钱，不是花在国防上，而是让人给塞进自己的腰包了。

而外国资料则记载：英国怡和商行低价向中国出售阿姆斯特朗炮，商行要付 1.2 万两银子给它的代理行蒲德尔，同样多的费用给领事，和至少双倍于此的费用给中国领事！

外国资料还记载：中国购一颗 12 磅炸弹需要 30 两银子，用银子做外壳的炸弹都比这个价便宜！

而亲手组建北洋海军的统帅李鸿章呢？他可以将战争失败归结于整个体制的原因，但他永远没办法推卸掉自己贪污腐败对舰队覆没造成的那份重责。

曾国藩治军，从组建湘军起就倡导"忠义血性"，左宗棠的清廉有口皆碑，两人都非常注重精神力量对军队战斗力的影响，结果两人都带出了一支英勇善战的军队和一支高级将领总体来说非常清廉的军官团。

李鸿章呢？他只注重粮饷和金钱刺激驱使官兵，北洋海军军官的收入高于同级绿营军官都是以倍计算的。

海军提督年收入 8400 两，绿营提督 2605 两，3.2 倍。
北洋总兵年收入 3960 两，绿营总兵 2011 两，1.97 倍。
海军副将年收入 3240 两，绿营副将 1177.4 两，2.75 倍。
海军参将年收入 2640 两，绿营参将 743.3 两，3.55 倍。

连北洋的士兵饷银都高于绿营倍计，刚入伍的三等练勇，月饷就为 4 两，一等水平 10 两，一等炮目 20 两，鱼雷匠 24 两，电灯匠 30 两，连在岸上当差的夫役也有 3 两，而当时一个宁波纱工的年工资为 13~23.5 两，一户自耕农年耕种收入在 33~50 两之间，就是说北洋海军一个夫役的最低收入，已达到中国当时普通农户或工人中等以上收入！

李鸿章本人身后据说更是遗下 4000 万两银子！

结果这支用金钱刺激出来的军队成了什么样呢？

《中国近代海军兴衰史》是这样记叙的：有个外国人揶揄说，有许许多多府台、道台以及诸如此类的官员栖息在中国海军的索具上。事实上，栖息在中国海军索具上的外国人也不少。另一位观察家注意到，"常年有许多买卖的代理人，川流不息地从各地区和海洋上的各岛屿走向天津的总督衙门。其中有出卖枪炮的人；有出卖回轮手枪、军需品、剑、马兵装备、步兵装备、炮兵装备、药品、外科器具、膏药、裹伤纱布、绷带、病院设备、帐幕、旗子、火药与炸药的人。"

为了达到推销商品的目的，他们和李鸿章的"部属及翻译结交朋友，他们贿赂李的幕客和门房。他们拜会李的厨师，奉承李的理发匠。他们寻求领事甚或外交官们的援助。他们花了钱，有时是斯文地送些贵重的礼品，有时是更直接更粗鲁地进行贿赂"。

北洋海军官兵都受过正规的海军训练，然而在 19 世纪 90 年代头几年的歌舞升平气氛中，纪律明显松弛。根据《北洋海军章程》规定，除了海军提督以外，总兵以下各官，皆终年住船，不建衙，不建公馆。然而事实上却非如此。我们从方伯谦自订的《益堂年谱》中得知，他于光绪十一年在福州朱紫坊购下房屋，光绪十三年 5 月盖威海屋，光绪十四年 4 月又在威海盖"福州式屋"，8 月盖烟台住屋，11 月落成，次年春"搬入住"。光绪十七年 2 月，又记有"刘公岛寓"。从实际情况来说，不允许高级军官在岸上建立个人住宅显然是不人道也是不现实的，但造得如此之多，却显示出方伯谦确实有钱。同时，他娶有两房姨太太，在舰队常去之地，分别金屋藏娇。将士们纷纷移眷刘公岛，晚上上岸住宿的人，一船有半。丁汝昌（舰队司令）本人更是在岛上起盖铺屋出租，收取租金，并同方伯谦在出租房产上发生龃龉。甚至与方伯谦同溺一妓，妓以丁年老貌劣，不及方之壮伟，誓愿嫁方，丁百计经营无能如愿。丁汝昌还自蓄家伶演戏，生活骄奢淫逸。

毫无疑问，丁汝昌对于北洋海军建设起过重要作用，简单地说丁是陆军将领出身而任海军提督就是一大错误并不公允。从现存的丁汝昌函稿中，可以看到他从军舰弹药、燃料保障、航道疏浚，到人事调动、薪水发放等海军日常管理事务，无不亲力亲为，倾注了大量精力。但丁汝昌不能以身作则、严格治军，导致舰队管理混乱，却是不争之事实。

1888年6月，北洋海军派舰参与镇压台湾吕家望番社起事，事定之后，各地要求在请功奏折中附带保荐各自子弟亲朋的开后门信件纷至沓来，如九秋落叶，扫却不尽，丁汝昌告诉台湾巡抚刘铭传："故每有托函当即婉谢，怨之言所不敢计也。"

然而他自己，也写条子给刘："余中子年已及冠，虽经童试，难以成名。昨承友人顾念，为捐江苏县丞，拟恳宪台附入后山案内，赏保一阶……第以晚年一线之延，得不代图地步，为日后生发之路。"就是说这位舰队司令为自己的儿子走后门弄个官当，虽是舐犊之情，反映的却是清朝军队立功奖励制度的失范，每次庆功请奖，必然滥用权力，夹杂进大批无关人员，与朝廷玩一场移花接木的游戏。当事人明知别人无耻，却轻易地原谅自己。军队奖惩制度被亵渎了，军人的荣誉和责任感也就一钱不值。

上有所好，下必甚焉。相习成风，视为故态。每当北洋封冻，海军例巡南洋时，官兵便淫赌于香港。北洋海军还用军舰载客跑运输挣钱，甚至利用军舰的豁免权，从朝鲜走私人参。另外，军舰应发之饷，应备之物，例由各管驾官向支应所领银包办，弊端由此而生。各船每月包干的数百两行船公费，为购置打油、机器房车油、棉纱绳，以及油船所用，管带常私扣归自己，致使船舱机器擦抹不勤，零件损坏，大炮生锈。吴趼人在小说《二十年目睹怪现状》中揭露，南洋兵船在上海一家专供兵船物料的铺家买煤，账上记100吨煤价，实领二三十吨。给店里两成好处，管带就贪污那余下的煤款，所以"带上几年兵船，就都一个个地席丰履厚起来"。这种情况，北洋海军自然也不能避免。

人们常说腐败源于收入太低，因此应当高薪养廉。但实际情况是，北洋海军将领，这些受过正规西式教育和训练的学生官们，毫无疑问是中国社会转型时期第一批受到最好的启蒙培养的先行者，他们中的多数人，并不缺乏忧国忧民之心。但在国家优渥的待遇下，他们在经济上却贪婪不止，出现的是结构性和共生性的腐败。究竟何等高薪才足以使他们束手呢？政治学研究表明，产生腐败的原因是复杂的，不能简单地以道德论或收入低来概括，究其实质，权力造成腐败才是不争的事实。

北洋海军腐败到什么程度？

腐败到工人也要往家里偷造军舰的边角余料！

举个例子，在后来成军的北洋舰队，一个修理所的工匠月薪3两白银，但是实际生活水平远远高于一般工人。北洋舰队旅顺修理所工人杨贵光自己就与亲人窃语："时常带些杂铁，售于铁匠钉马掌，也有些许进项。"

这就叫上行下效！

中国军队惨败甲午还有第三个重要原因，这就是不像日本军队那样，具有真正谦虚好学的精神。

虚骄

一支现代化的海军不是光靠买军舰就能组建的，当时一位外国人针对清政府外购军舰评论："只要中国有钱，全世界会把最先进的军舰抢着卖给中国人，但中国人不管花多少钱也买不到训练有素而又忠诚的职业军官和水手。"

中国海军有这个问题，刚组建的日本海军当然也面对这个问题，于是两国海军不约而同请起了外教搞传帮带，那么，双方是怎样对待洋老师的呢？

中国海军请来的北洋海军总查（总教习，训练部部长）是英国海军中校琅威理，这是一位极其优秀的职业海军军人，后来回国后任英国预备舰队司令！

琅威理在华期间，治军精严，认真按照世界最先进的英国海军条令训练中国海军，中国史料记载他"终日料理船事，刻不自暇自逸。"甚至上厕所时都"犹命打旗语传令"。

由于琅氏训练严酷，北洋舰队战斗力上升极快，他在任期间，是北洋舰队战斗力最强的黄金时代，当时北洋舰队水兵中甚至流传着"不怕丁军门，就怕琅副将"的言语。而且琅威理不但忠于职守，还忠诚所效力的中国海军，1885年中国访日舰队水兵与日本浪人和巡捕在长崎发生流血冲突后，琅威理当即建议炮轰长崎警告日本，此事是非不论，可见琅威理是非常忠诚地在为中国海军现代化建设效力。

可是这样一位真正的职业军官怎么可能见容于晚清官场？

琅氏上任初期，中国海军的士官生们还知道技不如人，尚能服从琅氏管理，等到自己升上管带（舰长）后，就自觉无所不知，开始排挤琅威理了，琅威理这种真正的军人自然看不惯北洋水师中的派系之争。

前面已经说过了，中国海军当时已经形成了由福建船政学堂学生组成强大的闽人系统，连舰队司令丁汝昌都被舰队闽系首领刘步蟾架空，琅威理怎么看得惯这个，大英帝国的海军没有"牛津""剑桥"系的呀，而且军官拉帮结派肯定影响战斗力的！是以琅威理上书李鸿章，提出"兵船管驾，不应专用闽人"。于是北洋舰队有人认为琅威理是侵略主义者，趾高气扬，目空一切。

当士官生什么都不会时，怎么就不觉得琅威理是帝国主义者呢？

于是，中国海军军官用一次"撤旗事件"侮辱了琅威理，将自尊心极强的琅威理逼走，"海军之建也，琅威理督操甚严，军官多闽人，颇恶之。右翼总兵刘步蟾与有违言，不相能，乃以计逐琅威理"。"众将怀安，进谗于李傅相（鸿章）而去之"。

结果琅威理回国后"逢人诉人其在华受辱"倒也罢了，失去了这位严格的训练总监，给北洋舰队造成了不可弥补的损失。

中国历史学者姜鸣在《龙旗飘扬的舰队——中国近代海军兴衰史》中记道：琅威理走后，北洋海军的训练和军纪日益松懈、操练尽弛。自左右翼总兵以下，争挈眷陆居，军士去船以嬉。每当北洋封冻，海军例巡南洋，率淫赌于香港、上海，更显得"撤旗事件"像是一场悲剧的开端。赫德说："琅威理走后，中国人自己把海军搞得一团糟。琅威理在中国的时候，中国人也没有能好好利用他。"这不得不说是中国近代海军发展史上一个惨痛的教训。

而日本海军是怎样对待自己老师的呢？姜鸣写道：作为对比，日本海军也是英国人一手训练起来的。皇家海军的英格斯上校为日本海军建设做出了很大贡献。英格斯本人回忆说，他在日本服役时，日本政府曾封赠他为贵族，使他能有足够的权力和地位，以与日本的高级将领接触。日本海军从英国人的教育中得到极大的好处。当他们认为有理由独立行走时，欧洲军官便体面地告退。而日本人"坚持走着他们在英国的指导下踏上的道路，他们不仅使舰队保持着英格斯离开时的面貌，而且更趋完善了"。

对于几乎同时起步的中日两国海军，没有理由简单地认为，列强对中国就是要控制，对日本人就是要扶持。经历了一个世纪的风风雨雨，后人有必要对这段历史进行反思，并从中探寻有益的启迪。

而北洋海军内的派系之争，甚至已导致中国海军内部最优秀的军人受到排挤，甲午战前，有人控告广东籍高级将领，"致远"舰管带邓世昌鞭死水兵，闽系首领刘步蟾力主追查，最后实在找不到尸体，才被迫做和事佬，自己也被闽系军官排挤的日子艰难的舰队司令丁汝昌压了下去，而邓世昌被诬告的原因："不饮博，不观剧，非时未尝登岸，众以其立异，益嫉视之。"

在疯子的国度，清醒者才是疯子。

而日本人更令人钦佩的是他们从古至今一以贯之的自主创新精神，请来外籍老师后，立刻拼命学习，同时大力培养自己的人才，历史资料残酷地记录了中日两国不同的人才培养政策造成的不同结果。

在人才和技术的引进上，洋务派虽然也说过"借才异域"是不得已的权宜之计，"并非终用洋人"，购买器械是为了"师其所长，夺其所恃"，但实际行动却是事事依赖于外国侵略者。

两种不同人才引进的方法和道路，导致中日两国在人才上出现了很大的反差。甲午战争前，日本在各类技术管理人才上，已开始逐步自给。据统计，1874 年和 1875 年，明治政府聘请的外籍人员超过了 500 人，到 1880 年便减少到 237 人。如铁路系统，1874 年和 1875 年时，聘请的外籍人员是 110 多人，1883 年便减少到 10 余人；铁路的管理和建设，分别于 1879 年和 1883 年，由日本人取代。1887 年东京大学初建时，学校教师多为外籍人员，但到 1886 年帝国大学工科大学成立时，外籍教师则仅有 4 名，本国教师增至 18 名。军事系统的情况是：陆军"各种学校不复须外国教师"；海军"军政之经营不复顾问外国人"；造船业也是"日本技术专家专任其工，不复借外国人之助"。人才的自立自主给技术的发展以有力推动。1880 年，日本就发明了适合本国人体型的村田步枪，并逐渐成批生产，1888 年被规定为全军统一使用的武器，这就是大名鼎鼎的三八式！ 1887 年发明了褐色六棱火药。1892 年又创制了47 毫米的速射炮和朱式鱼雷。

与日本的情况相反，中国雇请的外人，不仅不是逐步减少，而是日益增加。初步统计，晚清雇聘的外籍人员（不包括海关人员），20 世纪前为 610 多人，20 世纪的 10 余年则为 680 多人。如轮船招商局在 19 世纪 80 年代，雇请洋员144 人，经过近半个世纪后，到 1938 年还是全部雇请洋人，船长几乎全部由洋员充任。江南制造局从一开始就由美国旗记铁厂的老板任全局总管，下属各主要分厂的厂长由洋员担任。到了 1906 年，"厂中事务，皆系巴斯主政，故各项工作，均受成于外人，中国员司所能办之事，今亦有由洋员办理者"。

巴斯离任后，"由彼引用之洋员毛耕主持一切，各项价目，悉由核报"。这就不仅说明，江南制造局在技术上长期依赖洋员，而且生产经销大权和行政管理大权也为洋员所操纵。电报局更是掌握在洋员手中。

海军的情况连奕劻也不得不承认："仅借洋人充船主、大副等紧要司事，终是授人以柄，不得谓之中国海军。"其他企事业单位也有类似情况。当时就有人批评洋务派是"综理一切，统用西人，绝不思教养华人以渐收其权力"。一切依赖洋人，坏处很多，不能指望老外个个都是白求恩对吧？

洋务派仰人鼻息的结果，不仅引进的技术设备陈旧，而且生产中仍用旧法不改。当时洋务派中就有人指出，福建船政局所用的，是法国的旧法；江南制造局所用的，是英国的旧法；北洋船坞、海军机器各局所用的，是英、德两国的旧法。加法配镶，绝无创新。

军事工业产品，也多半质量低劣，"试造之炮，炮身不长，机器不灵，施放过迟，一点钟止能放七八炮"。生产出来的"小船只能供给海军巡缉之用；太平年月无用，战争起时是废物"。生产技术始终停滞在落后的阶段。这就使得整个洋务运动期间，洋务派所办民用性企业成效甚微，不能达到"求富"目的；所办军事工业生产和所建新式海陆军，只能镇内寇，不能御外侮，结果在对外战争的关键时刻，庞然大物的北洋舰队全军覆没，洋务运动彻底破产。

福州船政局也许是中国晚清先进的工业企业。船政局是作为以机械和效率为基础的西化企业来设计的，在重要的车间和结合部都由带有转盘的缆车轨道来带动。船政局的目标是在 1868 年和 1875 年之间为中国建成一支小型的现代舰队，计划建造 19 艘 80-250 马力的船只，其中，13 艘是 150 马力的运输船。在这期间，总共建造完成了 16 艘船。在 1869—1875 年沈葆桢主持期间，完成了 10 艘 100 马力的运输船，以及一艘作为样品的 250 马力轻型巡洋舰。9 艘 150 马力的运输船每艘花费了 16.1 万两白银（合 22.4 万银圆），5 艘 80 马力的船只花费超过 10.6 万两白银（合 14.7 万银圆），而那艘巡洋舰花费了 25.4 万两白银（合 35.3 万银圆）。

像江南制造局一样，我们也拿福州船政局与横须贺船厂进行比较。后者在 1865 年开始一项 130 万两白银（合 180 万银圆）的为期 4 年的预算，比较一下，5 年内投入福州船政局的有 400 万两白银（合 560 万银圆）。横须贺的真实花费实际上双倍超出了预算，而福州船政局从 1866 年到 1874 年花费了有 540 万两白银（合 750 万银圆）。到 1868 年，横须贺已经建造完成了 8 艘船只，更有 11 艘以上船只在建造过程中。

可见在 19 世纪六七十年代，清政府总体上领先于日本所做的现代化努力，在造船技术上，80 年代以前，日本的造船水平不如福建船政局，但不到五六年就迅速赶上和超过，不仅造船数远远超过中国，而且还能造 3000 吨的新式快船和 4000 吨的铁甲舰。其他各种民用工业的技术也多有发展。甲午战争前，日本已初步建成为一个资本主义工业国。

中国先于日本"明治维新"11 年发起的洋务运动冲击现代化取得的起步优势，就是这样一点点地在中国自己的腐败与堕落中失去的。

中国就是这样因为腐败和堕落一步步坠进近代史的血海中的。

野心与暗战

就在当年睦仁天皇下达宣布明治维新开始的《五条誓约》的同时，同时下达诏书"大振皇基"——"开拓万里之波涛，布国威于四方"，扩张野心已经溢于言表。

早在 1855 年，当德川幕府被迫与美国和俄国签订通商条约后，那位希望能乘黑船周游世界被判刑的日本改革派思想家吉田松阴就曾说过，日本与两国媾和既成定局，就不能由日方背约。今后应当征服易取的朝鲜、中国。他具体描绘说，一旦军舰大炮稍微充实，便可开拓虾夷、夺取堪察加、鄂霍次克海；晓谕琉球，使之会同朝觐；责难朝鲜，使之纳币进贡；割南满之地，收台湾、吕宋诸岛，甚至占领整个中国，君临印度。这些主张，广泛影响了他主持下的松下村塾的弟子们——包括明治维新决定日本国策的高杉晋作、木户孝允、伊藤博文、山县有朋等人，于是吉田松阴的侵略主张在明治维新之后，正式成为日本政治家奉行的最高国策。

而对日本近现代影响极大的启蒙思想家福泽谕吉（福泽谕吉有"东方伏尔泰"之称、被尊为所有日本人的老师，他的头像被印上了日元纸币），更是提出了"脱亚论"，福泽谕吉主张日本也应该加入列强，富强起来以后像列强一样对待周边国家，福泽谕吉也是侵朝侵华的积极鼓吹者。他将侵华战争定性为"文野战争"（文明与野蛮的战争），说服国民，引导舆论，赞美日本侵略。他的"脱亚"论实质是"夺亚"思想，是日本侵略中国思想的总结。

幕府时代中期以后的思想家没有一个不主张侵并中国的。明治初期的开国元老山县有朋、木户孝允、伊藤博文、大久保利通都是他们的学生，接受他们的教诲。1868 年明治维新开始，1869 年，"维新三杰"之一的木户孝允就倡导"征韩"论，明治政府为此向朝鲜派出使者调查侵朝的可行性。使者佐田白茅回国后提出的建议书，从六个方面论证了侵略的理由、战略和利益，其中一条便是侵华。明治政府就此开展了一场"征韩"的辩论，争论的焦点只在于"急征"还是"缓征"，而"征服大陆论"是双方的共识。

从明治初年开始，日本侵略扩张的思想、舆论与行动同时并存，急剧膨胀。

日本文明史学家加藤周一说：福泽谕吉的时代是一个短暂的时代。日本引进了大量的西洋技术，日本走在了前列，军备也得到加强。当时和日本相比，中国、朝鲜无论是军事还是经济都比较弱。日本人认为，欧美帝国主义对这些地方的资源虎视眈眈，一不小心就要被他们吃掉，成为列强的殖民地，那还不如日本先把这些地区拿下，或者是建立合作关系，让他们积蓄实力同

308

列强对抗。但是其结果占领中国和朝鲜半岛获取资源的不是其他的帝国主义国家，恰恰是日本帝国主义。

日本早稻田大学名誉教授依田熹家则总结：福泽谕吉写了"脱亚论"，这个对日本的现代化做出了相当贡献的人，却说不能与亚洲的"恶友"为邻，要与欧洲西洋文明为伴，对中国、朝鲜这样的邻国不能客气，日本要像欧洲国家那样对待中国和朝鲜。这其实是一种意识的代表，后来这种理论成了侵略的一种思想武器。

日本的现代化，我认为是有积极意义的。在实现现代化的过程中，对亚洲的国家有过积极的影响，是好的一面。但是作为日本人，对过去以及战前日本进行评价的时候，必须对亚洲侵略这一方面进行反省，在这一点上，日本人应该有自觉性。和亚洲国家交往的时候，需要对过去进行反省，这样才能面向未来。

在面对西方列强入侵的时候，日本是以所谓"富国强兵"的纲领，来摆脱沦为欧美列强殖民地的厄运的。日本的军事政治和思想文化精英们希望以军国主义的形式，掠夺邻近弱小民族，走帝国主义的道路，而不去联合东方各被侵略民族，抵御英、美、法、俄列强的压迫，以侵略朝鲜和中国作为补偿，把日本人民要求与列强平等的愿望，转变为掠夺新领土的战争。结果它自己也变成了侵略者，并由此丧失了成为亚洲领袖的道义基础。

看清了日本明治维新启蒙思想家们毫无节制的民族主义思想脉络，也就从根本上弄懂了日本为什么会一步步走向给亚洲各国，军国主义的根本原因。

对外侵略的国策既定，那当然就要扩军备战了。日本军费投入逐年猛增。1885 年，日本的军费开支为 1500 万日元，为数已算不少，1892 年竟猛增至3450 万日元，占全年财政收入的 41%，超过 1885 年所投入的军费两倍多。1893 年，明治天皇还宣布从节省宫廷开支入手，以 6 年为期，每年从宫廷经费中拨出 30 万日元，并且命令国务大臣等百官每人抽出 1/10 的薪金，补充造舰之用，以为民间献金之倡。

真是举国备战。

巨大的军费投入自然带来军事力量的急剧增长。在德国军事顾问指导下

309

的日本陆军全面推行了义务兵役制，普及了军事院校教育，建立了完善的现代化参谋部指挥制度，全面实行了训练、装备、战术和制度的现代化，除各地守备部队外，日本陆军编制了近卫师团和第1至第5共5个师团的机动野战部队，兵力123047人，还有两倍于此，训练有素的预备役兵员随时可以征召，日本陆军常备师团的训练和装备都在德国军事顾问的悉心教导下达到了当时世界最先进水平，甲午战争中这些师团几乎全部投入中国战场（以后这些师团在"二战"中又成为日本侵略军核心，并全部在战争中覆没，仅剩下一面私藏起来的联队军旗）。日军战时野战兵团称为军，每军通常由2个野战师团组成，总兵力达3万之上（后来到"二战"时，侵华日酋还评论日军这些野战师团的一个营级建制的大队，即可击溃国民党军一个师！）

而中国当时114万陆军中，常备军250028名满蒙八旗和440413名的汉军绿营，从鸦片战争开始，这69万人连慈禧太后也从来不计算它的战斗力的，这时已退化到连武装警察都不够格的分儿，但因为这是清廷自己当年打下江山的嫡系皇朝子弟兵，所以清廷居然每年要在极度紧张的财政中拿出2000万银子养这帮外不能御侮卫国，内只能欺行霸市的窝囊废，而剩下459367人中以打太平军起家的勇营和挑选绿营精锐组成的练军中，在东北和京畿一带较有战斗力，用现代化装备起来的主力只有53281人，这个数字就是清政府陆军全军的精华和机动主力，这也是很容易理解的。任何一个国家，拱卫京畿的都是最精锐的部队。

但这5万主力中，又有很多担负着重要炮台要塞的守备任务，真正能机动的只有天津卫汝贵部淮军11384人，叶志超、聂士成等直隶练军，武毅军10357人，以及驻奉天的左宝贵奉军3879人，总计只有25000人，这就是当时中国能够在对日战争中投入机动作战的全部野战主力，所以当时日军一个3万人的军的兵力就超过了清军在对日作战初期能动用的所有野战兵力，这批北洋陆军机动兵团后来在第一梯次即全部投入朝鲜战场，结果很快就被优势日军击溃。

而兵力不敌之外，清朝陆军实际作战能力比起日军差距更大，日军平时野战部队编制最大单位是师团，并建立了近代化的司令部指挥系统和后勤供应与卫生系统。战时最大编制单位是军，而清朝最精锐的勇营和练军平时最大的建制是营（步兵一营兵力 400~800 人，骑兵和炮兵一营兵力 100~300 人），战时又没有统一的战区统一指挥机构，各营队各有来路，各事其主。

中国历史学者记叙："淮军宿将宋庆奉命赴鸭绿江统率诸军时，能听从调度的就只有自己身边的'毅军'各营，而'新募之伍，集不以时，其他军之征调者，相与徘徊观望，不肯出关，即关外从征之师，或瞻循依违，败不相救'。"

旅顺失陷前，清军凡 30 余营，"六统领不相系属""诸将互观望，莫利前击敌""不拒险，不互援，致以北洋屏障拱手让人"，在日军的攻势面前不堪一击，纵有湘军老帅刘坤一前往压阵，也是回天乏术了。难怪黄遵宪击节悲歌："噫吁战！海陆军！人力合，我力分。如蠖屈，不得申；如斗鸡，不能群。"

清军中近现代化的后勤供应和卫生系统更是闻所未闻，组织系统如此原始的军队，平时出出操吓唬一下老百姓倒也罢了，一旦真动起来，不乱成一团才叫见了鬼，所以直到 10 年后，冯玉祥记叙清军的河间秋操时是这样描述的：

"奉统制令，队伍都到城内东林寺宿营。"

"命令虽这样下了，可是事先却并没有计划。比如东林寺房屋共有多少间，能容得下多少人，统统没有派人去详细调查（其实东林寺只可住两营队伍，我们却共有十营队伍）。队伍糊里糊涂地开了去，前头大队一到，屋子里立刻站满，不到一刻，院子里也满了。后头的部队越来越多，只因命令是住东林寺，于是不问青红皂白，一直往里拥进去。里面的几乎都要挤死，外面的仍然拼命往里挤，有一位团长李进材被挤到里面，出不来，就爬到人群上，踏到人头爬到墙上。当时拥挤的情形，可以想见。后来看看实在没法挤了，才下令各人自己去找地方落脚。这时已经有 8 点钟天黑了，雨下得更大了。命令一下，队伍立时乱了起来。兵找不到官长，官长找不到兵。雨声人声，满街嘈杂，弄得天旋地转，莫名究竟。"

所以，中国陆军战斗力已经远逊日军战斗力倒也罢了，最令人痛心的是，从诸多历史资料可以看出，在清廉如水的左宗棠指挥下曾大放异彩，收复新疆之役和镇南关之役中都有过上佳表现的清朝陆军，在功过参办，很喜欢银子的李鸿章李中堂大人手里，战斗力又大大下降了。

但是清军也不是没有自己的亮点，这些清军精锐的武器装备，经过多年大规模外购，包括初具规模的中国兵工产业的自制，一点也不比日本陆军差，克虏伯山炮、加特林机关炮、马克泌机枪、德制号枪应有尽有，只不过再先进的武器，在这样一支腐败军队里，也只能成为敌人的战利品。

而后来在"二战"初期甚至打得美国海军满地找牙的日本海军，也就是在这一段时间奠定以后雄霸西太平洋40年的基础的。

中国海军对日本海军，开始时具有相当大的起步优势，这种优势尤以雄冠东亚的"定远""镇远"两艘铁甲舰为标志。

1892年7月，清朝北洋水师提督丁汝昌率领"定远""镇远"两舰抵达横滨。丁汝昌在旗舰"定远"号上招待的日本议员，法制局长官尾崎三良后来写道："巨炮四门，直径一尺，为我国所未有。清朝将领皆懂英语。同行观者在回京火车上谈论，谓中国毕竟已成大国，竟已装备如此优势之舰队。反观我国，仅有三四艘三四千吨级巡洋舰，无法与彼相比。皆卷舌而惊恐不安。"

于是日本天皇立刻发布诏敕，建设一支足以战胜北洋舰队的海军，成为日本的最高命令。就在慈禧太后花800万银两海军费用建颐和园，光绪皇帝花500万银两大婚，北洋舰队7年未购一艘新舰的时候，日本的天皇和贵族在带头捐款建海军！

结果到甲午战争爆发时，李鸿章北洋舰队曾雄视亚洲的8艘主力舰只均已老化，而日本海军却已经拥有了可出海作战的主力军舰31艘（二等铁甲舰3艘，巡洋舰11艘，炮舰17艘），其中包括专为克制"定远""镇远"两舰304毫米火炮，而定制的装320毫米火炮的松岛级三舰，还有同时代全世界火力最猛、航速最快的巡洋舰"吉野"。

而和北洋海军那些舰龄至少在5年以上的老舰相比，日本海军1891年服役的全新军舰多达9艘，其中有2艘甚至是1894年刚刚服役的舰只！

曾领先亚洲的中国北洋海军，就是这样一点点地被日本海军从羡慕到追赶，最后完成优势扭转并反超的。

最后，日本对华作战最大的优势，相互悬殊比例远大过双方陆海军实力对比的决定性优势是日本对华情报优势。

直到今天，甲午战争之前日本对华间谍工作的无孔不入，仍然让了解那一段历史的所有中国人不寒而栗。

战衅未开，日本已在神州大地铺开一张神秘大网。在战时，上至清廷中枢的最高决策，海陆两军的军力分布、武器装备、攻守部署等，下至机器局每日生产能力、各方往来的电报，日方均能一一获悉，可谓知己知彼。时至今日，在日方已获解密的档案，仍可看到大量当时极为机密的中方情报。在这场看不见硝烟的秘密情报战中，中方斩获有限，相比日本，又以是棋差一着。

6月4日

武毅军

宁局（金陵机器局）造两磅后膛熟铁过山炮 4 尊计 4 箱

铁身双轮炮车 4 辆附件属具齐全

宁局造 2 磅后膛炮包铅开花子 600 颗计 25 箱

宁局造 2 磅后膛炮包铅实心子 200 颗计 8 箱

宁局造铜管门火 2000 支计 2 箱

两磅后膛炮铅群子（霰弹）200 颗计 7 箱

制造局（天津机器局）装外国哈乞开司枪子（步枪子弹）20 万颗计 200 箱

云且士得 13 响中针马枪 30 支计 2 箱

局（天津机器局）造云县士得 13 响中针马枪枪子 10000 粒计 5 箱

英国威布烈 6 响手枪子（左轮手枪子弹）5000 粒计 1 箱

蓝官帐（帐篷）2 架

蓝夹帐 16 架

白单帐 80 架

大红铜锅 40 口

以上共装 326 箱、件，派委差弁陈金祥押解塘沽，点交"图南"轮船

正定练军

制造局造云且士得中针枪子 40000 粒计 20 箱

313

克虏伯八生脱七 田鸡炮（臼炮）铜箍开花子 120 颗计装 7 箱

…………

这是一份甲午丰岛海战爆发前十分机密的清军运朝军械物资清单。不过并不是在中国档案中发现的，而是源自日本自卫队防卫研究所收藏的甲午战争时期日军的情报资料！

类似这样的清单，在日本尚有许多许多。不仅如此，其他各类文件，包括中国朝廷里的政局变化，中国军队的调动情况，中国官员间的电报、书信等，在日本所存档案中都能找到极为完备的记录。这些今天为史家所看重的史料，在 100 多年前则是绝密的情报，如此重要的信息之所以为当时的日军掌握，原因在于日本间谍的肆虐，已使得清政府的军政机要对日本没有任何秘密可言。（出自陈悦《沉默的甲午》）

很多中国人恐怕到现在都不太清楚，在日本 100 多年的战国混战时代，各地大名由于战争的需要，都极为重视情报工作，重视情报战是日本一贯的传统，由于中国是其侵略的首要目标，所以在日本的情报工作主要针对中国。

早在 1871 年，日本参议江藤新平就建议尽快派遣间谍到中国。1872 年日本第一次向中国派出外务省的池上四郎、武市正于、彭城中平等人秘密侦察了中国东北。随后，越来越多的日谍对中国各地都进行了侦察，尤其对东北地区、华北地区、山东地区的侦察更加详细。如 1877 年日军中尉岛弘毅徒步侦察东三省。1879 年起，日军中尉伊集院兼雄秘密前往华北和盛京地区，进行了为期两年有余的侦察活动，并绘制了盛京省地图。1883 年，时任参谋本部陆军中尉的福岛安正侦察了奉天、营口、山海关等战略要地，回日本后写了《邻邦兵备略》。1886 年福岛又随伊藤博文代表团来华侦察了山东半岛沿海。1887 年宗方小太郎以旅行为掩护，侦察了东北地区、华北地区。1893 年，日本政客和日本最早最有影响的民间右翼团体玄洋社就在上海合办过民间间谍组织东洋学馆。

不久，日本陆军中尉荒尾精于 1886 年设立了乐善堂汉口分店，下辖 300 多名日谍，成为战前日本在华最大的间谍机关。其成员四处周游，用了 4 年多时间把搜集到的情报编成《清国通商总览》一书，此书三册 2000 多页，被西方誉为"向全世界介绍中国及中国人实际情况之最好文献"，涉及中国政治、经济、金融、商贸、产业、教育、交通运输、地理、气候、风俗习惯等方方面面，这是当时有关中国情况介绍最全面的著作，此书一出，连欧美都感到震惊。

而乐善堂的日谍谍踪甚至深入了中国康藏地区。甲午战争中最有名的日谍之一石川五一曾受命与另一间谍松田满雄到中国西南地区调查。他们两人的任务：一是调查全川情况，二是了解川南的苗族，三是调查西藏的牧场。他们以成都为中心，足迹遍及全蜀，直达西藏边界。

石川当时设想到西藏经营牧场，为乐善堂筹集经费，这两个鬼子甚至希望能仿效三国故事，割据四川，另立一国。石川等人撰写的西南报告，庞然巨册，并附以十分精密的地图，被日本军事当局当作极为珍贵的资料保存。

除秘密间谍外，日本还利用驻外使节大肆公开刺探情报。1827年美国"海军武官制"形成后，日本充分仿效这种外交途径，大肆收集朝鲜和中国的情报。如早在1892年，时任日本驻北京公使馆武官神尾光臣收买一名清政府军机处官员，详细了解到清政府的军备机密。战前日本驻北京公使馆武官井上敏夫、泷川具和对中国沿海进行了详细考察；日本驻朝鲜使馆武官炮兵大尉渡边铁太郎和其后的炮兵少佐伊知地幸介对朝鲜进行了实地考察；再如日本驻北京临时代理公使小村寿太郎、驻天津领事荒川己次、驻韩公使大鸟圭介，都打着外交幌子有效地探听出清政府意图。

日本外务省的中田敬一则主持破译了中国外交密码，从此不仅掌握了中国使馆与国内的全部通信，而且，还从中截获了大量军事情报。而清廷却毫无觉察，整个战争中一直未改密码，以致在马关谈判期间清廷与李鸿章的往来密电件也被全部破译。

在甲午战争中，中日两国海军实力相差无几，但日本舰队总是能在合适的时间和地点集结优势兵力，除了陆上的情报人员之外，应该也与此密码的泄露有相当关系。而中田敬义本人则因此夺功被提拔为日本外务省政务局局长。

直到1938年中田敬义本人披露此消息之前，中国方面对此都懵然无知。而中田敬义揭秘时，大清国早已灭亡了27年，日军的铁蹄也几乎踏遍了大半个中国。

由于腐败的清廷毫无保密防谍意识，到后来日军最高级别的军事将领干脆直接跑到中国来看地形了。

1893 年 3 月，时任日本参谋本部次长的川上操六率大批军官经朝鲜到中国，考察了朝鲜和东北的兵要地志。他的这次侦察对甲午战争影响重大，使日军的作战计划"成熟于彼脑海之中"。

这次日本高级将领侦察所获的情报，对刺激日本的战争野心和制订侵略中国的计划起了重大作用。川上跑了哪些地方？天津、北京、上海、南京等地！还绘制了许多地图，日军的参谋次长就这样大摇大摆地对中国完成了战前实地侦察！

日军参谋次长本人完成侦察后满意至极——"对清国作战计划，于此际已成熟于彼脑海之中"。

正是由于日本在战前做了大量细致的侦察工作，因此在战争中，日军避实击虚，自己都常常感慨"得益甚多"。而与之相比，清政府落后的情报意识令人痛惜。清朝统治者在战前是"上骄下慢"，以为日本的"大陆浪人"和间谍都是"鸡鸣狗盗之徒"，对他们在战争中扮演的角色认识不足。直到战争爆发前，李鸿章才认识到侦察的重要性，并感慨道："至东京，我无侦探，彼禁不禁无关轻重。华地彼多奸细，我若不禁，一举动无不泄露。"

而李鸿章却不知道，连他自己的亲侄子，天津军津总办张士行的秘书刘芬都被日谍石川伍一收买，出卖了包括清军"高升"号运兵船出航日期在内的大批战略情报。

今天通过翻查日本档案，还可以发现一个令人惊愕的情况。当时每日北京朝廷里发生的大事、中国重要的军事电报，日本政府几乎都能同步知道，全中国各地所有军队的驻地、番号、人数这类明显出自兵部档案的情报在甲午战争时已经由日本参谋部出版发行。甲午战争时，到底有多少中国人在为日本提供情报，到现在都是个难以解答的巨大问号。

和日本颇有效率的谍战攻势相比，在甲午战争中，中国在日本并没有开展任何真正的情报工作，目前所能查到战争期间中国派出的间谍，仅有一位名叫李家鳌的官员以商务官员身份潜伏至俄罗斯符拉迪沃斯托克，在那里刺探俄国军事调动的情报，并间接了解朝鲜、日本情报，所得的成果并不突出。

在甲午战争中,古老的中国犹如是一个耳聋眼瞎的老者,试图与耳聪目明、身强力壮的年轻人搏击,在秘密战线上尽管中国曾破获了几起谍案,但总体上仍然完全呈现出一种被日本压倒的态势。（出自陈悦《沉没的甲午》）

丢了琉球

随着军备的迅速完成,日本的扩张开始了。

日本明治政府成立后,不久即吞并了琉球,琉球历史上自己就是个独立王国,地处东亚海贸要冲,所以跟中日朝都往来密切,日本若说琉球向其纳过贡,那琉球也早就向中国称过臣,琉球的第一次人口普查就是 1326 年明朝使团完成的,当时琉球北山国王、中山国王和南山国王,三国之间互相不停攻战,中国人把蒙古人赶走后,三位国王都遣使向中国进贡争正统,结果中国王朝的访问团到实力最强的中山国查户口,全国人口——36 户!（日本战国时代,一座楼常常就被叫作一座城咧）,所以历史上琉球和中国一直保持了很密切的关系,中国一直是把琉球当藩属国一样看待的。

1383 年至 1866 年,琉球有 24 个国王受中国皇帝册封。1609 年日本萨摩藩背着中国,将琉球北部诸岛置于自己直接控制之下,南部仍由琉球国王治理。琉球每年也向萨摩藩主纳贡。萨摩藩主企图在与中国的贸易中获得好处,允许琉球继续朝贡中国。在中国使者来琉球主持册封典礼的时候,日本人不许琉球显露出任何日本势力存在的迹象。因此,清政府始终把琉球看作自己的藩属,不清楚它的双重地位。

乘着中国国势日衰,1872 年,日本册封琉球王尚泰为"藩主",强迫建立日、琉宗藩关系,为其吞并琉球做准备,也为侵略台湾寻找根据。

同年 6 月,日本外务卿副岛种臣以换约和庆贺同治帝亲政为名,来到北京。21 日,副岛派外务大臣柳原前光到总理衙门探询清廷对台湾山胞戕害琉球船民的态度。总署大臣毛昶熙回答,该岛之民向有生熟两种。其已服我朝王化者为熟蕃,已设州县施治;其未服者为生蕃,姑置之化外,尚未甚加治理。日本即抓住回答中的只言片语,作为侵犯琉球的借口。

1875 年 6 月，日军正式进驻琉球，强迫琉球改奉日本年号，停止对中国的一切臣属关系。1877 年 6 月，闽浙总督何璟向朝廷报告，琉球国王向中国求援。朝廷并不以为意，下旨琉球之事着出使日本大臣何如璋到日本后相机妥办，琉球使臣着饬令回国，毋庸在闽等候。1877 年至 1878 年，日本国内政局混乱，先是西乡隆盛发起了萨摩藩的叛乱，史称"西南战争"，李鸿章还向日本政府提供了 10 万发弹药。9 月 24 日，西乡战死。次年，大久保利通被暗杀。日本政府无暇在此困境中解决琉球问题，清政府也没有抓住短暂的有利机遇。从深层次来说，他们根本就认为不值得为了这个孤悬海外的藩属，去与日本打仗。1879 年 3 月，日本把琉球国王尚泰掳往东京，宣布改琉球为冲绳县。恭亲王却在奏疏中说，何如璋在日本办理琉球交涉事宜，欲假以兵力以示声威。但从中国现在局势看，跨海远征，实觉力有不逮，故仍然只能据理辩论。李鸿章则请求来华旅行的美国前总统格兰特设法调解。10 月，琉球耳目官毛精长等 3 人向总署递禀泣援，总署只是发给他们 300 两川资，将他们打发回国。

中国就这样稀里糊涂地丢掉了战略地位极其重要的 500 年琉球藩国。

侵占琉球后，日本立刻盯向了中国领土台湾，1874 年，日本派西乡从道率军 3000 在台湾琅峤奋起击，中国舰队也开赴台湾增援，弱翼未丰的日军只好撤走，走时竟然勒索了清政府 50 万两白银，一位外国作家冷峻地评论："这次对日赔款，能和而不能战，为中国向世界宣布衰落之开始。"

中国并不是没有人的，日本的野心，当时中国很多有识之士都看出来了，都认为日本将是中国最大的敌人。说到底，一个小国很难理解一个真正的中心大国必须承担的责任和道义，而一个大国则很容易就能理解一个小国的雄心，当然，说得不好听，就是野心喽。

同治道光年间中国最有远见的智者，中央洋务首脑中一直排名第二的大学士文祥在日本犯台后当即指出：

目前所难缓者，唯防日本为尤亟。以时局论之，日本与闽浙一苇可航。倭人习惯食言，此番退兵，即无中变，不能保其必无后患。尤可虑者，彼国近年改变旧制，大失人心，叛藩乱民一旦崩溃，则我沿海各口岌岌堪虞。明季之倭患，可鉴前车。……夫日本东洋一小国耳，新习西洋兵法，仅购铁甲

318

船二只，竟敢借端发难；而沈葆桢及沿海疆臣等佥以铁甲船尚未购妥，不便与之决裂，是此次之迁就了事，实以制备未齐之故。若再因循泄沓，而不亟求整顿，一旦变生，更形棘手。

文祥透过日本侵台事件已经看到，日本将成为中华民族最危险的敌人，这个论断是很有远见的。

李鸿章也指出："泰西虽强，尚在七万里以外，日本则近在户闼，伺我虚实，诚为中国永远大患……是铁甲船、水炮台等项，诚不可不赶紧筹备。""日本倾国之力购造数号铁甲船，技痒欲试，即使日本能受羁縻，而二三年内不南犯台湾，必将北图高丽。我若不亟谋自强，将一波未平一波又起……《诗》云：'未雨绸缪'，何况既阴既雨乎？""日本狡焉思逞，更甚于西洋诸国，今之所以谋创水师不遗余力者，大半为制驭日本起见。"

中国近代海军由此奠定了防卫日本的战略使命和主要假设敌。

还有一位当时的名臣沈葆桢，一直到逝世时，口中最后的呓语都是建造防御日本侵略的铁甲船：

中日双方在台南琅峤一带剑拔弩张时，中国正在加紧运输淮军及各地兵勇万余人，海军舰只多过日本。沈葆桢运筹帷幄，缜密计划，提出只要购买两艘铁甲船，佐以闽厂生产的大小舰艇10余艘，就可以压倒日本，取得制海权。既可防止日军侵犯大陆、沿海，又可控制台湾海峡，若挥师北上，可泊船于定海、上海，伺机炮轰日本长崎，封锁鹿儿岛出海口，陆军从后夺取敌方海口炮台，海军足以歼灭那里的日方舰队，迫使日本屈服。

李鸿章支持沈葆桢购舰两艘，认为"若能添购两号，纵不敌西洋，当可与日本角胜海上。"

沈葆桢在《致李中堂》的长信中说道："鄙意非谓有铁甲船而诸船可废，谓有铁甲船而后诸船可用。问各国之强，皆数铁甲船以对。独堂堂中国无之，何怪日本生心乎？"

1875年，清廷决定发展海军，由北洋大臣李鸿章主持北洋海防，任命沈葆桢为南洋大臣，主持南洋海防，每年各拨200万两为海防经费。沈葆桢从全局出发，于1877年11月3日上奏把拨给南洋海防之款全给了李鸿章，希望北洋海军能购买铁甲船，迅速成军，捍卫京畿国门，"至今犹一心一意延颈跂踵，以俟铁甲船之成也"。

1879年3月8日，日本侵略军占领原属中国保护的琉球，30日正式并吞，改为冲绳县。清廷如梦初醒，才于7月6日下谕旨："各国恃有铁甲船，狡焉思启，则自强之策，自以练兵购器为先，著李鸿章、沈葆桢妥速筹购合用铁甲船。"

沈葆桢临终前还念念不忘铁甲船，叫长子玮庆口授遗折，托江宁代布政使桂嵩庆代递。桂嵩庆记述沈葆桢弥留时的情景："先是督臣（指沈葆桢）自知疾必不起，于前数日授遗折，命臣届时代递。不眠已四五十日，间或坐而假寐，口中喃喃有词，就是议铁甲船之事。"沈的遗折中最重要的事就是购买铁甲船，"臣所每饭不忘者，在购买铁甲船一事，今无及矣，而恳恳之愚，总以为铁甲船不可不办。……目下若节省浮费，专注铁甲船，未始不可集事；而徘徊瞻顾，执咎无人。伏望皇太后圣断施行，早日定计，事机呼吸，迟则噬脐"。

沈葆桢病危，还不忘国家的兴衰成败。没有先进舰艇，无法抵御外侮，谈不上保家卫国。遗折中突出购舰制舰的必要性、紧迫性，迟则追悔莫及。他临死前犹呼"铁甲船、铁甲船！"

文祥、曾国藩、左宗棠，还有一位沈葆桢，这四人若能晚死十年，中国的情景都会大不一样。对日作战肯定不会败得那么惨。

但历史没有假设，这些中国爱国者的远见卓识和巨大努力，全部被腐朽的体制和腐败的官场湮灭了，时当晚清国势每况愈下之时，不知多少仁人志士和爱国者逝世时都是死不瞑目，目望苍天。

日本要扩张，路线那是一贯的，一条是沿第一岛链南下攻击琉球、台湾，一条是西进过朝鲜海峡，从朝鲜冲击东亚大陆（东向侵略美国珍珠港，日本一直要到40多年后才有了那么好的胃口）。所以日本只要一扩张，朝鲜总是首当其冲的第一个受害者，除非待在本土安分守己，日本又怎么会放过朝鲜呢？

果然，丰臣秀吉之后300年，日本对朝鲜的野心又复活了，明治维新第一功臣西乡隆盛同政府闹翻而掉了脑袋，很重要一个原因就是此时羽翼未丰刚刚起步的日本政府，不同意西乡当时太激进的侵朝战略。

但是日本刚壮实了点，山县有朋就在国会演讲"朝鲜是日本的利益线"，此时朝鲜李朝外戚干政已有200多年，百腐丛生，当然给人可乘之机，于是日人拉拢曾经赴日考察的一些年轻朝鲜士族，包括师从福泽谕吉的金玉均等人，从此在朝鲜内部打进了自己的楔子，然后当然是帝国主义者们的老一套，逐步渗透，势力越来越大，最后呢，当然就是和朝鲜既得利益集团闹得不可开交啰。

闹到后来，朝鲜开化党干脆同日本勾结，挟持国王，杀害大臣，结果抱有浓厚儒家忠君思想的朝鲜人民聚集起来要"杀尽倭奴，解救国王"，这个里面过程很复杂，我们中国人也不需要了解得太清楚，我们只要知道朝鲜被日本侵略了会怎么办就行了。

地球人都知道，朝鲜被外国人侵略了，当然要找中国人帮忙打架了。

于是老规矩，清军就应邀进了朝鲜，日本呢，一向是不被打得满地找牙决不肯吐出任何到手利益的，哪怕这利益是完全非法的，但中国的慈禧太后和李鸿章老先生在对外关系上都是多一事不如少一事，得过且过的主。于是中国和日本又在朝鲜形成了对峙。

今天，不管韩国和日本怎么编造历史，历史的真实是，朝鲜做了中国1000年的藩国，但仍是个和中国极其友好的自主之国，朝鲜被外人打了，中国还得去帮忙打架。而甲午之后，由投靠日本的韩人搞起来的大韩帝国只存在了14年，就直接变成了由日本军人做总督统治的日本一个行政区，想借俄国之力抗衡日本的闵妃（明成皇后）死在日本浪人手里，到日本去的朝鲜王族和贵族没有一个有好下场，有的在广岛直接吃了原子弹，有的在日本连话都不敢多说一句，活活憋死，直到1945年抗日英雄金日成回朝鲜复国为止。

但是不管慈禧太后和李鸿章怎么想息事宁人，日本人想要的是整个朝鲜，乃至背后的中国，而清政府绝无可能彻底放弃自努尔哈赤起就在实际上归附的朝鲜，于是，邓子龙、李舜臣殉国300年后，日本侵朝鲜再次成为中国直接冲突的导火索，并迅速引爆了左右中日50年国运的甲午大决战！

第一仗就输了

1894 年朝鲜爆发东学党之乱（其实就是东亚各国古代很常见的农民起义），朝鲜局势急剧恶化，日本侵朝侵华的野心彻底点燃了！

甲午战争爆发前一年，日本外相陆奥宗光就在众议院扯开嗓门报告说："日本自 1868 年明治维新，二十五年来，对外贸易由三十万两增至一万万六千二百万两；有三千英里铁路线；一万英里电报及各种航行大洋船只。日本有最现代化之常备军十五万人，有各式军舰四十只，与欧洲任何各国相比无逊色。日本已实施代议政治。今日不怕任何人。所以日本外交政策为与外人互相往来，并全国为商埠，任人旅行，以促进贸易。"（相比之下，偌大一个中国在吵闹中才修筑了共计 483 公里的铁路。这就叫人必自侮而后人侮之）

而此时国际局势也对日本空前有利，由于日本的自强，当时已实力日衰的大英帝国希望借助日本之力，支持英国在远东的地位，于是同意日本在 5 年后取消领事裁判权，并上调关税，由于英国是西方超强，日本由此不但彻底摆脱了黑船带来的半殖民地化民族危机，而且为立刻发动甲午战争找到了强大的国际支持，英国外交大臣在祝酒词中直截了当地建议为"英日"友谊干杯——"英日新约的签订胜似日本击败清朝的大军！"

满面红光的英国外交大臣肯定不会想到，只需要再过 40 年，日本军队会在香港和东南亚把英国军队打得满地找牙，抢了英国老殖民地缅甸、新加坡不说，还要去抢大英帝国皇冠上的宝石——印度！

这就叫作害人反害己。

1894 年 6 月 5 日，日本政府组建对华战争的最高统帅部——日军大本营；6 月 17 日，大本营御前会议决定发动对华战争，并确定了日本海陆军作战的基本方针。其作战目的是：将陆军主力从海上输送入渤海湾择地登陆，在直隶（今河北）平原与中国军队进行决战，然后进攻北京，迅速迫成城下之盟。

日本大本营认为，"中国有优势的海军"，因此，陆军主力在直隶平原"决战的结局首先要取决于海战的胜败"，即取决于日本海军能否首先在海上战场歼灭中国海军主力，掌握渤海与黄海的制海权，从而保证安全输送其陆军主力在渤海湾内登陆。鉴于上述考虑，日本大本营在作战计划中设置出作战的两个阶段：第一阶段，日本出动陆军入侵朝鲜，牵制中国军队；日本海军联合舰队出海，寻机歼灭北洋海军，夺取黄海与渤海的制海权。

第二阶段，则根据海上战场的作战所可能产生的不同结局，分别编设出三种具体作战方案：

一、如果日本海军在海战中获胜并掌握了预定海区的制海权，则立即输送其陆军主力兵团进入渤海湾登陆，在直隶平原与中国军队实施决战；

二、如果海战平分秋色，日本海军不能掌握制海权，则以陆军主力兵团达成对朝鲜的占领；

三、如果日本海军在海上战场失败，制海权落入中国海军之手，日军则全部撤回本土设防，准备全力抵御中国军队对日本的进攻行动。

日军大本营关于作战的上述考虑与方案，是十分周密、明确而坚决的。它对中国海军没有作出任何轻视的判断和决策，这完全符合兵家制胜之道。

特别需要强调指出的是，日军大本营为这场战争制定的是一个典型的海军制胜战略，因为整个战争的发展过程及其可能导致的最终胜负结局，无不依赖于中日两国海军兵力在海上战场的决战，即黄海、渤海制海权的得失。完全可以说，在这场战争的海上战场角逐中，中日两国海军对黄海与渤海制海权的争夺，具有关系战争全局的重要战略意义。因此，战火尚未点燃，日本方面已居于一种有利而主动的战略态势之中了。

日军这个作战计划值得关注的重心有两点：

第一点，日本陆军根本没把中国陆军放在眼里，自信有绝对的实力击败中国陆军；战争的命运将由中日两国的海军和制海权决定。

这两方面都很好理解，基于日军强大的情报工作，日军自信有能力击败清朝陆军，后来的战争进程也充分说明了日军判断的正确。

第二点，从历史上唐朝白江口海战，忽必烈两伐日本和明代七年抗日援朝三次交锋看，中日之间隔着朝鲜海峡，谁能控制海权，谁就握有战争的主动权，优势的海军可以保证中日两国交战时，输送的陆军部队进可攻击敌国，退可防卫本土，在中日两国战争史上，历史的教训是，任何一方丢了制海权，那啥都完了，只能被动挨打。

明朝抗倭战争中，文臣武将对此已有深刻的认识。抗倭名臣胡宗宪认为："防海之制，谓之海防，则必宜防之于海。"杨溥说："鏖战于海岸，不如邀击于海外。"归有光云："所谓必于海中截杀者，贼在海中，舟船火器皆不能敌我，又多饥乏。惟是上岸则不可解矣。不御之外海而御之内河，不御之海而御之于海口，不御之海口而御之于陆，不御之陆则婴城而已，此其所出愈下也。"名将俞大猷也指出，要以有效的战船和火炮灭倭寇于海上，根本不让其有登陆的机会，并从战术原则上提出："海上之战无他术，大船胜小船，大铳胜小铳，多船胜寡船，多铳胜寡铳而已。"在这种积极防御的战略理论中，已经孕育了制海权的光辉思想。对倭作战，中国拥有强大的海上力量和发达的造船技术，也是主张海权论者的重要依托。

而就在日军子弹已上膛的时候，李鸿章老先生还在多次密电驻扎朝鲜9年的袁世凯，要求擎制驻朝部队，不要与日军冲突，避免中日开战，好让老太后过个快乐的60岁生日！

以后中国真正的末代皇帝，洪宪皇帝袁世凯见不是路，在屡次请求增兵朝鲜未果后，将职权移交以后的民国第一任内阁总理唐绍仪，赶紧跑回了国。

到这种程度，李老先生再不增兵不行了，为了增援与日军紧张对峙的牙山清军，李鸿章雇用了3艘英国船"高升"号，"飞鲸"号和"爱仁"号运输援朝陆军，想借英国钟馗吓唬日本小鬼，他侄子的秘书刘芬立刻将船队启航日期、航线人数这些绝密情报卖给了日谍石川伍一，日本海军马上派出舰队中火力最强、航速最快、最新服役的"浪速""津州""吉野"三艘巡洋舰在清军航线上设伏，结果导致了丰岛海战的爆发。

1895年7月25日，3艘日舰在设伏区与从牙山回航的北洋舰队"济远"号穿甲巡洋舰，"广乙"号重要巡洋舰和运载着1000名清军陆军士兵的英国商船"高升"号，中国护航老炮舰"操江"号遭遇，日舰当即向中国军舰发动猛攻，"广乙"本是广东水师老舰，来北洋参加校阅后因局势紧张而编入北洋舰队，装备太过落后，当即重伤，挣扎到朝鲜西海岸搁浅自焚，管带林国祥等官兵后乘英舰和朝船辗转归国。（注："广乙"号能出现在北海洋海军战斗序列，真实原因是时任两广总督的李翰章是李鸿章的亲哥，兄弟有难，大哥当然要拉一把，李翰章将广东水师战斗力最强的"广甲广乙广丙"三舰借调给了北洋舰队，所以后来许多军迷指责广东水师，福建水师南洋水师坐视北洋舰队孤军奋战，以至全军覆灭，所谓"以北洋一隅之力，搏倭人举国之师"。这是避重就轻之言，事实上，不但广东水师最好的舰艇在北洋舰队，坦率地说，北洋舰队集中了当时中国海军的所有精华，能增援的广东水师和福建水师舰艇装备实在太落后，福建水师以训练为主，只剩一艘与"广乙"同级的福靖舰，南洋水师倒是有6艘巡洋舰，可这6艘舰全是和北洋最差的"超勇""扬威"一样防护很差的老舰，后来黄海海战一爆发，13分钟后"超勇""扬威"就重伤起火，38分钟后"超勇"即沉，所以那些老舰来了，实际上起不了多大作用。）

失去了战斗舰只的掩护，中国运兵船就成了日舰宰割的死靶，日英既已达成默契，日舰才不管运兵船是哪个国籍的！当即将英船"高升"号击沉，舰上1000多名清军陆军士兵纷纷用步枪朝日舰开火，有什么用呢？只能随船沉没葬身鱼腹，英国舆论当时极为愤慨，纷纷破口大骂日本击沉英船，但是背后希望日本能遏制俄国在远东扩张的英国政府，本来就支持日本发动甲午战争，才不理英国舆论怎么说呢！

而日军也十分狡猾，击沉"高升"号，积极救捞两船上的外籍人员，对落水中国官兵呢？你还能指望日本人对中国人讲什么客气？当然是炮轰枪扫了，结果近千名清军惨死海中，命令袭击"高升"号并对落水中国官兵射击的"浪速号"舰长，就是以后打赢了日俄战争中决定性海上大会战"日本海大海战"

的日本海军"圣将""军神"——东乡平八郎，此时他的军衔是大佐。

为"高升"号护航的中国老炮舰"操江"号命运更悲惨，它被日舰"俘虏"了……

丰岛初战，日军即大胜，全国全军顿时士气大振，本就举棋不定的清军士气更沮丧，李鸿章更是要保船，因为北洋舰队和淮军是他纵横官场的根基，于是日本陆军源源不断跨过朝鲜海峡登上东亚大陆，很快取得对驻朝清军的兵力优势，清军在朝鲜半岛的中部的作战中一触即溃，直隶总督叶志超等清军将领都成了有名的逃跑将军，一下就逃到朝鲜现在的首都平壤，叶志超此人早年跟随淮军名将刘铭传在镇压太平军和捻军中起家，因作战时英勇无畏，毫不惜命，得号"叶大呆子"，可是20年的官当下来，大把的银子捞下来，当年内战时无畏的军人就是今天外战时的怕死鬼了。

清军退到平壤，各路日军立刻尾随而至，中日平壤大会战即将展开，到了这个时候，不管李鸿章再怎么想避战保船，也得派出北洋舰队主力护送陆军增援朝鲜，日军若陷平壤，跨过鸭绿江攻进中国东北便是须臾之事，那可是清政府的"龙兴之地"！如果再不出动舰队主力，李鸿章的脑袋也不是十分牢靠的！

现在中日双方都十分清楚，清政府花费20余年时间倾尽心血搞出来的北洋舰队将决定战争的命运！打掉了北洋舰队，日军就可自由登陆中国四处攻击！

1894年9月17日，北洋舰队全体主力16艘战舰完成护卫运输船队任务后，从鸭绿江口大东沟返航旅顺，与早已在此寻衅中国船只的日本海军联合舰队遭遇！

将要决定未来中日两国50年国运的黄海海战就这样爆发了！

5000年一哭悲海殇

1894年9月17日，日本海军联合舰队本队"松岛""千岛田""严岛""桥立"、"扶桑"、"比睿" 6 舰，第一游击队军舰"吉野""秋津洲""浪速""高千穗" 4 艘新型巡洋舰，和炮舰"赤城"，武装商船"西京丸" 12 舰在联合舰队司令伊东佑亨带领下在黄海大鹿岛一带寻歼正往朝鲜北部增兵的运输船。

10 时 20 分，日本舰队最前列的新锐巡洋舰"吉野"首先发现了大鹿岛方向有煤烟，日舰一片欢腾，果然发现了中国运兵船的踪迹，但日军没有想到的是，前方是中国北洋舰队的全部主力舰！中日主力舰队的决战即将开始！

在这场决定中日两国 50 年命运的大海战中，日军舰队竟然提前 1 小时 40 分钟发现中国舰队！

为什么？

因为出产世界最优煤炭的中国让自己的舰队烧最劣质的煤，而煤炭资源匮乏的日本却让舰队烧全世界最好的煤！

"煤屑散辞，烟重灰多，难壮汽力，兼碍锅炉，虽在常时，以供兵轮且不堪用，况行军备战之时乎！"

这是北洋水师提督丁汝昌在丰岛海战后写给开平煤矿总办张翼的信函，蒸汽时代的煤炭就是军舰的粮食，烧煤就会有煤烟，优质煤燃烧充分，排出烟气较小，容易保持舰艇隐蔽性，而中国的洋务企业（国有）开平矿务局五槽（第五工作面）所产的燃煤"质量最好，西人有用其煤者，谓此乃无上品，烟少火白，为他国所罕有"。八槽（第八工作面）所产劣质煤"渣滓甚大，局船两相概不买用，天津存货一千数百吨，贬价招徕，尚无买主"。所以 1884 年以前，北洋海军各舰一向烧的是五槽煤——"天津东西两机器局，兵商各火轮船概行烧用。"

而 1884 年以后，开平矿务总办张翼上任后，这种情况改变了，此人幼时家贫，卖身京王府为奴，一个真正的奴才居然靠巴结逢迎马屁功爬上了开平煤办总办的高位，其所为便可想而知，开平优质煤取得的利润，除贪污腐败之外，被张翼源源不断地进贡京城各大衙门和王公大臣们，结果"朝廷和李忠堂都褒奖他们忠义可嘉"。但是北洋海军战舰的锅炉却再也吃不到优质煤了，因为海军军费紧张，对燃煤靠行政调拨供应，结款不及时，还要打折，于是张翼只肯把非常损伤军舰锅炉的劣质散煤供应北洋舰队，这些劣煤烧起来不但没劲，而且残渣煤灰极多，对军舰动力设备损害极大，所以朝鲜战发后，北洋舰队提督丁汝昌三番五次向张翼抗议："包煤专备行军之需，若尽罗劣充数，实难为恃，关系之重，岂复堪思！"

可是用钱把满朝文武全砸趴了的张翼哪会把丁汝昌放在眼里，反而致信丁汝昌——如果要用块煤的话，可以自己去威海的碎煤里筛选！

丁汝昌只好再次抗议："来续远之煤仍多碎散，实非真正五槽……发碎极块，恐足下亦未及周知。"

1893 年，洋务企业开平矿务局总办唐廷枢去世。张翼走马上任。

推荐保举张翼的是缔造北洋水师的李鸿章。

北洋海军司令丁汝昌发出此信时是 1894 年 9 月 12 日，几天后，北洋海军的舰只就烧着这样的劣质散煤碎煤奔向战场，结果劣煤烧出的浓重煤烟让日本海军舰队提前 1 小时 40 分钟发现了本国生产着全世界最优煤炭的中国海军舰队，而煤炭资源极其匮乏的日本却让它的舰队烧着全世界最好的煤，所以由于极其淡薄的烟雾，10 时 20 分日舰发行中国舰只之后，11 时 30 分，北洋舰队的瞭望兵才发现西南海面有一丝很诡异的薄烟，12 时才辨别出那是日军舰队！

而就在北洋舰队的水手们在警铃声中仓促紧急奔向各自战位时，联合舰队司令伊东佑亨已经让日本水兵吃完午饭，甚至破例允许他们饭后随便吸烟——"因为很快就要进行战斗准备，进餐可以使精神彻底镇静下来，而且为了让大家镇静，还允许饭后随便吸烟"。

于是日本海军联合舰队就是这样以逸待劳打了中国海军舰队一个措手不及。

此时，坐镇"西京丸"压阵的日本海军军令部长桦山资纪用望远镜死死盯着疾冲而来的中国舰队的艘艘舰影，他知道，只要打掉了眼前这支中国最强大的舰队，日本就能彻底拿到东亚海权，发动明治维新的所有日本思想家的扩张梦想就能变成现实！

中日双方舰队相距 5300 米时，北洋舰队旗舰定远管带刘步蟾在有效射程之外发 305 毫米重炮一发，未中，诸多军事专家认为这一炮充分反映了北洋舰队仓促迎敌时的惊慌失措和训练不精，当时的近代火炮命中精度差，定远 305 毫米克虏伯主炮有效射程只有 5000 米，最佳发射距离为 3000 米至 3500 米，日舰的 320 毫米火炮比定远舰主炮口径更大，却一直接近到这个距离才开火！日本海军比北洋舰队更高超的训练素质从这一炮暴露无遗！

更糟的是，当时主炮装填速度很慢，提前发射不仅毫无实战效果，而且影响双方军舰接近后的近距离第二炮轰击时间，而且定远主炮炮口浓烟直接暴露了中国舰队旗舰的位置，以中国当时横队接敌队形，只有旗舰才敢发第一炮！

所以日舰立刻集中火力攻击暴露阵位的中国旗舰，刘步蟾的这一炮当即使中国舰队指挥官丁汝昌在开战之初即被日舰集火击伤！世人原多根据洋员戴乐尔记载说刘步蟾首炮震塌飞桥摔伤丁汝昌，错误！

"十八日与倭接仗，昌上望台督战，为倭船排炮将'定远'望台打坏，昌左脚夹于铁木之中，身不能动，随被炮火将衣烧，虽经水手将衣撕去，而右边头面及颈项皆被烧伤。彼时虽为人抬，尚不觉过重，现在头脚皆肿，两耳流血水，两眼不能睁开，日流黄水，脚日见肿，皮肉发黑，疼痛异常，多言中心即摇摆不定，无能自主……"

这是战后丁汝昌的战斗报告。旅顺船坞工程总办龚照瑷记录："顷晤丁提督，见其右臂半边被药烧烂，左臂为弹炸望台木板击伤，幸不甚重……"

可见丁汝昌完全是烧伤，负伤原因是定远毫无意义的第一炮暴露旗舰目标，遭到日军集中攻击所重！这样，战斗刚一开始，中国舰队就失去了指挥官！更糟的是，虽然被烧伤的丁汝昌坚持不下甲板，裹伤后坐在舱面鼓舞士气，但丁汝昌却没有指定接替人，定远前桅被破坏，而刘步蟾也没有升起指挥旗！所以中国舰队开战就失去了统一指挥！以后 5 个小时的大海战都是中国海军各自为战！

中日舰队交火时，中国舰队为横阵，日本舰队为双纵列，为这个战斗队形，军事专家们和中国无数军迷争论了许多年，认为中国舰队改变队形，或许战斗结果会不同，其实这没有任何意义。因为我们看到，在这场中国海军被日本海军打了个 5：0 一边倒的战斗中，中国北洋舰队所有能参战的主力舰只悉数提刀上阵，连鱼雷艇最后都参加了战斗！

战前，对清廷有一份北洋实力详细报告。这份文件，是甲午战争爆发之前，清政府主管官员对自身军事实力所做的最明确估计，具有极高的史料价值。

李鸿章首先报告海军的情况，说明为什么只有 8 艘军舰可资海战。

"伏查战舰以铁甲为最，快船次之。北洋现有'定远''镇远'铁甲二艘，'济远''致远''靖远''经远''来远'快船五艘，均系购自外洋，'平远'快船一艘，造自闽厂。前奏所云战舰，即指此八艘而言。此外，'超勇''扬威'二船，均系旧式，四镇蚊炮船，仅备守口，'威远''康济''敏捷'三船，专备教练学生，'利运'一船，专备转运粮械……历考西洋海军规制，但以船之新旧、炮之大小迟速分强弱，不以人数多寡为较量。自光绪十四年后，并未添购一船，操演虽勤，战舰过少。臣前奏定海军章程及两次校阅疏内，迭经陈明在案。"

李鸿章所述北洋舰队 10 艘主力战舰全部参战！

而日军本以为寻歼中国运输船而来，没有想到此战会打成中日双方舰队大决战，所以只有联合舰队本队和第一游击队，外加一艘改装武装商船"西京丸"参战，动用兵力还不到日本海军联合舰队可以参战数量的一半！

在这场战斗中，日本海军第二游击队，第三游击队还有 4 艘巡洋舰，12 艘"赤城"号那样的炮舰，4 艘练习舰，4 艘像西京丸那样可以从商船直接改装成"特设巡洋舰"没有参战！

此外，日军还有 24 艘鱼雷艇随时可以投入战斗（这些日本鱼雷艇随后参加了攻击北洋舰队基地威海卫的战斗）！

如果日本海军主力像北洋舰队此役那样全体出动，北洋舰队的结果只可能有一个——10：0！全军覆没！

事实上，战场是一个最公平的竞赛场，战争的结果就是战争双方军队和平时期综合素质较量的结果！日本海军在黄海海战中赢得没有半点虚假和讨巧！ 5：0 的战果撕去了北洋舰队这只纸老虎吓人的大皮，但这的确是日本海军严酷训练的正常结果！体现的就是日本海军的真实战斗力！

所以讨论双方战斗队形对此战的影响，茶余饭后闲聊可以，真如此认为，那就跟西太后一样蠢。

1894 年 9 月 17 日 12 时 52 分，日舰"松岛"号在 3500 米处向定远舰率先发炮，3 分钟后，航速最快的日舰"吉野"已冲到北洋舰队横队最右端，开始向"超勇""扬威"两艘中国老舰开火，1 时 9 分，所有日舰均已投入战斗，从"松岛"舰打响日本舰队第一炮开始到此时仅仅 17 分钟，中国舰队指挥官丁汝昌已经受伤，中国"超勇""扬威"两艘无防护的老式巡洋舰则在 1 时 5 分，即日舰开火后 13 分钟即已重伤起火！

日军以纵列冲过中国舰队横队当面，北洋各舰只有射速慢的首炮可以投入战斗，而日舰首尾炮和主炮均可投入战斗，所以每艘日舰驶过中国舰队时，都只挨了几炮，却都没有受到重大打击，而中国两艘防护差的老舰却招架不住日舰强大的速射火力，当即重伤起火，1 时 30 分，日舰开火后 38 分钟，"超勇"即在日舰弹雨下沉没。

"超勇"管带黄建勋落水后有人抛长绳相救，不接沉水。

"扬威"重伤抢滩，管带林履中愤而蹈海成仁。

此时，日军以"吉野"为首的第一游击队四艘新式巡洋舰由于航速快已经包抄到中国舰队的右翼，航速不均由横队拉成 V 形队的中国舰队，队形顶部正好搠入日本舰队第一游击队和本队之间，截住了日军本队相对较弱的六舰，中国海军官兵表示出了非常无畏的战斗勇气。

"镇远"舰主炮中弹，一个炮手头骨当场炸碎，其余炮手毫不惊惧，搬开尸体后继续射击，为了防止通气管把甲板上的火焰引入机舱，水手们卸除了风斗，封闭的机舱内温度升至华氏 200 度，机舱人员在如此高温下一直坚守战位 5 个多小时，直到战斗结束，"来远"水手王福清脚跟被弹片削掉，毫无察觉，继续奔跑如飞搬运炮弹。

在中国海军的猛烈打击下，"严岛"舰右舷被一发 210 毫米炮弹击中，11 名水手被击伤，又一弹穿过右舷在汽罐室爆炸，再伤 6 名日军，"比睿""扶桑"被重创起火。"定远"舰后主炮又击中日舰"赤城"号，日方文字记载了这发炮弹的后果——"弹片打穿正在观看海图之坂元舰长头部。鲜血及脑浆溅在海图台上，染红了罗盘针"。

战果本应更大。北洋舰队的装甲水平普遍超过日本舰队。而大口径火炮数量更占据绝对优势！

据日方统计资料记载，黄海海战时双方舰只装甲情况如下：

联合舰队铁甲舰 1 艘，北洋海军铁甲舰 6 艘。
联合舰队半铁甲舰 2 艘。
联合舰队非铁甲舰 9 艘，北洋海军非铁甲舰 8 艘。

日方似将金属构造但未加装甲防护的舰只，都归入非铁甲舰只一栏。据中国资料记载，"定远""镇远"的护甲厚 14 寸，"经远""来远"的护甲厚 9.5 寸。即使日本最新的"三景"舰，也缺乏北洋舰队这样较大规模的装甲防护。

根据日军统计，此役中日参战军舰在 200 毫米以上大口径舰炮日中对比为 11：21，中国记载北洋舰队有 26 门，占绝对优势！

中国的大口径火炮为什么只能击伤日舰，却只能击之不沉？

因为北洋舰队在用训练时的实心练习弹打实战！

中国当时的兵器工业缺乏生产大、中口径开花弹（爆破弹）的能力，这类炮弹的获取途径只能靠进口，而 1891 年户部下达了停止购买外洋军械的禁令，北洋海军 4 年没有补充过新炮弹了，情况严重到什么程度？

严重到甲午之战前一年，中国海军大阅兵，定远舰战时用 305 毫米开花弹仅剩 1 枚，镇远舰情况稍好一点，有 2 枚之多！

北洋海军威力最大的两艘战舰仅有 3 枚 305 毫米实弹可用，而两舰上的 305 毫米大炮却有 8 门，这就是历史的真实！

连外国人都说这是腐败造成的！

与中国海军关系极深的英国人赫德在一封信中透露："当前的难题是军火。南洋舰队每 1 门炮只有 25 发炮弹。北洋舰队呢，克虏伯炮有药无弹，阿姆斯特朗炮有弹无药！汉纳根已受命办理北洋防务催办弹药，天津兵工厂于 10 日前就已收到他所发的赶造炮弹命令，但迄今一无举动！他想凑集够打几个钟头的炮弹，以备作一次海战，在海上拼一下，迄今无法到手。最糟的是恐怕他永远没有到手的希望了！"

赫德还气愤地说："十年以来，每年都有巨款拨交海军衙门，现在应当还剩下 3600 万两，但他们却说连一个制钱也没有了，都已给太后任意支用去满足她的那些无谓靡费了！"

北洋海军没炮弹打仗这个问题，到海战爆发时仍未解决。

洋员马吉芬战后回忆，弹药供应极为不足。到战斗结束前半小时，镇远舰 305 毫米口径主炮的爆破弹全部打光，仅剩 15 发实心弹，150 毫米口径炮的 148 发炮弹也全部打完。"定远"的情况也是如此。他说"如果再过 30 分钟，我们的弹药将全部用尽，只好被敌人制于死命"。而日本舰队呢？——"敌方炮弹则绰绰有余，直到最后还一直猛烈射击"。他把弹药供应的责任归咎于天津当局者的贪污腐化。

外国记者肯宁咸也说，这"是军需局的坏蛋官吏的罪恶"。

在丰岛海战和黄海海战中，北洋海军频繁出现炮弹击中日舰不炸的现象，而且弹药不足。在丰岛海战中，"济远"舰用 150 毫米口径火炮发射炮弹，击中日舰速度最快的"吉野"号右舷，击毁舢板数只，穿透钢甲，击坏其发电机，坠入机舱的防护钢板上，然后又转入机舱里。可是，由于炮弹的质量差，里面未装炸药，所以击中而不爆炸，使"吉野"侥幸免于沉没。在黄海海战中，"吉野"号又中弹不少，但终未遭到毁灭性打击。当时在"镇远"舰上协助作战的美国人马吉芬认为，"吉野"号能逃脱，是因为所中炮弹只是穿甲弹，北洋海军发射的炮弹有的弹药中"实有泥沙"，有的引信中"仅实煤灰，故弹中敌船而不能裂"。

不仅舰炮发射的炮弹不炸，海岸炮台发射的炮弹也不爆炸。据日方记载，清军旅顺口炮台发射的炮弹，"虽其响轰轰，但我兵因之死伤者甚少，之所以如此，无他，海岸诸炮台发射敌之大口径炮弹，其弹中大半填装以大豆或土砂故也"。

这些现象表明，击中不炸，不外乎两种原因：一种是发射的炮弹本身就是未装炸药的实心穿甲弹，只能穿透船体装甲，不可能爆炸；另一种是发射的穿甲爆破弹装药有问题，装填煤灰、土沙之类。这样的炮弹显然不适宜与拥有速射炮的日舰激战，只适于平时演习打靶之用。

因为劣质炮弹实在是此战中国军舰失败的最关键性因素之一，所以诸多学者都为此做了重点说明（电影《甲午风云》里就专门有"致远"舰官兵发现炮弹里装的是沙土的重点描写。）

更可怕的事实是，连质量低劣的国产开花弹，北洋舰队在开战后都没有搬运上舰，可见这支舰队管理松懈到了什么程度！

据一位细心的观察家统计，在"定远"和"镇远"发射的 197 枚 12 英寸（305 毫米）口径炮弹中，半数是固体弹，不是爆破弹。战至最后，"定远""镇远"舰上弹药告竭，分别仅余 12 英寸口径实心弹 3 发、2 发。

根据中国历史学者最新发现的数字，参加过黄海海战的"定远""镇远""靖远""来远""济远""广丙号" 7 舰的存舰存库炮弹，仅开花弹一项即达 3431 枚。其中，供 305 毫米口径炮使用的炮弹有 403 枚，210 毫米口径炮弹 952 枚，150 毫米口径炮弹 1237 枚，120 毫米口径炮弹 362 枚，6 英寸口径炮弹 477 枚。黄海海战后，又拨给北洋海军 360 枚开花弹，其中 305 毫米口径炮弹 160 枚，210 毫米、150 毫米口径炮弹各 100 枚。

显然，在 3431 枚开花弹中，有 3071 枚早在黄海海战前就已拨给北洋海军。

"至于这批开花弹为什么没有用于黄海海战，唯一的解释就是它们当时根本不在舰上，而是一直被存放在旅顺、威海基地的弹药库里。由此可见，造成北洋海军在黄海海战中弹药不足的责任不在机器局，也不在军械局，而在北洋海军提督丁汝昌身上。"

在中日双方开战后，丁汝昌执行李鸿章"保船制敌"的方针，消极避战，"仍心存侥幸，出海护航时竟然连弹药都没有带足，致使北洋海军在弹药不足的情况下与日本舰队进行了一场长达 5 个小时的海上会战，结果极大地影响了战斗力的发挥，也加重了损失的程度"。

此外，北洋海军各主力舰都设有 3~4 具鱼雷管，但是，在黄海海战中，并没有对日舰实施鱼雷攻击。丁汝昌在汇报战况时，也只字未提己方发射鱼雷，而只说日舰对"经远"和"致远"发动鱼雷攻击。看起来，正像大批开花弹不在舰上一样，购舰时就配备好的大批鱼雷在战争爆发后也一直躺在基地的仓库里。

至于弹药中装填沙土、煤灰和大豆之类，影响炮弹爆炸，英国人说原因在于天津军械局的办事员被日军收买，充当了日军的间谍，故意破坏。李鸿章和他的亲属们在日本被间谍抓住了，却释放了他们。是否战前就受了日本人的收买？

所以英国海战史学家评价："大东沟海战的结果是双方对海战理论无知的产物：假如日本多了解一些海战理论，就根本不敢挑战实力更强，拥有坚不可摧铁甲舰的北洋舰队；而假如北洋舰队多了解一下海战理论，又怎么可能在拥有大舰巨炮的情况下仍然以 0 ∶ 5 的悬殊"比分"惨败呢？"

听上去非常地荒唐，一个五千年文明古国的 50 年国运就寄托在几百枚大口径炮弹身上，但这的确是事实。

结果中国海军大口径火炮的优势全部被稀烂炮弹抵消掉了，"西京丸"这样一艘仅临时加装了一门 120 毫米速射炮（这门炮还是日本海军仅剩的一门科研用的样炮）的武装商船，6 分钟内吃了"定远"等 4 舰 11 枚大口径炮弹，其中"定远"的两枚练习巨弹将其左右舷对穿出 4 个窟窿，照样逃掉了！

"比睿"这样一艘全木质结构的老舰冒着大火也逃掉了！

连"赤城"这样一艘 622 吨的浅水小炮舰，舰长坂元八郎都给打死了，305 毫米巨弹吃了数枚，前炮弹药断绝，大樯摧折居然也不沉，照样逃掉了！

"来远"舰前去追击，追至 300 米处还被其"赤城"尾炮命中起火，只得撤离！

2400 吨的中国装甲巡洋舰打不过正在逃命的日本 622 吨小炮舰，为什么？因为日本军舰用的是能打死人的真炮弹！

就这么简单！

此役中，日军全部使用开花弹，而且日军开花弹里不但没有装沙子，甚至装的不是中国炮弹中威力不大的传统黑火药，而是日本在全世界率先使用的烈性黄色炸药，这种炸药由日本工程师下濑雅允在苦味酸的基础上发明，这就是世界海战史上有名的"下濑炸药"，"下濑炸药"的威力甚至比现代军用炸药之王"TNT"威力还大！直到现在还是各国军队主要炸药品种之一的烈性炸药 TNT！在很长一段时间里，"下濑炸药"都是日本海军，甚至是日本军队最高机密之一！

装填"下濑炸药"的炮弹灵敏度极高，命中绳索都能爆炸，而且威力极大，爆炸后不但冲击波和破坏力远胜黑火药，还会伴随中心温度高达上千度的大火，号称钢铁都能点燃，即使落到水里都能继续燃烧！就是10年后，"下濑炸药"在日本海大海战中照样把俄国海军打得满地找牙，连俄军海军舰队司令罗日杰特文斯基都做了俘虏！

所以，就在中国305毫米大炮的稀烂炮弹打不沉日本木制军舰"比睿"号（"比睿"号甚至都还有三根木桅杆，外国人评论它更像一艘海盗船）时，"吉野"等日舰装填"下濑炸药"的120毫米炮弹却迅速击沉中国巡洋舰"超勇"，重伤"扬威"！

就在日舰"西京丸"逃跑时，中国鱼雷艇"福龙"号赶到战场冲前连射3枚鱼雷，最近距离40米，船上观战的日本海军军令部长桦山纪看着冲过来的黑头鱼雷大叫"吾事毕矣"！三雷一弹未中！

此役有资料统计，日舰平均中弹11.17发，而北洋各舰平均中弹107.71发，日舰火炮命中率高于北洋舰队9倍以上！

1894年5月李鸿章再次校阅北洋海军，上奏道："北洋各舰及广东三船沿途行驶操演，船阵整齐变化，雁行鱼贯，操纵自如。……以鱼雷6艇试演袭营阵法，攻守多方，备极奇奥。……乙、丙两船，在青泥洼演放鱼雷，均能命中破的""于驶行之际，击遥远之靶，发速中多。'经远'一船，发16炮，中至15。广东三船，中靶亦在七成以上""夜间合操，水师全军万炮并发，起止如一。英、法、俄、日本各国，均以兵船来观，称为节制精严"。

而实际上北洋舰队自琅威理走后，战斗力已每况愈下，训练更是弄虚作假，欺上瞒下。

琅威理在时："曾于深夜与其中军官猝鸣警号以试之，诸将闻警，无不披衣而起，各司所事，从容不迫，静镇无哗。"琅威理不乏针对性的结论是："华人聪颖异常，海军虽练习未久，然于演放炮位、施放水雷等事，无不异常纯熟""至其海军将佐，有曾赴美肄业者，未逊欧西诸将之品学。各战舰制造亦佳，铁甲船之坚利更可与英相埒，唯闻有旧式之炮耳。彼诽毁中国海军之多所废弛者皆凭空臆说也。"

琅威理走后："平日操练炮靶、雷靶，惟船动而靶不动"；每次演习打靶，总是"预量码数，设置浮标，遵标行驶，码数已知，放固易中""在防操练，不过故事虚行""徒求演放整齐，所练仍属皮毛，毫无裨益"。

"琅威理去，操练尽弛。自左右翼总兵以下，争挈眷陆居，军士去船以嬉"；提督丁汝昌则在海军公所所在地刘公岛盖铺屋，出租给各将领居住，以致"夜间住岸者，一船有半""琅君既去，有某西人偶登其船，见海军提督正与巡兵团同坐斗竹牌也"。

平时舰队司令和水兵一起赌博，战时就只好一起去死了……

排挤贤能，军风腐败，训练时骗上司，上了战场你能骗敌人吗？

没有过硬的战斗技术，打仗时不怕死有用吗？

为什么日舰能快速机动夹击北洋舰队，因为北洋军舰的锅炉都是报废货！极低的航速使北洋舰队无法摆脱日舰快速夹击！

北洋海军的主力舰中，舰龄最久的"超勇""扬威"建造于1880年、1881年，服役最晚的一艘"平远"也已是1888年的产物，到1894年时，少则服役5年至6年，多则服役10余年。即使这些舰船连年用于普通日常航行，它们的锅炉也已经到了需要更换的时候，更何况北洋海军的航行活动非常频繁，几乎每年都要进行一次巡弋中国南北领海的航行，舰船的使用强度极高。

北洋海军中的"致远"舰曾以超过18节的航速，一度名列世界最快军舰。而几年后，日本的"吉野"最高航速已经超过了23节，北洋海军军舰的航速本就已经落伍，加之锅炉、蒸汽机的老化，更是无法望新舰项背。

战前两年丁汝昌就要求更换报废锅炉——当然是没有换成！

所以此战中国军舰是用报废的锅炉烧着劣煤打仗！

此役日军唯一的失误就是专为对付"镇远""定远"两艘铁甲舰而建造的"三景舰"所装320毫米法造火炮寸功未立，要谈造炮，全世界没人是德国人对手，何况浪漫的法国人？而且该级舰设计有严重缺陷，以4200吨舰体装320毫米巨炮，甚至被当时的日本海军大臣山本权兵卫讥讽为"手持利刃之毒身裸体兵"，结果被日军寄予厚望的三艘新式战舰5小时总共射出12发320毫米炮弹！松岛3发，桥立4发，严岛5发，3门大炮平均1小时射出不到1发炮弹，而且一发未中！

但是，日军的中口径速射炮优势完全弥补了大口径炮不如北洋海军的弱点。

此前的中、大口径火炮，往往四五分钟，甚至10多分钟才能发射一发炮弹。

当时全新的中口径火炮，即速射炮，中国称为快炮，情况则截然不同，由于安装了反后座装置，速射炮每分钟可以发射4~5发炮弹，可以实现密集射击。

日舰装备了大量先进的速射炮。如"松岛""严岛""桥立"各装有11~12门4.7英寸口径速射炮，"吉野"装有4门6英寸口径速射炮、8门4.7英寸口径速射炮，而中国舰队速射炮却极少。根据报道，4.7英寸口径速射炮每分钟发射8~10发炮弹，6英寸口径速射炮每分钟发射5~6发炮弹，而同样口径的旧式火炮，其发射速度为每50秒钟1发。这样，日舰在速射炮上占有压倒性优势，它能把炮弹雨点般倾泻到中国军舰上来。

与密布先进速射火炮的日军新式军舰相比，北洋海军那些多年前的世界最新军舰，已经老态龙钟。威廉·怀特1885年为中国设计的"致远"号巡洋舰，主要武备包括210毫米口径火炮3门、150毫米口径火炮2门，都是老式火炮；而到了1892年，仍然是威廉·怀特，他在设计思想进步的影响下，为日本设计的"吉野"号巡洋舰，主要武备包括有150毫米口径火炮4门、120毫米口径火炮8门，全部是带有复进机的最新式速射炮。

中日军舰之间的差距不仅仅局限于火力，在北洋海军购买舰船的时代，火炮的瞄准方式是采用六分仪，以天体或其他物体作为参照物，分别测量推算出敌我军舰的经纬度，套用计算公式，求出敌我距离，射击程序又慢又复杂。而日本19世纪90年代后购买的"吉野"舰，已经装备了专门用于火炮瞄准计算的瞄准仪，这种类似大型望远镜的设备，只要在镜头中将对方目标焦距调实，就会自动显示双方的精确距离。

战前中国海军已意识到了与日军在中口径射炮火力上的巨大差距。

1894年3月31日，甲午战争的狼烟尚未燃起，北洋大臣、直隶总督李鸿章上了一份特殊的奏折。奏折的主要内容是转引北洋海军提督丁汝昌的一份申请，主题是为北洋海军购买新式装备，这是自户部下达海军军火禁购令之后，李鸿章首度正式向禁令提出挑战。

"窃据北洋海军提督丁汝昌文称：'镇远''定远'两铁舰原设大小炮位，均系旧式；'济远'钢快船仅配大炮3尊，炮力单薄，'经远''来远'

钢快二船尚缺船尾炮位。'镇''定'两舰，应各添克鹿卜新式12生特（厘米）快炮6尊；'济远''经远''来远'3舰应各添克鹿卜新式12生特快放炮2尊；共18尊，并子药器具。又'威远'练船前桅后原设阿摩士庄旧式前膛炮，不堪灵动，拟换配克鹿卜十生特半磨盘座新式后膛炮三尊，并子药等件。均系海防必不可少之要需。"

安装这些速射炮总共需银60万两，清廷办海军当然是没钱的，没钱拨，李鸿章也就算了，答复丁汝昌"无款"了事。

李鸿章有钱没？有！

北洋舰队在黄海海战中战败，李鸿章才上奏前筹海军巨款分储各处情况："汇丰银行存银1072900两；德华银行存银44万两；怡和洋行存银559600两；开平矿务局领存527500百两；总计2600000两。"

等到舰队一败涂地，这个守财奴才想起他藏起来的海军专款的零头，都够给北洋舰队增装新式速射炮！

早干吗去了？

结果"济远""广甲"逃跑后，在日军装填下"下濑炸药"的速射炮弹雨点般火力打击下，被半包围的中国舰队"致远""靖远""经远""来远"纷纷重创起火。

日军第一游击队始终保持建制和高度机动，并不停地射击。北洋舰队中航速最高的巡洋舰"致远"号此时已受重伤，水线下有10英寸和13英寸炮弹击出的大洞。而水密门隔舱的橡皮，因年久破烂，难以起到防堵海水贯通全舰的作用，海水汹涌地灌入，使军舰随时有沉没的危险。管带邓世昌知道军舰已到最后关头，决心孤注一掷，用舰艏冲角向从阵前掠过的"吉野"拦击。他在指挥台上镇静地大声喝道：

"我辈从军卫国，早置生死于度外。今日之事，不过就是一死，用不着纷纷乱乱！我辈虽死，而海军声威不致坠落，这就是报国呀！"

在他的激励下，全舰官兵同仇敌忾、鼓足马力，一边用抽水机不停地抽去舱中海水，一边向日舰勇敢地冲击。日舰见状，紧急逃避，并向"致远"发出雨幕般的炮弹，终于将"致远"击沉。"致远"的头部首先扎入水中，船尾在海面上高高翘起，露出它仍在旋转的螺旋桨。接着，整个军舰渐渐在海上消失，留下一个巨大的漩涡。

邓世昌，字正卿。广东番禺人，他是当时中国海军最优秀的将领，生前洁身自好，治军严格，屡受闽系排挤，落水后爱犬"太阳犬"叼住其发辫不使其沉海，世昌按住爱犬一起沉水殉舰，李鸿章都感叹：不复近世有此人！

光绪皇帝亲笔挽联"此日漫挥天下泪，有公足壮海军威"。

新中国海军用这位北洋名将的名字命名了第一艘国防动员舰，舷号"82"的世昌舰。

"致远"沉没是北洋海军的一个重大损失，这是海战中最无畏的一艘中国战舰。这时，"靖远""经远""来远"也负弹累累，火势蔓延，相继撤退。

1894年9月17日4时16分，"平远""广丙"也因负伤，退出战场，驶往近岸修理。日军第一游击队4舰追击"靖远""经远""来远"3舰至大鹿岛一带，首先集中攻击中国"经远"舰。

"经远"管带林永升，临危不惧，以一敌四，从容发炮，忽被弹片击中头部，血流满面，当场牺牲。林永升，字钟卿，福建侯官人，性情温和，从不在众人面前训斥部下，和部曲感情深厚，战斗中表现极为英勇。他死之后，帮带大副陈荣、二副陈京莹接替指挥，也先后殉国。日舰向"经远"发射鱼雷和排炮，使其火势越烧越大，至5时30分，"经远"舰从左舷翻倒海中，不久沉没。原先烈火翻腾的海域上空，一下被漆黑的浓烟所笼罩。

由于"经远"与敌相持，使得"靖远""来远"得以扑灭火焰，堵塞漏洞，施行各种损管措施。当日舰见"经远"即将沉没，掉头前来攻击时，二舰背倚浅滩，沉着应战，直到战斗尾声。

坚持在战场上的中国军舰，此时只剩"定远""镇远"两舰。日本舰队本队五舰环绕着"定""镇"继续猛攻。两舰巍然屹立在茫茫大海中，鏖战不息。

从硬件上说，"定远""镇远"两艘中国铁甲舰，直到大战爆发前，仍然是亚洲国家最令人生畏的军舰。两舰是当时世界比较先进的铁甲堡式铁甲舰，设计时综合了英国"英伟勒息白"号和德国"萨克森"号铁甲舰的长处，各装12英寸大炮四门，装甲厚度达14英寸。两舰在黄海大战中"中数百弹，又被松岛之 13 寸大弹击中数次，而曾无一弹之钻入，死者亦不见其多"，都证明它们是威力极强的海战利器。日本以此两舰为最大威胁，叹其为"东洋巨擘"。虽然它加速了造舰计划，搞出对付"定远""镇远"二舰所谓的"三景舰"，但就其海军整体实力而言，直到战时也未获得达到此两舰威力的军舰。

日本设计的"三景舰"——"松岛""严岛""桥立"专为对付"定远""镇远"。舰上装备了 320 毫米口径巨炮，认为可以贯穿 30 英寸厚的装甲。在"定""镇"的装甲及炮塔护甲上，被日舰炮弹击出的弹坑密如蜂巢，但深度没有超过 4 英寸以上的。日军声称各击中定镇两舰 2000 余弹，镇远舰上的洋员汉纳根被炮弹震得终身重听，而两艘中国铁甲舰依然顽强奋战。以致日本水兵三浦虎次郎惊叹地叫道："'定远'号怎么还不沉呢？"

1894 年 9 月 17 日 3 时 30 分，中国铁甲舰发出了海战中最具威力的一击——

约 15 时 30 分许，"定远"舰前主炮一发命中日旗舰"松岛"号右舷下甲板，引起弹药爆炸！

日本人川崎三郎编撰的《日清战史》一书详细记述了这一情形："霎时如百电千雷崩裂，发出凄惨绝寰之巨响。俄而剧烈震荡，船体倾斜。烈火百道，焰焰烛天；白烟茫茫，笼蔽沧海，死亡达八十四人……死尸纷纷，或飞坠海底，或散乱甲板，骨碎血溢，异臭扑鼻，起惨瞻殆不可言状。"

日方出版的《黄海大海战》一书更是对此做了细致而生动活泼的描述："……头、手、足、肠等到处散乱着，脸和脊背被砸得难以分辨。负伤者或俯或仰或侧卧其间。从他们身上渗出鲜血，黏糊糊地向船体倾斜方向流去。滴着鲜血而微微颤动的肉片，固着在炮身和门上，尚未冷却，散发着体温的热气……'松岛'号遭此一击，官兵死伤达 113 人，各炮多半被毁，舰体损伤严重，舵机失灵，丧失了作战能力。"

日军联合舰队司令伊东佑亨只得调集军乐队员充当炮手并参加灭火，至 4 时，"松岛"悬起不管旗，命令各舰自由行动，伊东率幕僚将旗舰移至"桥立"。

下午 5 时 45 分，太阳西垂，暮色将临。伊东感到单凭"严岛""桥立""千代田"及负伤的"松岛""扶桑"，要击沉"定远""镇远"几无可能。于是下令升信号旗召唤第一游击队归队，一起驶回临时锚地。

一直在附近船只上观战的英国远东舰队司令裴利曼不禁感叹："（日军）不能全扫乎华军者，则以有巍巍铁甲两大舰也。"

"靖远""来远"见日舰退去，便往"定远""镇远"两舰方向驶去。"靖远"管带叶祖珪，知道"定远"桅楼被毁，主动升旗，招集其他军舰集中。

战场上的北洋海军诸方面如此失序，完全像一支未加训练的舰队。6年合操实战中尚不能成一阵："旗舰仅于开仗时升一旗令，此后遂无号令"；5个多小时海战中国舰队第二令就是海战结束时叶祖珪发出的"收队"旗令！

"定远""镇远""靖远""来远""平远""广丙"6舰尾随日本联合舰队撤退方向追击了一阵，便转舵退回旅顺口。而组建时间很短的日本联合舰队（战前两个月，1895年7月，日本海军两次紧急改编，原警备舰队改为西海舰队，原常备舰队加上西海舰队的主要军舰编为联合舰队，伊东佑亨海军中将任联合舰队司令长官。中日战争后，联合舰队的编制一直沿袭下来，直到1945年日本投降旧帝国海军的终结），在整个作战过程中队形不乱，"始终信号相通，秩序井然，如在操演中"。其中之经验教训，绝不是海军操典所能解决的。

惨烈之至，持续了5个小时的黄海大海战至此结束。这次海战不但是中国第一支近代海军的末日，也是中国腐朽封建制度的末日。

中日两国今后50年的国运已经决定了。

此后的事情大家都很清楚了。

北洋海军崩溃的速度超出了所有人的意料。

黄海大海战惨败后，李鸿章固然想保存舰队实力，指示丁汝昌不必与日舰寻战，但并没有允许其匿伏军港，避战不出，而北洋各舰修好之后，从旅顺前往威海，这时距黄海大战时间，整整已有一个月！

这一个月时间，北洋舰队官兵在干什么呢？在总结海战经验教训，以备东山再起吗？

据原"广甲"管轮，此时留在"定远"舰差遣的卢毓英记载，北洋海军"诸君皆以虎口余生，每以公余驰日逐于酒阵歌场，红飞绿舞，虽陶情荡魂，亦触目惊心。谁无父母，孰无妻子，寄生炮弹之中，判生死于呼吸，人孰无情，何可日困愁城？不得不假借外物，庶有以遏制此方寸也"。

原来借酒消愁去了。

一个没有钢铁般信仰和意志的军队是经不起任何一点失败的。

1894 年 10 月 23 日，在日本海军掩护下日军陆军第二军在大山岩指挥下开始登陆辽东半岛花园口，整个登陆行动持续半个月，共运送登陆人员 24049 名，马 2740 匹，半个月时间，已整修完毕的北洋舰队没有派出一舰一艇拦截日军登陆行动，日本联合舰队司令官伊东佑亨坦言："如丁提督亲率舰队前来，遣数只鱼雷艇，对我进行袭击，我军焉能安全上陆耶。"

一支没有战斗意志的军队不但不能保卫国家，反而是国家最大的灾难。

英国首相丘吉尔曾说过一句发人深省的话：在战争和耻辱之间选择耻辱，最终你还得选择战争！

1895 年 1 月 19 日，日军开始直接攻击北洋舰队大本营威海卫。

北洋舰队瞬间崩溃。逃兵纷起。

"当时医院中人手奇缺……盖中国医生看护，多于战前离去，自谓文员不属于提督，依法不必留等语""北洋海军医务人员，以文官不属于提督，临战先逃，洋员院长，反而服务至最后，相形之下殊为可耻"。

北洋海军 10 艘鱼雷艇及 2 只小汽船在管带王平、蔡廷干率领下结伙逃遁，开足马力企图从西口冲出，结果"逃艇同时受我方各舰岸上之火炮，及日军舰炮之轰击，一艇跨触横挡而碎，余沿汀西窜，日舰追之。或弃艇登岸，或随艇搁浅，为日军所掳"。一支完整无损的鱼雷艇支队，在战争中毫无建树，就这样丢尽脸面地自我毁灭了。

北洋海军最后一支建制完整的战斗部队竟这样在逃跑中完蛋了。

最后更发展到集体投降。"刘公岛兵士水手聚党噪出，鸣枪过市，声言向提督觅生路""水手弃舰上岸，陆兵则挤至岸边，或登舰船，求载之离岛""哨兵已不在岗位，弁卒多离营垒"营务处道员牛昶炳请降；刘公岛炮台守将张文宣被兵士们拥来请降；严道洪请降；"各管带踵至，相对泣"；众洋员皆请降。面对这样一个全军崩溃的局面，万般无奈的丁汝昌"乃令诸将候令，同时沉船，诸将不应，汝昌复议命诸舰突围出，亦不奉命。军士露刃挟汝昌，汝昌入舱仰药死"。

丁汝昌死前当日做好棺材，赏了6个棺材匠每人两元，自己还躺进去试了一下合不合身，然后，这位中国第一位近代化海军舰队司令吞服了鸦片……

这时清军官兵已经把亚洲最强大的铁甲舰当成向日本人投降的资本了，"恐取怒日人也"竟不肯毁船自沉，拱手将"镇远""济远""平远"等10艘舰船送给日本海军俘获，曾排名亚洲第一，世界第六北洋舰队就此全军覆灭。

英国远东舰队司令曾评论说，北洋海军"观其外貌，大可一决雌雄于海国"。他只看到了这支舰队的外貌。

其实只是徒有其表。

亲历战斗全过程的洋员泰莱，对这支舰队评论如下："如大树然，虫蛀入根，观其外特一小孔耳，岂知腹已半腐。"这才是北洋舰队的真实。

…………

丁汝昌——水师提督（自尽）

刘步蟾——右翼总兵，"定远"号管带（自尽）

林泰曾——左翼总兵，"镇远"号管带（自尽）

邓世昌——中军中副将，"致远"号管带（战死）

叶祖珪——中军右副将，"靖远"号管带（革职）

方伯谦——中军左副将，"济远"号管带（处死）

林永升——左翼左营副将，"经远"号管带（战死）

邱宝仁——右翼左营副将，"来远"号管带（革职）

黄建勋——左翼右营副将，"超远"号管带（战死）

林履中——右翼右营副将，"扬威"号管带（战死）

杨用霖——左翼中营游击，原"镇远"号帮带，林泰曾自尽后接任管带（自尽）

中国海军一代精英，如数凋零。

…………

尤其值得一提的是，4名自尽中国海军高级将领中，3名都选服毒自杀，只有杨用霖一人选择了军人的方式用枪自杀。

344

杨用霖是北洋海军中唯一未经学堂正规培养而从基层奋斗，一步步成长起来的高级军官。黄海海战中，为防范有人降旗投降，他亲自将战旗钉死在桅杆上，在刘公岛一片乞降逃生的凄凉气氛里，他口诵文天祥的诗句："人生自古谁无死，留取丹心照汗青"，用手枪自戕。当部下听到枪声冲入他的住舱时，只见他端坐椅上，头垂胸前，鲜血从鼻孔汨汨地流向胸襟，而枪依然握在手中。杨用霖是真汉子，即使是自杀，他也比选择服食鸦片的3名上级更壮烈更为军人化。他发出的，是北洋海军的最后一枪。

剑华道人在甲午战败后回忆起数年前的往事：中国在中法战争之后创设海军衙门，宏辞伟议，纲目条举，引起日本方面的恐惧。议院中议论纷纷。这时，日本著名政治家和汉学家副岛种臣伛偻而起，微笑陈词说：

"谓中国海军之可虑，则实不足以知中国也。盖中国之积习，往往有可行之法，而绝无行法之人；有绝妙之言，而绝无践言之事。先是以法人之变，水军一理灰烬，故自视怵怵，以为中国特海战未如人耳……于是张皇其词，奏设海军衙门，脱胎西法，订立海军官名及一切章程，条分缕析，无微不至，无善不备。如是，而中国海军之事亦即毕矣。彼止贪虚有其名，岂必实证其效哉？又何曾有欲与我日本争衡于东海之志哉？"

副岛种臣早已看透清政府办海军"止贪虚有其名，岂必实证其效"的本质。

赫德则说："恐怕中国今日离真正的改革还很远。这个硕大无朋的巨人，有时忽然跳起，呵欠伸腰，我们以为他醒了，准备看他做一番伟大事业。但是过了一阵儿，却看见他又坐了下来，喝一口茶，燃起烟袋，打个呵欠，又蒙眬地睡着了。"

他们的话，从不同程度涉及国家政治制度对海军事业的影响。直到今天，中国的有识之士听到副岛种臣和赫德的实言，那是何等的沉痛，又是何等的无地自容！

这些中国军人真正的死亡原因是腐败的体制，他们也是牺牲品。

就在成千上万日本男女挥舞太阳旗，高唱军国主义歌曲，在无比的亢奋中欢送亲人上前线时，中国京都也在紧急备战。

京师绿营奉调山海关，目击者称有"爷娘妻子走相送，哭声直上云霄之惨"。历史记载："调绿营兵日，余见其人鳖黑而瘠，马瘦而小，未出南城，人马之汗如雨。有囊洋药具（鸦片烟枪）于鞍，累累然，有执鸟雀笼于手，嚼粒而饲，怡怡然；有如饥渴蹙额，戚戚然。"

这样一支军队能保家卫国吗？

是谁让日军杀进了中国？

是中国军队自己！

著名旅日华人作家萨苏记道：因为在平壤缴获了叶志超丢弃的大量装备，日军士气大振。清军陆军的行营炮和连发枪比日军的装备还要先进，却一触即溃，令日军对中国有了"新的认识"。然而，他们还是遵令在鸭绿江停了下来，并没有敢轻易渡江。

这时，对岸却来了一支清军骑兵——就是所谓"八旗铁骑"了。日军只有30人的先锋部队隔江开始射击，并且就地准备掘壕固守，不料清军几百人的马队立即蜂拥而逃，丢盔弃甲！于是日军小队长就自作主张渡江追击，后续的日军随即跟上。

从那一刻，中国尊严，在日本人的心中已经荡然无存了。

从那一刻，"九一八"和七七事变的种子已经发芽。只要中国稍有反抗，日本就要"膺惩支那"，因为，在日本人眼里，那个时代的中国人根本不配有"尊严"二字。

中国的老百姓就是因为这样的腐败军队而死在侵略者手里的。

1894年11月24日，日军攻陷旅顺后，屠城4日，中国无辜平民被屠杀2万，全城仅有埋尸的36人幸免。

…………

国破山河在

中日战争至此，中方还有最后一线胜机，那就是抵抗到底，和日本人打持久战！

史料记载：1895年春节之后，日军的攻势达到了高潮。2月12日，北洋海军司令丁汝昌，誓死不降，自杀殉国。2月17日，日本联合舰队进驻军港和刘公岛，北洋舰队全军覆没。3月初，日军调集3个师团，在6天时间里连克数万清军防守的牛庄、营口、田庄台3座重镇，实现了辽河平原作战计划，威胁山海关。

这时，日军看似所向披靡，但疲态已显，而清军则是越战越强。此时的清军主力是从南方调来的久经沙场的老湘军和东三省自己训练、保家卫国的军队，他们在辽东半岛与日军苦战4个月，打了不少硬仗：

1895年1月17日—2月25日，清军先后5次反攻辽宁海城，虽然最终没能夺回海城，但沉重打击了日军，对清廷调兵谴将，稳固奉天（今沈阳）、辽阳、锦州、山海关的防守，发挥了巨大作用。

1895年2月的辽宁大平山（今称太平山）争夺战进行了一整天，双方伤亡很大，日方记载："彼我死尸堆积成山，血流如注。"2月24日，"炮兵发射炮弹估计多达数千发，这是征清以来最大的炮战，因而也可能是伤亡最多的一次"，日军指挥官乃木希典少将的战马也被清军炮火打死。清军虽没实现收复海城和太平山的战略目标，但官兵们敢于进攻日军，步、骑、炮协同作战，予日军很大杀伤，延缓了日军进犯辽河下游的步伐。日本方面的《日清战争实记》一书，也称赞清军"先攻凤凰城，后又攻海城……现在采取攻势，其志甚佳"。

1895年3月日军在辽东半岛重新发动攻势，在山东半岛则处于守势，清军在1895年2月底至3月初接连收复了宁海（今牟平）、文登、荣成等地，使强占威海之敌甚感孤立。

1895年二三月间，日军进攻辽河平原的牛庄、营口、田庄台一线时，凤凰城东路日军防守空虚，张锡銮率领几营杂牌军，就接连收复宽甸、长甸、金厂等地，日军只能死守九连城和凤凰城，日军由朝鲜到辽东的联系通道，十分狭窄。

宋庆、依克唐阿、聂士成、徐邦道、马玉崑等诸将皆骁勇善战。鸦片战争中，镇江之战英军死亡39人、伤130人，就相当于虎门、厦门、定海、镇海、吴淞诸战役英军伤亡的总和。而在辽东之战中，仅日本第一军就死亡387人，其中包括14名军官；伤2243人，包括84名军官。总计减员4759人，占日本陆军第一军总数的1/6。可见辽东之战的激烈。

日军在甲午战争开战8个月内连连取胜，但这种胜利却接近于失败，日军参战的7个师团，伤亡减员达3万多人，其中死亡和残疾就达1.7万多人，因为战场上压力过大而自杀的也不少。

尽管日军所到之处多有缴获并大肆掠夺，但毕竟国小根底浅，各项重要经济指标都远远低于中国，军队的数量和军事预算也比中国少得多。经济力量的对比，使得日本利于速战速决，难于打消耗战。到1895年3月，侵华战争才打了8个月，日本国内的人力、物力、财力已消耗殆尽，甚至连日本外务大臣陆奥宗光也不得不承认："国内海陆军备殆已空虚，而去年来继续长期战斗之我军队人员，军需固已告缺乏。"因此，日本希望早日议和，并威逼清朝割地赔款。

然而，在中日马关谈判之时，日本占领的地区，其实极为有限：

在交战9个月后，日军所占领的地区，只有辽宁南部（面积约为辽宁省的1/4）、山东威海卫（占领面积最多时有山东省的1/10）和澎湖列岛（面积约为台湾地区的1/20），并未攻下中国的一个省会。而且，日军所占领的多是中国经济落后的地区。20世纪90年代的辽东半岛和山东半岛，和今天大不相同，还没什么工业。日军的侵略对中国海外贸易的影响也极为有限，在中国数十个通商口岸中，只占领了辽宁营口一个。

如果日军打算进攻中国当时经济最发达的长江三角洲地区和珠江三角洲地区，就要冒触犯英法在华利益的危险，而且日军进攻这些清军水陆协防的地区，只会分散兵力，消耗实力。

日本想在谈判桌上敲诈到更大的利益，就要在战场上占领更多的地区，不得不让有限的兵力更加分散，在更多的战场上受到更大损失。为了侵占中国台湾地区，又派遣一个师团南下，进一步分散了兵力，加剧了损失。在日军侵占澎湖列岛后，日军自称"我患瘟疫而亡者达980人……瘆者（肺结核患者）并不计其数"，死亡和患病的人数高达侵占澎湖列岛日军的20%。

当然，如果和谈破裂，日本可能会进攻北京，但当时日军已经接近倾巢而出，本土完全依靠警察维持治安。日军唯一的选择就是从山东半岛或辽东半岛撤出侵略军，转而在山海关或大沽口登陆。这样，在辽东和山东坚持抗敌的清军势必从侧翼威胁日军。

因此，在1895年春季的战场上，日本基本上无计可施。即使日军能倾其全力，实施"直隶平原决战计划"，也会付出惨重损失。北方清军主力云集京津地区，大沽口的防御设施相当完善，清朝曾多次对其进行修缮，1900年八国联军进攻时，炮台守军曾击沉击伤多艘联军军舰，即使日军能侥幸打进北京城，只要中国决策者坚持抵抗，日本只会陷得更深，输得更惨。

人民战争和游击战争，在甲午战争后期也初露端倪。在日军刚刚侵入中国领土的时候，日军中的"中国通"们，利用中国的民族矛盾，打出"排满兴汉、反清复明"的旗号，迷惑了一部分中国群众，在辽宁九连城等个别地区曾出现了当地群众欢迎日军的情况。但是日军残暴的面目很快暴露。

日军旅顺屠城后，各地民众认清了日军的野兽嘴脸，对清军的支持越来越踊跃。辽东清军在冰天雪地中奋勇作战，后勤军饷时有匮乏，部队死伤严重，又没有后方调兵补充的记载，宋庆、聂士成、依克唐阿等部队，竟然越打越多，有的部队，有的将领所统率的士兵竟然增加一倍还多。当然，甲午战争后期，清军的纪律和训练大大改善，这也是民众踊跃参军的重要原因。

各地自发组织的抗日队伍也很活跃。在甲午战争后期，辽东、山东的民团初步发展了游击战战术，牵制日军，配合清军防守和反攻。

台湾之战尤其能说明问题，以黑旗军和台湾义军为主的抵抗力量，在没有获得祖国大陆援助的情况下，以游击战、运动战、阵地战相结合的方式，独立抗击日军近半年，造成日军减员达3万多人，近卫师团长、日本皇族北白川宫能久亲王也葬身台湾岛，日军将台湾义军赞为"中日战争以来未曾有的勇兵"。

游击战的前提是充分发动群众，这就需要一个相对较长的时间去动员、组织群众，寻找敌人弱点。甲午战争后期的抗日游击战，只是初步展示了威力，如果战争持续下去，肯定会创造出更多惊人的战绩。

从世界历史的经验来看，日本作为小国进攻大国，尽管拥有一定的技术优势，准备可能比较充分，但由于缺少本土的资源和人力依托，军事优势都是暂时的；为了弥补资源和人力的不足，只能从占领区强征兵员和给养，这必然会激起占领区人民的反抗，陷入四面楚歌的困境。大国领导人只要不被侵略者的嚣张气焰吓倒，坚决抵抗一段时间，战局是能扭转的。

把持清末海关的英国人赫德，在中日开战之前就认为："日本在这场新战争中，料将勇猛进攻，它有成功的可能。中国方面不免又用老战术，但它只要经得住失败，就可以慢慢利用其持久力量和人数上的优势转移局面，取得最后胜利。"在战时，他又写道："如果战争拖长，中国的资源、人力和它禁得起磨难的本领，也必将胜过日本的勇猛和它的训练、组织能力。"

英国的《泰晤士报》在1895年也认为，日军在中国已陷入困境，战争的转折点即将到来。

可惜的是，以慈禧太后和李鸿章为代表的清朝最高决策层，已丧失了继续抵抗的意志，慈禧太后打算签订《马关条约》的消息传出时，清军将领几乎一致反对停战，中国军界首脑都看出了日本的疲态，认为持久战是日本的命门。

统率山海关外诸军的刘坤一曾提出与日军打持久战的意见："倭奴远道来寇，主客之形，彼劳我逸，日军悬师远斗，何能久留，力尽势穷……'持久'二字，实为现在制倭要着。"

奋战前线的老将军宋庆也反对和约，在致督办军务处电中表示"愿与天下精兵舍身报国"；同样在辽东前线督军的黑龙江将军依克唐阿，指出议和之危害和继续作战的前景："（议和）不出一年，我遂不能自立，但与之相持，不过三年，日军必死伤殆尽。"

宋庆时年已75岁，他统率的毅军7次与日军大战。其中，太平山之战从早上打到晚上，是甲午陆战中持续时间最长的战役；田台庄保卫战是甲午战争期间最大规模的陆战。田台庄是个有几千户居民的市镇，日方有4名中将、6名少将亲临指挥，三面包围田台庄。宋庆骑马来往指挥，毅军士气高昂，在巷战中顽强抵抗，毙伤敌人百余名。日军纵火烧房。宋庆才下令撤退。田台庄就此成为一片焦土。依克唐阿是黑龙江将军，甲午战争爆发后两次主动请战才来到辽宁。他和聂士成协同作战，巧用运动战，积极防御，使日军没能越过辽阳东路的防线。徐邦道指挥的土城子伏击战也是一场漂亮的胜仗。总之，辽东战场上的清军还是有相当的战斗力。清军的士气也是愈挫愈奋，宋庆的毅军由参战时的 9 个营扩充到 39 个营，依克唐阿带来的参战队伍由原来的 10 个营扩充到 14 个营，徐邦道所统军队由参战时 5 个营扩充到 11 个营。这些爱国将领坚决反对议和，而且提出持久战、游击战的想法。实际上，日本当时的财力已捉襟见肘，辽东战场上的多数清军将领也看出日本"显有外强于内之态"，他们比鸦片战争中的中国将领要更显得有头脑。

山东前线的最高军政长官李秉衡 3 次上奏折，指出日本战时经济状况不佳，如果把拱手送给日本的 2 亿两白银用来养兵，中国肯定可以自强，并表示自己愿统军与日军血战到底。清朝当时的 18 省巡抚当中，有 10 省巡抚公开反对议和，东北的黑龙江、吉林、辽宁 3 位将军，也要求继续作战。

位高权重的两江总督张之洞，甚至上折直接警告慈禧太后："坐视赤县神州，自我而沦为异域，皇上、皇太后将如后世史书何？"

但是慈禧太后坚决要和。

当时中国没有一个爷儿们敢让这个"谁让我不痛快一会儿，我就让他不痛快一世"的娘儿们不向日本人求和。

于是也就和了。

签订《马关条约》的是李鸿章。

他不肯去日本，猪都知道谁去谁就是骂名永留史册的卖国贼！

太后说，不去不行！

于是他也就去了。

去了还挨了日本民族主义者一枪，这一下连日本人都傻了眼，日本皇太后亲自为李鸿章裹缠药棉，都知道这实在太无耻。

但再无耻，条约还要是签的。

于是李鸿章也就脑袋裹着纱布签了《马关条约》。

这个条约把台湾地区及澎湖列岛、辽东半岛都割了，还实际赔付了 3.4 亿两银子，而且到 1898 年即全部交付完毕。（注：后来在其他帝国主义国家逼近下，日本被迫吐出辽东半岛。）

《马关条约》签订的消息一经传出，中国举国如丧考妣，都知道中国完蛋了。

甲午战争重创了已经伤痕累累的中华民族的自尊。海军出身的思想家严复"中夜起而大哭"；谭嗣同更挥笔写下："四万万人齐下泪，天涯何处是神州？"便是被后世鞭笞的李鸿章，赴日签约途中也"秋风宝剑孤臣泪，落日旌旗大将坛"，感伤万分。台湾民众"夜以继日，哭声达于四野"，军心悲沉，几无斗志。

甲午战后，李鸿章立刻去西方考察学习，还有个屁用！连国家安全都保证不了，帝国主义者会让你安心搞建设吗？

甲午战前，中国购兵舰、修军港、编练新军，"新军事变革"看上去很有成效。西方被洋务运动的表象所迷惑，一度将晚清看作远东的庞然大物，然而甲午一战一下子暴露了大清帝国的"黔驴"真相。

西方列强欣喜若狂，声称"第二次发现了中国"。

英国一家报纸评论道："中国为东方一团大物，势已动摇……今欧洲之人，虽田夫野老，无不以瓜分中国为言者。凡与中国交涉者，亦为之大变，中国被日本老拳横击，使其水陆之师一起放倒，故各国乘此危弱，群向竞噬。"

另一家德国报纸鼓吹说："自中日失和以后，我欧洲之人，皆欲瓜分中国。"

《俄国新闻报》说：要紧紧抓住中日甲午战争失败的"大好时机"，"干净利落地解决中国问题，与欧洲有关的几个主要国家加以瓜分"。

面对帝国主义者的侵略狂潮，中国的士大夫搞起了维新运动，仅仅折腾了100天就被中国的老太后镇压了，中国的老百姓自发搞起了"义和团"救亡运动，于是八国联军两万人马，如入无人之境，直捣京师，而大清国数十万装备了和列强一样洋枪洋炮的大军，竟望风披靡！

而慈禧太后这个愚蠢的臭婆娘恼羞成怒之下，向"世界各国宣战！"

于是她自己只好把珍妃扔井里，然后挟持着光绪皇帝逃到西安，于是李鸿章又签订了《辛丑条约》，中国就此彻底堕落进半封建半殖民地的深渊。

一世自负的李鸿章终于知道上了当，这个中国历史上大事最糊涂、小事最聪明、最无能的爱国者签约回家后几个月，就在"老来失计亲虎狼"的无尽悔恨中辞世。

只有非洲大草原上才会出现的群兽争食的场面，在中国的这个文明古国上演了。帝国主义由此掀起了瓜分中国的狂潮，余痛所及，1912年12月，孙中山在悲悼民国海军第一任总司令黄钟瑛逝世时，还在"伤心问东亚海权"。

此战更直接为日本后来从中国本土发起灭亡中国的战争埋下伏笔。

"当一个富有生命力的民族受到了外国侵略者压迫的时候，它就必须把自己的全部力量、自己的全部心血、自己的全部精力用来反对外来的敌人。"

——马克思、恩格斯

好在还有人民，好在还有中国人民在拼命地奋斗，人民也在奋斗中焦急地等待，他们在等待真正属于人民自己的胜利……

那一天终于等到了！

1949年10月1日，28年的浴血奋战后，中国人民的伟大领袖毛泽东主席和他率领的中国共产党人走上了天安门城楼，那一刻起，中华民族又有了无比旺盛的新的生命力！

中国人的风骨

甲午战争后，日本从中国掠取了巨额经济利益。

一、赎辽费库平银3000万两；

二、赔款交付完毕之前日本占据威海卫的军费每年库平银50万两；

三、2亿两分期付清，未交之款按年加每百抽五的利息。

如果按照《马关条约》规定，中国分8次付清，至1902年，威海卫军费为400万两，再加利息72万两，共计5472万两。清政府计算了8年付清和3年付清的差价，决定3年付清，这样可以节省2100万两的利息和200万两的威海卫驻军费。理论计算中国总数要付 2.315 亿两库平银。但是，在实际付款中日本又节外生枝。库平银在清代只是一个计算标准，并无白银实物，其成色按照康熙时的标准为 93.5374%，而日本却指定要中国并不存在的 98.889% 成色库平银，由此中国多付了 1325 万两。但还没达到 5969 万两。

日本的另一招是要求中国在伦敦兑换成英镑支付。当时西方国家已实行金本位，金价上涨银价下跌，银镑兑换的比率不定，日本提出镑价低于市场价，中方就要多付库平银。尽管市场价有涨有落，中方支付给日本的镑价却是死的，这样，中国不得已用高价购买英镑，却要按低价付给日本。连总理衙门的赫德都看出中国吃亏了。日本从中又多得了 1494 万两。1325 万两加 1494 万两为 2819 万两，再加 2315 亿两，总计实付 25969 亿两。

日本在赔款之外还掠夺了大量实物和金银货币，总价值达 8000 万两。日本通过甲午战争从中国得到现金和实物总计和库平银 3.4 亿两，这笔巨款等于日本当时 7 年的财政收入！日本朝野简直乐疯了，外相陆奥宗光喜极而泣："在这笔赔款之前，根本没有料到会有几亿，本国全部收入只有 8000 万日元，一想到现在有 5.1 亿日元滚滚而来，无论政府和日本国民都觉得无比的富裕！"

日本人金子道雄说中国的赔款是按照军事费用 84.7%，皇室费用 5.5%，教育基金 2.8% 及其他部分来分配的。

日本拿中国的赔款首先建造了一个亚洲第一、世界水平的八幡钢铁厂，这个要算到军事工业里去，又用一半的赔款扩充陆海军军备，其后的日俄海战及"二战"中日本海军的不凡记录，与早期爆炸性地吸纳甲午赔款，日本军队得到大发展有极大的关系。还有一个极重要的用途，就是日本拿甲午赔款完成了金融改革，用作币制改革的准备金。甲午战时，日本仍实行银本位的货币制，谋划中的改为金本位的货币变革因资金匮乏难以启动。明治政府用 7260 余万日元的赔款金作为银圆兑换的准备金，于 1897 年 10 月始确立金本位的货币制度。此次变革成功，使日本迅速融入世界经济体系。

然后设立各种基金补贴国家发展各项事业。计有：军舰水雷艇补充基金 3000 万日元，灾害准备基金、教育基金各为 1000 万日元。

还拿中国人民的血汗钱来巩固从中国人民那里抢去的宝岛台湾！

甲午赔款所谓"台湾经营费"，数额1200万日元，于1898年度拨出，归入"台湾总督"的财政，日本政府欲长期开发和经营台湾岛的计划已初露端倪。

最后就是拿中国人民的血汗钱供日本皇室挥霍和侵略军大小头目分赃——献给日本皇室的费用，数额高达2000万日元之巨，这是当时日本"皇权政治"的一种反映。甲午战胜，日本举国若狂，明治天皇大肆封赏有功贵族和重臣，众多大臣、将军受奖晋爵，相关支出一时间颇为浩大。故而以高额"献金"回报皇室，当然带有追加补偿的意味。

靠着朝鲜人民和中国人民的血汗尸骨，日本急剧崛起。侵略战争真是一本万利，日本尝到了甜头，从此成为东亚地区的主要战争策源地。日本的军国主义就这样被一点点喂大了，甲午之后，日本连续对华发动了数不清的"事变""事件""惨案"，继续疯狂侵略了中国30年。

1935年时的中国与北洋海军时代相比，中国实有版图不及当时一半，东三省和最富庶的东南沿海地区尽丧敌手，日军已进至北京城下，攻夺上海，中国海军几乎一无所有，而日军已发展到世界第二，仅航空母舰即有8艘，由于近百年战火连绵，内忧外患，此时中国与日本实力对比，比甲午之时相差10倍有余！

面对历史的教训和百年来民族信心极度受挫导致的抗战亡国论，中国军事战略家蒋百里在1925年写成的《国防论》里高喊："打不了，也要打，打败了，就退，退了还要打，无论打到什么田地，穷尽输光不要紧，胜也罢，败也罢，就是不要同它（日本人）讲和！"

这是中国军人用3.4亿两银子和中国人民根本不可能计数的鲜血买到的最残酷的教训！

1936年12月12日，中国著名风景胜地，陕西临潼骊山华清池枪声大作，身着睡衣，趿拉着一只鞋子的国民政府军事委员会委员长蒋介石，被东北军士兵从华清池后山的一块大石上搜出，面对甲午战败后日本连续41年的侵华狂潮，把东三省扔给了日本人的东北军少帅张学良终于忍无可忍，和西北军领袖杨虎城联合起来，将高喊"攘外必先安内"，连续对中国共产党和中国工农红军发动十年内战的蒋介石活擒，兵谏逼其抗日，与东北军、西北军早有秘密联系的中国工农红军立刻派周恩来前往斡旋，宋美龄一介女流之辈飞赴西安救夫，蒋见宋后双泪长流，宋美龄道："宁抗日，勿死敌手！"

别无选择的蒋介石在西安终于接受抗日救国六项协议，同意停止内战，联合中国工农红军和全国所有爱国党派团体一致抗日，张学良激于义气送蒋回南京，从此几至软禁终生，他用自己大半生的自由和荣华富贵换来了中国人民的全面抗日救亡运动，从此成为中国人民最伟大的民族英雄之一，中国共产党赞誉他为千古功臣！

这就是中国人的风骨！

1937年7月17日，蒋介石在庐山发表《最后关头》之著名抗日宣言，号召全国人民："我们知道全国应战以后之局势，就只有抗战到底，无丝毫侥幸求免之理。如果战端一开，那就是地无分南北，人无分老幼，无论何人，皆有守土抗战之责，皆应抱定牺牲一切之决心。"

中国人民伟大的抗日救亡战争终于开始了！

在陕北延安枣园的黑洞里，毛泽东奋笔疾书《论持久战》，全面论述了抗日战争的战略战术，他指出："中国战争不是任何别的战争，乃半殖民地半封建的中国和帝国主义的日本在20世纪30年代进行的一个决死的战争。""日本是一个强大的帝国主义国家，但它的侵略战争是退步的、野蛮的；中国的国力虽然比较弱，但它的反侵略战争是进步的、正义的，又有了中国共产党及其领导下的军队这种进步因素的代表。日本战争力量虽强，但它是一个小国，军力、财力都感缺乏，经不起长期的战争；而中国是个大国，地大人多，能够支持长期的战争。日本的侵略行为损害并威胁其他国家的利益，因此得不到国际的同情与援助；而中国的反侵略战争能获得世界上广泛的支持与同情。这些特点规定了和规定着战争的持久性和最后胜利属于中国而不属于日本。"

最后毛泽东向全国人民指出："中国会亡吗？答复：不会亡，最后胜利是中国的。中国能够速胜吗？答复：不能速胜，抗日战争是持久战。"

毛泽东更在这篇以后令美国国务卿基辛格十分佩服的文章中指出："兵民是胜利之本""武器是战争的重要因素，但不是决定的因素，决定的因素是人不是物。""战争之伟力最深厚的根源，存在于民之中。"

毛泽东认为，只要动员了全国老百姓，就会造成陷敌于灭顶之灾的汪洋大海，造成弥补武器等缺陷的补救条件，造成克服一切战争困难的前提。从此为极度贫弱的中国找到了击败日本侵略军的法宝——人民战争和持久抗战！

大江南北的苍翠沃野，长城内外的莽莽风沙，白山黑水雪峰老林，黄河两岸的古老平原，太行太岳的雄峰峻岭，在中国任何一个有日本侵略者存在的地方，到处都闪动着抗日健儿的矫健身影，无数的中国军民抓起钢枪，埋下地雷，同野蛮到极点、穷凶极恶的日本侵略军做最决死的战斗。用 3500 万中国军民的血肉筑起了中华民族新的长城！用 3500 万中国军民的血肉捍卫着全人类的尊严和正义！

14 年后，日本侵略军永远地滚出了中国！

这，就是中国人的风骨！

1938 年 5 月 19 日，中国飞行员徐焕升率中国空军仅剩的两架"马丁"远程轰炸机跨海轰炸日本长崎等地，撒下 100 多万份传单，警告日本侵略者："尔再不驯，则百万传单将一面面为千吨炸弹，尔再戒之！"

中国空军这次对日轰炸，就是世界空军史上有名的"纸片轰炸"！

这是日本本土第一次遭到外国战机攻击！

1941 年 12 月 9 日，日本军队偷袭美国珍珠港后第三天，中国对日宣战！

这是历届中国政府第一次主动对日宣战！

"多行不义必自毙！"短短数日内，英国、美国、荷兰、加拿大、澳大利亚、新西兰等 20 多个国家同时向日本法西斯军国主义政府宣战！

此后 4 年间，在同盟国军队的猛烈轰炸下，日本被炸成一片废墟，明治维新之后掠取的一切侵略成果统统化为乌有，还赔上了老本儿！

1945 年 3 月 9 日至 10 日，美国空军 334 架 B-29 重型轰炸机一次投下 2000 多吨燃烧弹，东京一夜之间化为一片废墟，83793 人被烧死，10 万人被烧伤或枪伤，上百万人无家可归。

在美军对日本遍及全岛的长期轰炸中，日本两座古城——京都和奈良丝毫无损，为日本人民保住这两座有着日本无数文化瑰宝的老古城的恩人是一位中国文弱书生，他叫梁思成。

1944 年夏天，盟军准备轰炸中国日军占领区，盟军司令部请中国著名建筑家中国战区文物保护委员会副主任梁思成画出保护范围，梁思成当即交给了美国人一张圈了红圈有明显标记的地图，接着，梁思成说，还有两座城市我也希望保护，但这两个城市不在中国，美国人很惊讶，问他是哪里！

梁思成缓缓说道："日本的古城，京都和奈良。"

日本首都东京在大轰炸中化为废墟，连明治神宫被炸毁，甚至天池壕内的日本皇宫都有部分宫殿被烧，京都和奈良却因一位中国人而幸免。

梁思成的弟弟梁思忠，中国军队一个清华大学毕业的年轻炮兵军官，1932 年在淞沪抗战中殉国，梁思成妻子林徽因三弟林恒，一个年轻的中国飞行员，于 1941 年在成都双流机场殉国。

这就是中国人的风骨！

1945 年 8 月 10 日，中国疯狂了，全中国所有的鞭炮一销而空，全中国的锣鼓都同时被敲响，全中国人民都在欢呼！

全中国都在流泪。从甲午战争开始，与日本侵略者苦斗了整整 50 年，今天中国人民终于胜利了……

就在这一天日本裕仁天皇向同盟国表示，愿意接受《波茨坦公告》，同意投降！

中国人 14 年浴血苦战，终于打赢了 1840 年鸦片战争开始之后 95 年间第一次反侵略战争！

1945 年 9 月 9 日，南京中央军区大礼堂，日本侵华军总司令冈村宁次向中国国民党陆军总司令何应钦一级上将递交降书，呈献军刀。宣布所有在华日军向中国军队投降。

中国各战区共接受日军投降官兵 124 万人，伪军 95 万人。从 1945 年冬至 1946 年夏，国民政府将日侨 213 万人全部遣送回日本，除了接受军事法庭审判的战犯外，中国军队没有杀害一名日军降卒。

这就是中国人的风骨！

1948 年 7 月 16 日，中国人民解放军徐向前元帅在晋中战役中，指挥华北第 1 兵团全歼了国民党军阀阎锡山留用的，由 2600 名日本降兵"元泉兵团"，中国大地上最后一支日军部队就此覆灭在人民解放军猛烈的炮火中，原日本陆军步兵 14 旅团长元泉馨重伤后被部下水野枪杀，他是日本军队最后一个在中国的土地上死掉的高级将领。

1956 年 6 月 9 日至 19 日，中华人民共和国最高人民法院特别军事法庭对犯有严重战争罪行的，前日本陆军第 117 师团中将师团长铃木启久等 8 名战犯进行了公审。此前，一部分日本军人在日本投降后，继续投靠阎锡山等国民党部队，死心塌地与中国人民战斗到底；在 1945 年后持续 4 年的中国内战中，共有 140 名日本战争罪犯被中国人民解放军俘虏；1950 年 7 月，苏联政府将出兵中国东北时逮捕的部分日本战犯移交中国；至 1964 年，中华人民共和国审判和关押的 1109 名日本战争罪犯，除关押期间病亡和自然死亡 47 人，余者 1062 人被全部释放回国。他们中没有一人遭到过中国政府和中国军队任何形式的虐待。

这，就是中国人的风骨！

1972 年 9 月 29 日，在全世界与中华人民共和国无法阻挡的外交合作大潮中，日本首相田中角荣来到了中国，与中华人民共和国总理签署了《中日联合声明》，中华人民共和国政府与日本国正式建立了外交关系。从此恢复了中日两国人民长达两千多年的友好交往史。

为了中日两国人民长远的利益和真诚的友好，中华人民共和国政府放弃了对日本国的国家战争索赔（不包括民间索赔）。

以后，为了帮助中国人民建设，日本国政府从 1979 年至 2008 年 3 月，日本向中国提供了 2248 亿元人民币政府援助，其中低息贷款 90%，无偿援助 10%，涵盖了基础建设到农业、环保和人才培养等项目。

日本经济学家承认，中国的贷款归还信用，在日本所有援助国中是最好的。

中国人民不会忘记，中国改革之初，日本第一个对中国提供了资金支持。1989 年以后，日本政府第一个恢复对华援助。

五星出东方利中国！

历史的时针静静地走到了 2010 年，这一年，中日之间经济实力对比起了战略性的变化。

这一年中国的国内生产总值以 5.88 万亿美元的规模超越日本的 5.50 万亿美元，位居世界第二。而且从此之后，日本基本再无反超的可能，这是一个觉醒的中国奋进的必然结果，这是中国人民辛勤劳动团结奋斗的必然结果！

在历史的长河中，国与国的竞争胜负其实都是很短暂的事，真正永恒的是人民与人民之间的友谊，这种真挚的情感是超越国界而永存的。也是真正的全人类生命价值之所在，就像日本人民永远都会尊敬中国的鉴真大师，中国人民永远都会喜欢日本的一休小和尚一样。

中日总是要友好的。

中日两国只有捐弃前嫌，重新真诚友好合作，古老的亚洲才能重新为人类文明、为世界和平做出重大贡献。

鹬蚌相争，渔翁得利，谙熟中国文化的日本是非常了解这句中国成语的含义的。

在中国两千年中，除了唐朝白江口海战那一年，元代忽必烈两次侵日的两年，明代因丰臣秀吉侵朝而兵戎相见的 7 年，和从日军 1874 年侵入台湾地区到 1945 年向中国投降的 75 年外，都处于和平状态。

中日两千多年的友好交往史中，只有 81 年处于战争状态，这就是真实的历史！

尾声：明天的星辰大海

海洋是人类资源的宝库，生命的摇篮，云与雨的家乡，人类生存与发展的第二空间。地球与太阳系其他荒芜沉寂的星球最大的区别，就在于地球有蓝色的海洋。从太空中往下看，我们的星球是蓝色的，这是生命的颜色。

海洋占了地球71%的面积，地球上各大洲的陆地，其实只是海洋中的一个个大小岛屿，在这一个个岛屿之间的海面上，为探索、为探险、为贸易、为战争来来去去的就是人类发明的海船，这一条条为了贸易和探险往来的海船的航迹，形成海上的航线，人类文明随之一点一滴壮大，从近海到远海越走越远。终于在15世纪，人类积蓄了几千年的航海能量爆发，大航海时代来临。

从大航海时代开始，人类历史才有机会成为一个整体。

公元1500年前后是人类历史的一个重要分水岭，也是中国国运的一个分水岭。在大航海时代，西方航海家们驾着帆船，在各大洲之间划出了一条条航线，让人类历史第一次从分散走向整体，却也让东方的中国在与西方的碰撞中，一步步失去文明优势。这一关键的历史变量就在于——海洋。

中华民族是富有航海探险精神的伟大民族，也是世界上利用海洋最早的国家之一，对一些航海领域和航海技术的观察和研究，在历史上曾有过辉煌的成就。中国人七千年航海史成功的积淀，终于锻造出了郑和这样的航海英雄和七下西洋的壮举。郑和开世界大航海时代先声，早于西方航海家数十年到达印度、中东和非洲，达到了中华民族航海成就的顶峰。

"财富来自海上，危险亦来自海上。"郑和根据几十年航海得到的这一战略判断，竟成为之后中国近500年历史命数的谶语。

向陆还是向海，成为当时中国面临的战略选择。明清朝廷放弃了海洋，一直陷在北方苦寒地带，与游牧民族久拖不决的消耗战中，终致西方强盗乘虚而入，靠几条小帆船纵横剽掠，把中国浸进了自鸦片战争起一百年的血海。

战略发展方向上的错误，使中国近代史成为中华民族的屈辱史、血泪史和痛悔史。

大航海时代对当代中国，最重要的历史启示意义，是国家一定要保持一个开放的心态，面对新的历史机遇，再不熟悉，甚至恐惧，也要勇敢抓住。而对旧的曾有过的辉煌，但已成糟粕的过时的东西，要坚决舍弃，要常改常新。汤因比的《历史研究》就指出，挑战与应战是文明发展的动力。唯有不惧挑战，积极创新才能赢得战略机遇期。

改革永远在路上，中华民族只有不断改革才能永葆青春。

椰林沙沙，海阔天空，涛声依旧，换了人间。

500年前，中国人的战略选择是向海还是向陆；500年后，面对新的战略机遇期，中国人坚定地选择了对外开放，更深地融进国际社会。500年的教训给了我们明确的答案。

现在，我们抬头仰望璀璨的星空，那是我们人类未来的希望，那里有无尽的资源，无尽的时空，可供人类开发探索。

人类所在的银河系有4000亿颗恒星，而地球上的人类才70亿人。有科学家断言，绝大部分恒星都和我们的太阳一样，有自己的行星系，也就是有自己的火星、木星，当然也有自己的地球。无尽的宇宙就是新的大海，无尽的星星就是漂浮在星辰大海中的新的大洲大陆，而我们所在的银河系的规模只是宇宙中一个中小星系，一粒微尘而已。今天，中国"嫦娥号"系列探测器已经登月，中国宇航员已在太空行走，中国的天问探测器正前往火星登陆。星辰大海，中国人已经大步流星地匆匆赶来。这一次，中国人没有落后得太远。

现在，最早起步的美国的探测器已进入深空，飞出了太阳系边缘，随着科技的飞速进步，人类即将面临新的星空大航海时代。中国在地球大航海时代的成败经验教训，会给未来的星空大航海时代以深深的启迪。